D1730292

S.F.
V.

ARNO SCHMIDT

BELPHEGOR

Nachrichten von Büchern und Menschen

S. FISCHER

Reprint der von Arno Schmidt autorisierten
Erstausgabe von 1961.

Veröffentlicht im S. Fischer Verlag, Frankfurt am Main,
Rechtsnachfolger des Stahlberg Verlages
und des Goverts Krüger Stahlberg Verlages,
Juli 1985

Einbandgestaltung: Imre Reiner
Druck: Gutmann & Co, Heilbronn
Bindung: G. Lachenmaier, Reutlingen
Printed in Germany

ISBN 3-10-070610-2

ARNO SCHMIDT · BELPHEGOR

BEL PHE GOR

ODER WIE ICH EUCH HASSE

SPRECHER:

B. (= *Belphegor*) : temperamentvoll
F. (= *Fromal*) : kalt, fatalistisch
M. (= *Medardus*) : gutmütig, gedankenlos

Männerstimmen

A. (= *Akante*) : flüchtig, verbuhlt

Frauenstimme

B. (*eindringlich empört*) : — Raben: kennen keine größeren Leckerbissen, als die Augen von lebenden Junghasen !

A. (*soubrettenhaft kokett*) : Sphaerularia Bombi Dufour — (*neckisch die niedliche Übersetzung*) : das › Hummelälchen ‹ : › bewohnt ‹ die Leibeshöhle von Hummeln. Zur Zeit seiner Geschlechtsreife erfährt das mikroskopische Lebewesen — (*das Wort in hinreißend jungfräulicher Verwirrung aussprechend*) — Scheidenvorfall ; worauf das umgestülpte Organ zu wuchern beginnt, bis es den eigentlichen Tierkörper um das Zwanzigtausendfache an Größe übertrifft !

F. (*kalt referierend*) : An den Küsten Norwegens kann man, Victor Groß berichtet es, Walfische beobachten, die wie toll aus dem Wasser emporschnellen : an ihren Brüsten hängen dann Haie, die paarweise schwimmen, und denen Walfischbrüste die höchste Delikatesse bedeuten. Sie beißen sich fest ; und lassen nicht ab, bis das ganze weiche Organ aus seinem tiefsten Sitz herausgenagt ist — das kann Tage & Nächte dauern ; so lange springt eben das gepeinigte Riesentier aus der Flut : bis=der=Tod=es=erlöst ! — *(Eisig) :* Und siehe : es war Alles gut .....

(Gong)

B. : Übergehen wir jenes ruchlose Wort — seine weitere Diskussion könnte zu, der Democrazia Christiana und ihrer sogenannten › weltanschaulichen Grundlage ‹ wenig günstigen, Überlegungen Anlaß geben : um mit einer › Welt=Anschauung ‹ renommieren zu können, muß man, der Name sagt es, sich die Welt angeschaut haben !

F. : Und selbst das ist wertlos, wenn es geschah, mit Scheuklappen um das Haupt, und durch eine rosa Brille mit Goldrand : die edle Schönheit & Ordnung in den Werken Gottes hat nur zu oft ihren Grund in der edlen Kurzsichtigkeit Dessen, der sie bestaunt.

B. : Halten wir — angesichts eines Universums, das zumindest zur Hälfte Affenhaus ist und Folterkammer ! — halten wir, unbekümmert um christoid=hilflose Erklärungsversuche, und ob auch Reader's Digest andächtelt : › We can but bow ‹ — halten wir das Eine fest :

es stimmt hier etwas nicht!

F. : Für Hörer, die Alte Autoritäten brauchen : Lichtenberg ! — *(Murmelnd, wie Einer, der beim Schreiben in ein geheimstes Tagebuch mitspricht) :* › Zu untersuchen und zu lehren : inwieweit Gott aus der Welt erkannt werden kann. — Sehr wenig : es könnte ein Stümper sein ! ‹

M. (gutmütig widersprechend) : Aber es gibt doch so viel Schönes : der gestirnte Himmel über mir .....

B. : Da rülpsen Feuerdrachen ! — Was meinen Sie, wenn man Sie einmal der lieben Sonne › näherte ‹ ? : Hei, würden Sie Augen machen, bei Flammenförtzen dreißigmal so lang wie › Mutter Erde ‹ !

M. : Oder das Grün einer weiten Wiese ? : Nebel entsteigt dem Bach : Das Silberhorn eines Mondes . . . . .

F. : Auf der Wiese ? : stehen Millionen winzig=grüner Ringer im Clinch auf Sein=oder=Nichtsein. / Zum Weißen=Nebel=Wunderbar muß sich Wasser wandeln : haben Sie einmal daran gedacht, daß auch › Aggregatzustände ‹ schmerzen könnten ? / Und der Mond ? : › Siehstu das kalte Nachtgesicht dort hoch am Himmel hangen ? ‹, die Züge mit einer 50 Meter dicken Staubschicht zerschminkt : meinen Sie tatsächlich, daß angesichts einer Nova noch Ihr devot=gestirnter › Himmel==über=Mir ‹ am Platze wäre ? !

B. : Und wenn's vielleicht auch nicht die ganze Wahrheit ist, so ist es doch bestimmt mehr als die halbe : Wir, mit unzulänglichen Organen unschuldig Gehandicapte, ob in Bikini oder Zwangsjacke, wir werden, in ehrlichen Augenblicken, schwanken müssen ; zwischen periodischem Kopfschütteln ob › des Allmächtjen Güte ‹, und systematisch=finsterem Pan=Diabolismus : lebenslängliche Optimisten sind nur Narren oder Feiglinge, und wer's nicht glaubt, ist selbst einer. — *(Kühl) :* Freilich gehört ein gewisser Mut dazu . . . . .

F. (einfallend) : Ein Mut, den im Großen bisher nur jenes 18. Jahrhundert aufbrachte, das die Erleuchteten unserer Tage, gern und hochmütig, die › Aufklärung ‹ nennen ; oder gar — › Auch=wir=Christen=sind=witzig ‹ — › das Aufkläricht ‹. Was freilich Leuten, deren Wohlbefinden mit dem Grade der Dusternis wächst — Hauptsache, sie können sich am Rosenkranz aus Atombomben halten — besonders wohl zu Gesicht steht. Nennen wir jenes

18. Jahrhundert : das des Lichtes ; der Männer ; und, eben, des Mutes ! *(Spöttisch)* : Wobei mit › Mut ‹ nicht jene Sorte Angst gemeint ist, die die Interessierten gern mit Wendungen tarnen, wie › Wagnis des Gebets ‹ oder › Mut zum Glauben ‹ — Formulierungen, die aufs Unschätzbarste Eines verraten : die Einsicht der Feigen, sich wenigstens *Vokabeln* der Kühnheit einspritzen zu müssen. —

B. : Dreimal ist in jenem Jahrhundert Kants und Lessings, Goethes und Herders, dem Pan=Diabolismus gültiger Ausdruck verliehen worden.
Das erste Mal, im Jahre 1726, von einem englisch schreibenden Iren ; Jonathan Swift ; in seinem Buche : › Travels into several remote Nations of the World ; by Lemuel Gulliver ; first a Surgeon, and then a Captain, of several Ships. ‹

F. : Wobei nicht ohne Absicht ein Chirurg zum Helden gewählt wurde : also ein Mann mit geschulter Optik ; etwa wie August Bier seinen Schülern zu empfehlen pflegte, alle Vorkommnisse von 3 Seiten her zu betrachten : einer juristischen, einer weltanschaulichen, und einer vernünftigen. — Folglich betrachtet sich Gulliver diese › Beste der Welten ‹ näher — sogar ganz nahe — sachlich, unvoreingenommen, eben : vernünftig !

B. : Und erblickt im ersten Buch von vieren : das Genie, von den Termiten gequält ! Die ihn wanzenhaft um- und überwimmeln : zwischen seinen gutmütig gespreizten Beinen können sie ihre Aufmärsche veranstalten ; und schauen nach oben, und feixen über seinen zerrissenen Hosenboden. Dabei : wenn der ihre halbe Stadt brennt, kann er sie noch mühelos auspissen ! Aber fesseln möchten sie ihn, gelt ja ? ; blenden, und dann verhungern lassen !

M. (*verwundert*) : So empfand sich Swift in — (*scherzend*) : › Klein=Britannien ‹ ? — (*Gutmütig*) : Nu ; bald ist die Umstellung ja endgültig erfolgt auf › Rule Yankee ‹ und › Doodle Britannia ‹.

F. : Zweites Buch : da erlebt er, im Riesenlande, das Grauen vorm Organischen, den Wahnsinn der Biologie : groß sind die Hautporen wie Tassenköpfe ; rittlings=angeklammert sitzt er auf der eichenborkigen Brustknospe lästrygonischer Gönnerinnen — der Geruch bringt ihn fast um ! Und die kälbergroßen Hautflügler summen motoren um sein dünnverzweifeltes Degengefuchtel.

B. : Drittens in Laputa und Balnibarbi : › unten ‹ front und plappert gedankenlos das Volk ; während darüber die › Oberschicht ‹ schwebt. Wenn man unten nicht aufs Wort folgt, wird oben die fliegende Insel dergestalt dirigiert, daß die Sonne nicht mehr herabscheint. In › schwereren Fällen ‹ droht man wohl auch : sich, alles=zerschmetternd, sinken zu lassen : Klammer auf, denn das ist ja die stilisierte Hohlhand, hinter der man Vertrauliches flüstert — (dabei ginge das gar nicht ! Laputa ginge selbst dabei kaputa — aber das braucht das dumme Volk ja nicht zu ahnen.) —
Die Wissenschaftler werden mit dem bißchen Gesicht auf alle möglichen Weltfremdheiten zugekehrt ; dürfen an Wortmaschinen syntaktische Kunststücke herausdrehen, oder auch Scheiße destillieren. Selbst die › Großen Männer ‹ trösten nicht ; wenn man sie persönlich kennen lernt, sind's egoistische Bastarde, Tyrannen und Komödianten, meist Beides zugleich.

F. *:* Letztes Buch : der finale Ekel vor aller Menschengestalt, inklusive Swift : jeder ehrliche Gaul ist anständiger !

B. *:* Abgesehen davon, daß das große Buch das Dokument ist, eines an seinem negativen Befund schwer Leidenden — : es faßte zum erst=bedeutenden Male eine Anzahl Argumente zu einer Anklageschrift zusammen ; zu einem Groß=Mißtrauens=Votum gegen einen Demiurgen, dessen Eigenlob durch alle Himmel stank. —

F. *:* Während bei Swift ein erhabener Grimm, ernst, versteinert, schleppend, sprach ; war es, rund 30 Jahre später, ein Franzose. Völlig anders geartet, souverän, elegant, aber nicht minder ein Mutiger, der sich nicht scheute, › Dem Betreffenden ‹, und gaffe sein Steinmaul über noch so viel Magellansche Wolken hinweg, mit glitzerndem Hohn zu begegnen : Voltaire gab, im Jahre 1758, sein Credo zu Protokoll. Kurz & wegwerfend ; denn : » Das Alte und das Neue Testament enthalten so viele Albernheiten, daß ich nicht nötig habe, noch die meinigen hinzuzufügen. « : › Candide ‹ wird durch die Alte wie die Neue Welt geschubbst ; er, den doch sein geliebter Lehrer, Magister Pangloß, die › Theodizee ‹ lehrte. — *(Scharf) :* Und Voltaire hat, in dieser Gestalt, Leibniz verhohnepiepelt ! Jenen Leibniz, von dem Schopenhauer — auch ein großer Mann ! — urteilte : daß sein bedeutendstes Verdienst gewesen sei, Anlaß zu eben diesem › Candide ‹ hier geliefert zu haben — unsere › Großen Deutschen ‹ sind meist nicht halb so groß, wie sie das gewisse vierbändige Werk herausstreicht.

B. *:* Ein Spielball von Schiffbrüchen, Erdbeben, Syphilis und anderen Naturschauspielen, von Pfaffen- und Tyrannenwillkür, gefoppt, betrogen, gespießrutet, ja gehängt — wenn auch › unvollkommen ‹ ; sonst wär's Buch ja zu

Ende — landet Candide endlich in einem mitleidig= kleinen Gemüsegärtchen ; und erkennt, wundgeprügelten Hinterns : daß › leben ‹ ein Oszillieren ist, zwischen Schmerz und Langerweile ; le jeu ne vaut pas la chandelle. Am besten arbeiten, › il faut cultiver notre jardin ‹ ; und im übrigen, mit verächtlichem Achselzucken, den Tod abwarten : » Ich habe andere Majestäten gesehen ! « —

F. (bedeutsam) : Das dritte dieser alten Bücher des ehrwürdigsten Gott-, Welt- und Menschenhasses ist ein deutsches : 1776 erscheint, von Johann Karl Wezel, merkwürdigsten Angedenkens, der
(kleine Pause ; dann, mit Nachdruck, es soll sich einprägen, der donnernde Name) :

BELPHEGOR !

(Gong)

A. : » › Geh zum Fegfeuer mit Deinen Predigten, Wahnwitziger ! ‹ rief die schöne Akante mit dem jachzornigsten Tone, und warf den erstaunten und halb sinnlosen Belphegor nach zween wohlabgezielten Stößen mit dem rechten Fuße zur Thür hinaus ! «

F. : So — mit einem Tritt vor den Hintern — beginnt das Buch von den Erleidnissen und Fata vierer Menschen ; richtiger : des › Jedermann ‹ in vierfacher Spiegelung : Akante, die wohlgebaute Edelnutte, verabschiedet ihren nicht mehr solventen Liebhaber Belphegor, nachdem sie sich eines Ersatzes versichert hat.

B. : » Der arme Vertriebene schleppte sich mit stummer Betrübnis bis zu einem nahen Hügel an der Landstraße, wo er sich niedersetzte ; das Gesicht nach dem Hause zugekehrt, aus welchem er eben itzt so empfindlich relegiert worden war. Die Schmerzen seines linken Hüftbeins ließen ihn nicht einen Augenblick an der Gewißheit des Unfalls zweifeln ; ob ihn gleich seine Verweisung so unvermuthet überrascht hatte, daß ihm die Begebenheit wie im Traum vorgegangen zu seyn schien. Aus Liebe zu der grausamen Akante hätte er gern die Wahrhaftigkeit geläugnet, wenn nicht der Schmerz jede Minute sie unwiderlegbar gemacht hätte. Mit einem tiefen Seufzer gab er sie also zu ; ließ eine Thräne fallen, und machte seiner Beklemmung durch eine wohlgesetzte Klage Luft. «

F. : Dieses einzige Beiwort, › wohlgesetzt ‹, zeigt dem Kenner zur Genüge an, daß Wezel auch seinem Haupt- und Lieblingshelden gegenüber hinreichend ironischen Abstand zu wahren wissen wird. — Aber da hockt nun Belphegor, jammernd, am Grunde des Luftozeans .....

B. (*weinerlich=ungehalten*) : » Mitten in dem Selbstgespräche näherte sich ihm ein Mann auf einem Grauschimmel — zwo Gestalten, die er schon von weitem haßte : weil der Reuter eine so fröhliche Miene in seinem Gesichte trug, als wenn die Glücksgöttin seine leibliche Schwester wäre ; und das Pferd in einem so leichten sorglosen Trabe dahertanzte, daß es mit seinem Herrn von einem frohen Muthe belebt zu seyn schien. «

M. (*gutmütig=erfreut*) : Es ist sein Freund Fromal ! Der Belphegor aufmuntert ; ihn mahnt, seine verliebten Klagen um die unwürdige Akante einzustellen ; der sein letztes Geld mit ihm teilt, ihm rät, in die weite Welt zu wandern ; und dann von hinnen reitet. — (*Befremdet*) : Scheint es nicht ..... : auf Akantes Haus zu ? !

B. : » Belphegor saß unbeweglich, wie in den Boden gepflanzt. Seufzte ; weinte mitunter 1 Tröpfchen ; exclamierte ; winselte ; schalt ; lobte seinen weggegangenen Freund ; zählte dessen Geschenk ; warf es von sich ; las es wieder zusammen. Und, endlich, nach zwo Stunden solcher Grimassen, da die Dämmerung einbrach, fieng er an zu überlegen, was bey so gestalten Sachen zu thun sey. Die Dämmerung wurde zu pechschwarzer Nacht, und seine Überlegung war dem Entschlusse keinen Strohhalm breit näher. Er sank vor Mattigkeit nieder, schlief ein — und fand bey dem Erwachen für seine Beratschlagung so freyes Feld, als Tags vorher. Die Ruhe hatte indessen seine Lähmung und seinen Schmerz verschlungen : er konnte wieder gehen. Der Ärger half ihm auf die Beine ; er gieng, und übergab allen 32 Winden des Himmels ein dreymahliges › Akante ‹, in ebensoviele vernehmliche Seufzer eingepackt. «

F. : Und hatte Belphegor bisher in einer idealischen, jünglingshaften Traumwelt gelebt — nun trifft ihn › die Wirklichkeit ‹ knüppeldick : » Kaum hatte er eine kleine Strecke zurückgelegt, als vor seinem Gesicht ein Habicht auf eine Taube herniederschoß und die flatternde Hülflose würgte. Die Szene versetzte ihn in eine so tiefe Wehmuth, daß er sich auf einen Rasenrand niedersetzte. « — *(Bedeutsam=gewichtig)* : Belphegor hat nämlich, unter zahllosen anderen Lektionen, auch die zu lernen : daß er in einer Welt angelangt ist, deren lebende Wesen dadurch existieren, daß Eines das Andere auffrißt. Und Wezel, der unerschütterliche Herr, als sein › Held ‹ das nächste Haus erreicht, fährt in unerbittlicher Parallele fort :

B. : » Der Herr des Hauses würgte z w o Tauben — Belphegor bedauerte bey sich die armen Creaturen — und verzehrte sie beyde, vom Halse bis zu den Beinen, ohne das mindeste Mitleiden, als sie gebraten auf dem Tische erschienen : da er satt war, reisete er fort. «

F. *(verbindlich) :* » Die Nacht nöthigte ihn bald zu einer neuen Einkehr. Kaum hatte er sie erreicht, als ein hagerer Kerl, der müßig an einem Baume lehnte, ihn auf die Seite zog, und warnte, in diesem Loche nicht zu übernachten : › Es ist das ärgste Diebsnest, das der Mond bescheint ! ‹ «

B. *(unschlüssig) :* » Wo soll ich aber bleiben ? «

F. *(geheimnisvoll) :* » › Lieber unter freyem Himmel ! — Ä=wenn Sie wollten, so könnte ich Sie wohl an einen guten Ort bringen ? ‹ / Belphegor merkte, worauf es ankam, um dahin gebracht zu werden — ; er gab ihm von dem Wenigen, was sein Freund ihm zurückgelassen hatte, ein kleines Geschenk, und folgte ihm nach. « — *(Sachlich) :* » Der Wegweiser führte ihn in einen dicken Wald ; faßte ihn in der Mitte desselben bey der Gurgel; und schwur, ihn auf der Stelle umzubringen, wenn er nicht seine ganzen Habseligkeiten an ihn auslieferte. «

B. *(ganz Klage und Entrüstung) :* » Aber welches Recht habt Ihr Bösewicht dazu ? ! «

F. *(ungerührt) :* » Der Räuber wies ihm statt der Antwort ein langes Messer ; nahm ihm sein Vermögen aus der Tasche ; warf ihn zu Boden, kniete ihm auf die Brust, und durchsuchte alle Behältnisse an seinem ganzen Leibe. Gab ihm auch einen derben Fluch zum Abschiede, als er nichts Erhebliches fand, und begab sich auf den Rückweg. « — *(Bedrückt amüsiert) :* » Die ganze Nacht hindurch blieb Belphegor in diesem Zustande liegen, ohne 1 Fuß von der Stelle zu wagen. «

M. *(mitfühlend) :* Nun ist er also auch noch das letzte bißchen Eigentum losgeworden ; und ergo in der Urverfassung des › Flüchtlings ‹, wie auch wir ihn aus 12=Millionen=facher Erfahrung kennen : wie auch wir es bald wieder zu sein, uns, zumindest mentaliter, vorbereiten sollten. / Belphegor › wandert ‹ — ein Wort, das ich nur in Anführungsstrichen zu gebrauchen mich gewöhnen will ; › warum ? ‹ führt im Augenblick, im Ohrenhör, zu weit — Belphegor also › wandert ‹ weiter.

F. : » Eines Tages kam er auf eine Haide, wo etliche Freybeuter einen Mann so unbarmherzig behandelten, als wenn sie willens wären, ihn in Stücke zu zerlegen. Belphegor glühete, sobald er den Auftritt erblickte ; gieng hinzu, und erkundigte sich nach der Ursache einer solchen Barbarey. — Man würdigte ihn keiner Antwort ; doch erfuhr er bey Gelegenheit, daß man ihn strafe, › weil der Hund nichts herausgeben wolle ‹ ! «

B. (entgeistert) : » Aber welches Recht habt Ihr denn, etwas von ihm zu fordern ? «

F. (kalt) : » Sie schlugen an ihre Degen ; und Einer darunter gab ihm obendrein einen wohlgemeynten Hieb, der ihm das rechte Schulterblatt in zwey gleiche Stücken zerspaltete. «

B. (erstickt) : » Aber ; Ihr Barbaren ! : welches Recht . . . . . ? «

F. (sachlich berichterstattend) : » Ein zweyter Hieb über den Mund hemmte seine Frage mitten im Lauf. — › Alles grausam, wie Akante ‹, dachte er ; und stopfte sich mit dem Reste seiner Kleidung seine Wunden zu. Er bekam eine Stelle in einem Krankenhaus, und wurde sehr bald geheilt. Ein Elender, der neben ihm lag, und schon 1 ganzes Jahr lang sein Bette nicht verlassen hatte, war während der Kur sein vertrauter Freund geworden. Doch itzt wurde er über die schnelle Genesung seines

Freundes neidisch, und biß ihn des nachts in den kaum geheilten Arm — die Wunde wurde so gefährlich, daß der Arm beynahe abgelöst werden mußte! «

M. : Der Bedauernswerte pilgert weiter; und gerät — er h a t nun einmal Unglück .....

F. *(berichtigend eingreifend) :* Nicht doch : das allgemeine Menschenlos hat er.

B. : » Er litt viele Tage Hunger; weil auf dem ganzen Landstriche, wo er gieng, alle Dörfer verbrannt, die Einwohner niedergesäbelt, oder betteln gegangen waren : der Nachbar des betreffenden Landesherrn hatte einen Einfall in dasselbe gethan, und 4000 Stück Schafe, die es mehr ernährte als das seinige, aufspeisen lassen. Bey der Gelegenheit hatte man — anstatt des Freudenfeuers über den erlangten Sieg — ein Dutzend Dörfer angezündet. «

F. *(fortfahrend) :* » Belphegor fand einen von den Kriegsmännern, die bey diesem Treffen sich Heldenlorbeern erfochten hatten, an einem kleinen Bache; und machte ihm ein sehr rednerisches Bild von der Verwüstung und dem Elende, das er unterwegs angetroffen hatte — was der Andere mit einem stolzen Lächeln anhörte : › Ja=a; heute sind wir brav gewesen! ‹ sprach er, und strich sich den Bart. «

B. *(empört) :* » Aber, ums Himmels willen — : Wer gab Euch denn das Recht, so viele Leute unglücklich zu machen?! «

F. *(brutal) :* » › Der Krieg! ‹ brüllte der Soldat. «

B. *(fassungslos) :* » › Und also, Ihr Barbaren, ist Eure Ü b e r m a c h t das Recht, Eurem Neid so viele Unschuldige aufzuopfern? : Ist d a s Euer Recht?! «

F. *(im Unteroffizierston) :* » › Kerl! — Du bist nicht richtig im Kopfe! Du phantasierst, so ungereimtes Zeug schwazest Du — am besten, mit Dir ins Tollhaus!‹. Und so ergriff ihn der Kriegsmann, band ihn mit einem Riemen an sein Pferd, und ließ ihn neben sich her außer Athem laufen, wenn er nicht von dem Pferde geschleift seyn wollte, das in einem frischen Trabe fortschritt. Zwo Stunden nach ihrer Ankunft in der nächsten Stadt, war Belphegor zwar in keinem Tollhause, aber doch im Zuchthause einquartiert .....

B. *(melancholisch übernehmend):* »..... wo er an einen Pfahl gebunden, und mit 30 munteren Peitschenhieben bewillkommt wurde. Darauf schloß man ihn ein, und befahl ihm, jeden Tag 20 Pfund Wolle zu verspinnen; und, da er menschlicherweise diese Zahl niemals vollmachte, so bekam er, zur Ersparung der Kasse, selten etwas zu essen, und alle Abende für jedes fehlende Pfund 6 Hiebe.«

M. *(mitleidig):* »Seine Gesellen wurden binnen kurzem seine Freunde: ein gemeinschaftliches, gleich trauriges Los machte sie dazu. — Nach langen Bitten erbarmte man sich endlich über den armen Belphegor, und erließ ihm täglich 2 Pfund von der vorgeschriebenen Quantität Wolle — er bekam nichtsdestoweniger alle Tage Prügel, weil er auch 18 Pfund ebensowenig bestreiten konnte.«

F. *(bedeutsam):* »Nur eben jeden Tag 12 Schläge weniger, als die Übrigen —: von Stund an haßten ihn alle seine Kameraden wegen dieses vorzüglichen Glückes; und beschlossen, ihn des Nachts im Bette zu verbrennen. Sie führten ihren Anschlag aus; legten brennenden Zunder in das Bettstroh; die Flammen nahmen überhand; Belphegor und die übrigen Züchtlinge entwischten — und das Haus lag, nebst einer benachbarten Gasse, innerhalb etlicher Stunden im Aschenhaufen da.«

M. : Verständlicherweise läuft er, was er kann ; und ruht erst in einem schönen, lichtgrünen Birkengebüsche aus. — Aber schon hört er neuerliches Geschrei ; sieht Bauerngestalten durchs Dickicht heranbrechen. Man redet von › einem warmen Tage ‹ ; bringt auch 1 Fäßchen herbeigerollt, und trinkt › auf die Freyheit ! ‹

B. (*aufmerksam*) : » › Die Freyheit ? : Was müssen das für Leute seyn ? ! ‹ — Er horchte, und konnte nichts Zusammenhängendes erschnappen, als, daß eben hierzulande Bauernkrieg war. Bis endlich Einer in gewissen Angelegenheiten seitwärts schlich, und auf seinem Wege Belphegorn im Gesträuch erblickte, den er sogleich hervorzog und seinen Mitbrüdern vorstellte. Man untersuchte ihn genau, ob er vielleicht zu der feindlichen Parthey gehöre ? Und nachdem man ihm, in Ermanglung einer gesetzmäßigeren Tortur, 100 Prügel auf die Fußsohlen gegeben hatte, ohne 1 › Ja ‹ aus ihm herauszwingen zu können : so wurde er feyerlich für unschuldig erklärt, und zum Glase zugelassen. «

F. (*kühl*) : » Was ihm aber wenig schmeckte, denn seine Fußsohlen brannten wie Feuer. — › Willstu mit für die Freyheit fechten ? ‹ fragten ihn Einige. «

B. (*bittend*) : » Gebt mir nur die meinige ! «

F. (*entrüstet*) : » › Was ? ! : Für die Freyheit willstu nicht fechten ? : Du bist ein Spion ! Ein Feind ! ‹ Und sogleich setzte man sich in Positur, ihn mit einem Strohseile an eine schöne schattichte Eiche aufzuhängen. «

B. (*flehend*) : » › Sagt mir nur erst, wer die Freyheit gekränkt hat ? Sagt es mir, und gern, gern will ich für sie fechten ! ‹ «

F. (*sachlich ; also boshaft*) : » › Siehstu, ‹ nahm sein Nachbar das Wort : › der liebe GOtt hat uns nur 2 Hände und

2 Füße gegeben ; und doch sollen wir den Leuten, die uns regiren, so viel arbeiten, als wenn wir ihrer ein paar Dutzend hätten. Sie wollen uns weis machen, wir hätten keinen Magen ; wir sollten nur hungern : sie wollten schon für uns essen. Und ob uns ein paar Lumpen auf dem Leibe hiengen, oder ob wir nackt giengen, wäre gleich viel : Adam sey ja in GOttes Paradies auch nackt gegangen, und ein braver Mann, ja, der erste Erzvater geworden. Was wäre denn nun vollends solchen nackten Lumpenkerlen Geld nöthig ? meinten sie ! wir hätten ja ohnehin keine ganzen Taschen ; also wär's doch tausendmal besser, daß wir's ihnen gäben, als daß wir's verlören ; das wäre doch jammerschade : sie wollten uns auch dafür recht hübsch geputzte Kerle, Laufer, Heyducken, Lackeyen, schöne Pferde, allerliebste Hunde, hübsche Kutschen, zu sehen geben ... «

B. *(grimmig hineinmurmelnd) :* Ministerfräcke ; alte amerikanische Panzer ; Wahlplakate und › Abschußbasen ‹ ...

F. : » › Und alle Sonntage sollten wir ihnen › Vivat ‹ rufen, ihnen › Langes Leben ‹ und › Wohlergehn ‹ wünschen. Und wenn wir doch etwas in der Tasche, aus Versehen, zurückbehalten hätten, es auf ihre Gesundheit, in dem von ihnen gebrauten Biere vertrinken. Die Woche über sollten wir nur hübsch fleißig seyn ; hübsch viele und gesunde Kinder liefern, die auch bald arbeiten und geben könnten ; und dabey GOtt mit frölichem und zufriedenem Herzen dancken, daß er uns so gnädige Herren bescheert hat, die uns ... « *(die Stimme des Redenden schwillt an, in erhabener Wut) :* » ... nicht bey lebendigem Leibe die Haut abziehen : weil wir ja sonst nicht arbeiten könnten ! : *Des Lebens wurden wir satt ! ! !* ‹ «

M. : Solch Aufstand wider die von Gott gesetzte Obrigkeit, die Gewalt über uns hat, kann natürlich nicht gut ausgehen: Belphegor wird, mitsamt allen anderen Bauern, gefangen genommen ; gehängt — aber durch ein zufälliges Gewitter, dem Blitz und Großbrand folgen, (und er ist auch nur schlecht, flüchtig, aufgeknüpft gewesen), befreit.

B. (*hastig*) : » Die ganze Nacht hindurch lief er, ohne ein einziges Mal auszuruhen ; und kam in der Morgendämmerung, mit der Angst eines Gehängten, der nicht gern eine zweyte Erfahrung machen möchte, wie es sich zwischen Himmel und Erde wohnt, an eine Pfarrerswohnung, wo er mit ebensogroßer Verwunderung als Bereitwilligkeit aufgenommen wurde. «

F. (*bedächtig*) : Da ist Belphegor nun angelangt beim Pfarrer und Magister Medardus : ein gutmütiges Männchen ; ehemaliger Katholik, aber, ob der Erlebnisse seiner Kindheits- und Jünglingsjahre im Jesuitenkolleg, zum Protestantismus konvertiert. Er hat die Unvorsichtigkeit gehabt, ein wenig für die streikenden Bauern zu sprechen .....

M. (*beteuernd*) : ... » › Nicht viel : gar nicht viel ! Darüber sind sie böse geworden ; und weil sie denken, sie können's, so plagen sie mich so lange, bis ich fortgehe. Meine Kinder sind versorgt. Mein Apfelwein ist diesen Abend alle. Und morgen geht die Reise fort : die Vorsehung ist überall. Meine Frau ist vor Kummer gestorben ... ‹. Hier hielt er schluchzend inne. Sogleich heiterte sich sein Gesicht wieder auf : › Aber die Vorsehung lebt noch ‹ sezte er ruhig hinzu. › Es war eine herzensgute Frau ! ‹ — er weinte ; › Gar ein goldenes Weibchen ! ‹ — er weinte noch mehr. — › Da, Brüderchen ‹, fuhr er auf einmal auf, indem die Thränen noch über sein erheitertes Gesicht herabliefen :, › Da, Brüderchen : ihr Andenken ! ‹ ; und brachte ihm den Krug mit Apfelwein zu. «

F. : Diese Medardische Filosofie ist also letzten Endes nichts, als gedankenlose, leichtfertige, Halbgutmütigkeit. Während Belphegor sich über das — unleugbar massenhaft vorhandene ! — Leiden in der Welt, die › Quall im Universo ‹ (wie Raabe falsch zitiert), entrüstet ; sitzt ; an den Fingern nagt ; von Gedankenflöhen gepeinigt — da tröstet Medardus sich auf die bequemste, genauer : faulste, Weise — › faul ‹ in jedem beliebigen Sinne des Wortes — indem er sich beruhigt : › Wer weiß, wozu es gut ist ? ‹

A. : Und Medardus ist der Name des Evangelimannes ? ? — *(Mit heiserer hoher Hexenstimme stammelnd)* : › Me=dar=dus : = Brüderchen ! : Me=dar=dus : Brüderchänn ! ‹ . . . . . : sollte man nicht auf den Verdacht geraten, ETA=Hoffmann habe Wezel gelesen ; und die unvergleichlich stammelbaren Silben dann begierig=berechtigt in seinen › Elixieren des Teufels ‹ angebracht ? : Das wäre zu untersuchen.

B. : Jedenfalls › wandern ‹ Medardus und Belphegor zusammen weiter. Werden durch einen Tornado — welch heroisches Mittel ! — gar in die Türkei verschlagen ; natürlich versklavt. Und Wer ist, wie sie während einer der inneren Wirren, der › Palastrevolutionen ‹, entdecken müssen, ihr Herr ?

M. : Es ist Fromal ! — Man flüchtet erst auf allen Straßen durcheinander ; trifft sich am Wegrand ; setzt sich › gemütlich ‹ selbander auf einen Leichenhaufen ; und berichtet sich die Erlebnisse der Zwischenzeit :

F. : Ja — gesteht Fromal — : Ja ; er war es, der Belphegor und Akante trennen wollte. Aber : zu Belphegors eigenem Besten ! Er konnte nicht mehr mit ansehen, wie sein Freund von dem listigen Weibsbild ruiniert wurde. Übrigens wäre auch s e i n Geld sehr rasch zu Ende gegangen, und er sofort wieder von einem neuen, reicheren, Nebenbuhler verdrängt worden. Ehe er Pascha und Sklavenbesitzer im Vordersten Orient wurde, hat er sich längere Zeit in Frankreich aufgehalten — dessen Beziehungen zum Orient weit organischer sind, als › Moltke ‹ dachte : man vergleiche › Tausendundeinenacht ‹ ! — und weiß die putzige Geschichte vom greis=berühmten Pariser Dichter Nikanor zu erzählen ; und den Methoden, wie Dieser sich zum Lieblingsschriftsteller der Nation machte : kein unfeines Pröbchen, wie es in der › Gelehrtenrepublik ‹ her & zu geht . . . . .

M. : » Nikanor war ein geborener Eroberer ; er strebte nach der Universalmonarchie im Reiche des Beifalls so stark, wie Alexander in der politischen. «

A. (übernimmt) : » Alle Mädchen, mit welchen ein anderer Dichter nur zu thun hatte, und wäre er gleich von der untersten Klasse gewesen, mußte er zu seinen Freundinnen machen. Und jeden Poeten, jeden, von dem er erfuhr, daß er in seinem Leben auch nur 2 Zeilen zusammengereimt habe, betrachtete und behandelte er als seinen Nebenbuhler : deren Mädchen also, Freundinnen und Gönnerinnen, waren seine Spione. Sie mußten ihm von jedem verfertigten Vers ihrer Liebhaber Nachricht geben, das neue Produkt in Abschrift ausliefern, und ihre skandalose Geschichte zu wissen thun. Aus diesen drey Materialien machte er sein Pulver, und sein Witz diente ihm zur Kanone. «

B. : »Wenn er die Überlegenheit eines Mannes fühlte, so ließ er ihm sein Manuskript wegstehlen und verbrennen! Oder Stellen heimlich einschieben, die es zum Beyfalle schlechterdings unfähig machten: die Buchdrucker führte er deswegen insgesamt an seinem Seile.«

M. : »Sobald er die Geringfügigkeit, das Mittelmäßige eines neuen Werkes merkte, so arbeitete er, durch versteckte Wege die Bekanntmachung desselben zu beschleunigen — und gleich darauf erfolgte ein gantzes Packet Schmähschriften, Parodien, die es so lächerlich machten, daß es Niemandem nicht einmahl mehr mittelmäßig schien: alle waren seine Arbeit, und seine Creaturen mußten sie ausstreuen und verteilen.«

F. : »Oft ließ er im Manuskripte Satiren umlaufen, auf Werke, die noch unter der Presse brüteten. / Wenn ein neues gutes Werk, ohne sein Vorwissen — oder ohne daß er es hindern konnte — an das Licht gelangte, so war er der Erste, der es unter dem Pseudonym eines schlechten Mannes von üblem Kredit so ausgelassen lobte, daß es einem großen Theil des Publicums schon dadurch verdächtig, und allemahl der Eindruck desselben geschwächt wurde. / Auch bestach er die Setzer, daß sie in Anderer Werken, wo etwa seiner gedacht wurde, seinen Namen jederzeit mit großen hervorleuchtenden Lettern drucken mußten.« —

B. : Aber so schnurrig das Alles auch ist: zunächst einmal irren unsere Flüchtlinge am Meeresstrande umher, auf der Suche nach einem Stück Kahn. Man findet auch einen, der aber für den gleichfalls fluchtbedachten Großwesir bestimmt und bewacht ist — nur durch Begehung einiger kleiner Totschläge vermögen die Verzweifelnden sich in seinen Besitz zu bringen. Belphegor ist darob erschüttert;

und folglich hält ihm Fromal wiederum einen seiner kleinen kalten Vorträge über die merkwürdigen Einrichtungen dieser schönen Welt . . . . . :

F. : » Kann ich dafür, daß die Natur die Erhaltung des einen Wesens auf die Zerstörung des andern gebaut hat ? Daß sie uns auf dieses Erdenrund sezte, mit einander um Leben, Vortheil, Geld, Länder, zu fechten ? Warum entzündete sie diesen allgemeinen Krieg, und drückte mir ein Gefühl ein, das mich treibt, mich allen Andern vorzuziehen : und mich dann quält, wenn ich es gethan habe ? Warum stellte sie mich an den engen Isthmus, entweder mir schaden zu lassen — oder Andern zu schaden ? — Kopf hoch, Belphegor : wie leichte Spähne schwimmen wir auf dem Strohme der Nothwendigkeit und des Zufalls fort ; sinken wir unter : Gute Nacht ! Wir haben geschwommen ! ‹ «

M. : Während Belphegor noch ungetröstet verharrt, das Gesicht in beide Hände gewühlt, erscheint bereits ein Schiff um das nächste Felskap herum ; nimmt die Drei an Bord, und befindet sie tauglich, ihr bisheriges Sklavendasein in Algier fortzusetzen : dort im barbarischen Bagno verbringen die — ja, darf man › Freunde ‹ sagen ? — zwei trüb=volle Jahre.

F. : Dann gelingt es dem unverzagt=findigen, immer kalt=rüstigen Fromal, einen allgemeinen › Aufstand des Spartakus ‹ zu entfesseln. Er befreit vor allem seine Freunde ; man eilt heftig davon ; und gelangt nach ermüdender Wanderung an die Grenze von Biledulgerid, wie man zu Wezels Zeiten schrieb . . . . .

B. : Also, wie Jedermann aus seinem Karl May wissen könnte, › Belad=al=Dscherid ‹, das › Land des Wurfspeers ‹, den Süden von Tunis. / Man lagert sich unter einer Palme an einem Fluß ; macht sich » die Kehle mit Datteln geschmeydig «, und beginnt, nach Europäerart, sogleich wieder mit tiefsinnigen Diskursen über GOtt und die Welt, wobei schöne Kapitel zur Sprache kommen, etwa vom Verhältnis des › Führers ‹ zu › seinen ‹ Soldaten . . . . . :

F. (*bedächtig ; die Gedankengänge während des Redens entwickelnd*) *:* » Wenn Alexander der Große sich und seinem Heer die reine Wahrheit sagen wollte — dann müßte er ungefähr so sprechen : › Liebe Kinder. Ich will schlechterdings, daß die Leute auf der Erde, so weit sich's nur thun läßt, meinen Namen wissen. Wenn ich ihnen die größten Wohlthaten erzeigte, so danken sie mir's — vielleicht ; und in 1 Jahr wäre ich, samt meinen Wohlthaten, wieder vergessen ; und das müßte auch schon etwas s e h r Großes seyn, wenn's so lange dauern sollte. / Drum ist es viel besser, ich quäle würge morde verheere so lange, daß die Leute es so bald nicht wieder verschmerzen können : so denken sie doch gewiß allemahl an mich, wenn es ihnen übel geht. Die Spuren meiner Verwüstung werden wenigstens auch 1 Jahrhundert und länger übrig bleiben : man denkt allemahl an mich, wenn man sie sieht. ‹ «

B. *:* » › Kommt ! Wir wollen die Perser, Asien und Europa, so lange herumprügeln, bis mich jeder kleine Junge für einen großen Mann erkennt. (Außerdem gibt's in Asien Gold & Silber die Menge, und bey mir zu Hause ist mehr Sand als Gold : davon möcht' ich auch etwas, und, wo es möglich wär', alles !). Ich kann es ohnehin nicht verdauen, daß der König von Persien sich den › Großen König ‹ nennt, so viele Länder und Leute hat, und ich hier in dem engen Macedonien so eynsam sitzen soll. Die griechischen

Republiken thun auch so groß auf ihre › Freyheit ‹, und brüsten sich, daß man in Persien ihren Namen weiß : sie müssen unter mich ! ‹ «

M. : » › Alles das kann ich mir und Euch anderen Leuten aber nicht so geradezu sagen — wir müssen also das Ding ein wenig übertünchen. / Zu mir will ich sagen : das allgemeine Vorurtheil hat es zu dem wahrsten Grundsaze gemacht, daß nichts so groß, so edel ist, so sehr Ruhm erwirbt, als Tapferkeit und Muth : der Soldatenstand ist die Laufbahn großer Seelen ! Ich will sie betreten und Lorbeern ernten, mein Haus und mein Vaterland bis zum Ende der Welt verherrlichen. Ich habe die gerechteste Gelegenheit dazu : muß ich nicht die Sache Griechenlands wider die Perser vertheidigen ? Das Blut unserer Vorväter an diesen stoltzen Tirannen rächen ? ! ‹ «

B. : » › Ihr, tapfere Gefährten, ihr sollt für Eure Begleitung Reichthum und Ehre gewinnen — die Ehre, tausende von Euren Nebenmenschen umgebracht zu haben. / (Im Grunde sind wir freylich nichts, als eine Bande Räuber, die sich mit einer anderen, ähnlichen Bande, herumschmeißen, und ich der eine Anführer — aber im menschlichen Leben kömmt alles aufs Wort an, auf die Vorstellungsart. Im Grunde ist unsere Größe wohl auf den Untergang Anderer gebaut. Und Ihr habt im Grunde nichts davon, als Gefahren, Schmertz, Strapatzen Hunger Wunden Tod ; Ihr könntet zuhause sehr wohl essen, trinken und ruhig schlafen, könntet Euch mit Eurer Arbeit ernähren und nüzlich werden ; Euer Vaterland anbaun, glücklich seyn und glücklich machen — — : Ihr seyd im Grunde recht herzliche Narren, wenn Ihr um meinetwillen auch nur einen gefährlichen Schritt thut ; denn Ihr ? : habt wenig oder gar nichts davon ! ‹ «

F. : » › Aber wer wird sich das Alles sagen ? Ich will Euch und mir schon ein Blendwerck von Worten, eine Verbrämung, vormachen, daß Ihr Eure Köpfe nicht zu lieb haben sollt. Man muß überhaupt nicht zuviel von der Sache sprechen ; sonst möchte das bißchen natürliche Mitleyd aufwachen, und so wäre es um die gantze Heldengröße gethan). ‹ « — *(Wie erwachend) :* » › Ä=wohlan denn : Schlagt zu ! Ersiegt die Lorbeern der Unsterblichkeit ! ! ‹ «

B. : Lange, wie gesagt, bespricht man dergleichen ergiebige Stoffe ; dann werden schöne Exempel aus der Kirchen- und Ketzerhistorie beigebracht ; auch der Zoologie — — und, wie sich das Alles schickt & findet : plötzlich brüllt Medardus auf :

M. (entsetzt) : Öööhhh ! !

F. : Ein Löwe ist aus dem Gebüsch gesprungen, hat dem Medardus die Vordertatzen auf die Pfarrersschultern gepackt, und den Kopf mit trefflich aufgesperrtem Rachen dicht an den seinigen gepreßt. — Gottlob stellt sich heraus, daß das arme Tier sich lediglich einen langen Dorn eingetreten hat ; der wird entfernt ; und der gelb= gezähmte Räuber geleitet sie zum Dank unaufgefordert zum nächsten Negerdorf, wo der › Nazib ‹ seine Untertanen auf gut Prokosch'isch, à la › Sturm & Echo ‹, regiert.

M. : Sie müssen dem cäsarenwahnsinnigen Neger eine › Gesandtschaft aus Norden ‹ vorspielen. Müssen Zeugen werden, wie der launenhafte Halbaffe die weibliche Blüte seines Landes serienweise entjungfert ; Untertanen als Gladiatoren gegeneinander hetzt : einen Minister benützt er als Stuhl, zwei weitere als › Armstützen ‹.

B. : Belphegor — seinem Namensvetter, dem Hauptgott der Kanaaniter, dem rasenden Sonnenherrn sehr ähnlich — entbrennt Nova=gleich : nicht länger mehr will er die

Luft hier atmen, » sie möchte in der Lunge der Bestie gewesen seyn ! «. Schon greift er nach seinem Säbel, schon will er dem fett=schwarzen Untier den Schädel spalten — als Fromal ihn mit solchen Worten zur Besinnung bringt :

F. (*eindringlich, scharf=halblaut*) : » › Unempfindlichkeit ! Kälte : eiskalter Frost wie in Spitzbergen ! — / Und nun zugesehen. — / : Du hast doch so keinen Flecken am Leibe mehr, den Du Dir noch entzweyschlagen lassen könntest. Schlaf gesund in Deiner Haut ; und wenn Du erwachst, schau dem Theater zu. Die Menschen sind gar wunderliche Spitzköpfe : hättest Du dem Nazib . . . . . ‹ «

M. (*hineinmurmelnd*) : . . . seltsamer Name das : klingt es nicht wie › Nazi ‹ ? . . .

F. (*ungerührt fortfahrend*) : » › . . . hättest Du dem Nazi seinen aufgedunsenen Schädel gespalten für seine Grausamkeyt : so hätten Dir Alle, die Du von seinem Unsinne befreyen wolltes, ein Gleiches gethan ! Selbst die Toten, wenn sie wieder lebendig hätten werden können : sie würden Dich niedergehauen haben ; weil Du ihrer Nachkommenschaft die Ehre benahmst, wie sie, für die Größe und zum Zeitvertreib eines Nazi sich todt zu prügeln ! ‹ «

B. : Kein Wunder, daß die Dreie, bei solchen Grundsätzen, nur zu bald — diesmal allerdings einzeln und getrennt — weiter gegeben werden. / » Belphegor wurde einem von der erleuchteten englischen Nazion zum Verkauf vorgestellt ; allein, aus Menschenliebe, machte Jener sich — zumal als er Belphegors krüplichten, nicht sonderlich viel Leistung mehr versprechenden Körper erblickte — ein Gewissen daraus, wider alle Christenpflicht einen weißen Nebenmenschen in den Handel zu bringen : › God damn me ‹, sprach er, › wenn ich jemals den angebornen Edelmuth meiner Nazion so sehr verläugne, daß ich mit weißen Christen handle ! ‹ «

M. : » › Aber, ‹ fiel Belphegor ihm ins Wort : › sind schwarze Heiden nicht auch Menschen ? ! ‹ / › The Ordures : das Auskehricht der Menschheit ! ‹ schriee Jener. / › Aber . . . ‹ wollte Belphegor ihm antworten ; doch der Mann schien kein Liebhaber vom Disputiren zu seyn, sondern kehrte sich hastig um, ein paar schwarze Mütter zu bezahlen, die aus Dürftigkeit ihrer mütterlichen Empfindung auf einige Zeit den Abschied gaben, und ihre Kinder dem großdenkenden Engländer überließen, bis sie geschickt wären, in Amerika, unter Hunger, Elend, Blöße und Peitschenhieben den Europäern den Kaffee süß zu machen. «

F. (hart) : » › Ein Theil der Menschheit wird zu Tode gequält, damit der andere sich zu Tode frißt ! / Ist von jeher die Bequemlichkeit und das Wohlseyn eines wenigen Theils der Menschheit auf das Elend des größeren gegründet gewesen ; hat immer Jeder, in sich selbst concentrirt, den Schwächeren unterdrückt — was soll man alsdann denken ? ‹ «

M. : » › Entweder : daß die Unterdrückung mit in dem Plane der Natur war ? Daß sie den Menschen so anlegte, daß Einer mit dem Andern um Freyheit, Macht und Reichthum kämpfen mußte ? / Oder aber : daß der Mensch — falls sie ihn nicht hierzu bestimmte — das einzige Geschöpf ist, das seit der Schöpfung beständig wider die Absicht der Natur gelebt hat ? / Oder : daß die Natur mit ungemeiner Fruchtbarkeyt Kinder gebar, und sie mit stiefmütterlicher Sorgfalt nährte ? ‹ «

B. *(in edlem Zorn) :* » › Ich hätte Lust, ein Rebell wider Natur und Schicksal zu werden ! — Unmöglich kann der Mensch das erhabne Ding seyn, wofür ich ihn sonst ansah : er ist entweder eine Karrikatur, oder ein Ungeheuer ! Um glücklich unter der Sonne zu seyn, muß man Ignoranz im Kopf oder kaltes Blut in den Adern haben ! ‹ «

M. *:* Die Karawane, neben der Belphegor herlaufen muß, gelangt endlich in das Land des auch heute wieder beliebten großen › Negus ‹. Rein äußerlich unterscheiden sich dessen Untertanen scheinbar nicht von anderen Menschen ; obwohl einiges natürlich merkwürdig wirkt : so, zum Beispiel, ertönt plötzlich ein Signal ; die Leute horchen auf — und unversehens hebt Jedermann die Halbfäuste an, und niest !

F. *(ironisch) :* » › Oh, es giebt noch weit mehr Sonderbarkeyten in diesem Lande : haben Sie noch keine bemerkt ? ‹ «

B. *(zögernd) :* » › Daß hier so viele Leute hinken ? ‹ «

F. *:* » › Ja ; und wissen Sie, warum ? — Als der gegenwärtige Negus den Thron bestieg, verbreitete sich das Gerücht, daß er hinke : sogleich hinkte ein Jeder seiner Unterthanen ! Wer nicht theatralische Geschicklichkeit genug in den Beinen besaß, einen hinkenden Gang natürlich nachzuahmen, der verrenkte sich den Fuß, schlug sich einen Knochen daran entzwei, zerschnitt eine Sehne, eine Ader, oder gebrauchte ein ander Mittel, sich zu lähmen. Als sich das gantze Land auf diese Art gebrechlich — und also dem großen Negus gleich — gemacht hatte, so kam man erst auf die Frage, mit welchem Fuß der mächtige Kaiser eigentlich hinke ? Weil man in der ersten schönen Hitze an diese wichtige Bedenklichkeyt nicht gedacht hatte, so hinkte Dieser auf die rechte, Jener auf die linke Seite : das gantze Land zerfiel sogleich in zwo Partheyen. ‹ «

M. *(gutmütig) :* Da sieht man aber doch, wie Ihr angeblich so großes Buch übertreibt : so etwas gibt es doch gar nicht !

F. *:* Das gäbe es nicht ? : daß doch so viele Menschen in einen Spiegel schauen können, ohne sich zu erkennen ! Erinnern Sie sich nicht noch an die Barttracht Kaiser Wilhelm des Zweiten, › Es ist erreicht ‹ ? Oder das › Schuhbürstchen ‹ eines sicheren Adolf Hitler ? : Wieviele Zeitgenossen sah man nicht postwendend mit dem albernen Zirkumflex unter der Nase herumlaufen, und sich eine noch größere Ähnlichkeit mit jenem Halbmenschen erträumen ! — Warten Sie nur ; es geht weiter . . . :

B. *:* » › Endlich erfuhr man, daß der Kaiser gar nicht hinke, sondern auf einem Auge blind sey ! — Wirklich hatte sich auch das gantze Hoflager, von dem Nächsten nach dem Kaiser an, bis auf den untersten Stallknecht, aus Ergebenheit gegen ihren Herrn das linke Auge ausstechen lassen. Und nur aus Neid, Mißgunst und Unterscheidungssucht war von den Höflingen zuerst das Gerücht von dem Hinken des Kaisers ausgesprengt worden : damit der Hof allein mit dem Vorzuge einer wahren Ähnlichkeyt mit dem Negus prange. Aus alberner Begierde vergaß das tumme Volk, sich zu erkundigen, welches Auge ihrem Monarchen fehle ; sondern sie liefen haufenweise, wie in einer Trunckenheyt, zurück ; und Jeder stach oder stieß sich ein Auge aus. ‹ «

F. *(halblaut) :* Wer will, nehme das alles symbolisch für die grauenhafte hinkende › Einseitigkeit ‹ oder › Selbstverblendung ‹ unter Hitler — und nicht nur unter ihm !

B. : » Wer sich nicht blendete, mußte, als Bastard des Reiches, zu seiner Kränkung zeitlebens in ewiger Unähnlichkeit mit dem Negus bleiben, und wie ein Verworfener von den Übrigen verachtet werden. / Der große Negus selbst ehrte und erhub natürlich Diejenigen am Vorzüglichsten, die gerade so blind waren wie er ! «

F. (fragt messerscharf) : Genügt's jetzt ? !

M. : Übersprungen sei der Exkurs : wie Medardus für kurze Zeit in einem Nachbarländchen zur Regierung gelangt, und dem Glanze des gelben Goldes erliegt, wie nur einer. Wie er endlich mit der geliebtesten seiner vollschlanken Schwarzen, Zaninny, fliehen muß. In eine Amazonenrepublik gerät, wo die Weiber den Männern Katzen vorziehen. / Unser Belphegor jedenfalls entkommt über's Rote Meer ; und reist mit einer Karawane frommer mohammedanischer Sektierer in Richtung Persien.

F. : Da ergibt sich organisch Gelegenheit für unser großes — wenn auch nicht blühendes, so doch immer noch vorhandenes — Buch, über die Stellung der Religionen zu einander zu ruminieren ..... :

B. (nachdenklich und betroffen) : » Warum nennt man diese Leute Ungläubige ? Sie, die mit den feurigsten Regungen Gott verehren, deren ein Christ nicht fähiger seyn kann. Mag er doch den Mahomed, den Ali oder Abu=Beckr für große Menschen halten ; mag er sich doch ein Stückchen von seinem Fleisch verschneiden lassen ; mag er doch nach Mekka oder nach Bagdad sein Gesicht bey dem Gebete kehren : wenn sein Herz nur zu Gott gekehrt ist, gilt jenes nicht Alles gleich ? ! «

F. (kühl) : » Gerade war Belphegor im Begriff, Jenem seine Freude über seine Andacht auszudrücken, als eine Stimme aus dem Gesträuche hervorbrüllte : › Du Verworfener ! Der Du die heilige Sunna verachtest, und den triegerischen Ali über den erhabenen Abubecker sezest : stirb von meinen Händen, Ungläubiger ! ‹ — Sogleich durchrannte ein hervorstürzender Mann, schäumend, mit einem Spieße den betäubten Erschrockenen, daß er leblos auf dem Fleck niedersank, den kurz zuvor sein Knie in dem Feuer seines Gebetes gedrückt hatte. › Blut ‹, sezte der Mörder hinzu : › gottloses Blut fließe zur Ehre des großen Propheten und seines rechtmäßigen Nachfolgers. ‹ «

B. *(düster) :* Daß die Toleranz dem lieben Gott ein Greuel ist, ist freilich bekannt genug ; aber wenn ER den Frieden nicht will ? : *Ich will ihn ! ! !*

F. *(ironisch entschuldigend) :* Irren ist göttlich. — / Jedenfalls wird Belphegor ebenfalls verwundet — mehr gebührt ihm ja auch nicht : er wird allmählich zu einer Art lebenden Kerbholzes : bei jeder Narbe kann er sich eines typischen Problemkreises und dessen › Behandlung ‹ durch die Menschen erinnern. / Ein vorbeireisender arabischer Räuber findet und pflegt ihn — die übliche launenhafte Mischung aus Roheit und Gutmütigkeit, Wahnsinn und Vernunft, wie sie auch ein munteres Kennzeichen der formica sapiens ist. Jedoch ein Nebenräuber fällt binnen kurzem Belphegors Erretter an ; besiegt ihn ; und Beide müssen weiter ins Elend › wandern ‹ : sogleich werden sie von einem Reitertrupp des Großherrn angehalten, ganz › giölgeda padishanün ‹ . . . . . :

B. *:* » Schon wurden sie, mit dem Schwerte in der Hand, auf ihr Gewissen befragt, ob sie sich zu Dubors oder Misnars, zu Abimals oder Abubals, oder aber des Sultan Amurats Parthey hielten ? — › Zu derjenigen, die das meiste Recht hat ‹, antwortete Belphegor. — Da ein Türke keine andere als lakonisch positive Antwort annimmt, so wurde die Frage noch einmal, und zwar peremptorisch gethan ; und um ihn zu einer präzisen Antwort desto schneller anzutreiben, schwangen die Examinanten die Säbel über ihren Köpfen, und hielten sich zum Hiebe bereit. Jede entscheidende Antwort konnte ihnen den Tod bringen, und jede Verzögerung brachte ihn gewiß — : sie wählten blindlings eine Parthey, und trafen glücklicherweise diejenige, zu welcher die Fragenden sich bekannten. Um sich aber solcher Gefahr nicht länger auszusetzen, beschlossen sie, ein Land mit dem ehesten zu verlassen, wo die Neutralität schlechterdings unerlaubt war. «

F. *(bedeutsam wiederholend) :* › Neutralität unerlaubt ‹ ? Trägt nicht auch uns dergleichen täglich der Westwind zu ? : › Quousque tandem, Struthio ? ! ‹

M. *:* Sie betreten nunmehr das Reich des Silbernen Löwen — und stoßen unverzüglich auf neue Leichenhügel und Blutbächlein : ein dreifach Heil unseren Verkleinerungssilben. Eine Spezialkarawane des Schah=in=Schah, dessen › Stimme erschallt vom Mond bis zu den Fischen ‹, geleitet eine berühmte Schönheit in dessen Harem, und metzelt › unterwegs ‹ Alle nieder, die sie eventuell hätten sehen können. Belphegor macht, in seinem gewohnten edel=entrüsteten Ton, Anmerkungen über die entsetzliche Willkür, worauf die Einwohner ihn schon für einen Weisen halten — dabei ist es lediglich ein halbbefangener Ausländer : aber der erscheint eben einem ganzbefangenen Inländer oft schon als › Weiser ‹. Man empfiehlt ihm, die Bekanntschaft eines gewissen Derwisch zu machen .....

B. *(übernimmt) :* » ... der in einer völligen Eynsamkeit lebte, und ihnen unter dem Nahmen des › Derwisches in den Bergen ‹ bekannt sey. Sie setzten hinzu : Jedermann, der ihn gesprochen habe, sey voller Bewunderung und Ehrfurcht zurückgekommen, und habe versichert, daß sein Mund von einem unerschöpflichen Strohme von Weisheit und heilsamen Lehren überfließe. «

F. *(kühl) :* » Eine solche Nachricht war für Belphegors Begierde ein Sporn. Kaum konnte er die Landleute endigen lassen, als er auch schon um einen Wegweiser bat, der ihn zu dem glücklichen Orte führen sollte, wo er einen Menschen zu finden hoffte. — Sein arabischer Räubergefährte, dessen Durst nach Weisheit nicht halb so heftig brannte, warnte ihn sehr eifrig, sein Leben und das wenige gerettete Geld nicht der Treulosigkeit dieser Bösewichter anzuvertrauen, die ihn in unwegsame Gebürge führen und in den ersten=› besten ‹ Abgrund stürzen würden. So sehr er aber Belphegorn mit seiner arabischen Beredsamkeyt zusezte, und so stark er seine Warnung mit Gründen unterstützte, so blieb doch Dieser in seinem Vorsaze unbeweglich — ebenso unbeweglich blieb auch der Araber in dem seinen, und trennte sich von seinem Gefährten, um wieder in sein Vaterland zurückzukehren, wo man nach seiner Meynung viel edelmüthiger stahl und raubte, als irgendwo. «

M. : Belphegor klettert also hinter seinem Wegweiser her, durch Dorn und durch Gedränge, über Felsen und Vergletschertes ; kommt aber doch endlich richtig an ; und hier die Probe einer Wezel'schen Naturbeschreibung, etwa im Stile Karl Mays, an dessen › Tal der Dschamikun ‹ die ganze Situation überhaupt stark erinnert . . . . . :

A. : » Die gantze Fläche des beynahe eyförmigen Thales war ringsum von Bergen umschlossen, die sich amphitheatermäßig in mannichfaltigen Absäzen erhuben : hier stellte sich eine schneeweiße Felsenspitze wie ein Thurm in die Höhe ; hinter ihr dehnte ein brauner Berg den langen Rücken weg ; und, höher als Beyde, verlor sich eine Menge zackichter gräulicher Gebürge mit ungleichen Höhen am Horizonte. Dort hiengen Felsenstücken in der Luft, die nur einen Stoß zu brauchen schienen, um herab zu stürzen ; neben ihnen bedeckte ein düstres Strauchwerck den phantastisch gekrümmten Berg, der sich mit einer Menge kahler Beugungen und Höhlungen endigte, und die breitesten weitschimmernden Häupter entfernter Gebürge darüber emporsteigen ließ. Bald stürzte sich ein kleiner Bach, beynahe hängend, an einer Felsenwand herab, verschwand, brach eine weite Strecke davon wie ein brausender schäumender Bach aus dem Felsen hervor, flog über ausgehöhlte schwebende Steine hinweg — und wurde von einem Schlunde gierig verschlungen, um nie in dieser Gegend wieder zu erscheinen. Bald stieg eine allmähliche schiefgedehnte berasete Anwand bequem in die Höhe, hier nackt, dort in einem Mantel von gelbgrünem Gesträuche. Die Seite, von welcher sie in die Ebne hinabstiegen, war ein hoher platter Berg, der die Aussicht beschloß, mit einem Cedernwalde bedeckt, durch welchen sie hindurchwandern mußten ; und kaum waren sie heraus — siehe ! so stund, wie hinter einem eröffneten Vorhange, das gantze schöne Thal vor ihnen. In seine vielfältigen Wälle von Gebürgen eingezäunt, mit etlichen kleinen schmalen Wasserkanälen durchzogen, mit Bucketten von Obstbäumen, lichten und dunkelgrünen Büschchen, beynahe regelmäßigen Pflantzungen, frischgearbeitetem Acker, blühenden kriechenden und aufgestengelten Gewächsen, Gruppen von Citronenbäumen mit goldenen blinkenden Früchten und einzelnen kleinen Hüttchen gleichsam bestreuet. «

F. : Als Besitzer all dieser Friedlichkeiten entpuppt sich der Bruder einer — früher einmal kurz aufgetretenen — Marquise. Er war im Mutterlande, anläßlich der Hugenottenverfolgungen durch Ludwig den 14., ins Gefängnis geworfen, und vor die Wahl gestellt worden : entweder mit Frau und Kindern hingerichtet zu werden — oder aber, zum Schein bekehrt, einmal die Messe zu besuchen, und im übrigen die Konsequenzen für sich zu ziehen. Etwa in solchen Gedankengängen ..... :

B. : » Ich überlegte und überlegte. Kämpfte und stritt mit mir selbst. — › Gütiger Gott ! ‹ rief ich endlich und sank auf meine Knie : › Konntest DU den Menschen so schaffen, daß nothwendig Einer mit dem Andern nicht gleichförmig denken kann, und doch gleichwohl Jeder sich für den eintzigen Besizer der Wahrheit hält. Konntest DU zulassen, daß Einer den Andern zu seiner Meynung zwingen darf : warum solltest DU es mir als ein Verbrechen anrechnen, wenn ich den Gesezen DEiner Einrichtung folge ; wenn ich, der Schwächere, dem Stärkeren mich unterwerfe und in die Anordnung füge, die von Ewigkeit her in DEiner Welt geherrscht hat — : daß der Schwächere Unrecht behält, thun und sogar glauben muß, was der Stärkere zu glauben gebiethet ? Glauben kann ich nicht ! Aber um drey Menschen aus einem martervollen Leben zu erlösen ; um sie nicht ewig in Banden seufzen zu lassen ; um sie der Glückseligkeit fähiger zu machen, wozu DU doch wohl jedes Geschöpf auf diese Erde gesezt haben willst — kann ich nicht, um solcher edlen Endzwecke willen, die DEin eigener Wille seyn und Deine Billigung haben müssen — den Stärkeren ohne

Sünde betriegen? Thun, als wenn ich das Joch seiner Meynung annähme, und bleiben, was ich meiner Eynsicht nach seyn muß? / DU hast uns einmahl so angelegt, daß unser Glaube von erlernten Vorurtheilen, Leidenschaften und Trieben, wie eine Marionette, regiert werden sol: was kann ich dafür, daß meine Gegner die Stärke haben, mich nach ihrer Richtung hinzureißen, oder zu würgen? — Ich schwöre: wer von uns Beyden Recht hat, weißt DU nur, DU Richter der Welt!: DU willst es nicht unmittelbar entscheiden: ich bleibe also bey d e r Wahrheit, die mir die Nothwendigkeit des Schicksals als Wahrheit aufgedrungen hat; und entsage ihr mit dem Munde, weil eben dieselbe=DEine Nothwendigkeit mich dazu zwingen läßt. Wohlan: mein Meyneyd muß das edelste Werck seyn, denn er rettet drey Geschöpfe vom Elende!‹ «

F. *(ruhig):* » Und Du schwurst? «

B. *:* » Ja. Ich that es. Und mein Gewissen hat mir noch nie einen Vorwurf darüber gemacht: ich glaube, ich that die nützlichste, die beste That! «

M. *:* Nach diversen Emigrationen gelangte der Derwisch samt Familie dann endlich in dieses Halb=Elysium, und praktiziert nach Kräften seiner Weisheit letzt=trüben Schluß.....:

B. *:* » Um in dieser Welt sich zu freuen, daß man ein Mensch ist, um sich und seinem Geschlecht Würde zu geben und auf seine Natur stoltz zu seyn, muß man sich illudiren! Muß die Augen verschließen; keinen Blick außer sich thun; und dann in süßen Schwärmereyen dahinträumen. «

F. *(kalt):* Denn: so ganz ohne dubiose Hintertürchen ist auch dieses Paradies nicht. Als der derwischisierende Gallier mit seiner mühsam geretteten Gattin an einem Hange ruht — bei abgehellter Luft, wenn schon des Thaus Tröstung, undsoweiter — da gerät diese an einen verlockend sich wiegenden Beerenstrauch, apartrauschender Blätter übervoll, die Früchtchen süßschmeckend und ausgesprochen eldoradisch : den stillen Pflanzen ist Wezel ohnehin sehr zugetan, und weiß sie, ob ein- oder zweihäusig, liebevoll abzuschildern. Aber auf einmal beginnt die Frau große atropinische Augen zu bekommen : ah ! : keine Luft ! Greift mit Händen rundum — und stirbt : vergiftet von Paradiesischem.

M. (trübe) : Diese Zwischenanekdote bildet gewissermaßen ein schon=vorbereitendes entremets ; denn . . . . . :

B. (aufgeregt) : » Mitten in der Nacht, als die ganze kleine Kolonie in dem tiefsten sorglosesten Schlafe lag — denn vor welchem Eigennuze sollte sie in der abgesondertsten Eynsamkeit sich fürchten ? — weckte Belphegorn plötzlich ein Getöse, das immer mehr sich verstärkte und näher rückte. Er hob sich empor, und wurde von einem Widerscheine erhellet, der die schrecklichste Feuersbrunst ankündigte. Er sprang auf, schaute herum, und erblickte Wohnungen und Bäume vom Feuer ergriffen ; und zahlreiche Truppe mit lodernden Hartzfackeln über die Ebnen hinstreichen, um die Verwüstung noch weiter auszubreiten. Er erschrak ; wollte seinen neuen Freund retten ; wurde inne, daß seine Hütte beynahe schon niedergebrannt war ; vermuthete, daß er das Opfer der Flammen geworden sey ; dachte an sich — und floh. «

F. (erläuternd) : » Der Überfall geschah von einem Trupp Leute, die jenseits der Berge wohnten : die Ruchlosen hatten vermuthet, daß Niemand einen so beschwerlichen Weg wie Belphegor unternehmen würde, wenn ihn nicht wichtige Reichthümer lockten ! Da ihnen der Mann etwas ausländisch vorkam, so war der nächste Eynfall, ihn für einen Zauberer zu erklären, der, durch geheime Wissenschaften, in den Bergen verschloßne Schätze aus der Ferne gespürt habe, und itzt gekommen sey, sie abzuholen. Aus dieser Ursache versammelten sie sich sogleich, als der vermeynte Schatzgräber seinen Weg in das Gebürge antrat ; folgten ihm heimlich nach ; und beschlossen, seine Rückkunft mit den Schätzen zu erwarten. Da ihnen aber einfiel, daß der Mann, als ein Zauberer, wohl seine Rückreise auf geflügelten Drachen, oder mit einer anderen Art von Hexentransport veranstalten könnte, so änderten sie weislich den Plan, und faßten den Entschluß : ihn noch die nämliche Nacht mit Feuer, als den sichern Waffen wider alle Zauberey, anzugreifen ; wiewohl sie auch noch die menschenfreundliche Nebenabsicht hatten, ihn vermittelst desselben aus seiner Wohnung hervorzuscheuchen, sich die Schätze zeigen zu lassen, und ihm alsdann zur Belohnung die verdammten Zauberergebeine zu Asche zu verbrennen. Sie wurden noch mehr in ihrer Meynung bestärkt, da der zurückkommende Wegweiser ihnen das empfangene Geld zeigte ; und, um seine Erzählung interessanter zu machen, hinzusezte : daß ihm dieses der Mann, durch einen Schlag mit dem Stabe, aus der Erde habe hervorspringen lassen. «

M. *(mitleidig kopfschüttelnd) :* » Sie warteten in einem Hinterhalte, bis der Zauberer schlafen würde — wo seine Kräfte nicht würcken könnten — und führten ihr schreckliches Stratagem aus : sie zündeten die Hütten des Derwisches an, der wegen langer Sicherheit ungewohnt worden war, Feindseligkeiten von Menschen zu besorgen — und mit seinen Töchtern verbrannte, ehe sie noch ihr trauriges Schicksal wahrnahmen. Belphegor erwachte, ehe das Feuer seine Wohnung verheerte, und entrann in den nahen Wald ; indessen daß die Feinde an der brennenden Hütte des Derwisches lauerten, um den herauskommenden Zauberer zu erhaschen : sie lauerten, bis Alles niedergebrannt war ; sie lauerten bis zum Morgen . . . . . ? :

F. *(in seiner gewohnten ernüchternden Art) :* » Der Zauberer erschien nicht. — Weswegen sie vermutheten, daß er durch die Lüfte entwischt sey ; und, da sie sich nicht getrauten, ihm auf diesem Wege nachzusetzen, so verfluchten sie ihn ; giengen unwillig fort ; machten eine Eintheylung von den Schäzen, die sie hätten bekommen können, und prügelten sich tapffer herum, wenn Einer zu habsüchtige Ansprüche machte : so nahm die Komödie doch ein würdiges Ende ! « — Belphegor ist, wie immer, aufrichtig betrübt und zernichtet . . . . . :

B. : » › So sind meine schönen Hoffnungen abermals zerstäubt ? ‹ rief er, als er sich ein wenig gesammelt hatte : › Ich wollte erst anfangen zu träumen, und habe schon ausgeträumt ? ! Daß doch jede Glückseligkeit auf diesem elenden Planeten vorüberfliegender Traum ist, und nur die Leiden nicht ! — So will ich wenigstens die Umstände brauchen, wie sie sind : kann ich in diesem Winkel nicht mit meinem ehrwürdigen Freund glücklich leben, so will ichs ohne ihn thun ! Hier, in diesen Bergen, will ich wohnen, die Früchte der verscheuchten und getödteten Bewohner genießen, und dann, Tod !, in Deiner Umarmung glücklich werden ! ‹ «

F. *(eisig) :* » Mit dieser schönen Entschließung sezte er sich unter einen Baum, und begann voller Verlangen auf den Tod zu warten. Da hörte er das Geräusch eines Fußtrittes, hielt es für einen Feind, und, weil er schlechterdings nicht von Menschenhänden, sondern nur › vom Tod ‹ umgebracht seyn wollte, so sprang er auf und floh. Der Andre sezte ihm nach, und erhaschte ihn — in der ersten Hize, ehe sie einander erkannten, thaten sie sich ein paar Feindseligkeiten an ; und wurden endlich zu ihrem Leidwesen gewahr, daß sie sich unnöthig Wunden gemacht hatten : es war Einer von der Colonie des Derwisches, der Belphegorn bey diesem gesehen hatte, und also wohl schließen konnte, daß sie von e i n e r Ursache in die Flucht getrieben worden seyen. Sie verständigten sich hierüber ; und Belphegors erste Frage war alsdann : wo der Derwisch hingekommen sey ? «

M. » Er ist, nebst seinen beyden Töchtern zu Pulver verbrannt. «

B. *(erregt) :* » So verscharre mich neben ihm ! Denn ich will sterben : hier auf diesem Flecke sterben ! «

F. *(nüchtern) :* » Der Andre that etliche Vorschläge, wie sie wohl mit Ehren Beyde noch länger leben könnten ; und ermahnte Belphegorn in dieser Rücksicht, mit ihm sich durch das Gebürge durchzuarbeiten ; frantzösische Kaufleute aufzusuchen ; und dann nach Frankreich zurückzukehren. — Er sezte ihm mit seiner gantzen Beredsamkeyt zu — weil ihm daran lag, einen Gefährten zu seiner Reise zu haben — und brachte es auch endlich so weit, daß Belphegor seine Vorschläge in Erwägung zog. «

M. *(bedenklich) :* Aber wovon leben ? : es ist ein weiter Weg von Ispahan nach Paris und seinem Venusberg ! — Sie beschließen endlich, sich als Gaukler und Marktschreier ihr Geld zu verdienen, und malen zu diesem Behuf den › Tod des Großen Alexander ‹ an eine, auf Stäbe aufrollbare Leinwand. Aber unterwegs kennt Den kein

Mensch — wenn sie ihn wenigstens noch › Iskandér ‹ genannt hätten ! — ; Manche nehmen sogar an, die beiden Stromer wollten sich über Mohammed lustig machen, und steinigen sie laufend ; einmal fast zu Tode. Es bleibt nur Betteln ! — Belphegor, der zuerst nicht viel verdient, macht endlich ein System daraus, den Frauen, zumal den alt=häßlichen, faustdicke Schmeicheleien zu sagen, und lebt seitdem ohne Mangel.

F. : Prompt wird sein Gefährte neidisch, verprügelt ihn, nimmt ihm sein bißchen Gewinnst, und läßt ihn blutend liegen : Belphegor hinkt ächzend auf und weiter : am Wegrand sitzt ein verschleiertes Frauenzimmer, und bietet sich ihm an — er ist jedoch viel zu niedergeschlagen im Augenblick, für dergleichen Leibesübung ; dennoch folgt sie ihm unermüdlich ; bis er schließlich, um sie nur loszuwerden, bittet : ihm den Weg in die nächste Großstadt zu zeigen. : Aber gern : da will sie ohnedies, der besseren › Verdienstmöglichkeit ‹ wegen, auch hin ! Und wer ist es schließlich ? . . . . . :

M. : Wer sonst, als Akante ? ! : Sie wurde in Türkeien aller Art von Harem zu Harem vertauscht ; gegen 1 Pferd etwa, oder ein schön geschnitztes Schachspiel. Endlich gelangte sie ins Haus eines persischen Großen . . . . .

A. (entrüstet) : » . . . und ich wurde unter die Zahl seiner Beyschläferinnen aufgenommen. Ob er gleich, aus besonderen Absichten, nur zwey Weiber hatte, so war doch sein Haus ein beständiger Schauplatz des Zanks und Tumultes : es theilte sich in zwo Factionen, die einander tödlich haßten, und mit aller Erfindungskraft auf Mittel sannen, ihren Haß zur Thätlichkeit werden zu lassen : Sklaven, Sklavinnen, Alles, hatte den Groll der betreffenden Gebieterin angenommen, und verfolgte sich, als wenn es seine eigne Angelegenheit wäre. Vorzüglich äußerte sich diese Feindschaft bey der Geburt eines Kindes : die eine von den beyden Weibern war gantz unfruchtbahr, die andre hingegen hatte ihrem Herrn schon drey Kinder gebohren ! Ein solcher Vorzug war des bittersten Neides werth : als diese Glückliche zum vierthemahl niederkam, so biß sich ihre Neiderin vor Zorn und Unwillen bey der ersten Nachricht davon so heftig in die Unterlippe, daß man sie ablösen mußte, um eine Entzündung des gantzen Gesichts zu verhindern. Kaum hatte sie den Schmertz ausgestanden, als ihr die Rachsucht den grausamen Entschluß eingab, die Wöchnerinn nebst ihrer Frucht im Bette zu verbrennen : sie gab ihrer Parthey Befehl dazu, die mit der größesten Bereitwilligkeit eilete, ihn zu vollstrecken : im Augenblick loderten die Flammen in ihrem Zimmer und allen Ecken hervor ; ergriffen die nächst daranstoßenden ; verbreiteten sich weiter ; und in wenig Minuten war der gantze Pallast in Rauch und Flammen gehüllt. Man rettete sich wie man konnte ; und mit dem größten Theile der Sklavinnen entlief auch ich, um ein leichter Joch zu finden. «

F. (vertraulich) : Das Unheimlichste bei dieser Episode — wie schon früher ; und dann auch später immer wieder — ist die Tatsache : wie unsere 4 Helden soweit ramponiert sind, daß sie sich schon rein äußerlich für *Fremde* halten, wenn sie sich begegnen ; und sich immer erst, meist unter Widerstreben, und Mentalreservationen gehemmtester Sorte, › zu erkennen geben ‹ müssen.

M. : Belphegor wird derartig beeindruckt von Akantens neuer Beredsamkeit — sie hatte zuvor ein Maulvoll Opium zu sich genommen — daß er sich ihrem rauschrasch ersonnenen Großprojekt zur Emanzipation des

Frauengeschlechtes begeistert anschließt ; zumal, nachdem er ebenfalls ein Restchen jenes › laudanum ‹ gekostet hat :

B. : » Sie fingen den Zug gleich an, und ihre 4 Arme dünkten ihnen in ihrer stolzen Berauschung so stark als 100 000 zu seyn ; weswegen sie nicht die mindeste Bedenklichkeyt hatten, ohne Hülfstruppen mit dem ganzen Oriente allein fertig zu werden. Sie rückten an den nächsten Ort an, drangen mit Geschrey in ein Haus, und verlangten von dem Manne die Befreyung seines Weibes und seiner Töchter aus der häuslichen Sclaverey. Der Mann, der weder ihre Anrede noch ihre Forderung verstand, aber doch aus ihrem Betragen schließen konnte, daß sie nichts weniger als in friedlichen Absichten zu ihm kamen, hielt es für rathsam, allen Gewaltthätigkeiten vorzubeugen, solange es noch in seiner Macht stünde ; sezte sich zur Gegenwehr, und seine Weiber, zu deren Erlösung unsre Helden ausgereist waren, gesellten sich zu ihm wider ihre Befreyer, die sie mit Faustschlägen, Nägelkratzen und anderen Waffen zum Hause hinauskomplimentierten, vor der Thüre ließen, und in Friede und siegreich wieder in ihre 4 Mauern zurückkehrten. «

F. : » Theils von ihren ritterlichen Thaten und den empfangenen Schlägen, theils von der Überspannung des Opiums ermüdet, blieben sie beyde auf dem nämlichen Flecke liegen, wohin sie der lezte feindliche Stoß versezt hatte ; und in kurzem waren sie in dem tiefsten Schlaf, worinne sie unter den schwärmerischsten Träumen und Entzückungen bis zum Morgen verblieben. Als sie erwachten, sahen sie sich voller Verwunderung an einem Orte, den sie vor ihrem Schlaf niemals gekannt hatten ! Entdeckten voller Verwunderung Beulen und geronnenes

Blut Eins in des Andern Gesichte ; erblickten mit Erstaunen Spuren eines Scharmützels, dessen Folgen sie deutlich fühlten, ohne daß sie nach ihrem lebhaftesten Bewußtseyn dabey gewesen waren ..... sie sannen ; aber ihr eigener Zustand blieb ihnen ein unauflösliches Räthsel, weswegen sie ohne ferneres Kopfbrechen sich endlich von der Erde erhuben, und bedächtlich ihren Weg antraten. «

M. : Man bettelt sich, unter beständigen, gewissermaßen organisch anfallenden Prügeln bis tief in die › Sinesische Tartarey ‹ hinein — keine Spur von › Lenkung ‹ oder › Führung ‹ oder › Vorsehung ‹, die überhaupt alle besonders schlecht im Buche wegkommen : das ist Alles so fade und höllisch lächerlich ; eine träge Revue aus Blut & Langerweile, abgespielt vor einem leeren Parkett — denn auf Gott, sei es als Regisseur, sei es als Zuschauer, hat man ja dankend verzichtet.

B. : Von entzückend vorangaukelnder Musik durch endlose Dornenwälder nachgelockt, erleben Belphegor und Akante allegorische Bereiche, wo zwergisch=Unbelehrbare zeitlebens hinter Goldfasanen hersetzen, › Weißen Hirschen ‹ und rotschimmernden Fischen. Während ein abgeklärter Alter — der sich in jüngeren Jahren freilich genau so gebärdet hat, und also die Chose kennt — während der ihnen noch symbolisch=schwermütige Erklärungen gibt, zahnlos=unerfreuliche, die vielen Konsonanten rischeln wie Winterschilf, während sie noch schlaff=betrübt von Weisheit klatschen — dies der exakt=verzweifelte Ausdruck : mehr ist dem Menschen nun einmal nicht vergönnt ! .....

F. : Während dessen also erfolgt ein kleineres tektonisches Erdbeben ; Schollen reißen sich los ; im allgemeinen Tohu=wa=Bohu schwemmt es Belphegor & Akante —

oder, wenn man mit Gewalt höflich sein will : Akante & Belphegorn — davon.

M. : An der Californischen Küste werden sie angetrieben — natürlich ausgerechnet an dem allerödesten Landstrich, wo sie vergeblich in Triebsanden nach, und sei es den dünnst=bitteren, Wurzeln wühlen. In diesem neu=alten Dilemma — dem Zug nach probat=glücklicher Einsamkeit, und dem nach unterhaltsam=ernährender Menschengesellschaft — schlagen wieder einmal mehr über Beiden die Gedanken zusammen ..... :

A. (*in, sich immer steigernder, Betrübnis*) : » Sie dachte an alle Örter der Freude zurück, wo sie jemals in Lust und Entzücken geschwommen hatte : › O, wie schön, ‹ dachte sie, › war es im Serail des großen Fali ! Wie schön beym Markgrafen von Saloica, ob ich gleich alle meine Reitze dort einbüßte ! Wie schön bey Papst Alexander, dem 6. ! Wie schön überhaupt in Europa, in den Armen meiner Geliebten, ob Christen, Juden, Heiden, der starken Jünglinge — ach, die glückliche Zeit ist vorüber ; und hier soll ich nun auf dieser dürren Insel, ohne Gesang und Klang, nicht einmahl begraben werden, sondern vermodern, und von den Vögeln des Himmels zerstückt werden ? ! Kein Jüngling soll 1 einzige Strophe auf meinen Hintern singen ? Kein Liebhaber 1 Thräne auf meine erblaßten Wangen tröpfeln, und sie wieder aufküssen ? ‹ « — (*Wimmernd*) : » › Nichts ; nichts : Alles nichts ! ‹ «

F. (*amüsiert*) : Während unterdessen Belphegor in seinem Sandloch buddelt, und düster in dasselbe also hineinredet :

B. (*grollendes Gemurmel*) : » › Wenn mich das Schicksal auf der einen Seite zu den Menschen hin stößt — und auf der andern sie wieder von mir entfernt ? : O Labyrinth, o Räthsel! Der Tod schneidet den Knoten am besten entzwey. / Wohlan : zeugt die Natur Geschöpfe, um sie in Qual zu versenken ; macht sie so herrliche Anstalten, um sie untereinander zusammenzuknüpfen, daß sie erst hungern=frieren=schmachten, die äußerste Erschöpfung der Kräfte durch Schmertz und Gefahren erdulden, sich kränken=verfolgen=martern=erwürgen müssen ; durchwebte sie dieses Leben mit Dornen, um uns die einzeln blühenden Bäumchen desto wohlthuender, einnehmender zu machen ; gab sie ihren Geschöpfen eine so traurige Fruchtbarkeyt, daß sie mehr ihresgleichen hervorbringen, als nach der Veranstaltung des Schicksals ernährt und erhalten werden können — — : Mag sie es verantworten! Ich kann nicht mit ihr rechten ; denn — unglücklich genug! — wir haben keinen Richterstuhl, der über uns erkennt! Der Mensch, die Creatur, müssen leiden, weil sie die Schwächeren, weil sie nichts sind. / Komm, Akante ; laß das verächtliche Geschlecht, das zum Quälen allezeit, zur Hülfe nie, bey der Hand ist : laß es! Wir wollen ihm fluchen — und sterben! ‹ «

F. : Da aber sogar der Herr Tod saumselig sein kann, und nicht immer auf der Stelle herbeigeschlendert kommt, wenn man ihn gerade brauchen könnte, so erscheint fürs erste sein Bruder, der Schlaf — aus dem Belphegor freilich bald durch ein Rütteln geweckt wird. Eine mächtig=bunte Hand sieht er auf seiner Bettlerschulter liegen? — : Wilde haben sie gerettet ; und speisen und tränken sie im Überfluß.

M. : Was sogleich zu schönen Deklamationen im Sinne Rousseau's Anlaß beut ; freudigen Einfällen von › Unverdorbener Natur ‹, Gesichten von einer › Welt unschuldiger Menschen ‹, und wie die liebenswürdigen Witze weiter heißen, die eben zu Wezels Zeiten von wohlkostümierten Hirten vor sich hin gelispelt wurden.

F. *(berichtigend) :* Leider müssen unsere Helden die Entdeckung machen, daß sie lediglich erst gemästet, und dann gefressen werden sollen ! — Glücklicherweise entsteht gleich in der, dieser Erkenntnis folgenden, Nacht ein Getümmel im Dorf : der Nachbarstamm hat die Bösewichter überfallen — gibt es etwa doch etwas wie eine › ausgleichende Gerechtigkeit ‹ ? Aber, oh weh ; die Angreifer waren nichts als › weltanschaulich empfindlich ‹ ; nämlich entrüstet darüber : daß ihre gottlosen Nachbarn die beiden weißen Mondmenschen nicht erst den Göttern opfern, und dann fressen wollten : Quelle nuance !

B. *:* In dem allgemeinen Catch=as=catch=can können die Beiden aber doch entrinnen. Mühen sich wiederum durch kalte und lauwarme Wildnisse. Eines schönen Morgens — das heißt, so schön ist er gar nicht : die verfluchten Moskitos ! — vernehmen sie Stimmen : ? : es sind, wie die internationale Akante erkennt, die auch einmal einen Hidalgo zu ihren Buhlen zählte, Spanier. Die willigen ein, unsere Leutchen in die Wonnen der Zivilisation zurückzuführen ; um 1 Haar geht aber erst noch ihr Ruderboot verloren : Belphegor stürzt sich, todverachtend, in die reißende Strömung ; und birgt es glücklich wieder, sowie den einzigen, hilflos händeringenden Insassen. — — *(Befremdet) :* Der faßt ihn ins Auge ? Noch schärfer ? . . . . . :

M. *:* » › Brüderchen ! ‹ schrye er : › Bist Du es ? Gewiß ? ! — Sagt' ich's doch : die Vorsehung lebt noch ! Wir dachten einander nimmer wieder zu finden ; aber siehe : hier sind wir schon beysammen ! Und auch Du, Akantchen ? Wohl uns : wenn wir erst wieder in Cartagena sind, dann soll's Euch gehen ! : so gut, als Ihr's itzt schlecht gehabt habt ! ‹ — Und so trank Medardus munter sein Glas aus. «

B. *(finster) :* » › Aber, Medardus — wenn › die Vorsehung noch lebt ‹, wie Du immer noch fest glaubst — warum ließ sie mich erst so lange Zeit zweifeln, ob überhaupt eine existire ? Warum mußte ich geschunden, zerschnitten, gesengt, und beynahe gefressen seyn, um davon überzeugt zu werden ? Und noch kann unser Wiedersehen ebensosehr die Wirkung eines Ohngefehrs, eines zufälligen Schicksals, als einer › Vorsehung ‹ seyn. Meine Leiden machen meinen Glauben an sie kein Haarbreit stärker ; ja so gar : sie schwächen ihn ! ‹ «

F. *:* Man gelangt aber diesmal ohne Anstoß nach Cartagena ; und Medardus verschafft dem Freunde — der nun endlich offiziell seine, wenn auch schon mehr nur aus Gravitation noch geliebte, Akante heiraten kann — eine anständige Versorgung als Buchhalter bei einem Plantagenbesitzer. Da jedoch, wo er täglich die grausamste Sklavenwirtschaft vor Augen sieht, gerät Belphegor sogleich mit seinem Brotherrn aneinander ; stellt jenem in feurigen Worten sein Unrecht vor Augen ; und wird, wie ihm gebührt, › fristlos entlassen ‹ — *(spöttisch) :* » aber ein kleiner Rest von Stolz, der ihn überredete, für die Wahrheit eine Aufopferung gethan zu haben, stärkte ihn hinlänglich, daß er so aufgerichtet und fröhlich wie ein Märtyrer über die Schwelle schreiten konnte. «

A. *(immer munter) :* » Er nahm seine Zuflucht zu Akanten, die noch — so sehr sich ihre eigenen Reitze auch vermindert hatten — aus dem nämlichen Grunde gern mit der Liebe spielte, aus welchem ein alter Fuhrmann gern klatschen hört, wenn schon sein Arm zu steif ist, die Peitsche selbst zu regiren. Sie war — wenn man ihre Verrichtung bey dem eigentlichen Namen nennen darf — eine Kupplerinn ; und genoß die Freuden ihrer Jugend wenigstens in der Eynbildung, wenn sie den fremden Genuß derselben vor sich sahe. « — *(Listig) :* » Ihr Mann, der mit seinem Kopfe immer auf irrendritterliche Fahrten ausgieng, konnte, über dem Eifer die gantze Welt zu bessern, nicht daran denken, sein Haus zu bessern, das durch die Geschäftigkeit seiner Frau einem Bordelle nicht unähnlich geworden war : er ließ sich von ihr ernähren, schwärmte mit seinen Gedanken in der Welt umher, suchte Materialien zum Ärger auf, und zürnte, daß die Natur nicht ihn um Rath gefragt hatte, als sie eine Welt schaffen wollte. « — *(Sie lacht hell & perlend auf).*

F. : Einer der Kunden erzählt ihm in der Dämmerung von den Neu=England=Staaten, oben im US=amerikanischen Norden, wo ihm viel Unrecht zugefügt wurde : ein mächtiger und — was damit identisch ist : denn sonst wär'er nicht mächtig ! — ein skrupelloser Nachbar, bekam Appetit auf sein hübsches Gärtchen, das an Dessen Latifundien grenzte, und piesackte ihn, nach Schema Ahab=Naboth, so lange, bis er es ihm schließlich schenkte : ja, ihn sogar noch dringend bitten mußte, es nur anzunehmen ! — Auf die erregte Frage nach dem Namen jenes hartherzigen Schurken hört Belphegor das vertraute › Fromal ‹ ; und beschließt sogleich, nutzlos=edel entflammt wie stets, Jenen aufzusuchen, und ihm ins Gewissen zu reden.

M. : Gouverneur einer Provinz ist Fromal geworden ; und so gut kennt er Belphegor noch, daß er ihm beständig ausweicht — um den Tugendpredigten zu entgehen. Aber Belphegor greift zur Feder, und weiß ihm seinen ergreiſenden Brief doch in die Hände zu spielen, daß Fromal in sich geht — ein wenig. Ihn vor sich läßt ; ihn auch bittet, wieder, wie vormals, sein Freund zu sein — was gewissermaßen eine andere Formulierung für den Wunsch darstellt : inskünftige mit solchen moralischen Behelligungen verschont zu werden.

B. *:* So legt es, hellhörig, auch Belphegor aus ; und spricht daher mit dem ganzen schönen Ernst eines Heidenbekehrers : » › Nicht 1 Minute kann ich Dein Freund seyn, solange Deine Reue nicht wirksamer ist : nicht bloß vergessen, sondern wiedergutmachen mußt Du Deine Ungerechtigkeyten ! ‹ « / Fromal wiederholt höflich die Versicherung seiner Reue über den bewußten Gartenraub, und glaubt damit weg zu kommen ; aber Belphegor läßt nichts von seinen Forderungen ab ; ja, er geht im Feuer der Unternehmung sogar so weit : daß er von Fromal verlangt, seinen Gouverneursposten aufzugeben, um sich vor neuen Mißbräuchen desto sicherer zu hüten.

F. *(kühl und reserviert) :* » Diese Anforderung war übertrieben, und verdarb darum die Hälfte der schon gemachten guten Wirkung. Fromals Eigenliebe fühlte etwas zu Widriges dabey, um ihm nicht ein Vorurtheil wider den Mann einzuflößen, der sie thun konnte. Aus dieser Ursache brach er kurz darauf abermahls das Gespräche ab, ohne einen weiteren Anspruch auf Belphegors Freundschaft zu machen. / Indes blieb ihm doch ein Stachel zurück, der ihn von Zeit zu Zeit an jene Vorhaltungen erinnerte : er liebte Belphegorn wegen seines Eifers für seine Besserung, er wollte ihn gern oft sehen — und gleichwohl fürchtete er eben diesen Eifer zu sehr, um ihn oft sehen zu wollen. Um sich diese beschwerlichen Anforderungen zu ersparen, bot er Belphegorn das bewußte

Stück Land zum Geschenk an, das er jenem Fremden abgenommen hatte. / Belphegor weigerte sich natürlich, und seine Gerechtigkeitsliebe stellte ihm den Besiz solchen Geschenkes als einen Diebstahl vor! Doch Fromal, der die Menschen kannte, machte ihn durch häufige Zunöthigungen, durch die damit verbundenen Vortheile und Annehmlichkeiten, mit der Idee davon so vertraut, daß Belphegor wirklich — nach langem edlem Weigern — das Geschenk annahm, ohne es weiter für einen Diebstahl zu halten. «

M. : Auch Medardus, › im Bunde der Dritte ‹, wird mit herzugezogen — er bringt die Nachricht von Akantens Tod aus Dixieland mit : anläßlich einer allzu riskanten Kuppelei erhielt sie, von dem Ehemann der betreffenden verheirateten Frau, eins über den Kopf. Medardus tröstet Belphegor mit dem Aperçu, daß es besser für sie Alle und die Welt gewesen wäre, wenn Akante solchen k. o. sofort nach der Geburt versetzt bekommen hätte.

F. : » Der Genuß mannichfaltiger Vergnügungen bey dieser Besizung, und die Erkenntlichkeyt dafür, milderten allmählich Belphegors Unwillen wider Fromals begangene Ungerechtigkeyt ; und bald wurde nur noch davon gesprochen, um darüber zu speculiren. — So war nach vielfältigen, zum Theil selbsterregten Leiden, Belphegor in Ruhe. Besaß ein kleines Landgütchen, mit einer für ihn bequemen Wohnung ; mit schattichten Bäumen, um darunter philosophisch zu träumen ; mit einem Felde, um seinen Unterhalt darauf von etlichen Negern erbauen zu lassen, die ihm Fromal dazu geschenkt hatte : itzt, da er selbst die Nüzlichkeyt dieser Schwarzen genoß, verschwand das Düstere in der Vorstellung von ihrem Zustande ganz! Ob er sie gleich als Menschenfreund beklagte, so schienen sie ihm doch nicht mehr halb so unglücklich, wie ehemahls. «

M. : Lange Unterredungen halten die emeritierten 3 Freunde — denn Fromal hat nun doch abgedankt ; was ihm umso leichter wurde, als er demnächst doch bald gestürzt worden wäre — lange Unterredungen also, über Vorsehung, Schicksal, und ähnliche gleich unerschöpflich=zeitvertreibende Materien : Jeder bleibt letztlich auf seinem Standpunkt ! / Medardus ? : noch als er im Sterben liegt, sind seine › letzten Worte ‹ sein ewig=hoffnungsvoller Refrain : » Wer weiß, wozu es gut ist ? «

F. : Fromal ? : verharrt als Anhänger des Fatalismus ; unzergrübelt, verächtlich ; zu den Disputen der Freunde ist sein Beitrag : » Fromal nickte, und schwieg. « — Unbelehrbar=rebellisch bleibt allein Belphegor :

B. : » › Was findest Du nun in meinem ganzen Lebenslauf ? : blindes Schicksal ? Oder überlegte Vorsehung ? Ich solte durch eine Reihe von Beschwerlichkeyten dahin, die meistens Neid und Bosheit über mich ausgossen : keine hing mit der andern zu einem gewissen Zwecke zusammen ; sondern ich wurde gequält, weil die Menschen nun einmahl so gemacht sind, daß sie nach ihren Gesinnungen und Leidenschaften — die auch nicht ihr Werck sind ! — nicht anders konnten, als mich quälen mußten. ‹ «

(In erhabener Entrüstung) : » › Welch ein Plan ist es aber : Wesen so anzulegen, das aus ihrem ersten Triebe der Selbsterhaltung, Leidenschaften aufwachsen müssen, die solche barbarischen Grundsätze erzeugen ? Was sind all diese Quälereyen in jenem vorgeblichen › Plane ‹ ? Zweck ? Oder Mittel ? ! ‹ «

(Grüblerisch=zerquält) : » › Zweck : können sie nicht seyn : denn welche Idee wäre, wessen würdig, Creaturen zu schaffen, damit sie einander fressen ! / Mittel ? : ebensowenig ; denn wozu führen solche Unthaten, einzeln oder im Ganzen ? — ‹ «
(Finster flüsternd ; es handelt sich schließlich um die Erkenntnis=Summe eines ganzen bedeutenden Lebens) :
» › Entweder müßte also hier, im Plane der Begebenheyten, ein ruchloser Zweck, oder ein thörichtes Mittel, angenommen werden. ‹ «
(Noch leiser ; noch eindringlicher ; im sogenannten › Bühnenflüstern ‹, das man mühelos 30 Meter weit verstehen kann) : » › Oder aber . . . . .? : Oder aber . . . . . ? ! : Die gantze Sache muß ein zufälliger, nicht intendirter Umstand seyn ! —
Und . . . . .
Und ? ? ? . . . . . :
Und vielleicht war die gantze Reihe Meines=Deines Lebens : die Begebenheyten der gantzen Erde ! : Nichts, als Dieses . . . . . ‹ «

(G o n g)

HERDER

ODER VOM PRIMZAHL-MENSCHEN

SPRECHER:

A. : Männerstimmen
B. :
C. : Frauenstimme (*ein hermafroditischer Alt, stellvertretend für das männ=weibliche Herders*)

A. (*spricht langsam, in ergebener Traurigkeit, und mit der schweren Monotonie eines Großen. Ein kleiner Echoraum dahinter*) :
» Obwohl gewöhnlicherweise keine Grab= und Lobschrift zu bemerken pflegt, wie lange ein Mensch sich selbst überlebt habe, so ist dies leider eine der größesten und nicht seltenen Merkwürdigkeiten menschlicher Lebensläufe. Lange kann man, wie die Gestalt seines Grabmonuments, mit lebendigem Leibe umhergehen : der Geist ist von einem gewichen ; man ist der Schatten und das Andenken des vorigen Namens.
Vielerlei Ursachen können zu diesem frühen Tode beitragen, Eigenschaften des Geistes und des Herzens : zu große Wirksamkeit ; zu träge Geduld ; Erschlaffung sowohl als Überspannung ; zu schnelles Glück ; zu lange dauerndes Unglück.
(*Pause ; dann weiter, tonlos, wie oben*) *:* Diesem Morden menschlicher Kräfte und Verdienste stehet ein anderer entgegen, den man *den feinsten Selbstmord* nennen möchte ; er ist umso bedauernswürdiger, weil er nur bei

den erlesensten Menschen stattfindet, und ihr köstliches Uhrwerk nach und nach zertrümmert : Menschen nämlich von äußerst zartem Gefühl haben ein Höchstes, wonach sie streben ; eine Idee, an welcher sie mit unaussprechlicher Sehnsucht hangen. Wird ihnen diese Idee genommen, wird dies schöne Bild vor ihren Augen zertrümmert, so ist das Herzblatt ihrer Pflanze gebrochen — der Rest steht mit welken, unkräftigen Blättern da.
(In steinerner Gleichgültigkeit) : Vielleicht gehen mehr Erstorbene dieser Art in unserer Gesellschaft umher, als man es anfangs glauben möchte : eben weil sie am meisten ihren Kummer verbergen ; . . . . . *(allmählich leiser werdend) :* und das Gift ihres langsamen Todes, als ein trauriges Geheimnis ihres Herzens, selbst dem Freunde verhehlen . . . . . «

(leise vorüberschleichend der Grabesklang eines zersprungenen Gongs)

B. *(fest) :* Johann Gottfried Herder. Am 25. August 1744, gegen Mitternacht, » auf die Wüste der Erde geworfen «. Zu Mohrungen in Ostpreußen, » der kleinsten Stadt im dürren Lande. « Kind einfachster Eltern : der Vater Glöckner und Kantor ; die Mutter Tochter eines Hufschmieds. Eines von Fünfen : die unentbehrliche Gelehrsamkeit ist also zu erhungern — er trank zeitlebens » aus geliehener Tasse «.

A. : Ein Erstes=Entscheidendes : in Preußen gilt, wie immer und anscheinend unvermeidlich, die Allgemeine Wehrpflicht : in die Wiege schon hat ihm, dem Brauch der guten alten Zeit gemäß, die Musterungskommission die rote Kragenbinde eines präsumptiven Korporals gelegt.

B. *(ergänzend) :* .... » Das Rote Halsband « hat er es später, abscheugeschüttelt, genannt.

A. *(fortfahrend) :* Gottlob ist er klein und von schmaler Gestalt ; dazu am rechten Auge die Tränenfistel. Dennoch — und es ist die wörtliche Bescheinigung seiner Frau ....

C. *(mitfühlend) :* » Dennoch lebte er mehrere Jahre hindurch in beständiger Unruhe. Welchen Eindruck das Gefühl dieser täglich obschwebenden Gefahr .... «

B. *(beschwichtigend) :* ..... nämlich des Einberufungsbefehls ; man verzeihe die primitiven Anschauungen unserer Großen : es hat, leider, Keiner davon jahrelang › gedient ‹ — — *(mit furchtbarem Ernst) :* sonst sähe unsere › klassische Literatur ‹ vermutlich anders aus : vollständiger ; weniger weltfremd ....

C. *(fortfahrend) :* ..... » Was diese Gefahr, die ihn auf ewig von den Studien entfernt, und seine vorherrschende Neigung unterdrückt haben würde — denn wie lechzte er nach geistigen Aufschlüssen ! — auf sein zartfühlendes Gemüt wirken mußte, läßt sich eher empfinden als beschreiben. Diese frühen Eindrücke militärischer Gewalt und Sklaverei flößten ihm eine lebenslängliche Abneigung gegen den preußischen Staat ein. «

A. : Ein russischer .... *(Pause ; dann, betont wiederholend) :* ...... russischer Regimentschirurg ist es, der ihn mit sich nimmt, nach Königsberg ; allwo er, einzig jenem Wohltäter zu Gefallen, Mediziner werden will — bei der ersten Sektion in Ohnmacht fällt ; und dann doch lieber rasch zu Theologie & Filosofie hinüber wechselt. Mit 19 Jahren bereits ist er Unterlehrer am Königsberger

Gymnasium. — Da, endlich! : kommt die Erlösung : 1764, also mit 20 Jahren, erhält er einen Ruf als Kollaborator, später Prediger, nach Riga.

C. *(fraulich mitfühlend) :* » Vor seiner Abreise sollte ihm noch etwas Schmerzliches widerfahren : von dem preußischen Militärgericht wurde ihm noch der Eid abgefordert › zurückzukehren, wenn er als Soldat requiriert würde ‹. — Ob er ihn wirklich abgelegt hat, oder er nur dazu aufgefordert worden, weiß ich nicht. Nach dem zu schließen, wie er zuweilen daran gedachte .....

(leise beginnt irgend ein prominenter › Präsentiermarsch ‹ den erzwungenen Meineid zu akkompagnieren)

.... mußte er es wahrscheinlich tun ; denn mit dem tiefsten Unwillen sprach er davon. Das bekannte er, 40 Jahre später, noch : daß er manche Eindrücke dieser Sklaverei, wenn er sich ihrer erinnere, mit teuren Blutstropfen abkaufen möchte! Er sagte an der preußischen Grenze seinem Vaterland ein bitteres Lebewohl. « ... *(Kleine Pause).*

A. (schwelgerisch ; in das blechbläsern stampfende Notengetümmel hinein) : Aber jetzt ?! : R i g a !!

(Die Musik geht organisch=zwanglos über in den › Roten Sarafan ‹, noch in die nächsten Worte von B. hinein.)

B. : Ein aparter Ort dieses Riga : Hansekontore ; eine deutschsprachige Oberschicht von Beamten, Lehrern und Kaufleuten ; die eigentliche Bevölkerung Letten — und, als Hinterland, das Riesenreich, › Ein Sechstel der Erde ‹.

A. : Denn Riga ist russisch ! Und der junge Herder — nun frei, mit erweiterter Brust, feurig und herrlich lernbegierig — : blüht auf ! Sieht sich um, mit immer funkelnderen Augen. Notiert die bunte Fülle » Der Denkart der Völker bin ich nachgeschlichen «, : vergessen wir nie, daß diese Begegnung mit Letten und Russen es ist, die ihn kosmopolitisch auflockert ; und sein Ohr fähig macht, als Erster die » Stimmen der Völker in Liedern « vernehmen zu können.

B. : Und der » Jüngling mit den etwas triefenden Augen «, wie der väterliche Freund Hamann ihn benennt, wird gern ein guter russischer Patriot : zu häufig, um sie wegfilologisieren zu können, begegnen wir Notaten der Abneigung gegen alles Deutsche ; als Prozeß geistiger Ablösung sehr begreiflich und nützlich. » Der Lette will nicht in den Himmel, sobald Deutsche da sind «, schreibt er sich grimmig nickend auf ; und übersetzt gern die schwermütigen Dainos ....

C. : » Tochter, ich flieh nicht die Arbeit : / vor dem bösen Deutschen flieh ich, / vor dem schrecklich bösen Herrn ! Arme Bauren ! : an dem Pfosten / werden blutig sie gestrichen / Arme Bauren in den Eisen ; / Männer rasselten in Ketten ; / Weiber klopften vor den Türen, / brachten Eier in den Händen, / hatten Eierschrift im Handschuh : Unterm Arme schreit die Henne, / unterm Ermel schreit die Graugans, / auf dem Wagen blökt das Schäfchen, / unsre Hühner legen Eier ? / : alles für des Deutschen Schüssel !
Schäfchen setzt sein fleckig Lämmchen ? / : das a u c h für des Deutschen Bratspieß. / Unsrer Kuh ihr erstes Öchschen ? / : das a u c h für des Deutschen Felder. / Mutter hat ein einzig Söhnchen ? / — : den a u c h an des Deutschen Pfosten ! «

A. : Er spürt, er erträumt sich Wirkungsmöglichkeiten — » Entwurf einer Schule für Kurland « heißt etwa einer ; und der erste Essay ist seinem Regentenideal, Peter dem Großen, gewidmet .... :

B. *(nachdenklich aber rasch=dreiviertellaut) :* » Wenn je ein Monarch den Namen des Großen verdiente, so ists Pjotr Alexejewitsch ! Er war Selbstherrscher und Haushälter seines Reichs, ein allenthalben umher wirkender Genius ; der hier anordnete, dort schuf und lenkte, dort anregte, lohnte, strafte : ein erhabener Wilder ! Vater, Künstler und leidenschaftlicher Liebhaber seines unvollendeten Reiches .... « *(weiter ; im klärenden Selbstgespräch) :* » Was für Aussichten überhaupt, diese Gegenden von Osten, wenn erst einmal der Geist der Kultur sie besuchen wird ! : Die Ukraine wird ein neues Griechenland werden. Der schöne Himmel dieses Volks, sein lustiges Wesen, seine musikalische Natur, sein fruchtbares Land undsoweiter : werden einmal aufwachen. Seine Grenzen werden sich bis zum Schwarzmeer hin erstrecken ; und von da hinaus durch die Welt : Hier will ich etwas versuchen ! Hier studieren .... «

A. *(die zur Selbstklärung notierten Themen aufnehmend) :* » Was die Deutschen hier geschadet haben. / Daß es Völker im Orient gebe, von denen man lernen müsse. / Über die zoomorfischen Gottheiten der Slawen ... « *(langsam energischer werdend) :* .... » Aber ausführen ? Sind dazu keine Wege möglich ? — Jetzt noch nicht ; später vielleicht, durch Einfluß am Hofe : Umgang mit Großen ; Überredung des Generalgouverneurs ; Gnade der Kaiserin ; Neid und Liebe der Stadt ?! .... *(Laut) :* O Zweck, großer Zweck ! Nimm all meine Kraft, Eifer, Begierden : ich gehe durch die Welt — was hab ich in ihr, wenn ich mich nicht unsterblich mache ? ! «

B. *(nüchtern) :* Er träumt sich also — formulieren wir den Dünkel des geborenen Wortweltenerbauers getrost so — : als Kultusminister der Zarin Katharina — und schon der bloße Gedanke an die Möglichkeit, kann auch heute noch einen ehrlichen Kerl berauschen !

A. : Zumindest aber ersieht man aus solchen Plänen, daß er nicht mehr, wie einst in Preußen, scheu die Augen zu Boden schlägt, und vor jedem Briefträger zittert : frei trägt er den Kopf durch Riga ! Geschätzt als beliebter Lehrer ; mitreißender Prediger — obwohl er als solcher eine Perücke tragen muß, um älter und ehrwürdiger zu erscheinen. — Zunächst auch noch geehrt, als geistreicher › junger Autor ‹.

B. : Denn schon früh, mit 16, gelingen ihm die ersten gedrängt=dunklen, » bedeutend=rauhen « Gedichte — das erste gedruckte Stück ist die » Ode an Cyrus «, den Zaren Peter. Jetzt entstehen die ersten größeren Arbeiten, die » Fragmente zur deutschen Literatur « und die » Kritischen Wälder « und sogleich horcht das gelehrte Deutschland auf !

A. : » Haben Sie je einen Kopf gekannt, « schreibt Wieland, » in welchem Metafysik und Fantasie und Witz, und griechische Literatur und Geschmack und Laune, auf eine abentheuerlichere Weise durcheinandergähren ? — Ich bin begierig zu sehen, was noch aus ihm werden wird : ein ausgemachter Narr ; oder, viel wahrscheinlicher, ein sehr großer Schriftsteller ! «

B. : Denn Wieland hatte, entzückt, das seltenste aller literarischen Fänomene genau erkannt : den polyhistorisch angelegten Geist, dem gleichzeitig die Worte übers Papier fallen, wie ein dichtes Gestöber von Feuerflocken. Und hier im Fall Herder, oder nie, ist der Ort, die Unglücklichen entscheidend zu rechtfertigen : es ist nicht leicht, ein Polyhistor zu sein !

A. : Rarste Gedächtniskraft gehört dazu, und die › Kunst

des Archives ‹. Zuckende Rastlosigkeit ; oder, genauer : Nervosität als gesunde Naturanlage. Die Fähigkeit Bibliotheken zu bewohnen ; und ausdauernder Mut vorm Papier : es ist weit leichter zu › kämpfen ‹, als 1, auch nur mittelmäßiges, Buch zu schreiben !

B. : Der Polyhistor ? : das ist der eigentliche Synoptiker, der in genialer Schau erkennt, wo Querverbindungen möglich sind ; sei es zwischen einzeln=schnurrigen Fakten, oder ganzen Wissensgebieten ; fruchtbarste Beziehungen, primzahlhaft=verzwickte, an die zuvor Niemand dachte. Tritt hierzu nun noch hohe Feinheit von Ohr und Zunge ; und die — durch Fleiß nicht erwerb- aber entscheidend schulbare — Fähigkeit, Worte zu › vollkommenen Ehen ‹ zu zwingen : dann ergibt sich das dem Kundigen — vielleicht nur dem Fachmann ? — hinreißendste Schauspiel.

A. : Es gehört, metaforisch gesprochen, freilich ein › guter Magen ‹ dazu, die konzentrierten Aufgüsse aus ganzen Körben voll Eichenkeimen zu verdauen — denn hier liegt die Begrenzung des Polyhistors : er ist nicht imstande, die Keime auseinanderzupflanzen, und sie aufwachsen zu lassen, zum Eichenkamp, in dessen Schatten noch Jahrhunderte sich ergehen können. — Seltsames Bild : ein Planet, nur mit Wiesen aus kostbaren Kräutern bedeckt . . . .

B. : Und ähnlich wirkte Herder, beim ersten wie beim letzten Auftreten : befremdet und überrascht war man durch die Fülle des Neuen, den Dauerregen der Anspielungen, die Feinheit der Mikroanalysen über Shakespeare und die Poesie der Volkslieder — und doch ahnte man unabweisbar Wahrheiten, spürte Berechtigungen ; und fühlte sich prickelnd angeregt durch den flackernden Stil.

A. : In bedeutender Ergänzung des Lessing'schen ›Laokoon‹ hatte Herder die Wichtigkeit hervorgehoben : in der Dichtung des *Ohres* ; in der Malerei der *Landschaft* ; in der Plastik des *Tastsinns.* — So schildert er, mit dem Naturrecht des gesunden jungen Mannes Venusstatuen ; und es ist mit nichten ›Geilheit‹, sondern das ewige Recht der Hand, das Recht der Haut ! :

C. (*üppig ; aber innig=weiblich*) : » Der Busen des Weibes ward zart ; völliger ; gekrönt mit der Rose der Liebe. Solange diese, ein Knöspchen, blühet, und der unreife Hügel zur Ernte wächst, schlingt die Grazie der Jungfrauschaft ihren Gürtel um dieselbe . . . . Wenn Venus aus dem Bade mit ihrem gebogenen Taubenrücken herauf tritt — doch wie kann ich beschreiben ? Und was hilft beschreiben, wenn man nicht selbst stehet, und das schöne Gebürge hinabgleitet ? Und wie über der Hüfte sich der Rücken in Weiche verlieret ! Das zarte Verfließen . . . und die Hüften . . . . . und das Knie, ohne todtgelösete Knöchel, als wäre es aus weichem Thone geblasen ; und die Wade des Fußes, weder hangend, und angeklebet, noch dürftig. Und wie die Schenkel zu Marmorsäulen, so wand Mutter Natur die Adern zu zarten Zylindern, und umschlang sie mit dem ersten Brautkranz der Liebe. Und schonte die Spitze des Bogens. Und ließ am Weibe die Hand sanft hinabfließen in kleine Zylinder. Und bepolsterte sie von innen in jedem sammtenen Mäuschen, und in jedem Blumenbusche der Fühlbarkeit, der auf Gefühl wartet, mit dem ersten Druck der Liebe. Und machte jedes Glied wächsern und beweglich und regsam : den Finger fast zu einem Sonnenstrahl ; und die milchgewaschene Höhe der Hand zum ungeteilten und gliedervollen Hügel voll Rege . . . « . . . . .

B. : Kurzum : der äolsharfigst=tausendnächtige Jungmännertraum. — Aber dem Publikum eines Predigers begreiflicherweise . . . . . (*hanseatisch=steif, mit s=t, ges=prochen*) . . . » aarch ans=tössich «.

A. : Zudem hat er — zwar berechtigt, aber unvorsichtig — mit jenem von Lessing her geläufigen Professor Klotz in Halle angebunden, der vielleicht nur ein » selbstbewußtes Nichts « war — aber gleichzeitig spiritus rector diverser einflußreicher Nachrichtenmagazine.

B. : Deren Methoden Herder auch prompt verspüren soll : fliegenhaft vervielfacht erscheinen die pöbelhaftesten Kritiken ; und die Gegner wissen Tricks, von denen der harmlose junge Mensch, der halb anonym bleiben will, nichts ahnt : man verschafft sich durch Bestechung der Drucker den Namen des Verfassers, und die Fahnen seiner Bücher, lange bevor sie im Buchhandel erhältlich sind, und man also Zeit hat, ausgiebig Kabalen anzuspinnen.

A. : Und — wie der Bürger so ist — hat man sich in Riga zunächst des schön aufkeimenden, der Stadt Ehre machenden, Talentes gefreut ; so wird man nunmehr wankend : ein » Faun « wäre ihr Herder ? Ein » als livländisches Pfäfflein maskierter Satyr « ? Immer peinlichere Formen nimmt das Geflüster an ; zumal nachdem jene Hallische Journaille, die kein Mittel verschmähte, Herders Orthodoxie zu verdächtigen begann — auch wohl ihre Rezensionen mit, zwar witzigeleganten, aber schier unwiedergebbar schmutzigen Wendungen schloß, Herders Verhältnis zu Hamann betreffend.

B. : Nicht unrichtig, daß er — des unvorsichtig heraufbeschworenen Klatsches ungestüm=satt — sich entschließt, Riga zu verlassen. › Vogelstraußpolitik ‹ ist es nicht ;

oder doch zumindest die eines mutigen Vogelstrauß : denn er faßt den Entschluß, sich in die Große Welt zu wagen. Der Schriftstellerei ist er überdrüssig — redet er sich hurtig ein ; man hat sie ihm ja auf ewig verekelt .....

A. : .... das › ewig ‹ eines jungen, doch sehr erfolgreichen Autors ....

B. (*fortfahrend*) : Am 16. Mai reicht er dem Magistrat sein Entlassungsgesuch ein ; das auch schon 4 Tage später genehmigt wird — es ist nicht unbezeichnend, daß er sich schon 8 Tage vor Abfahrt des Schiffes an Bord begibt. Am 3. Juni 1769, dem berühmten Tage des › Venusdurchgangs ‹, lichtet man die Anker, und er kritzelt auf der Reede sein Abschiedsbillet an Madame Hartknoch, die Frau des Verleger=Freundes : » Wie sehr muß ich mich als eine Besonderheit des Himmels ansehen, da bey meiner Abreise solche Zeichen & Wunder geschehen ! «

A. : Und schlagartig entsteht — wie immer bei dem Geschlecht der feinsten Wortriesen, die die Epochen ihres Lebens nicht nach Daten rechnen, sondern nach den Großveränderungen des Ortes — in neuester Umgebung ; unter dem Hochgefühl absoluter Freiheit : auf wen wäre jetzt wohl noch Rücksicht zu nehmen ? ! , die Magna Charta des › Sturm & Drang ‹, donauartig hingeströmt, eines der merkwürdigsten Stücke deutscher Prosa : die Keime zu 300 Bänden, von denen er einst 60 hinterlassen wird, stehen auf den 72 enggeschriebenen Quartseiten jener denkwürdigen Seeträume : Herders Reisetagebuch ; geschrieben größtenteils auf den Fluten der Ost- und Nordsee : er ist zu Schiff nach Nantes !

C. (*feurig auflachend*) : » O, glauben Sie : da lassen sich Skalden und Barden anders lesen, als neben dem Kathe-

der des Professors ! Homer auf den Trümmern Trojas ; und die Argonauten ; Odysseen und Lusiaden unter wehendem Segel, unter rasselndem Steuer. Die Geschichte Uthals und Ninathomas im Anblick der Insel, da sie geschah : wenigstens für mich sinnlichen Menschen haben solche sinnliche Situationen so viel Wirkung ! Und noch ist das Gefühl der Nacht in mir, da ich auf scheiterndem Schiffe, das kein Sturm und keine Fluth mehr bewegte, mit Meer bespült und mit Mitternachtwind umschauert, Fingal las, und Morgen hoffte. —
So schiffte ich Curland, Preußen, Schweden, Dänemark, Jütland, Schottland, Holland, England, die Niederlande vorbei. «

B. : Als er am 16. Juli zu Nantes ans Land steigt, braucht er eigentlich nur noch Zeit, schriftstellerische Muße, um die ersten Entwürfe zu Papier bringen zu können — *(nachdrücklich) :* — nur Muße : aber eben da liegts ! Denn wohl reicht sein Kapitälchen für einen halbjährigen Aufenthalt in Frankreich ; und vielleicht ließe es sich auch noch strecken, wenn man — dem anscheinend unvermeidlichen Los aller deutschen Dichter gemäß — Brotarbeiten einschöbe ?

A. : Da ergeht unversehens ein Ruf an ihn ; das Angebot zu einer einträglichen Stellung ; und schnelle Entscheidung tut not : Der Herzog von Holstein sucht einen Reisebegleiter für seinen ältesten Sohn, den Kronprinzen Peter Friedrich Wilhelm. — Freilich, zur Vorbildung für einen präsumptiven russischen Kultusminister wäre der Gedanke einer dreijährigen Europareise gar nicht verwerflich : ist er nicht erst 25 ? ! Er nimmt kurzerhand an ; und tut die Winterreise hinauf nach Eutin.

B. : Da liegt am Weg : Hamburg. Und wer damals als junger Autor in Hamburg nicht Halt machte, verdiente ja gestäupt zu werden : da kann man vielleicht die Augen an Klopstock stärken ; das dortige Theater dirigiert Lessing ; der große Zweifler Reimarus lebt noch ; und ein ähnlich junger Autor, ein gewisser Matthias Claudius, ist besonders begeistert :

C. : » Herr Herder ist seit 8 Tagen hier : Sie können denken, wie ich gehorcht habe, wenn er von Hamann erzählte ; auch habe ich gehorcht, wenn er sonst etwas sprach. « Und kaum ist Herder 1 Stunde fort, schickt Claudius ihm sein Blättchen hinterher : » Ein Mädchenbusen vor einem Jünglingsmunde, der Küsse witterte, schnell weggerückt : so Herder aus Hamburg ! . . . . . : Ich danke Ihnen recht sehr, daß Sie hier gewesen sind ; und wünsche, daß Sie sich in Kiel wohlbefinden — und daß Sie die Nacht der Hinreise ein wenig gefroren haben. «

B. : Das ist einer der erquicklichsten Briefwechsel geworden, der zwischen Herder und Claudius ; erquicklich darum, weil darin relativ wenig von Literatur gequatscht wird ! Etwas, was Schriftsteller untereinander niemals tun sollten. — Mit Lessing, der überhaupt kein großer Briefschreiber war, wird gegenseitiges Lob gewechselt : sie haben immer viel von einander gehalten, die beiden, gottlob räumlich voneinander getrennt lebenden Großen.

A. : Tja, und nun der neue Posten als Prinzenerzieher. — Jener Peter Friedrich Wilhelm reicht dem neuen Lehrer stumm die Hand : blaß, lang und gelb ist der melancholische Sechzehnjährige ; in elendem Gesundheitszustand ; und unverkennbar gemütskrank. Sein Oberhofmeister, der auch während der Reise sein und Herders Vorgesetzter sein wird, der Geheime Rat von Cappelmann, hat ihm außerdem, im wahrsten Sinne des Wortes, › die Hölle heiß gemacht ‹ ; ihn geängstet mit finsteren Religionsscrupeln — Niemand kann sich erinnern, den Herrn Rat je lächeln gesehen zu haben. Nach wenigen Wochen schwant es Herder bereits : dies Verhältnis kann nicht lange dauern.

B. : Die Reise geht im Sommer an ; über Hamburg, Hannover, Kassel. Eine kleine Pause wird in Darmstadt eingelegt : dort hört ihn in Gespräch und geistreicher Debatte ein junges Mädchen ; und lauscht, immer verwirrter und atemloser, Caroline Flachsland heißt sie, dem ungewohnten Gefunkel von Ideen und Worten, die das Abenteuer von einem Mann mit jedem Satz hinfeuerwerkt : so unwiderstehlich wirkt der Eros des Intellektes, daß sie sich, als sie ihn zufällig allein in der Fensternische stehen sieht, ein Herz faßt, zu ihm hinhuscht, ihm, rosengesichtig, etwas stammelt — und, nun völlig verwirrt, wieder wegläuft.

C. *(verschämt) :* » Von diesem Tage an sahen wir uns täglich. Ich fühlte ein nie empfundenes Glück — aber auch eine unbeschreibliche Weh= und Schwermut : ich glaubte, ich würde ihn nie wieder sehen. — Den 25. August feierten wir seinen Geburtstag in dem kleinen Kreis der Freunde, bei Mademoiselle Ravanel im Schloß — da gab er mir seinen ersten Brief : ach ! «

A. : Auch ihm hat es die temperamentvolle Elsässerin angetan — wir werden die › Elektra ‹ Weimars noch näher kennen lernen.

Aber zunächst muß Herder weiter : bis Straßburg hält er's noch aus — dann kommt der unvermeidliche Bruch mit dem inquisitorischen Cappelmann. Und obwohl der

Prinz selbst sich rührend an Herder klammert — vermutlich der Erste und Einzige, der ihm menschlich begegnete ; und gleichzeitig Halt genug war — muß er seine Entlassung suchen.

B. : Rasch das Schicksal des unglücklichen Prinzen vorwegnehmen — er mußte schließlich für regierungsunfähig erklärt, und nach Schloß Plön gebracht werden, wo er noch 50 Jahre in absoluter Abgeschiedenheit vegetierte; kritzelnd, in Büchern blätternd, fern=leichter Musik lauschend, und — gar nicht so seltsam — als Schachspieler excellierend. —

A. : Daß Herder sich gerade in Straßburg von der Reisegesellschaft trennte, hatte auch noch einen anderen gewichtigen Grund : eben hielt sich dort einer der renommiertesten Augenärzte der Zeit auf, Lobstein ; und von ihm wollte Herder sich endlich die lästige und entstellende Tränenfistel wegoperieren lassen.

B. : Wir besitzen die äußerst anschauliche Schilderung eines Augenzeugen aus jenen Tagen.

» Ich war in den Gasthof › Zum Geist ‹ gegangen ... «

A. (*einschaltend*) : .... und welch witziger Zufall : daß sich zwei Solche › Im Geist ‹ treffen ! ......

B. (*fortfahrend*) : ..... » Gleich unten an der Treppe fand ich einen Mann, der eben auch hinaufzusteigen im Begriff war, und den ich für einen Geistlichen halten konnte : sein gepudertes Haar war in eine runde Locke aufgesteckt ; das schwarze Kleid bezeichnete ihn gleichfalls ; mehr noch aber ein langer schwarzseidener Mantel, dessen Ende er zusammengenommen, und in die Tasche gesteckt hatte. Dieses einigermaaßen auffallende, aber doch im Ganzen galante und gefällige Wesen, wovon ich schon hatte sprechen hören, ließ mich keineswegs zweifeln, daß er der berühmte Ankömmling sey ; und meine Anrede mußte ihn sogleich überzeugen, daß ich ihn kenne. Er fragte nach meinem Namen — der ihm von keiner Bedeutung seyn konnte — allein meine Offenheit schien ihm zu gefallen, indem er sie mit großer Freundlichkeit erwiderte ; und, als wir die Treppe hinaufstiegen, sich sogleich zu einer lebhaften Mitteilung bereit finden ließ. — Ein rundes Gesicht ; eine bedeutende Stirn ; eine etwas stumpfe Nase ; einen etwas aufgeworfenen, aber höchst individuell angenehmen, liebenswürdigen Mund. Unter schwarzen Brauen ein Paar kohlschwarze Augen, die ihre Wirkung nicht verfehlten, obgleich das eine roth und entzündet zu seyn pflegte . . . . . und seine Anziehungskraft wirkte immer stärker auf mich ! «

A. : Und der hübsche intelligente Junge, Wolfgang Goethe hat er sich präsentiert, hat allen Grund zu solcher Liebeserklärung — denn er selbst ist noch nichts ; Herder dagegen um 5 entscheidende Jahre älter ; schon berühmt ; im Kampf mit widrigen Schicksalen gehärtet ; weitgereist ; glitzernder Geistigkeit übervoll : der kann schon Anlaß zur schönsten Schülerschwärmerei werden !
So hatte noch keiner seiner weitgerühmten Universitätslehrer zu dem jungen Goethe gesprochen, nicht Gottsched und nicht › Vater Gellert ‹ ! Das Verhältnis war eindeutig : Herder der Alles Gebende — und Goethe nahm ; nahm mit vollen Händen. Wie hätte er denn auch widerstehen sollen, wenn der Mann, trotz der peinigenden Kanüle im Nasenknorpel, sich erhob ; vom Geist gereizt im Zimmer auf und ab lief — er konnte sich buchstäblich solchermaßen die Sohlen wund laufen vor Erregung ! ! — und die Rhapsodie begann :

A. *(feurig) :* » Wenn bei einem Manne mir jenes ungeheure Bild einfällt : hoch auf einem Felsgipfel sitzend, zu seinen Füßen Sturm, Ungewitter, Brausen des Meeres ; aber sein Haupt in den Strahlen des Himmels — : so ists bei Shakespeare !
(Hart) : Nur freilich auch mit dem Zusatz : wie unten, am tiefsten Fuß seines Felsenthrones, Haufen murmeln, die ihn . . . . *(verächtlich)* . . . pf ! : erklären, retten, verdammen, entschuldigen, anbeten, verleumden, übersetzen und lästern — und die er alle nicht hört ! «

B. : Herder gibt Analysen der vergeisterten Stücke, in seiner ureigensten unnachahmlichen Manier : das ist schon ein Gerolle, wenn er den Leser selbst anzureden beginnt :

A. : » Wie vor Meere von Begebenheiten, wo Wogen in Wogen rauschen ; so tritt vor seine Bühne ! —
L e a r : der rasche, warme, edel=schwache Greis. Wie er da vor seiner Landkarte steht, und Kronen wegschenkt ; und Länder zerreißt : siehe der gutherzige Verschwender, der rasche Unbarmherzige, der kindische Vater : wird es bald seyn, in den Vorhöfen seiner Tochter, bittendbetendbettelnd, fluchendschwärmendsegnend — — achgott : und Wahnsinn ahnend. Wird's bald seyn ! : mit blassem Scheitel unter Donner und Blitz ; mit einem Narren ; und in der Höhle eines tollen Bettlers : Wahnsinn gleichsam pochend vom Himmel herab : der sollte mein Freund nicht seyn, der dabei nichts fühlte ! «

B. : Und Goethe ist hochbereit, zu fühlen ! : » Die ganze Zeit seiner Cur besuchte ich Herdern, morgens und abends ; blieb auch wohl ganze Tage bey ihm : ich verschlang Alles ! Je heftiger ich im Empfangen, desto freigebiger war er im Geben, und wir brachten die interessantesten Stunden zusammen zu. «

A. : Allerdings eine unangenehme Erfahrung muß der Herr » Hätschelhans « machen : war er bisher das verzogene Wunderkind gewesen, so stößt er jetzt, zum erst=einzigen Mal in seinem Leben, auf einen Überlegenen !

B. : Auf einen kranken und gereizten Überlegenen dazu noch — (*unmutig grollend*) : » Straßburg ist der elendeste, wüsteste, unangenehmste Ort, den ich, — behutsam und bedächtig gesprochen ! — in meinem Leben gefunden. Ich will an Menschen nicht denken : hier ist kein Wald, kein Ort, wo man mit seinem Buch & Genius einmal im Schatten liege ! «

A. : Er hätte ja auch wahrlich Wichtigeres zu denken und zu schreiben, als einem zudringlichen Schüler alle möglichen Grillen auszutreiben : etwa wenn der ihm, kindlich zufrieden, mit seiner Siegelsammlung kommen will : so was soll er sich gefälligst dereinst als Pensionierten=Hobby zulegen ! Im Augenblick heißt's lernen und analysieren : Ossian, Homer, Volkslied, die Nationalmärchen der Bibel. — Und wie weiblich=ungestüm Goethe seinerseits den Lehrer umwirbt, zeigen die schönsten Jünglingsbriefe . . . . :

C. (*andringend*) : » Herder ! — Ich zwinge mich, Ihnen in der ersten Empfindung zu schreiben : weg Mantel und Kragen ! Ihr Niesewurzbrief ist 3 Jahre alle Tageserfahrungen wert. Das ist keine Antwort drauf ; und wer könnte drauf antworten ? Mein ganzes Ich ist erschüttert, das können Sie denken, Mann ; und es vibriert noch viel zu sehr, als daß meine Feder stet zeichnen könnte. : Herder, Herder, bleiben Sie mir, was Sie mir sind ! Bin ich bestimmt, Ihr Planet zu seyn, so will ichs seyn ; es gern, es treu seyn. Ein freundlicher Mond der Erde. Jetzt eine

Stunde mit Ihnen zu seyn, wollt ich mit — ach, bezahlen! ......
Ich lese meinen Brief wieder : ich muß ihn gleich siegeln — morgen : kriegten Sie ihn nicht ! ! «

A. : Das herrlichste Gebrande von Selbstbewußtsein und Verehrung ; die fruchtbarste wilde Demut. Und auch das gehört zum Verhältnis, daß der Lehrer vom Schüler nichts profitiert ; gewiß, der kommt in den Briefen an seine Braut in Darmstadt auch vor ; aber höchstens einmal so : » Goethe ? Ist wirklich ein guter Mensch ; nur etwas leicht und spatzenmäßig, worüber er meine ewigen Vorwürfe gehabt hat. Ich glaube ihm, ohne Lobrednerei, einige gute Eindrücke gegeben zu haben, die einmal wirksam werden können. «

B. : Das Verhältnis trübt sich sehr rasch : Beide gehören zu jenen interessanten Menschen, die » zum Dank für erlittene Förderung « undankbar waren. Und Goethe hatte außerdem die üble Angewohnheit Jedem, Freund und Feind, in der Hitze des ersten unwilligen Augenblicks eine bitterböse Posse auf den Leib zu dichten — nicht schonungslos : das könnte man noch begreifen, billigen ; ja, es vom Standpunkt des neugierigen Literaturbeflissenen aus, unschätzbar und pikant finden : unsere Großen wußten ja viel mehr Menschlichkeiten voneinander, als wir heute noch erraten mögen — aber die betreffenden Goetheschen Lästerspiele sind mit nichten rücksichtslos ; sondern ausgesprochen hämisch und schief ; sei es das gegen Wieland, oder eben auch der » Vergötterte Waldteufel «, des gegen Herder gerichteten » Satyros «. Der Zigeunerhauptmann in » Plundersweilern « wird's vermutlich auch sein ; und selbst Herders Braut muß zur Lenore im › Pater Brey ‹ herhalten.

A. : Aber wenn auch Goethe, im Gefühl der eigenen Kraft und zunehmenden Reife, Herder gegenüber zusehends selbständiger wird ; ihm auch einmal ganz offen schreibt, daß er ihn im ersten Grimm » einen intoleranten Pfaffen gescholten « habe — lange noch — zu lange ! — wird er das anregendste aller Verhältnisse, das er je im Leben erfahren hat, nicht vergessen.

B. : Unterdessen aber hat Herder, dem während der erfolglosen halbjährigen Kur nicht nur die Geduld, sondern, weit schlimmer, auch das Kleingeld ausging, einen neuen Antrag erhalten — wieder durch einen jener grillenhaften Zufälle, an den Niemand gedacht hätte : er hatte einem jüngst verstorbenen Kollegen, Thomas Abbt, ein warmes Biogramm nachgeschrieben ; und der mit Jenem eng liierte Landesherr, Graf Wilhelm von Schaumburg=Lippe, hat solches Gefallen an der Sprache und den Gesinnungen gefunden, daß er, in dem Schreiber einen neuen kurzweiligen Gesellschafter hoffend, — ihn als Konsistorialrat und Hofprediger nach Bückeburg einlädt.

A. : Und Herder — baargeldlos & fern der Heimat ; heiraten will er eventuell auch — entschließt sich seufzend, den russischen Kultusminister noch einmal zurückzustellen — bis an sein Lebensende hat er immer wieder resigniert die » verworrene Schattenfabel « seines äußeren Lebenslaufes klagend bestaunt ; nie es dahin gebracht, einzusehen : daß die Größten im Geist äußerlich grundsätzlich verschoben werden ; es übersteigt die Möglichkeiten der menschlichen Kraft, und unserer Gehirnstruktur, beide Bereiche, das innere und das äußere Leben, souverän zu gestalten !

Also trifft er, um des leidigen Broterwerbs willen, im Mai 1771 in Bückeburg ein.

B. *:* Bezeichnend, wie der Herr Consistorialrat antritt : staunend werden die Bewohner der kleinen Residenz seiner ansichtig — in einem himmelblauen, mit Gold besetzten Kleide ; einer weißen Weste ; und einem dito Hut ? ! — Man sieht, unsere heutige teen=ager Buntheit ist nichts weniger als neu : Werther ging noch ganz anders !

A. *:* Und wieder tritt Herder einer neuen Spielart Fürst gegenüber :
dürr und endlos lang, » an Körper der Größte seines Landes « ; mit schwermütigem Don=Quijote=Antlitz ; dazu exzentrisch wie nur je ein englischer Lord — da ist natürlich die federleichte Person des kleinen schwächlichen Herder sofort im verhängnisvollsten Nachteil, gegenüber einem Brotherrn, der imstande ist, einen Hoch=Weitsprung von Sechs mal Eins Sechzig auszuführen.

B. *(einfallend) :* Das macht mehr aus, als man meint ; man stelle sich illustriert eine solche Situation vor ! :
der lange Graf und der winzige Moses Mendelssohn wandeln in Bad Pyrmont im tiefen Gespräch. Der Graf sieht sich vor einem 2 Meter breiten Graben, und schreitet versonnen hinüber — während der jüdische Sokrates ängstlich und verlegen diesseits stehen bleibt. Worauf der Graf zurückkehrt, Jenen auf den Arm nimmt, mit ihm den Graben überschreitet, ihn absetzt — — und dann so ruhig das Gespräch fortsetzt, als sei nichts geschehen — ist das kein › handicap ‹ ?

A. *:* Graf Wilhelm hatte eine durchaus englische Erziehung erhalten ; ohne solide Kenntnisse — dafür weltgewandt. Auch Französisch beherrschte er gut ; deutsch aber nur gekünstelt, verworren und weitschweifig. Hinzu kam, daß er, bestochen durch das Lob seines Favoriten Abbt, in Herder einen ähnlich geschmeidigen Unterhalter gefunden zu haben glaubte ; eine Art › Wandelndes Lexikon ‹ und › Lustigen Rat ‹, also einen gehobenen Hofnarren — das Predigeramt war ihm lediglich der Haken gewesen, an dem man die Berufung aufhängen konnte.

B. : Eine Möglichkeit, die Herder — ja ; soll man sagen › leider ‹ ? — nicht › nützte ‹. Unnütz jedoch, darüber nachzugrübeln : der eigentliche Grund, warum das, durchaus künstliche, Verhältnis nicht dauern konnte, lag tiefer ; lag in Herders Jugenderlebnissen begründet.

A. : Denn man erwäge nur seinen kompromißlosen Antimilitarismus — wie hat er Lenz'ens › Soldaten ‹, nicht zum mindesten wegen derer grellen Wachtstubenszenen, begrüßt. Ein Mann, der über Preußen urteilte : » daß diese Staaten erst dann glücklich sein würden, wenn sie aufgeteilt würden « , sah sich am Hofe eines Fürsten, der in seinem Lande den preußischen Militarismus noch weit überbot ! — Ergo schreibt Herder bald genug an die Braut :

C. (*unmutig*) : » Hier ist nichts als Wüterei, Armut und verschlossene stumme Pein : Soldaten entlaufen ; Hauptleute schneiden sich die Hälse ab ; Pfarren werden um Leihcapitale verkauft, damit man nur wieder Interessen stopfe. Und seit von meiner Reise das Gerücht geht, ist der Name › Pfaff ‹ das Liedlein auf hoher darbender Tafel ; unsere gute Gräfin, gezwungen und aus Not, uns auch fremde : Helfe Gott uns fort ! «

B. : Aber wenn auch Herder, — eingeklemmt zwischen die » heiligen ennüyanten Amtssachen «, und das trostlose Schauspiel eines durch rücksichtslose Aufrüstung mit den neusten Waffen in Grund und Boden regierten Ländchens — sehr bald resigniert an ein neuerliches Entkommen denkt : ein Gutes hat seine Situation. Und es ist typisch, daß —, während Lessing kühl von Bäumen urteilen mochte : » Die gehören nun eben zu meinem Leben nicht. « — daß Herder nicht sein mag, wo kein Wald ist : heißt › Au=Tor ‹ nicht im Grunde › Wiesen=Narr ‹ ? — Zunächst das schön=direkte Zeugnis der Brautbriefe . . . . :

C. *(träumerisch) :* » Wir ritten voller Gedanken zurück, durch die schwarzen Kuppeln der Bäume. Es war Abend ; die Sonne ging unter ; und der Mond ging auf, im seidenen Nebel des Herbstes — der schönste Mond, den ich gesehen. Allemal, wenn wir auf einer steilen Höhe hinauf, oder einen finstern Wald, wo wir absteigen und das Pferd leiten mußten, durch waren, und sich dann mit einemmal eine Mondgegend, ein weites Strahlenthal, eröffnete, das in Dämmerung floß, war ich in einer neuen Welt. Und so, sprachlos und traumversenkt, kamen wir endlich auf halbem Wege ins Nachtquartier, aßen und schliefen. Morgens, vor Sonnenaufgang, sahen wir die Morgenröte. «

A. : Und nicht unfeine Gedichte entstehen in den Hügeln des Harl, und am Steinhuder Meer, wo Fouqué später die unsterbliche › Undine ‹ ansiedeln wird . . . . :

C. *(weich & voll ; getrost ein wenig katerhaft=miauend) :*

» Schönste Sommernacht !
Ich schwimm' in Rosen und blühenden Bohnen ;
Und duftenden Hecken und Nachtviolen ;
in tausend Düften —
— o, Natur !
Wo kenn' ich Deine Kinder all ?
Die Bräute alle,
die jetzt sich schmücken und lieben und paaren —
und feiern Brautnacht — Schöne Nacht :

Wie die Schöpfung flammet und wallt !
Als ob der allanflammende Sonnenvater,
mit welcher Jugendinbrunst jetzt,
die Erd' umarmt —
Und der Himmel brennt :
dort Abendroth : Hier Morgenroth
Um meine Sinn' ist Sommernacht !
Bin nicht zu denken hier — zu seyn ; zu hoffen ;
leben ; und mich zu freun ! —
Leben ? : Allein ? !
Und allein mich freun ?
Niemand zu sagen, wie schön
im Sommerliebesbrande
Mutter=Natur, du seyst ? ! . . .
Zauberlaube, wo seh ich Dich ?
Und um mich gegossen
mein sanftes Weib :
Zauberlaube, wo seh ich Dich ? !
Rosen= und Mondstrahl um Dich schwimmend,
und liebender Wachtelschlag ;
Zauberlaub, und der Knabe hängt
an Mutterarm, an Mutterbrust ;
ihr gleich das sanftere Mädchen . . . .
und ich ? :
Zauberlaube, : wie bin ich allein !

A. (resolut) : Hohe Zeit also, daß Herder heiratet ! Trotz aller Bedenklichkeiten — er hatte nämlich hohe Bücherschulden, lesewütig wie jeder rechte Literat, und nur der Spießer vermag über den kuriosen Skrupel zu lachen : es handelt sich ja schließlich um Handwerkszeug! — nach langem gewissenhaften Zögern also, läßt er sich endlich — am 2. Mai 1773 — von Caroline heimführen :

die ist voll ungestümer Zuversicht. Und ihm tut eine gesichert=kleine, › häusliche ‹, Existenz mehr als not : der Künstler hat in geistigen Bereichen Qual, Sorge, aufreibendste Erlebnisse, übergenug : sein äußeres Dasein kann da gar nicht geregelt genug ablaufen ; sein Wohnort nicht entlegen genug sein !

B. *:* Übergehen wir also getrost das zwar — als Warnung ! — belehrende, im Grunde jedoch bedauerlich instinktlose Geklage Herders über seine heilsame Isolation : es ist doch viel zur Produktion Unschätzbares beisammen : leidliche finanzielle Sicherung ; die erotische Fülle erster Ehejahre ; dazu die nie wiederkehrende Kraft der dreißiger Jahre — wie Manchem wurde sie durch Krieg & Gefangenschaft sinnlos weggefressen !

A. *:* Aus der Fülle jener Bückeburger Schriften nur die wichtigsten : die kleinen Anwendungen seiner historisch=genetischen Methode auf sein › Fachgebiet ‹, die Theologie. Etwa der Nachweis, daß in den Kanon der Bibel massenhaft » Lokaldichtungen « geraten seien ; balladeske Stoffe wie » Simson « ; oder gar handfeste erotische Volksliedchen — das sogenannte » Hohe Lied Salomos «, an dem sich die ratlosen Exegetiker schier um Sinn und Verstand allegorisiert hatten.

B. *:* Nun ist › Exegetik ‹ ein scharmantes Hexen=, Fexen= und Eidexen=Wort ; bedeutet Auslegung dunkler und widerspruchsvoller Stellen ; und es ist für die gerechte Würdigung des Herderschen Mutes unerläßlich — rührend außerdem — sich kurz zu vergegenwärtigen, wie sich jahrhundertelang Tausende der bravst=gelehrtesten Männer quälten, nur um in manch dubiose Passagen etwas wie Menschenverstand hineinzuerklären.

A. *:* Da war die schöne Geschichte von Jonas und seinem

Wal ; dem schnurrigen altsemitischen Jägerlatein hatte man die scharfsinnigsten Hypothesen gewidmet,

a) daß Jonas, anläßlich einer Seereise über Bord gefallen, von einem andern Schiff, genannt › Der Walfisch ‹, aufgenommen worden, und 3 Tage an Bord=dort verpflegt worden sei.

B. : b) Oder, noch grotesker, aber in vollstem Ernst, wies der Helmstedter Professor, Hermann von der Hardt, nach : Jonas habe 3 Tage lang in einem Wirtshaus, genannt › Zum Walfisch ‹ geherbergt ; und sei am dritten Tage dann › ausgeworfen ‹ worden . . . :

A. (*geheimnisvoll=ironisch*) : » Im › Schwarzen Walfisch ‹ zu Askalon / da schlug die Uhr halb Vier — : / Da warf der Hausknecht aus Nubierland / den Fremden vor die Tür ! « : das ist auch noch nicht literarisches Allgemeingut, daß Scheffel diese schönste exegetische Blüte pflückte, und also unter dem vorsichtigen Tarntitel » Altassyrisch « einen kompletten › Kleinen Profeten ‹ in unnachahmliche Studentenverse brachte.

B. : In Anbetracht solch trauri=komischer — — (*nicht » traurig= . . . « : ich weiß, was ich schreibe !*) — — Balanceakte ist Herders Vorgehen ebenso revolutionär wie genial ! In seiner » Ältesten Urkunde des Menschengeschlechtes « widmet er dem einen 1. Kapitel des 1. Buchs Mose vier Bände.

A. : In Herrlich=weitschweifigem Aufbau, besten Polyhistorismus' voll ! Übermütig ; im Bewußtsein des Besitzes eines » Schlüssels «, an den noch Niemand gedachte — so neckt er den Leser 3 Bände lang aufs anregendste damit, was dieser » Schöpfungsbericht « nicht ist ; nicht sein kann. Ein unseliges Vorurteil — das freilich noch heutzutage immer wieder aufzuwärmen versucht wird —

» in diesem sogenannten › Mose ‹ einen, ja den größten, Naturkundigen zu finden « ; das können nur Kinder & Narren erhoffen, und nur Betrüger & Fanatiker beteuern ! Weg mit aller › Exegese ‹ — sie ist letzten Endes Taschenspielerei ; und könnte noch dahin führen, daß man uns dereinst Napoleon und seine 12 Marschälle als Mythenzyklus von Sonne und den Tierkreiszeichen offeriert. Als » Schöpfungsbericht « gelesen ? » ein Drache der aus 99 Rachen Unsinn bellt « : Widerspruch über Widerspruch ! . . . . . :

C. *(befremdet) :* » Licht — : 3 Tage vor der Sonne ? ?
Himmel — : ein Dach zwischen Wassern und Wassern ?
Blumen und Kräuter da : alles noch ohne Sonne ? ! . . . .

Ich mag nicht fortfahren, kein Wort des Klugen und Unklugen wiederholen !
Aber — *(triumfierend) :* — Ich rette sie durch Einfältigung und Entkleidung ! Rücke, mein Leser, die simplen nackten Bilder selbst, wie sie folgen, näher zusammen — — : Was siehest Du ? ? «

A. *(halblaut) :* Und mit hinreißendem Feingefühl, in madreporisch=angemessener Sprache, tut er uns dar, wie er nicht umsonst 2000 Bückeburgische Morgenröten erfuhr — einer der gewichtigsten und frappantesten Belege aller Zeiten : wie unerläßlich dem Schreibenden das Wohnen in › seiner ‹ Landschaft ist ! : Nur so gewinnt man solche Erkenntnisse ; nur so singt man sie . . . :

C. *(lockend) :* » Komm hinaus, Jüngling ! Aufs freie Feld. Und merke :
Himmel & Erde : Siehe, wie sie noch zusammenvermischt

um uns liegen : » Und die Erde war wüst und leer ; Finsternis auf der Tiefe .... «
Und nun fühle den wehenden, durchwehenden Nachtgeist ; den Schauer der tiefsten Frühe vor Tagesanbruch, wie er Meer, Baum, und Alles durchnimmt — : » Wehender Geist Gottes aus der Tiefe .... «
Noch ruhen die Vögel, das Haupt unter die Flügel gesenkt. Die Stadtwelt, die vielleicht niemals Morgen gesehen, liegt begraben. Selbst die frühe Lerche steigt noch nicht ..... lebender Wind nur. Und da ! : der erste Lichtstrahl : » Licht ! — Und's ward Licht .... «
Siehe : es sondert und läutert sich nieden die Erde ! Wie sie sich in lichte und dunkle Massen teilet ! Wie ein großes Gebirge sich gleichsam erhebt !
Nun unter Thau und Morgenstrahl beblümt — die Rose öffnet ihren Busen. Und die Nachtviole schließt ihre duftenden Kelche ; der frühe Zephyr webt um die jungen Pflanzenbräute umher ; und der junge Baum schauert. Wie da nun überall weit umher die Natur webet : den zarten Flor Luft und Himmels da so sichtbar spinnet : der Himmel hebt und höhet ; die dunklen Wolken träufeln ab ; nebeln — es ist, als ob da Licht und Wasser kämpfen. Und da oben : wie schon die Bläue hervorgehet ! Die schwimmende Luftläuterung vom tiefsten Grau zur schönsten lachenden Wasserbläue : » und schied zwischen Wasser drüber, und Wasser drunter ... ! « — Wie jener Silbersee dort mit Lebendigem aufwebt : Fische spielen am Strahl der Sonne : » Auch die Erde gebiert ihr Lebendes allerlei Art : Thiere, Gewürm und Wild ... «
Und nun ; als Letztes ; gehet auch aus der Mensch an seine Arbeit, und an sein Ackerwerk bis an den Abend !

— : Vollendet : auch dieses Morgengemälde vollendet! Auch der Verfasser, der das schrieb, konnte sein › epoiese ‹ sagen : ihm erschiens ! Ihm wards offenbart ! : lebt und webt jeden Morgen ! «

B. : Der Morgengesang eines Arabers ! : Auf hoher Düne stehend, an seinem Stabe gebogen, überschaut er den Wüstenkreis und seine Oase darin — : das war eine Lösung ! Und die schönste Rechtfertigung der Bibel zugleich : ihr danken wir, daß wir nicht völlig vergriecht und verrömert sind ; sondern Zugang haben zu den Denkweisen des Vorderen Orients — vorausgesetzt, daß wir unbefangen wollen !

A. : Aber vergeblich, daß sich der mit dem ihm angemessenen Ort Unzufriedene, vermittelst solcher › Matinata ‹ und dem schönsten › Belcanto ‹ eine Professur zu Göttingen zu erschreiben gehofft hatte — die theologische Fakultät ließ sich mit nichten von Herders Wortsamum rechtgläubigen Sand in die Augen streuen ; entschied vielmehr also . . .

B. (*sich zuvor gravitätisch räuspernd*) : » Ä=Hemm. — — : Die › Älteste Urkunde ‹ beispielsweise versteht die Fakultät nicht.
Scheint es zwar bedenklich, daß die Schöpfungsgeschichte darin im sensu allegorico genommen werde, so möchte man doch nicht gewiß urteilen, ob die gewöhnliche Lehre von der Schöpfung dadurch geleugnet werden solle, oder nicht. «

A. : Nichts hilft es, daß er bestürzt einen Band orthodoxester, ausdrücklich ad hoc geschriebener › Provinzialbriefe ‹ hinterdreinschickt ; nichts, daß er sich nach Göttingen sogar » der Kunst ein Schalk sein zu können, der die Schwächen seiner Fakultät mit so ziemlicher Art verbürge « rühmt — die Absicht, sich von Bückeburg » wegzuarbeiten « ist fehlgeschlagen.

Aber während er noch verstört in seine Briefe schreibt : » Von hier muß ich weg ; das ist Ja & Amen ! « — kommt wieder die nächste große Orts= und Schicksalsveränderung : eine Stimme nämlich hatte Herders Buch enthusiastisch » ein mystisch=weitstrahlsinniges Ganzes « genannt, eine » in der Fülle verschlungener Geäste lebende und rollende Welt ! «

A. : Und der das schrieb, Goethe, war unterdessen in Weimar das geworden, was Herder im weiten Russischen Reiche hatte werden wollen : vorsichtig=allmächtiger Premier. Und der längst schon dort ansässige Wieland hatte suggeriert : wie wär's, wenn wir uns den Dritten Mann holten ? —

Auf der Basis irgendeiner Predigerstellung — hierzu hätte aber eben die Unbedenklichkeitsbescheinigung einer theologischen Autorität viel geholfen ; und folglich kritzelt Goethe es hastig auf das Papier :

B. (*hastig*) : » Antworte mir schnell : wie stehst Du mit dem Abt Jerusalem ? Ein guter Brief von ihm, würde viel tun. — Lieber Bruder, wir habens von jeher mit den Scheißkerlen verdorben ; und die Scheißkerle sitzen überall auf dem Fasse. Der Herzog, will und wünscht Dich ; aber Alles ist hier gegen Dich. — Ich laß nit los, wenns nit gar dumm geht ! «

A. : Welche Instinktlosigkeit Goethes ! — Oder, wenn man will : welch schöner Irrtum, wie sie den jüngeren Goethe manchmal so liebenswert auszeichnen : daß er sich › den Lehrer ‹ nach Weimar holen will ! Nichts gefährlicher als das, wenn man mit 28, und längst selbständig, selbstschöpferisch im höchsten Sinne geworden, einen früheren

Mentor herbeiholt ; — zudem einen, von dem man aufgrund früherer Auftritte weiß, daß es nicht in dessen Natur liegt — nicht liegen kann ! — zu irgend einem anderen Lebenden hinaufzusehen !

B. : Da ist sie, zunächst, gewiß, lustig zu lesen, die Goethesche Epistel in Knittelversen : » Wollen Euch nun bewillkommnen bass, / bereiten Euern Haushalt trocken und nass. / . . . . . : Ihr, der Ihr seid in unserm Gart' / eben wie der Messias erwart. / Ihr habt darum ein schwarzes Kleid ; / einen langen Mantel von schwarzer Seid ; / ein Kräglein wohl in Saum gelegt, / das nun Keiner läng=breiter trägt. / Dürft auch den Mantel wie vor Zeiten / in Sack'nein stecken vor allen Leuten. / Werd Ihr vom Fürsten dann ernennt, / Hofpred'ger General Supperndent . . . . «

A. : Jaja, eben : There's the rub ! Denn Herder gedachte nun wenigstens in dem kleinen Herzogtum kultusministerlich zu schalten ; Schulen und Kirchen zu modeln — der erste Zusammenstoß kam sofort beim Eintreffen, über der Nebenfrage, wo die Ministerfamilien beichten sollten. Herder, entschlossen gerade zu Beginn nicht im Geringsten nachzugeben, machte seine Anstellung von dieser Geringfügigkeit abhängig ; worauf Goethe und der Herzog zwar nachgaben ; jedoch, ein erstes Mal verdrießlich und befremdet, von » verfluchter Pfafferei « sprachen : sie hatten gemeint, mit dem Wortführer des › Sturm und Drang ‹ sich einen unschätzbaren Kumpan zu holen ! Der sich hätte f r e u e n sollen, wenn andere Prediger ihm die zeitraubende Mühe des Beichthörens abnahmen ; damit er selbst, in leidlicher Muße die scharmantesten Bücher schreiben konnte.

B. : Vom ersten Augenblick an — mit kleinen Windstillen

dazwischen — steht das Verhältnis auf Sturm ! : » Liebster Freund « gibt Herder an Müller in Schaffhausen zu Protokoll : » die Unzufriedenheit, die jetzt hier herrscht, ist nicht zu beschreiben : die besten Leute aus den Kollegien suchen heimlich anderwärts Dienste. Groß und Klein verachtet und verflucht den Goethe ! «

A. : Wieland über Herder — und es sind die Zwei, die sich noch immer relativ am besten verstanden : » Ich habe nun meine Liebe und Gutherzigkeit, die in den Augen seiner Eminenz Schwäche ist, ganz ruhig wieder eingepackt. Der Mann ist wie eine elektrische Wolke : von fern macht das Meteor einen ganz stattlichen Effect ; aber der Henker habe solch einen Nachbar über seinem Haupte schweben ! . . . . . Ich möchte gleich ein Dutzend Pyrenäen zwischen ihm und mir haben ! «

B. : Und ein prachtvoll scharfsichtiges Wort entfällt demselben Wieland, das eine ganze große Seite von Herders Wesen aufschließt : » Mich dünkt : bei allem, was der wunderbare Mann liest, fällt ihm immer zuerst ein, daß er's anders und besser gemacht hätte — was denn auch wahr ist. *(Gleichmütig=halblaut) :* — Und auch wieder nicht wahr ist ; wie man's nimmt. «

A. : Aus jenen Weimarer Zuständen, wie sie sich in speziösesten Details aus den vielbändigen Briefsammlungen nicht nur der Häuptlinge, sondern auch ihrer Clans, ergeben, sollte jeder lebende Literat sich mühelos die Grundregel für sein äußeres Dasein abstrahieren : die Dauergesellschaft von Kollegen zu fliehen, wie die Pest !

B. : Denn es ist eine Binsenwahrheit, daß alle Dichter im bürgerlichen Sinne zur Freundschaft unfähige, dazu launenhafte, im Umgang unzuverlässige und affenhaft=bösartige Subjekte sind. Jeder muß irgendwie im Leben seinen Zoll an Absurdität entrichten ; und wenn's die Meisten tun, sobald sie ins Außerordentliche geraten — so werden's die Außerordentlichen eben im normalen Leben tun !

A. : Und ist es denn nicht auch schlechthin grotesk, wirft es nicht ein grausames Licht auf das » verfluchte Metier «, wenn Herder von seinen dreimal gewonnenen goldenen Preismedaillen der Berliner Akademie an Heyne — mit Ypsilon — schreiben muß .....

C. (*bedrückt*) : » Könnten Sie mir vielleicht eine hilfliche Gelegenheit zeigen, die Münzen zu › versilbern ‹ ? Sie liegen da, und helfen mir nichts ; die Lorbeerkränze auf ihnen noch minder. Meine Jungen haben sich satt gesehen an ihnen — und ich möchte Geld statt ihrer. «

B. : Einzig gut nur, daß Frau Caroline — feurig trotz 7 Kindern, und eine prachtvolle Partnerin — ihn beschäftigt und besänftigt durch Mit=Leidenschaft. Schiller hat es mokant berichtet ....

C. : » Herder und seine Frau sind beide stolz, beide heftig ; und so stößt diese Gottheit zuweilen unter sich selbst aneinander. Wenn sie also in Unfrieden geraten sind, so wohnen beide abgesondert in ihren Etagen, und Briefe laufen treppauf, treppnieder — bis sich endlich die Frau entschließt, in eigener Person in ihres Ehegemahls Zimmer zu treten ; wo sie eine Stelle aus seinen Schriften recitiert, mit den Worten : › Wer das gemacht hat, muß ein Gott sein : und auf den kann Niemand zürnen ! ‹ — Dann fällt ihr der besiegte Herder um den Hals, und die Fehde hat ein Ende. «

A. (*lächelnd*) : Ein schönes Rezept ; das ältere Schriftstellerfrauen den jüngeren insgeheim weitergeben sollten — es ist probat. Aber, so niedlich die schnurrigen Interieurs sich anhören : auf Frau Caroline liegt die Last eines Großhaushalts. Und gleichzeitig muß sie ihrem Mann alles=in=allem sein : erste Hörerin und Leserin ; Korrespondentin & Korrektorin ; fantasievolle Geliebte zwischenein, das versteht sich von selbst. Wie wichtig sie ist, bezeugt Gleim : um Herder zur Herausgabe der » Stimmen der Völker « zu bewegen, mußte man Frau Caroline gewinnen, daß sie den Gatten » triezte « : und das half ! — Auch eine wichtigste Aufgabe hat sie noch .....

B. : die möglichst jede Künstlersfrau ihrem Mann abnehmen sollte. Ist nämlich einmal eine große Leistung fertig geworden, liegt das Manuskript vollendet da, dann heißt es vom Künstler um eine Spur zu viel fordern, wenn er, erschöpft und betäubt, nun auch noch um › das Geld ‹ für sein Werk feilschen soll : das kann nur zähneknirschend und mit größter Selbstüberwindung geschehen ! Denn für ein Buch, das vielleicht noch nach Jahrhunderten immer wieder gedruckt und gelesen werden wird, ist die üblich=dürftige Entlohnung derart unzureichend, daß man im rechnenden Verleger nur den knickernden sehen kann.

A. : Also nimmt Frau Caroline dem reizbaren Gatten die schwierigen Verhandlungen mit Hartknoch in Riga meist ab. Aber trotzdem wird mit dem Heranwachsen der Kinder der Geldmangel ständig fühlbarer. Wieder erfolgt ein Ruf nach Göttingen ; diesmal, gemäß Herders mit den Jahren immer steigender Berühmtheit, durchaus ehrenvoll, als erster Ordinarius für Theologie.

B. : Da jedoch der eigentliche Umzugsgrund — Aufgabe der Weimarer Superintendentur wegen ungenügender Besoldung — für den Herzog doch etwas zu schimpflich gewesen wäre, schloß man, unter Vermittlung und Beratung Goethes, einen neuen schriftlichen Vertrag — in ihm verpflichtete sich der Herzog, Herders Schulden zu bezahlen ; seine Besoldung zu erhöhen ; seiner Witwe eine Pension zu bewilligen ; vor allem aber die Erziehungskosten für die Kinder zu übernehmen, und nach abgeschlossener Ausbildung für ein angemessenes Unterkommen zu sorgen.

A. *:* Also bleibt Herder in Weimar — und erfährt umgehend die in ihrer Art einzige Erfüllung eines deutschen Fürstenwortes :

Um zum Beispiel, die bewilligte Gehaltszulage zu finanzieren, greift der, dank seiner kostspieligen Liebhabereien stets in Geldnot befindliche, Herzog zu einem bemerkenswerten Mittel : er entläßt schlichtweg einen anderen Mitarbeiter des Konsistoriums, dessen eingespartes Gehalt nun zwar Herder bekommt — zugleich aber auch dessen Arbeitslast : welch sonderbare Art der Besserstellung ! :

C. *(erbittert) :* » Kund und zu wissen sei es zugleich hiermit, daß ich die Musen beinahe abgedankt habe. Seitdem ich Oberconsistorialrathsvicepräsident bin — gebe ich Bescheide, Resolutionenauflagenweisungen ; mache unterthänigste Berichte, freundliche Communicate, vor allen Dingen aber stattliche Rescripte ; halte Termine, trenne Eheverlöbnisse und Ehen ; erkläre sie für Null & Nichtig ; hebe sie quoad vinculum oder zu Tisch und Bett auf ; mache Regulative undsoweiter ... «

B. *:* Kurz, er wurde bald der Überzeugung, daß ihm » ein schändlicher Betrug gespielt « worden, daß er » in die Hände der filous gefallen « sei.

Denn auch die versprochene Versorgung der Herderkinder geschah auf recht eigenartige Weise : da wird etwa der Sohn Adalbert auf eines der herzoglichen Güter, in eine ganz untergeordnete Verwalterstellung, abgeschoben

— mit der verlockenden Aussicht, es dort einmal bis zum Pächter bringen zu können — freilich noch mit der kleinen Auflage, daß er zuvor die Witwe seines Vorgängers heirate! — Welch schwefliges Licht wirft nicht dieser einzige Zug über die Verhältnisse am ›Musenhof zu Weimar‹, den Stolz aller wohlsituierten Deutschen!

A. : Und Goethes Verhalten wird je länger je dubioser: hatte sogar der Herzog beabsichtigt, Herder auf seine Italienreise eine Geldunterstützung nachzuschicken — so war es Goethe, der die endlich einmal zum Geben geöffnete Hand zurückhielt; mit der superklugen Begründung: Herder werde binnen kurzem die Summe noch nötiger brauchen!

B. : Natürlich hatte der Herr Geheimrat ›recht‹: Herder geriet unlängst in noch unangenehmere Verlegenheiten! Aber wie wäre es denn gewesen, wenn Goethe, — im Interesse nicht nur der deutschen Literatur; nicht nur einer alten, freilich längst zergangenen Freundschaft, nein: simpel in menschlichem Interesse! — ›andersherum‹ räsonniert und empfohlen hätte: der Herzog wird immer wieder mal Geld haben: ›Los! Schick' den Betrag nach Italien; In Zukunft wird wieder Rat werden!‹ —

A. : Es wurde k e i n Rat! In immer steigender Erbitterung — zu stolz, täglich zu antichambrieren und zu betteln: hatten sie es denn nicht schriftlich?! — warteten die Herders; warteten — Und es geschah?: — : nichts. Warteten, bis endlich eine bescheidene Bitte Herders um ein »Darlehen« vom Herzog, und eiskalt, abschlägig beantwortet wird — da bricht der Sturm los!

B. : Frau Caroline leitet die Transaktionen, jenes alte schriftliche Versprechen zu realisieren: sie sendet das inhaltsschwere Blatt der Herzogin; sie, die sehr wohl weiß, daß ohne Goethe nichts durchgesetzt werden kann, setzt diesen in Kenntnis — und es beginnt eines der ekelhaftesten Schauspiele in der an solchen so reichen Alterskarriere Goethes.

A. : Caroline wird — und mit vollstem Recht, — durch fürstliche Witze, wie die mit der Heirat der Pächterswitwe, in die äußerste Aufregung versetzt! Die zärtlichst=leidenschaftliche Mutter und Gattin sieht die prekäre Lage ihrer Familie : sieben Kinder ; dazu den fast= verbrauchten Mann — und sie überwindet sich; und schreibt an Den, der ihr seit Jahren am meisten zuwider geworden ist, an Goethe, einen — auch heute, nach 170 Jahren noch — nicht ohne peinliche Erschütterung zu lesenden Brief . . . :

C. (leidenschaftlich=beschwörend) : » Bitte ! : Erinnern Sie sich doch mitfühlend, daß Sie das Instrument des Herzogs bei jener Unterhandlung gewesen sind ! Dulden Sie nicht, daß der Herzog sein Versprechen so schnöde brechen will. Hier ist es Ihre Pflicht, des Herzogs Ehre und Moralität zu retten. Wodurch hat mein Mann diese Treulosigkeit verdient ? ! Lassen Sie uns nicht aufs Äußerste bringen, ich bitte Sie dringend : ich kann beweisen, daß mein Mann seine große Krankheit durch die anhaltende Arbeit im Consistorium bekommen hat : wer bezahlt uns diesen Verlust ? ! Ich bitte Sie um Gottes willen : retten Sie Ihre und des Herzogs Ehre ! Ich habe lange genug geschwiegen. Wir brauchen : Geld ! ! und m ü s s e n es vom Herzog erhalten : er ist es uns schuldig ! ! ! «

B. (in abfallend=nüchternem Tonfall) : Und dagegen — auch heute, nach 170 Jahren noch, peinlich zu lesen — die pendelschlägige Geheimratsantwort, in dreizehn Punkten — : mit weniger war er doch nicht ausgekommen.

A. (*sachlich*) *:* Wie sehr man sich auf dieser Seite im Unrecht wußte, ergibt die einfache Tatsache, daß nun endlich der Herzog zu zahlen begann — aber erst mußte er eine solche Szene abwarten, ja ? ! Schade, daß die Affäre nicht weitere Kreise zog — Herder wäre der Mann gewesen, die Fakten zu veröffentlichen .....

C. (*fraulich erbittert*) *:* » Wenn Sie wüßten, welche Niederträchtigkeiten wir an unserm Teil erleben müssen — mein Mann weiß davon das wenigste ; es ist nur mit mir verhandelt worden — Sie würden sich wundern ! Oh, wie würden Sie sich über Goethe wundern ! Ein jeder Tag zeugt neue Niederträchtigkeiten ; und die Stirnen werden immer frecher ! —

Der hat Vieles auf seiner Seele ; aber ihn kümmert nichts ! «

B. *:* Was Wunder, wenn Herder im Unmut ganz Weimar eine » gespenstervolle Einöde « nennt. Und was er denkt, lesen wir, hohlspiegelartig vergrößert, unüberhörbarer, in den beigelegten Zeilen der Frau : » Mehr als Gespenster : boshafte Tiere sind um uns ! « : unschätzbar eine solche Frau !

A. *:* In erbitterte Isolation gedrängt, von amtlichen Routinearbeiten überfordert, ermöglicht es seine — dem Normalmenschen unvorstellbare — Arbeitsfähigkeit, daß er trotzdem Buch auf Buch vorlegt. Freilich lebt er in einer fortwährenden Verschwendung seiner Nerven- und Geisteskraft, wie wir sie ähnlich auch bei Lessing sehen — Politiker freilich werden 80 und mehr ; ein Vergleich, der seltsame Rückschlüsse auf dergleichen Berufe zuläßt.

B. *:* Eines allerdings : der Akzent liegt dabei nicht auf jenen 10 Bänden, wo er, in gekonntester Kanzelberedsamkeit, also anhebt :

C. *(warm ; aber immer mit der Distanz des Hirten zu seiner Herde) :*

» Eine schöne Menschenseele finden, / ist Gewinn.
Ein schönerer Gewinn ist, / sie erhalten.
Und der schönst' und schwerste, sie, die schon verloren war, zu retten :
Sankt Johannes, aus dem öden Pathmos / wiederkehrend,
war, was er gewesen, seiner Herde Hirt.
Er ordnet ihnen / Wächter auf ihr Innerstes aufmerksam.

In der Menge sah er einen schönen / Jüngling ;
fröhliche Gesundheit glänzte / vom Gesicht ihm,
und aus seinen Augen / sprach die liebevollste Feuerseele :
» Diesen Jüngling, « sprach er zu dem Bischof, » Nimm in Deine Hut.
Mit Deiner Treue / stehst Du mir für ihn ! — Hierüber zeuge Mir und Dir vor Christo die Gemeine. «

Und der Bischof nahm den Jüngling zu sich ; /
unterwies ihn, sah die schönsten Früchte / in ihm blühn,
und weil er ihm vertraute, —
ließ er nach von seiner strengen Aufsicht.

Und die Freiheit war ein Netz des Jünglings.
Angelockt von süßen Schmeicheleien / ward er müßig ;
kostete die Wollust ;
dann den Reiz des fröhlichen Betruges ;
dann der Herrschaft Reiz' — er sammelt um sich
seine Spielgesellen, und mit ihnen / zog er in den Wald —
ein Haupt der Räuber ! — —

Als Johannes in die Gegend wieder / kam ;
die erste Frag an ihren Bischof / war :
» Wo ist mein Sohn ? « —

» Er ist gestorben «, sprach der Greis und schlug die Augen nieder.

» Wann und wie ? ! « —
» Er ist Gott abgestorben. Ist — mit Thränen sag ich es — ein Räuber. «
: » Dieses Jünglings Seele, « sprach Johannes, » fordr' ich einst von Dir ! —
Jedoch : Wo ist er ? «
» Auf dem Berge dort. « — : » Ich muß ihn sehen ! «
Und Johannes kaum, dem Walde nahend, ward ergriffen : eben dieses wollt' er.
» Führet «, sprach er, » mich zu Euerm Führer. «
Vor ihn trat er ! — — Und der schöne Jüngling / wandte sich ;
er konnte diesen Anblick / nicht ertragen ! —

: » Fliehe nicht, o Jüngling. / Nicht, o Sohn, den waffenlosen Vater, einen Greis. Ich habe Dich gelobet / meinem Herrn, und muß für Dich antworten. Gerne geb ich, willst Du es, mein Leben / für Dich hin. Nur fortan Dich verlassen / kann ich nicht : ich habe Dir vertrauet. Dich mit meiner Seele Gott verpfändet. «

Weinend schlang der Jüngling seine Arme / um den Greis ; bedeckete sein Antlitz / stumm und starr ; dann stürzte statt der Antwort aus den Augen ihm ein Strom von Thränen.

Auf die Knie sank Johannes nieder ;
küßte seine Hand und seine Wange ;
nahm ihn neugeschenket vom Gebirge ;
läuterte sein Herz mit süßer Flamme :
Jahre lebten sie jetzt unzertrennet / mit einander ;

in den schönen Jüngling / goß sich ganz Johannes schöne Seele. — —

: Eine schöne Menschenseele finden, / ist Gewinn.
Ein schönerer Gewinn ist, / sie erhalten.
Und der schönst' und schwerste, sie, die schon verloren war, zu retten!

A. *(nicht ungerührt ; aber unbestechlich) :* Also dergleichen ist bei Herder nicht das Entscheidende : das mag stärkend und kompaßhaft=rechtweisend für die Gemeinde sein ; wir, allein in tiefer Nacht, haben der Wirkung auf die steppenwölfisch=Einzelnen nachzugehen !

B. : Und auch auf seinen Übersetzungen — er hat viel » in sein geliebtes Deutsch geraubt « — liegt kein Akzent. So wortreich auch die Anhänger seinerzeit den › Cid ‹ begrüßen mochten, die Palme in solcher Richtung gebührte weit eher der › Terpsichore ‹ : denn die Geisteshaltung des Dreißigjährigen Krieges ist — oder sollte es doch sein — die unsrige.

A. *(einschränkend) :* Obwohl es sehr bezeichnend, und dem Fachmann ein ganz eigenes Studium ist : Herder in der Mitte zu sehen, zwischen den rasselnden Zyklopenübersetzungen, den exakt auf dem Amboß geschmiedeten, des Johann Heinrich Voss — und den überglatt geleckten der Pseudoromantiker à la Schlegel.

B. : Viel wichtiger für uns sind Herders positive Leistungen — etwa wenn er, adlersicheren Blicks, unwankend im gräzisierenden Getue der Dioskuren, für die Literatur die Forderung der Wirklichkeitsnähe verfocht ! — Was denn freilich den Bruch mit Goethe=Schiller arg beschleunigte und erleichterte : die › Braut von Messina ‹ ? : Man kichere !

A. *(hitzig) :* Hermann & Dorothea — das eine Flüchtlingsgeschichte ?
Wer könnte darüber besser urteilen, denn wir, die › Umsiedler ‹ ? Ich weiß kein Beispiel auseinanderklaffenderer Divergenz zwischen erschütterndem Thema und enttäuschend=gartenlaubiger Versifizierung : In Hexametern, in großonklig=schmerbäuchigen Daktylen ! In dieser behäbigen, undulatorischen Manier Szenen nicht=besungen, wo, wir Heutigen wissen es genau, Herz & Körper alle 100 Meter stehen bleiben !

B. *:* 20 Jahre früher hatte er sich selbst noch über die gemästete Zuschauer=Attitüde lustig gemacht : » Nichts Bessres weiß ich mir an Sonn- und Feiertagen ..... « : im Alter verriet Goethe Menschheit & Realität !

A. *:* Und — 60 Bände Herder ! : wir nähern uns dem innersten Geheimnis — seine » Ideen zur Filosofie der Geschichte der Menschheit « regten seinerzeit gefährlichste Bedenken an. Denn schon die Überschriften der einzelnen Kapitel projizieren je 1 Programm :

C. *(dekretierend) :* » Unsere Erde ist 1 Stern unter Sternen.
Unsere Erde ist einer der mittleren Planeten.
Unsere Erde ist eine Kugel, die sich um sich selbst, und in schiefer Richtung gegen die Sonne bewegt.
: Sie ist mit einem Dunstkreis umhüllt ; und im Konflikt — › Gravitation ‹ gleich Konflikt ! — mehrerer himmlischer Körper.
(Darwinistisch herausfordernd) : Der Mensch ? : ist ein Mittelgeschöpf unter den Thieren der Erde.
Was ist › Klima ‹ ? — Und welche Wirkung hat's auf die Bildung des Menschen an Körper und Seele ? «

B. *(gleichschenklig=kühler) :* Nicht, daß Herder als Erster dergleichen Gesamtschau unternommen hätte : vor ihn ist noch der, von ihm sehr wohl gekannte, Happel mit seinem › Mundus mirabilis tripartitus ‹ zu schalten. Aber danach, kommt Humboldts › Kosmos ‹ von Herder her ; und Ritter ; oder Konrad Mannert, mit seiner 14=bändigen › Geografie der Griechen und Römer ‹.

A. : Äußerst wichtig — obwohl nicht folgenreich : das gibt es ; leider — Herders Streitschriften gegen Immanuel Kant : gegen den sich bei den bedeutendsten Mitlebenden sofort, wie instinktiv, die schärfste Opposition erhob. Klopstock und Wieland aufschrien öffentlich gegen die » neukappadozische Sprache ; diesen Stein- und Gewürmregen « !

B. : Und hatten Jene schon ewiges Recht ; so war Herders Angriff noch weit tiefsinniger. Obgleich es sich um den geliebten Lehrer seiner Jugend handelte . . . .

C. *(erregt) :* » . . . Mein Erdenblick ward hoch : ER gab mir Kant !
. . . . und weiß beglänzet sah
ich Tempes Musentänze ; schwang den neuen
den güldnen Hut — und hörte Kant ! Und wagte
mit halber Zung ein neues Lied . . . . «

A. : Wenn sich der geliebte Lehrer im Alter verirrte ? Dann greift Herder ein : er verteidigt das Recht der Erfahrung gegen einen Diktator, der
»von dem unzulänglichen Material, das die dürftigen Sinnesorgane des Lebewesens eine Kleinplaneten liefern, behaupten will, es handle sich um die Baugesetze des Weltalls ! «
Welche Ergebnisse wären möglich geworden, wenn Herder besessen und zu benützen verstanden hätte : 1 Logarithmentafel ; 1 kleines Spiegelfernrohr ; 1 Mikroskop !

B. *:* Und auch so schon : was für Finessen sind nicht ebensowohl in die › Metakritik ‹ wie in die Unzahl seiner kleineren Abhandlungen eingeflossen ! Etwa wenn er die Grenzen der menschlichen Erkenntnis auch durch die Grenzen der sprachlichen Möglichkeiten zu messen dringend empfiehlt — eine Stelle, auf der 100 Jahre später Nietzsche aufbaute, in › Über Wahrheit und Lüge im außermoralischen Sinne ‹ ; Beide echte Vorläufer Wittgensteins.

A. *:* Wie erstaunlich, wenn Herder, auf Grund ärmlichster Daten noch, in der bedeutendsten Stelle der › Kalligone ‹ die ganze Theorie des » An sich Schönen in der Natur « entwickelt — eine Lehre, die dann erst Haeckel durch seine › Kunstformen der Natur ‹ ausführlich dargestellt, und uns zum Nachdenken hinterlassen hat : eigentlich hätte doch nichts als das, technisch relativ einfach zu lösende, Problem des Schwebens im Salzwasser vorgelegen ; und wie damit die geheimnisvoll=überwältigende Fülle der Radiolariengestalten zu vereinbaren sei : ob da nicht ein noch ganz undurchschautes › Formprinzip ‹ in der Natur vorliege ?

B. *:* Und dennoch : es wird einem nie wohl bei der Lektüre Herders.

Während bei Lessing keinerlei Zweifel aufkommen : ein Mann wie ein Fels ! — beschleicht prompt noch heute jeden unbefangenen Leser bei Herder ein zwiespältiges Gefühl : man kann jederzeit Herder durch Herder widerlegen !

A. *:* Einerseits bittet er Lessing, doch ja alle › Wolfenbütteler Fragmente ‹ zu edieren — was ihn dann später, als Lessings nachgelassener Briefwechsel herauskommt, › möglicher Mißverständnisse willen ‹ maaßlos ängstigt : Wir erleben bei Herder das unselige Beispiel › doppelter Buchführung ‹.

B. : Und ich meine damit eben nicht Dinge wie — daß er einerseits sich in den › Stimmen der Völker ‹, diesem Luftgeistertanz um den Turm zu Babel, zum Dolmetsch und Anwalt aller Rassen macht ; und gleich darauf zu schreiben über sich gewinnt . . . . . :

C. *(bedrückt=unwohl) :* » Der verstümmelte Lappländer ; der affenmäßige Neger ; das Nachtgespenst von Albino ; und die Sandauster von Neuholländer . . . . . Zigeuner und Türken ? : sind zu nutzbringender Arbeit anzuhalten ; oder sie müssen das Land räumen ! «

A. : Dann muß man natürlich die Stirn falten — aber dergleichen ist letzten Endes um des lieben Effektes willen geschrieben ; etwa wenn er die Schönheit einer Venusstatue durch Konfrontierung mit einem Hottentottenweib überdeutlich machen will. Weit unangenehmer aber — weil decouvrierend, und das noch gewichtigere Folgende instruktiv vorbereitend — berührt Herders Verhalten in der berühmten › Ossian=Affäre ‹.

B. : Die Hälfte seiner Ästhetischen Theorien, seiner Beispiele und glänzenden Analysen, war auf die Echtheit Ossians gebaut. Er konfrontierte und parallelisierte ihn mit Homer, dem » Röslein auf der Haiden «, dem Wesen der Dichtung schlechthin ; zog historische Vergleiche, gab ethnologische Charakterbilder : alles vermittels Ossian.

A. : Freilich setzt er auch sonst einmal neben alte wendische Hochzeitslieder Claudius' » Der Mond ist aufgegangen « — und tat recht : aber er hätte schon daran erkennen sollen, daß der neue Schlüssel ebensogut das Wesen der Poesie aufschloß, wie der alte.

B. : Das Bedenkliche ist, daß er 30 Jahre lang weiter mit der Echtheit Ossians arbeitete — höchstens einmal sich flüchtiger täuschender Wendungen bediente, » mögen diese Lieder nun alt oder neuer sein «, ausdrücklich zum Darüberhinweglesen eingeflochten — obwohl er seit 1775, durch den englischen Major Harold, wußte, daß es sich bei Ossian, mit 90⁰/₀iger Gewißheit um eine Fälschung handele ! Mit allem Aufwand an psychologischem Geschick ist es nicht möglich, ihn vom Vorwurf — gelinde gesagt — der Doppelzüngigkeit freizusprechen : er ertrug, er vermochte in sich auszutragen, viele Legierungen von Lüge & Wahrheit.

A. : Und alles beginnt auf einmal, sich wie verzerrende Spiegel gegeneinander zu stellen : berichtet nicht gedrückt Jean Paul, der uns überhaupt die signifikantesten Konfessionen Herders erhalten hat :

C. (*kummervoll*) : » Von seinen eigenen Werken sprach er mit einer solchen Geringschätzung, die einem das Herz durchschnitt, daß man kaum den Mut hat, sie zu loben : er will nicht einmal die › Ideen ‹ fortsetzen. › Das Beste ist, was ich ausstreiche ‹, sagte er : weil er nämlich nicht frei schreiben darf ! — — Abends aß er, wie wir Alle. «

B. (*mit schwerem Nachdruck*) : Der » Erzbischof von Weimar «, wie man ihn in Rom präsentierte. — Aber man stelle sich solch ein furchtbares Bändchen » Herausgestrichenes « intensiv vor : was für Delikatessen mögen uns da schon verloren gegangen sein ! Nicht nur bei Herder : bei Allen ; setzen Sie getrost den Namen Ihres Lieblingsschriftstellers ein !

— Welcher Art speziell das Herdersche » Herausgestrichene « gewesen wäre, ergibt sich aus der düsteren Äußerung, die er am 8. Januar 1797 gegen Böttiger tat . . . . :

C. *(finster) :* » Jeder Mensch sollte bei seinem Tode geschrieben hinterlassen, was er eigentlich immer für Possen oder Puppenspiel hielt ; aber aus Furcht vor Verhältnissen nie laut dafür erklären durfte : wir Alle haben solche Lügen des Lebens um und an uns ; und es müßte wohltun, sie wenigstens dann auszuziehen, wenn wir den Todtenkittel anziehen. «

B. *:* Worauf der Magister Ubique gefällig erwiderte : Jaja ; der englische Bischof Hunt habe sich auch durch ein posthumes Schriftchen als vollkommenen Skeptiker bekannt ! — *(Betroffen) :* Sollte es das gewesen sein, worüber Herder in der einleitend angeführten Stelle von › Tithon und Aurora ‹ als » Über den Selbstmord des Feinsten « klagte ? —

A. *:* Denn es bleibt uns zu untersuchen : die Stellung des Herrn Generalsuperintendenten zum Christentum.
Trotz aller Gegenversicherungen seines Biographen Haym, dem schlechthin Alles vereinbar scheint, befremdet den vorurteilslosen Leser eine Fülle merkwürdigster, immer wieder hochkommender, Geständnisse. Schon 1772 schreibt er an seine Braut : » er habe weiter nichts Pastorales, als vorne einen Kragen und hinten ein Mäntelchen. «

B. *:* Oder er rühmt ihr › Minna von Barnhelm ‹ und die » Mannheit « Tellheims, » die freilich unsere gemeinen christlichen, feigen, heuchlerischen Seelen nicht haben. «

A. *:* Wie befremdlich, wenn Herder zu Weihnachten 1784 an Frau von Stein Spinozas › Ethik ‹ sendet ; mit Begleitversen, die besagen, daß dies die eigentliche Bibel, und Spinoza der Heilige Christ sei. Wie denn Herders Spinozismus am unverhülltesten aus dem Briefwechsel mit Jacobi hervorgeht, in Formulierungen, die eigentlich kein Deuteln gestatten . . . . . :

C. : » Ich ergreife endlich eine Stunde, Ihnen nichts als › en kai pan ‹ zu schreiben, das ich schon von Lessings Hand in Gleims Gartenhause selbst las, aber noch nicht zu erklären wußte : siebenmal würde ich sonst mein › en kai pan ‹ daruntergeschrieben haben ! « —

B. : » Einen extramundanen Gott kenne ich nicht ! « heißt es weiter ; und noch klarer ist Herder, für Jeden, der zu lesen versteht, mit seinem Credo in den › Gesprächen über Spinoza ‹ herausgegangen, aus denen zu entnehmen ist, daß er — zumindest im Juni 1800 — die Persönlichkeit und Außerweltlichkeit Gottes verneinte ; ebenso den Freien Willen ; und nicht minder die persönliche Fortdauer nach dem Tode. » Es gibt keine andere Unsterblichkeit als Palingenesie ! «

A. : Eine andere Gruppe von Äußerungen sei mit einem der unschätzbaren Aufhebsel eingeleitet, die Frau Caroline uns in ihrer Unschuld hinterlassen hat :

C. *(unbefangen)* : » Wenn in Gesellschaft manchmal von der Gefangenschaft auf einer Festung die Rede war, sagte er scherz- und ernsthaft : › Ich preise den Gefangenen glücklich, wenn er ein gutes Gewissen hat, und sich zu beschäftigen weiß : mir könnte man keinen größeren Dienst erweisen, als mich einige Jahre auf eine Festung zu setzen, mit der Erlaubnis arbeiten zu dürfen, und die notwendigen Bücher zu haben — ach, ich bin des Treibens unter den Menschen so satt ! : Wenn ich mein eigener Herr wäre, ich würde mich wo einschließen, und eine zeitlang ausschließlich mit Naturwissenschaften beschäftigen. «

B. : Jeder Psychologe wird solche Sehnsucht nach der › Freiheit der Zelle ‹ unschwer zu deuten wissen. Bezeichnender aber noch das Bekenntnis zu den Naturwissenschaften : schon früh hatte er einem Freunde, dem kleinen Astronomen Graf Hahn gegenüber, bedauert, wie er so gar keine Kenntnisse der Höheren Mathematik besitze. Immer wieder stößt man auf Notate, wie : » Könnten nicht Gedanken aus Bewegung der Materie entstehen ? «

A. : Kein Zweifel ; Schiller mochte, zumal im Jahre 1787, so unrecht nicht haben, wenn er an Körner schrieb : » Herder neige sich äußerst zum Materialismus ; ja, hänge eigentlich von ganzem Herzen an diesem. «

B. : Seine › Ideen ‹ setzen — worüber die eine Gruppe seiner » Freunde « sogleich weh aufschrie ! — gar nicht mit Gott und der Schöpfung ein ; sondern mit der Beschreibung des Planetensystems, und fysikalisch=geografischen Angaben. Und Goethe schreibt ihm sogleich diesen Dankbrief . . . . :

C. (kalt ; sachlich) : » Das Christentum hast Du nach Würden behandelt : ich danke Dir für mein Teil. Ich habe nun Gelegenheit, es von der Kunstseite näher anzusehen: und da wirds auch recht erbärmlich. Es bleibt wahr : das Märchen von Christus ist Ursache, daß die Welt noch zehntausend Jahre stehen kann, und Niemand recht zu Verstand kommt. «

A. : Ganz abgesehen davon, ob Goethe Recht mit solcher Behauptung hatte — zumindest ergibt sich daraus, daß man auch diesen Sinn in Herders Buch finden, und ihm, darüber hinaus, das auch ungescheut schreiben durfte.

B. : Denn das hätte seinem getreuen Schildknappen Haym doch schwer zu denken geben sollen, daß trotz der — meist wacker orthodoxen, zum Teil sogar fanatischen — 18=bändigen Abteilung » Religion & Theologie « in Herders Werken, bereits sämtliche Zeitgenossen, seiner Art zu denken und zu schreiben instinktiv mißtrauten. Es war nicht von ungefähr, daß die Konsistorien von Göttingen und Weimar immer wieder Examina und Probepredigten verlangten : man erkannte in kirchlichen Kreisen sehr wohl, daß man mit den schönsten Herder=Stellen ebensogut zu einem persönlichen Christengott, wie zum gnostischen Pantheismus, oder gar zum nackten Materialismus gelangen konnte — ihnen war, und mußte er sein : ein poetisch=fantastischer Ketzer, mit dem man unermüdlich die diskretesten Engelsrippenstöße zu tauschen hatte.

A. *:* Nicolai hatte gar nicht Unrecht, wenn er spöttisch an Merck schrieb : » Also Herder will in Göttingen Orthodoxie vortragen ? : Das ist Geld wert ! Wenn ich mir vorstelle, wie er mit Walch über Theologie redet — so müssen sie Beide, als 2 Auguren, übereinander lachen. « Sehr wahr : der schwankende Dämmerungston, die kühnen, täuschend=umhüllenden, Sprachkünste konnten — und können — einen einfältigen ehrlichen Kerl schon zur Verzweiflung treiben : man kann Herder nie als Eideshelfer für eine Meinung zitieren : sein Zeugnis ist völlig irrelevant !

B. *:* Und war er den Alten zu freigeisterisch, so den Jungen nicht freisinnig genug : » Daß doch Herder nicht deutlich, nicht simpel schreiben kann ! « grollte Goethe : » Wenn er so ganz offen und ungekünstelt schriebe, er wäre ein trefflicher Mann. «

A. *:* An Hamann ging der Brief, der unwiderleglich dartut, wie Herder — zumindest zuzeiten ! — über seine Amtstätigkeit dachte . . . . . :

C. *(in schwerem Mißmut) :* » Eingeklemmt in das einsame Wirrwarr und geistige Sisyfus-Handwerk, in dem ich hier lebe, ermattet man an allem, und nimmt zuletzt an sich selber nicht mehr Teil. Die Kirchmauer, die gerade vor mir steht, scheint mir unaufhörlich die wahre Bastille; und ich habe von jeher mein Haus — groß, verschnitzelt, unbewohnbar; und, wo es bewohnt wird, eingeklemmt und drückend — als das wahre Symbol meines Amtes angesehen: es ist und bleibt doch immer ein elend Leben, sich früh auf die hölzerne Folterbank zu spannen, und unter dem alten sächsischen Dreck zu wühlen.«

B. : Das ist wahrlich kein beneidenswertes Los, wenn man — zumindest zuweilen überzeugter Spinozist — den Bonzen spielen muß; den Lama, den Muezzin, den Medizinmann — oder gar, wenn man eben seinen materialistischen Tag hat.

A. : Und nichts verständnisloser bei solcher Situation, als das Haym'sche ›Gegenargument‹, das er womöglich tatsächlich als ›Beweis‹ angesehen hat:

C. *(überlegen=selbstzufrieden, eunuchoid)* : »Was in aller Welt, — wenn Herder sich eines Abfalls von der Kirche, des Widerstreits gegen den in dieser enthaltenen Schatz religiöser Wahrheit bewußt gewesen wäre —: was hätte ihn wohl gezwungen, sein Glaubensbekenntnis so offen und breit zur Ausstellung zu bringen?!«

B. : Woran sich dann, in amüsantester ›Logik‹, die Folgerung knüpft, à la: ›Er hat aber sein Amt nicht niedergelegt; also ....‹ — das heißt, einer Absurdität die zweite nachschicken. Wahrlich, die Weltfremdheit — um keinen härteren Ausdruck zu gebrauchen — mit der zuweilen von Professoren Literaturpsychologie getrieben wird, ist wahrhaft putzig. *(Kopfschüttelnd wiederholend)* : »Was in aller Welt hätte ihn wohl gezwungen??« — *(Eindringlichst=beschwörend)* : Sieben Kinder: bitt' Euch!!!

A. : Dazu 1 kranke Schwester, die 4 lange Jahre hindurch kostspielig zu Tode gepflegt werden mußte. Ein bescheidener Aufwand war auch noch zu treiben, von Amts nicht minder als von Rufs wegen : Einen solchen acte gratuit, wie etwa pathetisch=öffentliche Amtsniederlegung, auch nur zu *denken* — dergleichen Forderung schreibt sich freilich 100 Jahre später leicht am literarischen Kontorschemel nieder ! Doppelt absurd, sie von einem verbrauchten, zuschanden geschriebenen, Fünfundfünfzigjährigen zu erheischen ; einem Alter, in dem man längst Diät ißt und spricht.

B. : Aber nicht minder falsch, als solch Haym'scher › Beweis der Rechtgläubigkeit ‹ ist die diametral entgegengesetzte Hypothese Hettners : Herder sei sein ganzes Leben lang, pausenlos, religiöser Heuchler & Gleisner gewesen ; und an der Tragik, seine Überzeugung um's liebe Brot verleugnen zu müssen, langsam zugrunde gegangen : denn, immerhin,

21 663 Tage hielt die Körpermaschine aus — solch verfeinerte Angabe ist vorzuziehen dem groben » 59 Jahre «. Der anstrengendste Todeskampf stand ihm bevor : 2 Monate lang verdrehte er sich in der Matratzengruft ; 2 Monate lang erbat er vom Arzt=Sohn sein lebenslängliches Opiat : » 1 großen Gedanken : bitte ! « — Am Sonntag=morgen, den 18. Dezember 1803, setzten Hirn & Herz aus. —

A. : Die » Wahrheit « — in Anführungsstrichen : das heißt, soweit sie ein selbst praktisch Schreibender zu erspüren vermag ; ein solcher ist in Fällen, wie der vorliegende, am zuständigsten ! — die Wahrheit liegt nicht einmal in der Mitte. — Denn es war nicht der ständige Widerspruch von äußerstem Amt und innerster Überzeugung ;

und nicht schuld waren — (*sorgfältig banal*) : » Die Hämorrhoiden, an denen er vorzüglich litt « — obwohl das einen Menschen durchaus verrückt machen kann ! — also das ist es nicht gewesen, was Herders Gedankengänge so quellend=ungreifbar, viskosig=vielfädig, seine Ausdrucksweise dunkel, gedrängt, verschlüsselt, immer=mehrdeutig macht : nicht die eiskalte Technik des Berufsheuchlers war es, die ihm Sprache & Sinn verstellte.

B. : Goethe hat bereits — unnötig verwundert — das Faktum erstaunt festgehalten : » Herder konnte einen bitter auslachen, wenn man etwas mit Überzeugung wiederholte, welches er kurz vorher als seine eigene Meinung gelehrt und mitgeteilt hatte. «

A. : Das Geheimnis ist : Herder war Beides ! — Oder vielmehr Fünferlei : und Alles mit der gleichen, sich selbst und Andere mitreißenden Überzeugung !
Gebetssüchtig heute : und morgen ein Freigeist, der » durch Buchstabenumstellung aus Katechismus › Atheismus ‹ « machte. Einen Monat lang sieghaft durchdenkend, durchträumend, die labyrinthischen Seelenwanderungshypothesen : und 1 Lunation später leidenschaftlicher Kämpfer für Zarathustras » Zend Avesta « und Spezialist für Manichäismus.

B. : Es war — und der Satz ist in gefährlich vielen Fällen gültig ! —

die übliche Korruptibilität irrational angelegter Hochintellektueller. Oder, schonender ausgedrückt : die zwar peinliche, aber vorwurfsfreie Unzuverlässigkeit des emotionell Orientierten.

A. : Hinzu kam ein verhängnisvoll=fruchtbarer Überschuß an analysierender Fantasie : ein Mangel an Erfindungskraft im Großen, gepaart mit der unseligsten Feinheit in

Kleinigkeiten. Verbunden in diesem speziellen Fall mit der Unfähigkeit, länger als 8 Tage bei einem Thema denkend & schreibend zu verweilen ; und also nicht imstande, ein erlösend=selbstständiges Großkunstwerk zu emanieren.

B. : Hand in Hand damit gingen : Herders krankhaftes Bedürfnis nach Beifall, und Effekte im Stil der Großen Oper. Seine Widerstandslosigkeit gegen rednerische Selbstberauschung ; gefördert noch durch die seltenste aber wirre Sprach= und Metafernkraft.

A. : Schiller waren seine Werke nur » genialisch flach und oratorisch geschmeidig « — was Herder, allzeit ein guter Hasser, nur mit einer verächtlichen Achselbemerkung über › dramatisierte Kriminalreißer ‹ vergalt.

B. : » Laßt mir den Cid nur von Herder, den Oberon laßt mir von Wieland : / Wenige leben von uns über die Beiden hinaus ! « : Rückert ; gut gemeint, aber völlig schief geurteilt ; da spürte schon der fünfzehnjährige Gerhart Hauptmann mehr, wenn er sich über die » Kritischen Wälder « bückte. Heines Pseudobekenntnis zu Herder ? : auch wieder nur eine der, gefährlich vielen, Facetten. Weit klüger Tieck : » ich habe den Geist der Ebräischen Poesie immer vorgezogen. «

A. : Hochbezeichnend ein Faktum :
Nie, in geschlossenen eigenen Kunstwerken, hat er die Dichtung bereichert — wohl aber die Dichter ! Das galt damals, wie heute, und wird noch auf lange Sicht gelten. Obwohl nach seinen Rezepten nur e i n e r unserer Großen zu schreiben gewagt hat, einer von den Zwanzig, für die ich mich mit der ganzen Welt prügeln würde : Jean Paul ! Ebenso unnachahmlich, ebenso kostbar verwildert ; und der einzige vorhandene Beleg, daß man auf den

Herder'schen Wegen auch praktisch Kunstwerke liefern könne — eine Sonderstudie und weit aus dem heutigen Rahmen hinausweisend.

B. : So würde ich, nach meiner Ansicht des Gesamtfänomens › HERDER ‹ gefragt, antworten: Sein Leben ? : das eindringlichste Spiegelbild zur Warnung ; nur einmal, und noch grell=bedeutender, bei Swift zu erblicken ; ein › Primzahl=Mensch ‹, 2 hoch 2281 minus 1 ; nur durch Eins=und=sich=selbst teilbar : Cave !

A. : Sein Werk ? : Tragödie und Triumph der Polyhistorie : ein Großmeister unüberblickbarer Reihen von Mikro=, Nano=, Pico=Kunstwerken. Ermutigend für den Fachmann, das Sprachgefühl hochpeitschend, seine wilden Wort=Neubildungen. Gedanken weniger vermittelnd, als wachrufend, seine Technik des » unendlichen Aforismus « — Nietzsche hat nur den » endlichen «, den eine Stufe tieferen :

Herder ist der unerschöpfliche › Tschernosjom ‹, die klaftertiefe › Schwarze Erde ‹, die noch jahrhundertelang satte Ernten verbürgt — eine Metafer, wie er sie wohl selbst gebilligt hätte.

B. (*geheimnisvoll=abschließend*) : Herder ? : Ein Riesengestirn ; die planetengroßen Ebenen seiner Kontinente dicht besetzt mit Kräutern, gesellig schwebenden Halbgräsern, abgerundeten Haiderasen, unter einer brennenden Sonne, oder gegossenen Gewitterwolken : Gewürz geht um, über allen grauen Nicht=Hainen.

A. : Wo, wie auf dem offenbaren Meer, der Horizont von einer reinen Kreislinie umschlossen wird ; das Auge einschränkend, die Seele zugleich seltsam mit der Gewalt des Schrankenlosen ergreifend : ein Prärie=Schauspiel, in der Literatur aller Völker ohne seinesgleichen !

MÜLLER

ODER

VOM GEHIRNTIER

S P R E C H E R :

A. : Kenner und Anwalt der Gehirntiere

B. : Normalmensch ; der sich — vieler verwundert=abweisender Fragen und des befremdeten Kopfschüttelns des › guten Durchschnitts ‹ fähig — zumeist als leidend=Lernender, manchmal sogar wie im Zoo verhält (aber ja nicht karikierend !)

C. : Für die Zitate ein kehliger Bariton — man muß gleichzeitig Heldenton & Hühnerbrust heraushören können.

C. (*körnig=heroisch ; aber auch ganz leicht gaumig=verdächtig*) :

» Sie standen,
in schmaler Ordnung,
mit kurzen Waffen ;
vierhundert Luzerner,
neunhundert Mann aus den drei Waldstätten und ungefähr hundert Glarner, Zuger, Gersauer, Entlibucher, Rotenburger, unter ihren Bannern ;
unter dem Schultheiß der Stadt Luzern, und unter dem Landamman eines jeglichen Thals.
Einige trugen die Hellbarten, womit im Paß bey Morgarten ihre Ahnen gestritten ;
Einige hatten statt der Schilde ein kleines Brett um den linken Arm gebunden ;

erfahrene Krieger sahen ihren Muth.
Sie fielen auf die Knie und beteten zu Gott, nach ihrem alten Gebrauch.
Die Herren banden die Helme auf.
Der Herzog schlug Ritter.
Die Sonne stand hoch.
Der Tag war sehr schwül ! «

(Ganz leise den › Berner Marsch ‹ einblenden : Tram, tram tram . . .)

A. *(spricht hinein) :* Also hebt an: die Schilderung der Schlacht bei Sempach . . . . .

B. *(bescheidentlich anmerkend) :* 1386. Winkelried.

A. *(zufrieden fortfahrend) :* . . . . . bei dem folgenreichsten unserer deutschsprachigen Geschichtsschreiber, dessen › Gesammelte Werke ‹ hier auf dem Schreibtisch stehen : 40 Bände, mit 30 Millionen Buchstaben.

B. *(kritisch) :* Ich würde lieber Bänd=*chen* sagen — es ist eine ältere Ausgabe ?

A. *(verbindlich) :* Aber lieber Freund es giebt keine neue Ausgabe der Werke des Johannes von Müller. Noch heute muß Jeder, der ihn kennen lernen ; Jeder, der ihn studieren, Jeder, der über ihn arbeiten will, nach dieser Cotta'schen Ausgabe von 1831—35 zitieren ; der Leser, der Forscher, der Stilist.

B. *(unangenehm berührt) :* Ja aber wie ist denn das möglich ? Das sind ja . . . . . *(kurze Rechenpause) :* 130 Jahre her ! Wo bleiben denn da unsere Verleger ? — *(Besonnen=ernüchterter) :* Oder lohnte sich ein Neudruck des Herrn Müller etwa nicht ?

A. *(verächtlich amüsiert) :* Unsere › Großen Verleger ‹ ? : oh, die haben schon › den Finger am Puls der Nation ‹ ; verfolgen marktforscherisch=gehorsam › die Bedürfnisse

des Lesepublikums ‹ — und die Folgen sehen wir denn ja auch rundum. Ganz Kühne drucken den › Werther ‹ nach, oder gar Shakespeare — davon giebt's ja erst 500 Millionen Stück — und dünken sich dann flugs Cotta=gleich.
In Wahrheit ist die Lage schlechthin trostlos ! : Die wenigen wahren Benutzer reichen sich die wohlgeschonten Bände stumm und resigniert durch die Jahrhunderte weiter.

B. : Ach, hier — auf dem Vorsatzblatt des ersten Bandes — : das sind die Namen früherer Besitzer ? . . . . . *(Murmelnd) :* › Dr. J. Cornaro der Ältere ‹ ; putzig.

A. (berichtigend) : Und rührend. Und wichtig : sehen Sie die nächste Signatur ? : › Aus Mommsens Bibliothek ‹ ! — Nein nein ; es ist schon eine reinrassige Schande, das Getreibe der Herren Verleger ; die sich zwar untereinander gern › Hegemeister des Geistes ‹ titulieren ; in Wahrheit aber weder die › bons ayeux ‹ noch die großen Neuesten fördern : unsere Literatur, ob Druckerpresse ob Sendemast, ist nicht in den besten Händen ! — *(Mit beiden Fingerbüscheln auf die 65=Zentimeter=Reihe hindeutend) :* Wie unser Exempel, Müller=hier, belegt.

B. (einschränkend) : Immer vorausgesetzt, daß er wirklich ein großer Mann war ; ein großer Schriftsteller ; ein großer Intellektueller.

A. (grimmig gerührt ob so viel Leser=Unschuld ; ironisch wiederholend) : . . . Ein großer ; Intellektueller : Jaja !

(G o n g ; bedenklich=bedächtig verhallend)

A. (langsam anhebend ; wie sich=erinnernd) : Johannes Müller aus Schaffhausen. — 1752 geboren ; also ungefähr Goethe=Jahrgang. / Aufgewachsen in Bibliotheken, in den Buchnissen ältlich=gelehrter Vorfahren. / Von frühester Kindheit an ein Gehirnwunder : » Sein Gedächtnis scheint beinahe übermenschlich ! « ruft Lavater begeistert. / Oder Goethe an Schiller . . . . . :

C. *(behaglich=würdigend ; diesmal ohne Unterton) :* » Heute Abend war Johannes von Müller bei mir, und hatte große Freude an meinen Münzschubladen. Da er so unerwartet unter lauter alte Bekannte kam, so sah man recht, wie er die Geschichte in seiner Gewalt hat : selbst die meisten untergeordneten Figuren waren ihm gegenwärtig, und er wußte von ihren Umständen und Zusammenhängen. «

A. *:* Und wiederum, nach Müllers Tode . . . . . :

C. *(wie oben) :* » Unser abgeschiedener Freund war eine von den seltsamsten Individualitäten, die ich gekannt habe. / Es ist eine Natur, dergleichen auch nicht wieder zum Vorschein kommen wird. «

A. *(mit leichtem Spott) :* Hier irrte Goethe. / Oder, wohl richtiger : vorsichtig, wie er es im Alter fast immer war — nicht aus zarter Rücksicht ; sondern lediglich um sich nicht nur Unannehmlichkeiten, sondern auch nur Diskussionen zu ersparen — vorsichtig also und sibyllinisch formulierte er sein Urteil über das seltsame › master=mind ‹. In Wahrheit wußte er sehr wohl Bescheid — war er doch in diversen Hinsichten ähnlich ; war selbst › Intellektueller ‹.

B. *(ungeduldig) :* Also schön : ein glänzendes Gedächtnis ! Aber das ist doch schließlich die simple Voraussetzung für geistige Hochleistungen. Warum verweilen Sie gerade darauf so umständlich ?

A. : Sie sagen das sehr leichthin. — Haben Sie schon einmal bedacht, daß solche Spezialisierung eine › Verkrüppelung ‹ in jeder anderen Hinsicht bedingt? Einem Sportler billigt man das heute ja schon ohne weiteres zu, die besondere, genau ausbalancierte Lebensführung : täglich 8 Stunden trainieren ; kein Tabak Alkohol Liebe ; dafür zeitig schlafen gehen, und besondere Athletenkost essen. — *(Abfällig) :* Und dabei sind das, ob Schnellläufer oder Gewichtheber, doch bestenfalls eine andere Art Windhunde oder Ochsen.

B. : Sehen Sie sich vor, wenn Sie nachher auf die Nachtstraße hinaustreten!

A. : Wieviel mehr müßte man da doch eigentlich den Weltrekordlern des Geistes — dem, was ja im Grunde den Menschen ausmacht — › mildernde Umstände ‹ zubilligen. Ist es Ihnen noch nie eingefallen, daß ein Maler ein Unwesen sein könnte : nur noch Auge & Hand! Ein Musiker › ganz Ohr ‹. Der Intellektuelle nur noch Gehirn & Zunge : das ist kein kleines Wunder, daß Die, unsäglich überarbeitet, anbetungswürdig=verschroben, pausenlos in erhabene oder lächerliche Träume vertieft, › Rennfahrer der Sprache ‹, die die empfindlichste hochtourigste Maschine unter voller Lebensgefahr erproben — leben Sie mal ein halbes Jahr von Kaffee, Alkohol, Aspirin und Schlaftabletten! — : daß die nicht sämtlich auf den Köpfen einhergehen!

B. (ablehnend) : Wieso?! Wir arbeiten ja schließlich Alle.

A. : Gern will ich Ihnen, eben am Fall Müller hier, einen schwachen Begriff geben : von einem Supergehirn ; und › seiner Erdentage Spur ‹ . . . . . *(mitleidig) :* — aber Sie werden sich entsetzen.

B. : Warum? — Ich nicht ; ich hab' gute Nerven.

A. *(trocken) :* Auch möglich.
Müller also, mit den erforderlichen geistigen Qualitäten wohlversehen — Sie hören, ich drücke mich absichtlich unüberschwänglich aus — beginnt seine Riesenarbeit ; das heißt a) zu lesen ; b) zu schreiben.

B. *:* Ist Lesen › Arbeit ‹ ?

A. *:* Für den Fachmann ja. Das ist eines der Kennzeichen des Intellektuellen. / Schopenhauer hielt vor allem der Gedanke vom Heiraten ab, daß er sich dann nicht mehr genug Bücher kaufen könnte. / Alexander von Humboldt gab zu Protokoll : » Wer die Qualen der Hölle schon auf Erden kennen lernen will : der verkaufe seine Bibliothek ! « / Ludwig Tieck besaß 16, Müller 5½ Tausend Bände. — Drücken wir es, ganz nüchtern, so aus : Wenn Sie über einen › Gegenstand ‹ schreiben wollen, müssen Sie wissen, was man v o r Ihnen darüber gearbeitet hat. Noch platter : wenn Sie über Müller referieren wollen, müssen Sie, zum reinen Anfang, diese 40 Bände hier vor sich stehen haben ; sie gelesen haben : mindestens zweimal. Dem Schlosser billigt man anstandslos zu, daß sein shop voller Handwerkszeug hänge : Bücher sind das Handwerkszeug des Intellektuellen !

B. *:* Schön — also auch Müller liest viel.

A. *:* Mit welchem Fleiß, welcher Leidenschaft, mag Ihnen belegen, was er am 14. Dezember 1789 aus Straßburg seinem Bruder schreibt — es handelt sich um christliche Jenseitsvorstellungen . . . . . :

C. *:* » Darin ist mein Geschmack von Deinem sehr unterschieden : Du möchtest einst nicht mehr lesen — und ich möchte lesen und notieren Alles, was geschehen und verzeichnet worden, über die Geschichte der Menschen, seit Anfang des Geschlechts : sobald ich in den Himmel komme, werde ich mich nach dem Hauptarchiv der Wege Gottes erkundigen ; alsdann, von Gestirn zu Gestirn, Alles compiliren ; und nach ein paar Millionen Jahren ein Compendium der Universalhistorie, zum Gebrauch der Neuankommenden, schreiben : Warum sollte das Alles nicht seyn können ? ! «

B. *(betroffen) :* Ein Scherz, ja ?

A. *(mit Nachdruck) :* Nichts weniger ; Müller war viel zu › fromm ‹, um hier zu scherzen, oder gar zu lästern. Es ist im Grunde nichts als eine Variante des prachtvoll=stolzen Lessing=Wortes vom › Trieb nach Wahrheit ‹ ; der, für Wesen unserer dürftigen Gehirnstruktur, wert= und ehrenvoller ist, als irgendeine — zwangsläufig immer=dubiose — › Wahrheit ‹ selbst.

B. *(schüchtern=hinterhältig) :* Nennt man das nicht Agnostizismus ?

A. *:* › Man ‹ nicht ; nur Der, der sich noch › Gnosis ‹ einbildet. Und in seiner Intoleranz jeden Andersdenkenden mit einem A=privativum versieht. —

Aber haben Sie Müllers Lust an Details recht beachtet ? Kenntnisdurst, Fleiß, Wonne der Zettelkästen : er ist unbegreiflich=unersättlich ! : » Meine Abende sind köstlich ! « ruft er, im Bücherhag, aus : » es ist mir immer ein Jammer, wenn ich 1 opfern muß. « —

(Erläuternd) : › Opfern ‹ ? : damit meint er › in Gesellschaft gehen ‹. — *(Unheimlich=vertraulich) :* Haben Sie eine ungefähre Vorstellung davon, was › Fleiß ‹ bei einem Gehirntier bedeutet ?

B. *(achselzuckend) :* Ich wiederhole : mehr als arbeiten kann schließlich Niemand.

A. *:* Ich will es Ihnen — an nur 1 Teilgebiet, und ganz oberflächlich — schildern, wie › unsere Dichter & Denker ‹

arbeiteten : Sie wissen, was man unter › Excerpten ‹ versteht . . . ?

B. (*ablehnend=nickend*) : Abschreiben. Gelehrte Auszüge aus Büchern ; um sie nachher zitieren zu können ; kommentieren, kritisieren — kurzum irgendwie › verwerten ‹.

A. : Und folglich lautet, kurz vor Müllers Tode, die Briefzeile an seinen Bruder : » Ich habe heute den 1833. Autor excerpirt. «

B. : Also 1833 Bücher gelesen — mit der Linken umblättern, in der Rechten den Federkiel — und ab und zu eine Stelle kopiert : ist das so überwältigend ?

A. : Nicht so hastig : ich sagte › Autoren ‹, nicht › Bände ‹ : 29 Folianten › Rerum italicarum scriptores ‹ stehen hinter dem einzigen Namen Muratori ! Und selbst, wenn Sie nur 1833 Folianten annehmen wollten : dann wären das 3666 Quartanten ; oder 7332 Bände in Groß= ; beziehungsweise 14 664 in Klein=Oktav ! Nehmen Sie weiterhin an, daß er — ausgesprochen frühreif=altklug — dieser Nebentätigkeit 40 Jahre hindurch obliegen konnte, dann ergibt sich, daß er jeden Tag seines Lebens, ob Werk= ob Feiertag (ein Begriff, den ohnehin nur der glücklich=Normale kennt !), 1 bis 2 Bände von je 500 Seiten, nicht nur › gelesen ‹, nein : durchgearbeitet, hat — wozu eben das Abschreiben längerer Stellen gehört.

B. : › Längere Stellen ‹ sagen Sie — : ist bekannt, wieviel Papier diese seine Excerpte füllten ?

A. (*ehrerbietig*) : Noch heute können Sie, in der Bibliothek zu Schaffhausen, jene dreiundvierzig handgeschriebenen Folianten, mit ihren siebzehntausend Seiten sich zeigen lassen. Um sich die unsägliche Arbeit zu erleichtern, hatte er sich eine eigene Privat=Stenografie erfunden, die — folglich — nur er selber lesen konnte. Mit Recht schreibt ein Müller=Kenner : » Ein geheimnisvoller Schauer ergreift Einen, wenn man in den kaum entzifferbaren Seiten der mächtigen Bände blättert. « — Hinzukommen noch zehntausend lose Duodezseiten, seine » Sibyllenblätter «, die er unterwegs, etwa auf Reisen, in Notizblocks eingetragen hatte . . . . . :

C. : » Bei 20 Stunden waren wir auf dem See ; 2 Nächte lang habe ich kaum geruht ; und mehr als 2 Tage kaum gespeist. Im Übrigen sind Liutpranden, Ratchisen, Astulfen, Carls des Großen, Ludwigs, Pius, Lothars des Ersten und Ludwigs des Zweiten, Gesetze von mir excerpirt worden : ich bringe von dieser kleinen Reise an Auszügen bey fünfthalbhundert Seiten heim. «

B. : Und das Alles ist unleserlich ? Und folglich heute nicht mehr auszuwerten ?

A. : Das ist nicht weiter schade. Denn auch Excerpte werden, letzten Endes, nicht weniger individuell gemacht, als Bücher geschrieben : aus den Quellenschriftstellern der — sagen wir beispielsweise — französischen Revolution von 1789, zieht sich der leidenschaftliche Kommunist völlig andere, für seine Einstellung wichtig=bezeichnende, Einzelheiten aus, als, etwa, ein königstreuer Oberst. — Aber darf ich Sie bitten, dieses Andere noch zu berücksichtigen ? : es handelte sich zumeist um fremdsprachige Autoren ; und seien es mittelhochdeutsche, deren Lektüre ja auch schon linguistische und begriffliche Schwierigkeiten genug bietet. Also kalkulieren Sie bitte auch das noch mit ein : ein halbes Dutzend Sprachen — plus ihren mittelalterlichen oder gar antiken Varianten — nicht nur zu erlernen ; sondern sich auch ihren Besitz ein Leben lang zu erhalten : das setzt nämlich beständige, nahezu tägliche Übung voraus !

B. *:* Also jetzt wird es allmählich genug — es kommen ja noch die Verrichtungen des bürgerlichen Lebens hinzu : Essen, Schlafen, Besuche machen & empfangen, Briefe schreiben : hat er Ämter auszufüllen gehabt ?

A. *:* Diverse ; das kommt noch. — Und vergessen Sie, bei ihrer schon recht richtigen Aufzählung, doch bitte Eines nicht : d a s Eine eigentlich : — *(klotzig=rügend) :*

Vierzig Bände gute Bücher schreiben !

B. *(beschämt) :* Hm. — Da bleibt freilich wenig Zeit mehr für Anderes.

A. *(scharf) :* Wenig Zeit ? : Lieber Freund ; es bleibt *keine* Zeit ! —

Keine Zeit mehr zum Schlafen : da muß der Notizblock auf dem Nachttisch liegen, griffbereit, wenn man, in Traumdurchmusterungen, Brauchbares gefunden hat, und auffährt — aber was ist das dann noch für ein ‹ Schlaf ‹ ? !

Keine Zeit mehr zum Aufstehen & Anziehen : der Intellektuelle ist gleichgültig gegen Dreck ! Fährt früh in 1 Ärmel des Schlafrocks, und stolpert an die Remington.

Keine Zeit mehr für Bekannte & Freunde und › gesellschaftlichen Umgang ‹ : das sind doch alles verlorene Stunden, wenn oben die geheimnisvoll=faszinierende Reihe der › Byzantiner ‹ wartet, von Prokopios von Kaisareia an bis Nikephoros Gregoras.

Keine Zeit mehr für Liebe ! : höchstens noch etwas Sexus : » Dem Gelehrten ist das Weib eine Fessel « dekretierte schon Petrarca.

Keine Zeit mehr für Charakter : höchstens kann man, ab & zu, stundenweise, irgendeine › Haltung ‹ erzeugen ; und nicht immer dieselbe..

(Abschließend=wuchtig) : Keine Zeit mehr zum Leben : nur noch Zeit für die › Schweizergeschichte ‹ in sechzehn Bänden !

(Kurzer harter Gong à la › Hugh, ich habe gesprochen ! ‹)

B. *(schon mißmutiger) :* Das klingt allerdings bedenklich — wenn es nicht gar zu dramatisch wäre. — So ein Leben setzt aber eine recht gesunde Konstitution voraus.

A. *:* Eben=eben : was aber geschieht, wenn man » weiblich=klein « ist ? Von » zartester Körperlichkeit « ?

C. *:* » Man bemerkte schon in der äußeren Erscheinung Müllers eine sonderbare Dissonanz : die klare Stirn und die vom Studium geschwächten Augen verrieten den gereiften Geschichtsschreiber ; die Züge des Mundes, das schwach geformte Kinn, und die blasse feine Haut hingegen, waren die eines Kindes ! / Ein merkwürdiges Gemisch von Manneskraft und unreifer Jugend. / Eine jugendlich=greise Individualität. / : In seiner Haltung war er ein Mittelding zwischen einem altgelehrten Professor, und einem Knaben von 12 Jahren. «

B. *(unbehaglich) :* Könnten wir das nicht — es geht ja, weil um ein Menschenleben, viel zu akustisch=schnell — könnten wir das nicht etwas näher detaillieren ?

A. *(düster) :* Wenn Sie darauf bestehen . . . . . . Aber Sie werden, was unsere › Großen ‹ anbelangt, einiges umlernen müssen. *(Ironisch=bitter die Plattheit) :* › Der Dienst der Musen ist kein leichter. ‹ —
Schwächlich also ist Müller — buchstäblich zu schwach für Frauenliebe & -ehe. Wir kommen zwangsläufig noch auf seine › Freunde ‹ zurück ; hier nur so viel : daß

Goethes bekannte Äußerung über » Griechische Liebe « in Bezug auf unseren Müller gesprochen wurde. Zitternd & bebend also ; immer frierend wie ein Rehpinscher im Januar, immer brüderliche Wärme suchend — » Die Ideen werden in den Armen eines weisen Freundes geboren « behauptet er — *(kalt) :* obwohl dergleichen Wendungen auch noch einen anderen, sehr substantiellen Grund hatten.

B. (schockiert) : Meingott — was soll der Bürger dazu sagen ? !

A. (ablehnend) : Das darf uns im Augenblick nicht interessieren. — / Die bezeichnendsten Züge treten auf, etwa Schmerzempfindlichkeit : mit 22 Jahren — also in, es klingt in diesem Fall freilich fast wie Ironie, in › vollblühender Jugendkraft ‹ gibt er es uns schriftlich ..... :

C. (lustig=wehleidig) : » Wenn ich unter Domitian ein Christ gewesen wäre — so sprach ich dieser Tage zu Herrn Tronchin — und der Kaiser hätte mir 1 Zahn ausbrechen lassen : ich hätte Christum gewiß verläugnet ! In der That : welche Marter ich ausgestanden ; welchen Spleen mir dieses gegeben ; wasgestalt ich weder essen noch arbeiten noch schlafen können — die Historie möchte ihren Platz in Harsdörffers › Schauplatz jämmerlicher Mordgeschichten ‹ finden ! «

B. : Immerhin : der Zahnarzt ist ja auch heute noch nicht Jedermanns Sache. Könnten Sie nicht noch fremdartigere, ungeläufigere, Züge vorbringen ?

A. : Was halten Sie von einem überdimensionalen Orientierungsvermögen ?

B. (verdutzt) : ja da würde ich nur sagen — — : das wäre eine der auszeichnenden Eigenschaften eines Feldwebels.

A. (kopfschüttelnd) : M=m. Nicht immer : das braucht

der Hase noch mehr, als der Habicht. Orientierungszwang ; Orientierungssucht : das ist sehr wohl auch 1 Zeichen von Ängstlichkeit ; ein Merkmal des fantasievollen Feigen ; wozu ganz ausgezeichnet paßt, daß Müller, der — körperliche, wohlverstanden ! — Knirps, sich zuweilen martialisch auf die Zehenspitzchen hebt, Fäustchen macht, und verfügt : » Soldaten sollten wir Alle seyn ! «

B. : Darf ich selbst einmal eine Vermutung äußern ?

A. *(gefällig) :* Ich bitte darum.

B. *(grübelnd) :* Ich würde sagen — er scheint nun einmal von Natur aus so angelegt — er hat Interesse, schlechterdings für Alles ?

A. : Ja, leider : Fudern von Details, aus welchem Wissensgebiet was immer, kann er nicht widerstehen — die lustvolle Erprobung des Wundergedächtnisses, das Experiment mit sich selbst, reizt ihn wohl unabweisbar. / Aus Alexander von Humboldts Mund saugt er Nachrichten über Amerika. / Niebuhr und Hammer=von=Purgstall — die damaligen Arabienreisenden und Orientfachleute — werden Anlaß zu tausend tausend=und=ein=nächtigen Studien. / Botanik interessiert ; Astronomie ; die Geografie des Strabo nicht minder als die Gesetze Jaroslaws von Nowgorod. / Sei es in Mainz, Wien, Berlin . . . . .

B. *(abwehrend) :* Halt=halt : bitte nicht vorgreifen ! — Ohweh ; ich gehe doch schon darauf ein — muß ich es nicht ? — : ihm stand ein vielfältig=verwirrender Aufenthaltswechsel bevor ?

A. : Ja ; Müller war ein typischer Städtebewohner. Nervöse Großstädte bevorzugt. — Weiteres Kennzeichen : ein Tierfreund ! : aus seinem Spitzenjabot sah grundsätzlich ein Eichhörnchen heraus ; und sein Bruder macht gleich dazu die Fußnote . . . . . :

C. : » Er war immer ein großer Liebhaber von Hausthieren, und aufmerksam auf ihre Sitten und Lebensweise. Er hatte sie gewöhnlich bei sich im Zimmer, erlaubte ihnen große Freiheiten, und war sehr sorgfältig für ihre Erhaltung. Eine kleine Sammlung merkwürdiger Erzählungen von den Trieben der Thiere, ließ er sich durch seinen Bedienten in ein Buch zusammenschreiben. «

A. : Wie gesagt : sehr bezeichnend, diese, oft scheinbar › rührende ‹, Liebe des Gehirnriesen zu Tieren. Einmal sind sie nicht so schwatzhaft wie Menschen ; dazu stets regsam anwesend=abwesend ; irgendeine › Luftwurzel ‹ muß man als Superintellekt anscheinend auch haben : da freut sich dann eben Schopenhauer über seinen Pudel ; da sitzt auf des donnernden Boythorn Kopf, friedlich=indessen, reizend anzuschauen, sein zahmes Kanarienvöglein — für › human relations ‹ langt es freilich nicht mehr.

B. : Ich kann und will mich noch nicht in einen Solchen hineinfinden — ts, ist das nicht irgendwie ein unmenschlicher Charakter ? !

A. (nicht unboshaft) : Wenn Sie das nur einsehen ! Dieses, dem Bürger befremdlichste : daß ein Gehirnriese keinen Charakter mehr haben kann !

B. (bestürzt) : Keinen Charakter ? : Haben *kann ?* !

(Gong)

A. : Der höchste Intellekt kann keinen Charakter haben. — Ein ganz klarer Fall von Inkompatibilität. Und treten wir nunmehr, auf Müller=Basis, in die Beweisführung ein ; erst die handgreiflichen Gründe ; dann die komplizierteren, aber nicht minder stichhaltigen.

B. *(zögernd) :* Einen allerersten könnte ich mir vorstellen — aber der ist auch schon so unwürdig ; so unmännlich .....

A. *(trocken) :* Dann wird er schon stimmen. Und das wäre ?

B. *:* Müller dürfte — bei seiner angedeuteten notorischen Überlastung durch, und Leidenschaft für — um einmal eine schlechte englische Sprachsitte nachzuahmen — › brotlose Künste ‹, oft nicht gewußt haben, wovon zu leben ? — *(Traurig) :* Woraus dann allerdings folgt, was folgt.

A. *:* Sehr wohl ; das war einer der Gründe für Müllers › Charakterlosigkeit ‹ ; zwar ein überaus › äußerlicher ‹ aber doch immer wichtiger. Das ist ja ein Naturgesetz, und gar nicht etwa nur auf den Menschen beschränkt : daß die höchsten Spezialisten sich nicht mehr selbst ernähren können : auch in Insektenstaaten gibt es schon › Krieger=Ameisen ‹, die von den Andern gefüttert werden müssen.

B. *:* Gar nicht unwitzig — aber auch ungerecht : es handelt sich ja nicht nur um Krieger=Schmarotzer.

A. *:* Bleiben wir beim Gehirntier mit beschränkter Haftpflicht : das ist, von nahezu allen Genien, wohlbekannt, daß sie — unvergleichliche Meister ihres Faches ! — andererseits Rekorde an › Weltfremdheit ‹ vermochten. / » Er blieb, die Musik allein ausgenommen, zeitlebens ein Kind «, schreibt sein Biograf von Mozart.

B. *:* Das wäre noch relativ leicht einzusehen : die Leute haben so viel › Anderstes ‹ zu tun, daß ihnen für die einfachsten Verrichtungen des täglichen Lebens weder Zeit noch Sinn übrig bleibt. — Aber darf man das nun gleich wieder › Charakterlosigkeit ‹ schelten ?

A. : Müller selbst erzählt vom großen Montesquieu : man hätte ihm geradezu Alles zur Unterschrift vorlegen können ; so daß er einmal vertraglich eines seiner Güter für nichts einem Schwindler zediert habe. Oder Malesherbes sei soweit gewesen : daß er sich nicht mehr getraut hätte, ohne seinen treuen Diener Berrin, auch nur eine Weste zu kaufen. Und Müller fügt, in sehnsüchtiger Selbsterkenntnis, solchen Anekdoten hinzu : » Darum schienen mir oft für Leute wie ich, literarische Klöster so erwünscht : wo man für gar nichts zu sorgen hat. «

B. : Wer möchte das nicht ? — Naja, aber auch das ist doch eher rührend, wie ein begabtes hilfloses Kind — : ich sehe Ihre › Charakterlosigkeit ‹ immer noch nicht.

A. : Stellen Sie sich doch einmal vor : Sie hätten in Ihrem Haushalt solch einen liebenswürdig=hilflosen Genius. Unfähig, auch unwillig, sich selbst › redlich zu nähren ‹. Einen geistvollen Harald Skimpole ; der, wenn er Sie › aufgezehrt ‹ hat, weiterzieht, zum nächsten ›Freunde ‹. Der also zwangsläufig alle Biegsamkeit des Schmarotzers, und sei es noch so seufzend, entwickeln muß : » Wie ein blinder Passagier / fahr ich auf des Lebens Posten ; / einer Freundschaft ohne Kosten / rühmt sich Keiner je mit mir ! « dichtete man auf Ludwig Tieck.

B. : Sie behaupten also : auch Müller mußte — um seine hyper=intensiven, › nichts=einbringenden ‹ Studien zu ermöglichen, zu › finanzieren ‹ — er mußte zuweilen den feilen Gesellschafter machen ?

A. : Lassen wir hohe pathetische Worte wie › feil ‹ beiseite ; aber ein gewisser › Charakterschwund ‹ ist, bei solcher Lebensweise, wohl ziemlich unvermeidlich — und, darauf möchte ich nicht versäumen, hinzuweisen : die damit verbundenen Demütigungen sind eine weitere, immer im

Auge zu behaltende, geistige Belastung — schweigen wir von › Seele ‹, der Artikel ist beim Gehirntier rudimentär. Natürlich wäre es brutal=leicht, dergleichen Durchschlängeln durch die lieben Nahrungssorgen, mit einem markigen » Waschlappen ! « zu quittieren, wie es General Rüchel — seinerzeit ein berüchtigter summus carnifex — über Müller tat ; wozu schlicht zu sagen ist : daß Soldaten, deren Mut meist als › Flucht nach vorn ‹ ausreichend gekennzeichnet wäre, nur zu oft › gefrorene Waschlappen ‹ sind. Man muß, als extremer menschlicher Fall, sich eben damit abfinden : entweder charakterlich schwach ; oder geistig schwach.

B. : » Es läßt sich alles beweisen, sogar die Wahrheit. « — Sie sind also der rabiaten Ansicht, daß, wer › Charakter ‹ hat, in Kunst & Wissenschaft nichts leisten kann ?

A. : Sagen wir so : für Wesen auf unserer › Menschenstufe ‹ ist es — sowohl zeitlich (der bloßen Lebensdauer nach), als auch rein biologisch (dem Sümmchen unserer Körper- und Geisteskräfte nach) — nicht zu schaffen, in beiden Bereichen gleichzeitig Spitzenleistungen zu erzielen. — Aber wir hatten ja erst eine alleräußerlichste Begründung gegeben — nehmen wir jetzt die nächst=tiefere vor : der Intellektuelle *weiß* zu viel, als daß Charakter in ihm aufkommen könnte !

B. : Wie meinen Sie das ?

A. : Nicht nur, daß sich ihm bei jedem Vorfall sofort alle historischen und literarischen Szenen im Geiste darstellen, die sich bei ähnlichen Vorkommnissen je ereigneten — seine schlagartig überfüllte Fantasie also jede › Entschlußfähigkeit ‹ lähmt .....

B. (*unterbrechend*) : Ah ; das leuchtet mir ein. — Aber, halt : müßte das nicht lediglich zur Folge haben, daß es bei ihm eben etwas länger dauert, bis er, in einer gegebenen Situation, › Charakter zeigt ‹ ?

A. : Nein ; denn ich begann meinen Satz mit › Nicht nur ‹. — Es tritt ein Zweites hinzu : auf Grund seiner unsinnig=umfangreichen Studien, sind ihm auch die Gründe der Gegenseite jederzeit so geläufig, daß er, und zwar allen Ernstes, nicht mehr weiß, wer › Recht hat ‹ : Es könnte der Andere sein ! !

B. : Während der Catcher einfach auf Kommando einhaut, achso. — Demnach brauchte man also Wesen der species Müller nicht erst zur › Objektivität ‹ zu ermahnen ; zumal — ah, es wird Licht ! — : zumal er auch noch Geschichtsschreiber war ; und seine › Charakterlosigkeit ‹ also die erforderliche › Weite des historischen Blicks ‹ ganz mühelos ergab ?

A. : Böswillige werden's › Geschmeidigkeit ‹ nennen, oder Unwissende › Labilität ‹ ; denn es ist gar nicht die mühsam erworbene und ausgeübte › Objektivität ‹ des redlich=normalen Professors. Sondern vielmehr eine unheimliche Art zu sein : ein kindlich=greises, frevelhaft= schuldloses Wesen, das im Zeitenstrom dahingequirlt wird, widerstandslos, lachhaft abgelenkt von jedem läppischen Klein=Zwischenfall.
Sein verhängnisvollster Mangel : der an Produktivität. Der freilich wiederum den geborenen Archivar des Universums auszeichnet : er muß Stoff haben, Ereignisse ; um darüber schreiben zu können.

B. : Stichwort › Produktivität ‹ : das also bildete den Unterschied gegenüber einer anderen Spielart der Gehirntiere, wenn ich Sie recht begreife : dem Dichter. — Was aber fehlt dafür dem Dichter von den › Müller'schen Kennzeichen ‹ ?

A. : Dem Dichter ? : Fehlt der Drang, die manische Sucht, nach den rasenden Mengen von Mikro=Detail ; und was damit zusammenhängt : Fleiß, Gedächtnis, Sitzfleisch ; der Tausendfuß als Sinnbild des Historikers.

B. *(nachdenklich) :* Demnach wäre Müller also doch eine ziemlich einzigartige Persönlichkeit gewesen ?

A. : Mais non ! : › Einzigartigkeit ‹ giebt es, bei einer Erdbevölkerung von 3 Milliarden, gar nicht. Dem Kenner drängt sich vielmehr, und unverzüglich, der Vergleich mit einem anderen großen Historiker auf, ebenfalls einem Klassiker der Geschichtsschreibung : mit Edward Gibbon.

B. *(sagt den Titel auf) :* › Decline and Fall of the Roman Empire ‹ — das heißt : ich habs nie gelesen.

A. : Auch an Gibbon — übrigens einem der berümpft=beneideten Vorbilder Müllers — ließen sich ähnlich sämtliche Symptome des Gehirntiers herauspräparieren : das riesige, zig=bändige Ein=Buch als Lebenszentrum ; das Fehlen jeglichen › Charakters ‹ ; Fleiß ; Wundergedächtnis ; hinreißender sprachlicher Vortrag und glänzende Prosa=Architektonik ; Pünktlichkeitszwang ; höchste parasitäre Biegsamkeit beim Freundschaftskult ; — selbst ihre Einstellung zum Christentum ist nur scheinbar verschieden.

B. : Und zwar ? Wie dachte Gibbon ?

A. : Gibbon war, und ganz offen, ein deklarierter Gegner alles Mystischen, sogenannten › tiefsinnigen ‹. Jedes metaphysiktriefende Mittelalter — also auch die › Leitfossilien ‹ jener Epoche, die Christianer — ihm verhaßt. Während Müller sich zeitlebens zwar hochchristlich gerierte — dabei war aber auch das, näher untersucht, greller angestrahlt, nur ein bedauernswertes Merkmal mehr, daß er längst durchgestoßen war in das ihm angemessen=Absolute.

B. *:* Und das ist, im Falle des Intellektuellen?

A. *: Büchererzeugende Unmenschlichkeit.*

(Gong)

B.. *:* Bitte, jetzt keine allgemeinen ›feinsinnigen Betrachtungen‹ mehr : wie verlief Müllers äußeres Leben?! Genauer wohl : in was für Gravitationsbahnen ließ ›Seine schaubare Großmächtigkeit‹ sich herumführen?

A. *:* Gebürtiger Schweizer, wie bereits gesagt. Bis rund zum 30. Jahre schmarotzt er bei begüterten Freunden : zunächst — und zwischendurch immer wieder einmal — herbergt er bei Bonstetten, auf dessen Gut Valeyres am schönen Genfer See : »Geliebter« ist die Anrede der meisten wolkig=verschwollenen Freundesbriefe . . . . . :

C. *(verwaschen=feurig) :* »Du bist meines Lebens Rose & Balsam! — : Sorge für mich, für meine Wünsche und Hoffnungen. Warne mich; spotte meiner; beschäme mich : zürne befiehl nöthige . . . . .«

B. *(betroffen) :* Nu hör'n Se ma . . . . . : Nu sag'n Se ma ! ! : War der Mann etwa auch noch . . . . .

A. *(ihm in die Rede fallend) :* Sprechen Sie das Wort nicht aus, es würde uns doch gestrichen : natürlich war er ›es‹.

B. *(entrüstet) :* Wieso ›natürlich‹?!

A. *:* Brechen Sie nicht allzuschnell den Stab. Bedenken Sie lieber : auf wohlhabende ›Freunde‹ angewiesen; in Ehe und Familie nur eine Schaar Hemmschuhe für den

Geistesarbeiter erblickend ; und, dies vor allem : eine gnomide Körperlichkeit, die zur Frauenliebe einfach nicht ausreichte — das giebt es mehrfach beim Gehirntier : von Karl Philipp Moritz teilt uns sein Freund Klischnigg in dieser Hinsicht die absurd=komischsten Züge mit. Gehen wir weiter ; das Kapitel kommt noch einmal zur Sprache . —
Der nächste, der › aufgezehrt ‹ wird, ist der greise Staatsrath Tronchin — da wird für Müllers delikate Position die Bezeichnung › Hauslehrer ‹ gefunden. In Wahrheit eine milde Form der Unterstützung : man › philosophiert ‹ zusammen ; und Müller hält, vor auserlesenen Genfer Zirkeln, die ersten Vorlesungen über Schweizergeschichte.

B. : Sehr früh also erscheint der Komplex, der den eigentlichen Kern seines Lebenswerkes bilden sollte.

A. : Jedenfalls ist es wiederum und immer dieselbe Melodie . . . . . :

C. : » Mir geht es nach meiner Weise — gut genug. Wenn nur die Zeit keine Flügel hätte, und es nicht jämmerlich wäre, die Tage so unfruchtbar dahinfließen zu sehen, welches mich wahrlich sehr kränkt. Ich war geboren mit Vorliebe zum Studium der Geschichte : wenn ich mich je hätte darauf legen können, so hätte ich sie vielleicht schreiben gelernt ; aber Gott weiß, warum er mir zugleich dieses, und gänzlichen Mangel an Mitteln gab, solcher Neigung nachzuhängen. «

A. : Als die Stellung bei Tronchin prekär zu werden beginnt, macht er die Bekanntschaft eines jungen Amerikaners, Francis Kinloch ; der natürlich auch wieder, — darauf achtet er schon — wohlhabend ist, und Müllern ein weiteres Jahr lang über Wasser hält. Dann wieder, in raschem Wechsel, Bonstetten, Gleim, Tronchin ; bis er endlich, durch Verwendung eines neuen, noch reicheren Freundes, Martin von Schlieffen, Lehrer der Geschichte in Kassel wird . . . . . :

C. : » Mein Leben schleicht in ruhigem Glück und stillem Fleiße fort. Schlieffen ermahnet mich zur Bewegung ; daher wir bisweilen miteinander auf sein Gut, Wendhausen, reiten. Es liegt im Wald, 1 Meile vor der Stadt ; alles hat er mit äußerster Einfalt geziert ; und überall reizt eine, kaum um etwas nachgeholfene, sanfte Natur : da führt er mich bei der Hand in seine kunstlosen Alleen ; dann sitzen wir in das Haus von Rohr und Baumrinde, oder essen fette Milch auf dem hochgrünen Rasen ; um ihn spielen seine Affen . . . «

B. *(neugierig unterbrechend)* : Seine was ? ! Ich denke, die Szene spielt bei Kassel ?

A. : Gelt, was sich so Alles im Gespräch › ergiebt ‹ ? — Ja ; Schlieffen hatte — der einzige Fall wirklicher Einbürgerung solcher Tiere im nördlichen Europa — im Jahre 1763 eine Herde Magots, von 1 Stammelternpaare, herangezüchtet : nach 20 Jahren waren es bereits 60 Stück, die völlig frei lebten. Lediglich ein paar Schutzhütten waren für sie aufgeführt, und für regelmäßige Fütterung gesorgt . . . . . . :

C. : » Mit rührender Liebe hingen die Tiere an ihrem Herrn, den sie auf seinen Spaziergängen fast immer bis an die Grenze des Gutswaldes begleiteten. Wenn der Graf seinen gewöhnlichen Ritt nach Kassel machte, erwarteten sie ihn abends, auf den Wipfeln der Bäume sitzend, und gebärdeten sich wie toll vor Freude, wenn sie ihn endlich mit seinen beiden langen Dienern zwischen den Getreidefeldern zum Vorschein kommen sahen. So gedieh die Affenkolonie vortrefflich — bis Einer von einem tollen Hunde angefallen wurde : die Andern eilten dem Bedrängten zu Hülfe ; Viele wurden ebenfalls gebissen — und schweren Herzens sah Schlieffen sich gezwungen, sie Alle abschießen zu lassen. Er setzte ihnen aber im Park einen Leichenstein, in Gestalt einer gebrochenen Säule, mit einer selbstgedichteten Gedächtnisinschrift. «

B. *(gutmütig) :* Ach. — Da werd'ich mir in Zukunft beim Namen › Schlieffen ‹ lieber d a s einfallen lassen, als den nichtsnutzigen › Rechten Flügel ‹. — Sehr int'ressant : und die haben damals also auch Johannes Müller mit umspielt ?

A. : Allerdings nicht allzulange. Nach 2 Jahren zerschlug sich seine dortige Anstellung ; er ging nach der Schweiz zurück, zu Freunden. Bis es dann — durch Fürsprache seiner ehemaligen Lehrer an der Universität Göttingen — gelang, ihm einen Posten als Bibliothekar zu vermitteln : beim Kurfürsten von Mainz.

B. *(bedenklich) :* Wird das auf die Dauer gut gehen ? : Müller, als schweizer Protestant, bei einem katholischen Kirchenfürsten ? — Wäre hier nicht Gelegenheit, Ihre vorhin geheimnisvoll verklausulierte Andeutung bezüglich Müllers spezieller Spielart des Christentums des Näheren zu erläutern ?

A. : Sie wissen, ich gebe gern 1 Schock als › Initialzündung ‹ vorweg — also : Müllers hochkonfessionelle » Ergebung in den Willen Gottes « ist weiter nichts, als die dringend benötigte und ihm zureichende Ausrede, für die eigene hasenherzige Rat=, Tat= und Entschlußlosigkeit.

B. *(betroffen) :* Peng ! — Sie wollen damit behaupten :

daß er auch das kleinste Neue, aus Furchtsamkeit, nicht anders zu bewältigen wußte, als es, schmeichlerisch, » Gottes Schickung « zu nennen ?

A. : Der Beweis wäre betrüblich leicht. Überflüssig häufig erscheinen in seinen Briefen die verlegen=verschmierten Wendungen, » der Mensch, des Schicksals Ball, weiß selten, was er wünscht «. Erst rührt er Tausenderlei, in unverbindlichen, meist auch unverständlichen, Floskeln ein — und stellt sich dann tot : unfähig, selbst eine Entscheidung herbeizuführen, wälzt er die Verantwortung auf Gott ab : jedes eigene › Umkippen ‹ rechtfertigt er vor sich selbst als das bekannte oberfaule › Nicht=Widerstreben ‹ ! — Gerade das erbitterte in den späteren, national hocherregten Jahren, die › Charaktervollen ‹ unter Müllers Zeitgenossen so sehr, : wie der kleine Mann, den Murmelmund voll von › pietistischer Willensaskese ‹, da so unverfroren seine Ansichten auswechselte, von einem feindlichen Lager ins andere schlüpfte, wieselglatt und -frech in ein- und derselben Lobrede mit Friedrich dem Großen begann und mit Napoleon aufhörte : und Alles das gemäß › Gottes unerforschlichem Ratschluß ‹ !

B. : Sie meinen, seine Gegner hätten sich, mitleidig, immer vor Augen halten sollen, daß der Arme, um sich diese defekte, bzw. ganz fehlende, Seite seines Wesens zu verbergen, einer leidlich ansehnlichen Kulisse bedurfte ? Hätten einsehen sollen, daß der Bedauernswerte, keuchend unter der Last eines Riesengehirns, sich den Ausweg ersonnen hatte : Gott als › Handlungspartner ‹ vorzuschützen ? Das als Entschuldigung zu begreifen, heißt aber von Gegnern, zumal zeitgenössischen, etwas viel verlangen, lieber Herr. — Hm ; ein merkwürdiger

Christ. Naja ; gemäß Ihren vorangeschickten theoretischen Betrachtungen hätte er ja eigentlich sogar die Gabe haben müssen, aller Religionen sich › objektiv ‹ zu bemeistern.

C. : » In den Zeiten der Unordnung,
als die Waffen des Negus
und die Kósrau Nuschirwans
die Freiheit Arabiens schmälerten,
in dem 570sten Jahre unserer Zeitrechnung,
ward Mohámmed geboren ;
von einem Hause, das viele Vorsteher dem Lande, viele Unternehmer der Handelschaft gegeben.
Von Jugend auf zeigte der Jüngling Nachdenken und feurige Einbildungskraft ;
wohlthätig war er über Vermögen ;
mitleidig ;
für Freundschaft empfindlich ;
sehr der Wollust zugethan.
Im Äußerlichen hatte Mohámmed jenen, die Morgenländer auszeichnenden, Ernst ;
Würde im Gang ;
Heiterkeit ;
etwas Einnehmendes in den Zügen seines Antlitzes.
Er war mittlerer Größe ; seine Glieder in dem besten Ebenmaß ;
seine Nase hervorspringend ;
die Zähne sehr weiß. —
Als Mekka gehorchte,
als Arabien anbetete,
gebot Mohámmed, in alle Lande den Islam zu bringen.
Er,
— vergiftet, wie man glaubt, —

in dem drei und sechzigsten Jahr seines Alters,
ging hinüber zu dem Ewigen ;
dessen Einheit und Allerbarmung er,
durch die Mühe seines ganzen Lebens,
zum Glauben und Gefühl der größeren Hälfte der Alten Welt gemacht hatte. «

B. : Na was hab'ich gesagt ? : › objektiv ‹ ! — Und wissen Sie, wenn man so halb die Augen dabei schließt — : klingt das nicht verdammt nach › Schäfer : Die 13 Bücher der Deutschen Seele ‹ ? !

A. : Psst !

B. (befremdet) : Wie meinen Sie das ?

A. : Psst — : Noch nicht. — : Sie werden sich noch wundern ! —

(Gong)

A. : In Mainz nunmehr — dort, wie überall, unbeliebt bei den Kollegen, ob Forster ob Heinse — hier schreibt Müller begreiflicherweise die geschicktesten klerikalen Essays, auch in dem Fach beschlagen wie ein Kirchenhistoriker (meist sogar besser). Waren es früher schon die › Reisen der Päpste ‹ gewesen, so sind es jetzt die › Briefe zweier Domherren ‹. Und mit der Schrift über den › Fürstenbund ‹ verhimmelt er Preußen ; oder, richtiger, Friedrich den Großen : Den, der die höheren Posten zu vergeben hatte.

B. (protestierend) : Ich weiß nicht — Sie entschuldigen — : aber mir wird eigentlich nie recht wohl dabei, wenn Sie › Große Männer ‹ immer derart cavalièrement, derart unbarmherzig traktieren.

A. : Sie scheinen völlig zu übersehen, daß ich weit mehr

menschliches Verständnis für die Leute entwickle, als Freund oder Feind meist aufzubringen pflegen. Und auch sonst : möchten Sie lieber eine Hagiografie auf Goldgrund ? Immer hübsch zahm, verlogen, vertuscht ; daß man ja niemals ein komplettes Menschenleben zu Gesicht bekomme ? Rasch 1 Gegenimpfung : dies schrieb ein anderer großer Mann, Georg Forster, nicht minder ehrwürdig — oh, es ist Alles › gedruckt & bewiesen ‹, mein Lieber . . . . . :

C. : » Herr Johannes Müller ? — : Ist mir nichts, und kann mir nichts werden ; wie Jeder, der den Mantel nach dem Winde hängt, und mit beiden Schultern trägt. Er schimpfte in meiner Gegenwart auf sein Vaterland, verspottete dessen Freiheit, und machte das Éloge des Despotismus — : um dem Minister von Schlieffen zu schmeicheln ! ! «

A. : Wie weit Müller, unbegreiflich = ungescheut — das heißt : auch wiederum sehr begreiflich = gescheut — ging, wenn es sich, und sei es nur ganz von Weitem, um eine fette Pfründe handeln konnte, möge Ihnen die eben erwähnte ekle Hymne auf den Preußenkönig belegen. — Los : frei weg nach › Hesekiel ‹ plus › Offenbarung Johannis ‹ . . . . . :

C. *(in widerlich falscher Verzückung) :*
» Ich stand — und siehe ! :
Ein Brausen wie von gewaltigen Winden ;
ein Beben der Berge des Landes gegen Mitternacht, als ob sie in Nöthen wären zu gebären.
Und es bildete sich ein Wagen, wunderbar. Und der Geist ergriff mich, der Gestalt näher zu treten :
Über den Rädern saß ein Mensch, anderen Menschen nicht gleich.

Grau war sein, vor den vielen Lorbeeren kaum sichtbares Haar ;
eine Leyer hing am sieggewohnten Arm,
und es war, als hätte er ein doppeltes Antlitz
: wie ein gebietender König. Und wie ein Mensch, der ein Weiser ist, und ein Freund . . . «

A. *(ingrimmig) :* Der hat sein Saitenspiel vielleicht manchmal geschlagen, dieser Semi=Schweizer : falsch von Außen, wie ein fournierter Klosettdeckel ! — *(Wieder ruhiger) :* Oder eben, noch einmal : als Mensch betrachtet, war Müller eins der aller=abstoßendsten Spektakel.

B. *(seufzend) :* Blieb er lange in › Määnz ‹ ?

A. *:* Dem Bleiben des ganzen kurfürstlichen Hofstaates — inklusive › Hofdamen, Kapaunenstopfer und Amme ‹ — machte 1792 die französische Revolution ein flinkes Ende ; unser Müller wurde dem Wiener Hof › überlassen ‹.

B. *:* Aber Österreich war doch, im ernstesten Sinne, der › Erbfeind ‹ des soeben im › höheren Ton ‹ besungenen Preußen ?

A. *:* Das kümmert den Hippokleides nicht : Müller wußte so viel Geschichte, daß es mühelos auch zum Wiener Hof=Historiografen und politischen Haus=Kommentator reichte : mit der gleichen bauchrednerischen Fertigkeit, die es ihm ermöglichte, je nach Bedarf Chronikentöne von sich zu geben oder › Bullen ‹, Hessen=Kasselsches oder Preußisches, so war er nunmehr eben gut=österreichisch gesinnt, und hochkonservativ dazu.

B. *:* Was ihm leicht gefallen sein müßte. Nach dem, was ich bisher von ihm erfuhr, dürfte er doch Revolutionen aller Art verabscheut haben ?

A. : So sehr er vielleicht das prickelnde Unbehagen des Zuschauers bei Revolutionsszenen geschätzt hätte, so sehr mußte er sich, aus gesundheitlichen Gründen, in dieser Hinsicht aufs › Schattenboxen ‹ beschränken ; mußte jede Veränderung fürchten, wie ein Kind ; und stets das Lob des Schneckenhauses singen . . . . . :

C. : » Meinerseits verwünsche ich alle Revoluzionen von Herzensgrund ! — Ich trachte danach, den Fluß der Zeit sanft hinabzugleiten ; zu weilen, wo die Ufer blumenreich sind ; und im Sturme zu denken, daß doch das Ziel die Inseln der Glückseligen seien. «

A. : Sein Ansehen als Schriftsteller, Historiker, Staatsrechtler, Publizist, war unterdessen immer gestiegen ; und man erwog in Wien den Versuch, Müller für immer an sich zu ziehen : verlieh ihm den persönlichen Adel ; ernannte ihn zum 1. Custoden der großen kaiserlichen Bibliothek. — Zweierlei trat ein, wodurch seines Bleibens nicht länger war.

B. : Darf ich raten ? — : Österreich war ja wieder katholisch.

A. : Müller hatte rechte Mühe, diesen Tanz auf dem Seil der Konfessionen immerhin gute 10 Jahre lang durchzuhalten ; obwohl, wir sahen es bereits, Müllers Religion etwas wenig Bezeichnendes an ihm war — am passendsten hätte er, und das ist kein Witz, den Turban genommen : das › Kismet ‹ hätte seinem zagen Fatalismus haargenau entsprochen, halb Krücke halb Ausrede. Nicht umsonst unterlaufen ihm schließlich zuweilen, in vertrauten Briefen, Ausdrücke wie » die geweihte Heuchlersprache der Theologen «, oder » die blutrünstige barbarische Seele des Calvin «. — Nein nein ; also die Konversion als solche hätte kaum Schwierigkeiten bereitet ; aber für Müller stand weit Wichtigeres auf dem Spiel . . . . .

B. *(strafend=amüsiert) :* » Weit Wichtigeres « als Religion ? ! — Jenun, man kann Ihnen nicht böse sein, weil Sie so ganz aus einem Guß sind. — *(Kopfschüttelnd) :* Und dieses › Wichtigere ‹ wäre gewesen ?

A. *(unerschütterlich) :* Die schweizer Subsidien. — Immer wieder nämlich, Müllers ganzes Leben hindurch, sammelten dann & wann biedere Eidgenossen — Landschaften, Städte, Privatpersonen — Geldspenden, um die Fortführung des Riesenwerkes zu fördern ; und Müller vergalt das aber auch : durch unermüdliche Erwähnung jeder mittelalterlichen Wirtshausschlägerei, samt der Namensliste der Beteiligten. Jedenfalls wäre diese Einnahmequelle bei einer Konversion sofort versiegt ! Das war der erste Grund.

B. *:* Schändlich einleuchtend. — Und der zweite ?

A. *:* Zum zweiten wurde Wien ihm verleidet, durch eine sehr private Affäre . . . . . :

C. *(gramvoll) :* » Ein Jüngling, voll Talente und ohne Vermögen, dem ich seit 8 Jahren Wohltäter gewesen, hat bei eilf Monaten die wärmste, innigste, reichhaltigste, Correspondenz suborniert ; und, nachdem der geglaubte Freund mein argloses Herz durch jene Hoffnungen gefesselt, Assignationen auf mich unterschoben, die ich auf geglaubte Bitte des mir alles Gebenden freudig bezahlt — und wodurch ich gegenwärtig mich ruiniert, und in den größten Verlegenheiten befinde. «

A. *:* Also, kälter formuliert : soweit der Casus sich überhaupt durchsehen läßt — wir sind nämlich ganz auf Müllers eigene verschwollen=euryprokte Darstellung angewiesen — ein solenner Fall kinädesker Erpressung,

an dem er zeit seines Lebens dann abgezahlt hat, und der ihm Wien nicht wenig verleidete.
Also nahm er — da ihm das Custodengehalt › keine Messe wert ‹ war, und der Kaiserhof ihn daraufhin sofort ostentativ › fallen ließ ‹ — den nunmehr, nach dem Tode Friedrichs des Großen, eben zur rechten Zeit erfolgenden Ruf nach Berlin an ; als › Wirkliches Mitglied der berliner Akademie, und Historiograf des Hauses Brandenburg ‹.

B. : Berlin um 1804 ? — Das wäre also kurz vor dem Zusammenbruch : Jena & Auerstädt ?

A. : Damals giebt es 2 Parteien im Lande : einmal die sogenannte › Preußische ‹ — an deren Spitze stehen die berüchtigte › Königin Louise ‹ ; Prinz Louis Ferdinand, » sechs Fuß hoch aufgeschossen « ; der schon erwähnte General Rüchel ; in unsere Tagessprache übersetzt also : Chauvinisten & Militaristen. / Und außerdem die sogenannte › Französische Partei ‹, die auf ein Vereinigtes Europa unter der Hegemonie Frankreichs hinarbeitet — der gehören vor allem zahlreiche Intellektuelle an ; ihr geistiges Zentrum ist der große Christian von Massenbach. / Und Müller gerät aufs Typischste sofort › nicht=zwischen=die=Stühle ‹ — das wäre ja das Kennzeichen eines wahrhaft bedeutenden Mannes : » Ein Kerl, den alle Menschen hassen / : Der muß was sein ! « —

B. : Da weiß ich schon, wem Müller sich anschließt : selbstverständlich den zahlungsfähigen, den › staatserhaltenden ‹ Kräften ; › Keine Experimente ! ‹ ? : das sichert ja allezeit den Wahlsieg.

C. *(in verlogenem Jauchzen) :* » Am fünften Tag meines Aufenthaltes in Hildesheim blies der Schwager hoch in sein Horn ; fort flog der Wagen durch die Haide, den Wald, die Wasser — : Preußen zu ! / Wie lachte mein Herz beim Anblick des ersten Zollhauses auf diesem gesegneten Boden : ich hätte den Zöllner umarmen mögen, weil er ein Preuße war ! : Mit den Preußen und für die Preußen will ich leben & sterben — oder ich will lieber nicht leben ! «

A. : Natürlich muß er, fast noch › den Fuß im Bügel ‹, gleich wieder das Lob Hohenzoller'scher Hausmachtpolitik verkünden — und sie vergelten es ihm auch gebührend : Woltmann hat es festgehalten, wie Müller sich die unanständigsten Späße vom Geprinz Louis Ferdinand, dem gerichtlich Entmündigten, gefallen ließ : bezeichnend für Beide ! / Die bei weitem ehrenvollste Arbeit der berliner Jahre ist seine Tätigkeit als Redakteur der Sektion › Geschichte und Politik ‹ der großen Herder=Ausgabe : bezeichnend, daß man drei Koryfäen brauchte, um jene 60 ehrwürdigsten Bände zustande zu bringen — Heyne (mit Ypsilon) für die › Literatur ‹, Johannes Müller für die › Geschichte ‹, seinen Bruder, Georg Müller, für die › Theologie ‹ — und den Vierten, der für die › Dichtung ‹ wahrhaft zuständig gewesen wäre, vergaß man außerdem noch.

B. : Wer war sonst sein Umgang in jenen berliner Jahren ?

A. : Einmal sein › Gartennachbar an der Spree ‹, Alexander von Humboldt, dem er wichtige Einsichten in Natur und Möglichkeiten des Neuen Kontinentes verdankte ; so intensive, daß er manchmal, verdutzt=kulturpessimistisch, schreiben konnte . . . . . :

C. : » Die Rolle Europens ist aus ! — Das Edelste wird über den Ozean oder nach Asien gerettet werden, und dort, neu modificirt, keimen. Was hilft klagen ? Wer kann den Rath der ewigen Götter richten? Wer das furchtbar wälzende Rad des Schicksals aufzuhalten wähnt, den zermalmt es. Es ist nichts übrig, als für uns selbst zu sorgen, um so ehrbar und vergnüglich, als es seyn kann, durchzukommen. «

A. : Welch unangenehmer, geschwätzig=heuchelnder, Gegensatz zu ähnlichen Worten Massenbachs! Der allerdings ein Mann, der sich selbst vor die Kanonen seiner Zeit band, um vielleicht doch das Abfeuern zu verhindern! —
Gehen wir lieber zu weniger traurigen Schauspielen über. Da offeriert sich, etwa, Müllers Verhältnis zu Zacharias Werner .....

B. : *(aufhorchend)* : Der Dramatiker? : › Kreuz an der Ostsee ‹ ? › Söhne des Thals ‹ undsoweiter —

A. : Oh, fein! — Ja; Der verdiente auch eine Erneuerung. — Jedenfalls › beriet ‹ Müller ihn anläßlich seiner dritten Ehescheidung ..... :

C. *(schwülstig)* : » Ich ging zum großen Johannes von Müller, der mich — nach seinem eigenen Ausdruck — als Bruder liebt, und mein einziger Freund in Berlin ist, dem ich jede Falte meines Herzens entdecke. Ich erzählte diesem großen und trefflichen Religiosen Alles; und er küßte mich weinend, und sagte : › GOtt hat Dich, scheint es, zu hohen Zwecken bestimmt : widerstrebe seinem Wink nicht : trenne Dich edel von Deinem Weibe, und erfülle SEin Werk! ‹ «

A. *(besonders nüchtern)* : Wozu dann freilich Gubitzens Schilderung des gleichen Vorfalls besonders unwiderstehlich zu lesen ist. Der nämlich berichtet, in seinen doch recht interessanten › Erinnerungen ‹, wie er, Werner, atemlos zu ihm in die Werkstatt gestürzt kam;

sich, wie üblich, kompliziert auf einen Stuhl verschraubte — ETA Hoffmann hat es gezeichnet wie geschildert — eines seiner berühmt=nervösen Gesichterschnitt . . . . . :

C. *(atemlos) :* » Friedrich : Friedrich ! : Sie liebt mich noch ! «

A. *(erkundigend) :* Und zwar warum ?

C. *(wie oben) :* » Als wir heute nach der Scheidung Abschied nahmen, hat sie zu mir gesagt — mit Thränen in den Augen, Du ! — › Und, Zacharias ‹, hat sie gesagt : › Wasch Dich doch manchmal ! ‹ «

A. *:* Denn mit Wasser & Seife stand auch Werner auf gespanntestem Fuß. Das ging so weit, daß, bei einem Mittagessen in Weimar, der von ihm gleichfalls bezaubert=belustigte Goethe sich eine Handvoll Lorbeerblätter aus der Bratensoße greifen, und sie Werner aufs unsterbliche Haupt drücken durfte, ohne befürchten zu müssen, die › Harmonie der Erscheinung ‹ dadurch zu zerstören. Auch hob Jener lediglich stolz das lange magere Gesicht : gekrönt vom Dichterkaiser war er worden : was wollte er mehr ? !

B. *:* Meingott, was können Sie einem Leser die harmlose Freude an den großen Gestalten unserer Dichtung ruinieren : im Urwald sind's die Termiten . . . . .

A. *:* Gelangen Sie doch lieber dahin: einzusehen, daß man › vorbildliche menschliche, moralische, humane, undwiesiealleheißen ‹ Leistungen von unsern › Dichtern & Denkern ‹ nicht verlangen kann : die Leute lösen sich auf in ihre Werke, mein Herr ! ! — Den schäbigen Rest besieht man sich als Verehrender besser nicht : stehen Sie prinzipiell davon ab, › Leserbriefe ‹ zu schreiben, oder gar einen › Besuch beim Autor=persönlich ‹ auch nur zu planen! Für den ›Umgang mit Unmenschen‹ giebt es noch keinen ›Knigge‹.

B. : Falls Sie ihn nicht noch liefern. — Bitte, zunächst : weiter. Sie werden wohl selbst nicht erwarten, daß ich auf der Stelle auf solche Ketzereien, solche Ungeheuerlichkeiten, eingehe. / Müllers verehrt=besungenes Preußen bricht also jetzt zusammen : wie verhält er sich dabei?

(Gong)

A. : Die ›Preußische Partei‹ hat also ihren Willen gehabt — das heißt : den Krieg. Hat prompt die verdiente Quittung empfangen; und sämtliche Helden, Seine Majestät an der Spitze, sind in Richtung Tilsit verduftet. Zurück in Berlin bleibt, wie üblich, die — erst mit Säbelrasseln ›scharf gemachte‹, nun freilich ›wie betäubte‹ — Bevölkerung; in Erwartung der ›fremden Besatzungsmacht‹. / Zu den solchermaßen ›Betäubten‹ zählt, wie zu erwarten, auch Müller; der, mit der bekannten Weltfremdheit des ›Universalhistorikers‹ alle Zeiten begriff, nur seine eigene nicht. — Entsprechend seiner dickbesagten Mentalität stellt er sich sogleich tot..... :

C. *(klagend)* : »So hübsch war der Plan für den Rest meines Lebens; und nie würde ich dieses Land verlassen haben — da kam der Donnerschlag bei Auerstädt! / Arbeiten kann ich nicht, höchstens des Abends ein wenig excerpiren. / Nun das Alte offenbar vergangen, die Welt hingegeben, eine lange Periode der Universalhistorie geschlossen ist, so ergebe ich mich ohne Heuchelei noch Zurückhaltung.«

A. (*grimmig*) *:* Jetzt auf einmal weiß er es wieder . . . . . :
C. (*verworren ; ablehnend*) *:* » Mein Reich ist nicht von dieser Welt : ich will meine Stelle von der Nachwelt begehren. «
A. (*billigend*) *:* Er darf das schon sagen ; denn sein Ruhm als Schriftsteller ist inzwischen › europäisch ‹ geworden — König Ludwig von Bayern konsultiert ihn um Personenverzeichnisse für die einst zu bevölkernde › Walhalla ‹ — Jedermann weiß von ihm : auch er, der Kaiser, Napoleon, er, der von allen Groß=Eroberern seit Alexander immer noch der am wenigsten Unsympathische : am 19. Mai 1806 erhält Müller durch Minister Maret die Aufforderung : den folgenden Abend, Punkt 19 Uhr, zu einer Audienz beim Empereur zu erscheinen.
B. : Also wieder einmal mehr eines jener dekorativen, sorgfältig vorbereiteten, › Dichtergespräche ‹ ; um dem deutschen Volk ein gewinnendes Theater vorzumachen.
A. : So sehen Sie aus ! Napoleon war schon ein anderer Mann, als sämtliche Preußenkönige zusammengenommen ! / Und selbstverständlich waren jene immer= merkwürdigen Göttergespräche bedeutend vorbereitet : S i e ließen sich ja schließlich auch nicht absichtlich 3 Wochen vorher den Bart stehen, und kämen in Unterhosen zu Hermann Hesse. Und wenn er Sie fragte, ob Sie den › Steppenwolf ‹ kennten, würden Sie wohl auch nicht rüde erwidern : › Nö, ich komm'kaum ins Kino ! ‹ ; sondern Sie würden zuvor, körperlich wie geistig, fein säuberlich › Toilette machen ‹ !
B. (*geschickt ausweichend*) *:* Aber die Gespräche waren doch unleugbar auch Politica.
A. : Sie wurden dazu. — Nicht nur, weil Napoleon dadurch die › führende Intelligenz ‹ Deutschlands für sich

gewinnen wollte ; sondern vor allem deswegen, weil die Deutschen solcher › Dichterehrungen ‹ seitens ihrer Könige gar nicht gewohnt waren. / Die Unterredungen Napoleons mit Goethe oder Wieland sind allgeläufig ; aber die hier — die übrigens die erste der Serie war ! — ist relativ unbekannt. / Natürlich war Alles vorbereitet ; die Kulissen gestellt : goldgestickte Marschallsröcke erschimmerten ; aus fernen Zimmern klang, gedämpfter Hörnereffekte übervoll, der schweizer › Kuhreigen ‹ ; ab & zu unterbrach ein adjutierender Herzog mit einer welthistorisch=impressiven › Sondermeldung ‹ das Kammerspiel . . . . .

C. *(angeregt=vertraulich) :* » Der Kaiser saß auf einem Sopha ; wenige Personen, mir nicht bekannt, standen entfernt im Zimmer. Er fing an, von der Geschichte der Schweiz zu sprechen : daß ich sie vollenden solle ; daß auch die späteren Zeiten ihr Interesse hätten. / Wir gingen auf Alt=Griechenland über ; auf die Theorie der Verfassungen ; auf die gänzliche Verschiedenheit der asiatischen (und ihrer Ursachen : Klima, usw.). Die entgegengesetzten Charaktere der Araber (die der Kaiser sehr rühmt). Auch der tatarischen Stämme — welches auf die für alle Civilisation immer von jener Seite zu besorgenden Einfälle führte, und auf die Nothwendigkeit einer Vormauer dagegen. / Der Kaiser sprach anfangs wie gewöhnlich ; je interessanter aber die Unterhaltung wurde, immer leiser ; so daß ich mich zuletzt ganz bis an sein Gesicht bücken mußte, und kein Mensch verstanden haben kann, was er sagte. — Wie ich denn auch Verschiedenes nie sagen werde ! «

A. *(trocken) :* Wie sich bei Müller eigentlich von selbst versteht, hat er die Geheimnisse natürlich nicht für sich behalten können — etwa wenn ihm die gefährliche, allwissenheitssüchtige Groß=Klatschbase Varnhagen mit einer kostbaren Flasche Weins › die Zunge lupfte ‹.

B. *(neugierig)* : Und worum handelte es sich wohl dabei ?

A. : Um Dinge, die, vor allem für Napoleon, äußerst aufschlußreich sind ; welthistorische Erkenntnisse, bemerkenswerten Ranges, abwechselnd mit pikantesten psychologischen Interieurs aus den dämmrigen Gehirnkammern der › Gottesgeißeln ‹. —
Das glücklichste Zeitalter der menschlichen Geschichte ?
— : Man einigte sich, relativ schnell, auf die Regierung der Antonine.

B. : Für mich ein sehr schattenhafter Begriff : muß ich mich jetzt sehr schämen ?

A. : Das ist eine reine Frage der Dickfelligkeit : wenn Sie anschließend nach Hause gingen, und 14 Tage lang fleißig das betreffende 2. Jahrhundert nach Christi studierten — 1 Vierteljahr wäre freilich angemessener — : dann brauchte von › Schämen ‹ keine Rede zu sein. —
Aber weiter : Müller blieb die Luft weg, als der Kaiser das Christentum schlankweg als Rückschlag des griechischen Geistes gegenüber dem römischen bezeichnete — das notierte sich, nebenbei bemerkt, Talleyrand aus den Gesprächsfetzen, die er erhaschte.

B. : Naja, das ist aber . . . . . : im Christentum wäre viel Griechisches . . . . . ?

A. : Viel Plato, wenn Ihnen das vertrauter tönt. —
Dann aber kam man, bei diesem Gespräch › quer durch die Eifel ‹, diesem › Sich=Beriechen ‹, organisch auch auf Cäsar zu sprechen . . . . .

B. (*hineinmurmelnd*) *:* ..... kein Wunder : Cäsar spricht über Cäsar .....

A. *:* Und zwar auf eines jener abstrus=interessanten Probleme à la : Was würde er getan haben, wenn er nicht ermordet worden wäre ? : die › Inneren Angelegenheiten ‹ der Republik weiter konsolidiert ? Oder aber die gefährlich über die Ostgrenzen schwärmenden Parther zurückgetrieben ?

B. *:* Achduliebergott — : ist das nicht ein bißchen sehr akademisch ? : › Was wäre geschehen, falls Hagen Siegfried nicht erschlagen hätte ? ‹ : die Aufsatzthemen hab'ich als Kind schon gehaßt !

A. *:* Das hier war doch weit=weit mehr ! : In einem nie=wiederkehrenden 100=Minuten=Gespräch, mit › Seiner Hälfte ‹ — um mich Aristofanisch=Mythisch auszudrücken : der Geistesriese flüstert mit dem Tatenriesen ; der notwendigerweise, Sie wissen es nun, in einem anderen Körper haust — in einer wahrhaften › Sternstunde der Menschheit ‹ also, verriet es der große Kaiser .....

B. (*mürrisch*) *:* Was heißt hier › verriet ‹ ? : Wieso & Was ?

A. *:* Ihre Frage ist typisch für jene › echt deutsche ‹ Geisteshaltung, an der der schon erwähnte Massenbach zugrunde ging. — (*Mit resigniertem Nachdruck*) *:* Meinherr : Napoleon stand genau vor der gleichen Entscheidung, wie Cäsar in jenem hypothetischen Fall : Sollte er sich der › Inneren Festigung Frankreichs ‹ widmen ? Oder aber dem › Krieg gegen die Parther ‹ : dem RUSSLANDFELDZUG, MENSCH ! ! ! —

B. (*betroffen*) *:* Achso ? ! Napoleon vorwegnahm das Problem ? Das › unserer Tage ‹, auf das wir — nun, da es

150 Jahre zu spät ist — so stolz sind ? Meingott, welche Parallele reißen Sie auf ? !

A. : Lange ließ er Müller reden=schwatzen. Lange ihn die Gründe pro et contra erwägen : Lange Jenen sämtliche Zeugnisse der Geschichtsschreiber aus gigantisch=unerschöpflichem Gedächtnis hersagen. — / Dann fuhr er auf. Kurz. Zerhieb das Theoriengewebe. Und befahl :

» Il aurait fait la guerre aux Parthes ! ! ! «

B. : Ach ! : also : erst Rußland niederwerfen — dann Alles Friedlich=Andere ? —
Es wird mir im Augenblick zu viel ! — Was war denn Müllers Resümee jener — doch ; ja ; Sie haben recht : sehr bedeutenden ! — Unterredung ?

A. : Laut verkündeten es seine Briefe Allerwelt . . . . . :

C. : » Ich redete einst mit Friedrich dem Großen, und war entzückt. — Doch Napoleon ? : IST MEHR ! ! ! / Bei ihm ist Alles, was er spricht, als könnte nur er dies gedacht haben. — Bei Friedrich geriet man wohl auf die leise Frage : woher der König diesen › schönen Gedanken ‹ haben möge ? ? / Wenn ich nach der Erinnerung richtig urteile, so muß ich dem Kaiser, in Ansehung der Gründlichkeit wie der Umfassung, den Vorzug geben ! / Es war einer der merkwürdigsten Tage meines Lebens : durch sein Genie, durch seine unbefangene Güte hat er auch mich erobert ! «

A. : Und sogleich keimt in Müller der unschuldige Gedanke : ob nicht ein solcher Mann ihm die Stellung vermitteln könnte, nach der er strebt ? Die er ausfüllen zu können vermeint ? Ein Posten, wo man sie alle gleichzeitig hätte : Ruhm & Ehre ; dabei › keine Arbeit ‹, dafür aber viel=viel › Gelehrte Muße ‹ ; der zur selben Zeit Unsummen einbrächte und weltlichen Glanz .....

B. (entsetzt unterbrechend) : Umgott Herr : welchen Posten meint Ihr ? !

A. (lachend) : Tja : ich wüßte auch keinen ! — / Jedenfalls kam der Tag heran, 1807, da man in Berlin, sehr ostentativ, eine Feier zu Ehren Friedrichs des Großen organisierte ; und sich als › Festredner ‹ den — damals einwandfrei größten Historiker deutscher Zunge mietete: Johannes von Müller ! / Der=nun trat vor das betreffende exclusive Publikum hin ; und hielt — auf Französisch ! — ein › Éloge : De la gloire de Frédéric ‹, das er — nach zungenfertig=bestellter Aufzählung aller möglichen ein= und zweideutigen Verdienste des gekrönten Lemuren — allerdings unerwartet=so schloß ..... :

C. (erst glatt=französisch ; dann, eingeblendet, den deutschen Text) : . . . » et Tu, immortel Frédéric, si du séjour éternel, où tu marches entre les Scipions ..... : ..... Und Du, unsterblicher Friederich ; wenn von dem ewigen Aufenthalt, wo Du unter den Scipionen, den Trajanen, den Augusten, wandelst, Dein Geist sich einen Augenblick herablassen mag : so wirst Du sehen, daß der Sieg, die Größe, die Macht, nunmehr immer DEM folgt, der Dir am ähnlichsten ist ..... «

A. (trocken das Verhimmle abkürzend) : Nämlich : Napoleon Bonaparte ! — : Ein Sturm der Entrüstung ging durch Deutschland — das heißt : die sich so gern damit identifizierenden › Nationalen Kreise ‹ !

B. : Das war aber auch › starker Toback ‹ aus der Pfeife des Mannes, der bisher schon ein halbes Dutzend verschiedener — und wie verschiedener ! — Nationalhymnen georgelt hatte. Ich könnte mir vorstellen, daß die Escapade Müller › die Stellung gekostet ‹ hätte.

A. *(kühl) :* In Preußen war nicht mehr viel zu › kosten ‹. — Jedenfalls war das Wutgeheul der Chauvinisten und Offiziere ob des › vaterlandslosen Gesellen ‹ schon hörenswert ; und schwoll immer mehr an : wie grölten die Arndt, Fouqué, Scharnhorst, und wie die › Luden ‹ alle hießen . . . . .

B. *(strafend=entrüstet) :* » Luden « ? ! . . . . .

A. *(unbefangen ; warum soll's 'n Intellektueller nich ooch ma sein ?) :* Jasicherdoch : Heinrich Luden ; 1780 bis 1847. / Schon zogen sich › die Bekannten ‹ zurück ; schon drohte allgemeine › Atimie ‹ dem › Byzantiner ‹ — als sich plötzlich, ohne jede Erregung — und gerade diese kühle Selbstverständlichkeit empörte die nationalen Beller wieder besonders ! — eine Stimme für Müller erhob : eine Stimme, die längst, allerdings vorsichtig : Märtyrerei für die Deutschen lohnt sich bekanntlich nicht ! vor der » kosackischen Gefahr «, eben den › Parthern ‹ Napoleons, gewarnt hatte . . . . . :

C. *(sachlich=nachdrücklich) :* » Müller hat, in einer bedenklichen Lage, trefflich gesprochen ! Sodaß sein Wort dem Beglückten Ehrfurcht & Schonung ; dem Bedrängten Trost & Hoffnung einflößen mußte. «

A. *:* Worauf auch unverzüglich, in Cotta's vielgeltendem › Morgenblatt ‹, die meisterlich=wörtliche Übersetzung jener berliner Rede erschien, ein Muster politisch=rhetorischer Prosa — *(spöttisch) :* Und nicht etwa jene › bedenklichen Stellen ‹ beschönigt oder vertuscht ; sondern in epischer Ruhe, souveräner Offenheit, wie gemeißelt, das Lob des Großen Kaisers verdeutschend.

B. *:* Und dieser Übersetzer war ?

A. : Johann Wolfgang von Goethe ! Ein Name, vor dem, ob Druck= ob Schwatz=Öffentlichkeit, schon damals die Zensorenmünder offen stehen blieben. — Und Müller, der erstaunt=Bedrängte, bedankte sich aber auch dementsprechend . . . . . :

C. *(erlöst)* : » Segne Sie Gott, Verehrungswürdigster ! Nie im wildesten Tosen ägäischer Gewässer sind einem verzweifelnden Steuermann die Dioscuren heilreicher erschienen, als mir das herrliche › Morgenblatt ‹ vom 3. und 4. März : haben Sie Dank, großer Mann und edler Mensch ! Ihr Name ist meine Ägide gegen den Neid ; Ihr Beifall instar omnium gegen alle Welt ! «

A. : Dennoch ist Müller wieder einmal sowohl brot= als auch entschlußlos . . . . . :

C. : » Ich erwarte — › in trembling hope ‹, wie Gray sagt — was, durch Napoleon, GOtt über meine Tage verfügen wird. / Ich sehe in Allem eine Leitung, der sich nichts einreden läßt ; ich hoffe, wünsche — aber erlaube mir nicht, Das zu wollen, oder Jenes. / Es muß abgewartet werden, ob Er, dem Alles gegeben ist, etwa auch über mich gebeut — in welchem Falle nicht zu widersprechen ist. «

A. *(beißend)* : Bekümmert harrt also Müller auf das Eingreifen der Vorsehung. — Eine Professur in Tübingen bahnt sich an ; wird akzeptiert — bereits schickt er seine Bibliothek voraus, ohne die ein Intellektueller ja nichts ist. Da erreicht ihn — (nach » abenteuerlicher Reise « — aber solchen Leuten wird das kleinste Ereignis zum › Abenteuer ‹, ob nun 1 Rad bricht, oder man ihnen vom Kofferinhalt stiehlt : wer im › Kristallpalast ‹ der Gedanken haust, muß sich wohl vor jedem größeren Hagelkorn fürchten !) — da erreicht ihn, schon ist er in Frankfurt am Main, am 5. November 1807, kurz vor Mitternacht, ein Kurier des Kaisers, mit der Aufforderung : unverzüglich, » en toute diligence «, nach Fontainebleau zu kommen.

B. *:* Und Müller — wie Sie eben sagten auf dem Wege nach Tübingen, um eine Professur anzutreten — wendet gehorsam auf dem Absatz um . . . . . ?

A. *:* Am 12. November trifft er in Paris ein — und erfährt, aus dem Munde eines neugebackenen Königs, daß er Minister ist : Königlich=Westphälischer Unterrichtsminister !

B. *(bedenklich) :* Minister Müller . . . . . : wird das auch gut gehen ? — Zum zähen Verhandlungspartner, zum hartgesottenen Geschäftsmann, zum stundenlang=unterschriftgebenden Verwaltungsbeamten, zum repräsentativen Tausendsassa, war er — dem von Ihnen entworfenen Porträt nach — doch so ziemlich am wenigsten geeignet.

A. *(bestätigend) :* Man sollte meinen, daß Müller, nach nunmehr 55 Jahren des Zusammenlebens mit sich selbst, das auch gewußt hätte. Und einerseits zuckt er schon ein bißchen ; › scheut sich ‹ ; möchte eigentlich lieber in die Stille seiner Studien zurück — aber aus dem PS des Briefes an seinen Bruder sieht der betreffende Pferdefuß grausam=groß hervor, wenn er, kokett seufzend, mitteilt : Jener dürfe ab sofort seine Adresse so schreiben . . . . . :

C. *(schmachtend, und kunstvoll=zerstreut) :* » Ach — : › An den Herrn Johannes von Müller zu Sylvelden, des Heiligen Römischen Reichs Ritter ; Minister ; Generaldirecteur der Studien ; Königlich=Westphälischer wirklicher Staatsrath ; ä=Großkreuz des Königlich=Holländischen Löwenordens ‹. «

B. : Aha : die liebe Eitelkeit — darauf hab'ich schon gewartet.

A. (ergeben) : Wir wollen auch bei diesem peinlichen Zuge verweilen, um das beispielhafte Gemisch von Größe & Erbärmlichkeit — dieses Kennzeichen des › Gehirntiers ‹ — ganz zu überblicken. Oder, verständnisvoller : versuchen wir, an diesem Einzelfall ein Allgemeingültiges abzulesen : auf der einen Seite hinreißender Geistesglanz. Der Rest ? : Lackierter Staub !

B. : Müssen Sie es denn unbedingt wieder derart grell formulieren ? Wäre nicht sehr wohl ein Mittelding möglich . . . . .

A. (gefällig) : › Mitteldinger ‹ so viel Sie wollen — ich glaube, die Zahl beträgt zur Zeit 3 Milliarden. — *(Nachdrücklich ; fast roh) :* Aber, lieber Freund, wir sprechen ja hier, die ganze Zeit über, von *extremen Fällen !* Und wenn sich Ihre, mit Recht so beliebten › Mitteldinger ‹ unveränderlich — wohl auch unvermeidlich — bis auf die Knochen zu blamieren pflegen, wenn sie an die Ränder des Absoluten geraten, irgendeines › Alone ‹, sei es der › Kunst ‹ oder sonst eines › Limbus Patrum ‹ — tja ; dann werden's die Gehirntiere eben tun, wenn sie unter uns, im › täglichen Leben ‹ erscheinen : aut aut : wir haben's ja wohl wirklich ausreichend nachgewiesen, daß das Maschinchen es, rein biologisch, nicht hergiebt.

B. (seufzend) : Also müßten — zumindest Ihrer Ansicht nach : ich verwahre mich noch ausdrücklich dagegen ! — die Hochintellekte auch grundsätzlich widerlich eitel sein ?

A. (fest) : Es kann nicht anders sein. — Aber lassen Sie uns doch so sagen (ich bin ja viel menschlicher, als Sie meinen ; ja : viel humaner als Sie selbst !) : da die Situation meistens so ist, daß die Mitwelt den Gehirntieren mit nichten die gebührende Anerkennung zollt ; sie vielmehr nach Herzenslust verkennt, schmäht, lächerlich macht, ja : zwiebelt und verfolgt ; kurzum : nichts von ihnen › hält ‹ — *(kleine Pause) :* Tja dann müssen die Unseligen aber doch wenigstens selbst etwas von sich halten ! ! — Um in all der barbarischen Nicht= oder gar Miß= Achtung nur überleben zu können, müssen sie ihr Selbstgefühl zu grotesker Höhe steigern ! Sie wissen ja selbst, wie die guten Leute, von Aristoteles über Dante, Bruno, Schiller, Joyce, Undsoweiter, zur Zeit ihres bißchen Lebens emigrieren müssen ; vor Gericht gezerrt werden, gegebenenfalls verbrannt ; im Gefängnis landen oder im Irrenhaus — *(mit kaltem Spott) :* Hundert Jahre später freilich nennen sie dann Straßen nach ihnen, und verteilen Literaturpreise in ihrem Namen : die Herren Mitteldinger !

B. (échauffiert) : Schön : sehr schön. / Ä=bitte zurück zu Müller : es ist, Ihrer Meinung nach, auch bei ihm also die › übliche ‹ tragische Eitelkeit des Weisen — unerträglich, wenn sie nicht so rührend wäre ?

A. : Seine Zeitgenossen belegen es einstimmig . . . . . :

C. *:* » Titel ; Adel ; Orden ; waren die Ziele seines Ehrgeizes. Sein Repräsentationsbedürfnis war so ausgeprägt, daß er schwerlich eine glänzendere Stellung je ausschlug ! «

A. : Thesenmäßiger also — das heißt › einen tüchtigen Satz, der auch was setzt ! ‹ — : Um sein, im Verhältnis geradezu absurdes, Versagen im › Irdischen ‹ › Irdenen ‹ auszutarieren, und vor sich selbst barmherzig zu verschleiern, bedarf das Gehirntier periodisch größter offizineller Dosen Weihrauchs, möglichst von fremder Hand injiziert, notfalls tut's aber auch die eigene !

B. *(trübe) :* Solchen Erklärungsversuch auch nur anzuführen ist, meines Erachtens, gleichbedeutend mit ihn widerlegen — meines, d. h. › eines Mitteldinges ‹, Erachtens.

A. *:* Die › linke Seite ‹ solcher Geltungssucht ist dann die, gleichermaßen typische, Leichtverletzlichkeit durch Kritik.

B. *(resigniert) :* Ja ; gehen Sie getrost auch darauf noch ein — ist es doch in einem Aufwaschen : also auch Müller war lächerlich empfindlich für das Konfetti zeitgenössischer Rezensionen ?

A. *:* So dünnhäutig war er, daß er einen Abbruch sogar seiner › Schweizergeschichte ‹ erwog — nur, weil man den 1. Band in den › Göttinger Gelehrten Anzeigen ‹ verriß. Damals heilte ihn sein Lehrer Schlözer — einer der ganz wenigen Männer der deutschen Literatur ; auch er völlig vergessen ; auch er einer Würdigung harrend — Der schrieb Müllern in seiner derb=aufrichtigen Art dasjenige hinsichtlich Rezensionen, was sich eigentlich jeder Autor als Trösteinsamkeit auf den Schreibtisch legen sollte . . . . . :

C. *(so handfest=dröhnend wie ihm möglich) :* » Statt Sie zu trösten, lache ich Sie aus! — *(In geziertem Falsett) :* › Eine Rezension : eine Rezension . . . ‹ — *(wieder massiv) :* Mann : Schweizermann ! : Seien Sie größer ! ! / Wenn mir Einer ins Gesicht sagt, ich wäre ein Dummkopf : dann kriegt er 'ne Ohrfeige ! / Sagt mir aber Einer in einem Epigramm oder in einer Recension : ich wäre ein Rindvieh ; ich hätte gestohlen ; hätte einen Meineid gethan — *(verächtlich schnippend) :* Pf ! : so mache ich kein mouvement ! «

B. *:* Zu welchem Rezept aber eine Robustheit, auch eine Körperlichkeit gehört, wie sie Müller eben nicht besaß — ach, wie wichtig ist das im Grunde Alles ; und wie wenig steht davon in den Compendien unserer Literaturgeschichten.

A. : Müller jedenfalls — der Vielversuchte, stets Unterlegene — tröstet sich über etwaige Skrupel, ob er auch den Ministerposten auszufüllen vermöge, mit einem seiner geläufigen, schwül=mystischen, › schrägen ‹ Gründe..... :

C. : » Glück begleitet den Kaiser Napoleon in allen=seinen Thaten : es wird auch seine Wahlen begleiten — ich fange an, mich einer Stelle gewachsen zu glauben, vor der ich mich sonst gescheut haben würde : ich komme ! ! «

A. : Ein rasender Mischmasch von Aber= und sonstigem Glauben ! / Natürlich war er der › neuen Stellung ‹ — die ja auch nur durch ein geradezu kompanieweis=verrücktes Zusammentorkeln von Umständen möglich geworden war — natürlich war er ihr *nicht* gewachsen ! › Unter Anderem ‹ waren 5 Universitäten zu betreuen ; 30 Gymnasien und dreitausend Volksschulen ! Dazu die ständigen Reibereien mit französisch=neidischen Kollegen ; die naserümpfend das Wunder mit ansahen : wie der Mann nach 4 Tagen die Namen der ihm unterstellten, rund 6.000, Lehrer, richtig unterzubringen wußte ! — / Es wird ihm — dem allen Parteien gleichermaßen Verdächtigen — sehr rasch zu viel ; gehörte er doch, à la Hieronymus, › ins Gehäus ‹ — allerdings in ein mit Orden & Ehrenzeichen behangenes, zu dem täglich applaudierende Wallfahrten veranstaltet werden. / Vor allem ist nun auch das bißchen Körper verbraucht : sowieso ein Wunder, daß es immerhin 57 Jahre aushielt. / Vergebens, daß der Mann des eisernen Willens, der Kaiser, unwillig mahnend dem Bruder Jérôme schreibt, wenn Müller einmal, schwächlich abwehrend, die Ärmchen bewegt..... :

C. *(ungehalten) :* » Je suis fâché, que Monsieur Mueller Vous quitte ! Le fait est, qu'il était très flatté de sa place. Mais il faut, qu'il n'ait pas eu lieu d'être content : n'accordez jamais son congé a cet homme ! Vous ne savez pas, quel trésor Vous possédez ! — Tâchez de lui donner une place, plus analogue à ses goûts. «

A. : Aber es geht zu Ende. / Noch kann er die letzten Bogen seines Anteils an der großen Herder=Ausgabe verschicken — dann stottert das Tagebuch nur noch . . . . . :

C. (in Atemnot) : » Üble Stimmung des Gemüths. / Abgespanntheit. Mißmuth. / Verlegenheit. / Mancherley ängstigende Besorgnisse. / Ermüdung an Leib und Seele ; Verfall der Kraft ; Muthlosigkeit in Allem, worüber ganze Tage ohne Arbeit verflossen : ungewohnte Kopfschmerzen ; Schwindel Schnuppen Schläfrigkeit. «

A. (leiser ; ein Paradigma ersten Ranges geht zu Ende) : Nichts mehr nützt ihm der Umgang mit seinen Büchern — unbeachtet stapeln sich im Vorzimmer die Antiquariatskataloge, die Lektüre des Gehirntiers : Wonnen der Aufzählung ; Zahlenräusche ; Euphorie durch bibliografische Angaben. Der Anblick anderer › Absoluter ‹ — eines Beireis=› Münchhausen ‹, eines Gauß — erregt seine Zellen nicht mehr . . . . . :

C. (müde) : » Meine Nerven wurden derart angegriffen, so daß ich einst, mitten in einer Unterredung, die Sprache, daß ich mehrmals plötzlich die Besinnung, verlor. «

A. (erklärend) : Wer in Gesellschaft seine Tränen verbergen will, schlägt dazu am besten ein Blindekuhspiel vor. —

Seine letzte öffentliche Arbeit war ein Vortrag im Staatsrat über Preßfreiheit und Bücherzensur : am 2. März 1809.

Am 11. Mai : ein tiefeingreifender Kummer.

Am 12. und 13. merkt er sich an : » Tod zweier Freunde. «

Am 18. ging er zum letzten Mal außer Haus.

Am 19. schrieb er sein letztes Excerpt : das 1833ste. Sowie den allerletzten Brief an den Astronomen Harding, die riesigen Bogen von dessen Sternkarten vor sich . . . . . :

C. *(stöhnend) :* » Glücklicher Mann ! : dem Plan seines Lebens zu leben, und über dem allererhabensten Gegenstand — *(in gedrücktester Selbsterkenntnis) :* welcher das Nichts unserer Geschäfte so feierlich und offenbar zeigt ! «

A. *:* Am 20. — dem zweiten Tag seiner tödlichen Krankheit — kam ein anonymer Brief aus dem Preußischen : plump ; hämisch ; ohne Unterschrift ; voll billigen Spotts über seine Lage zu Kassel — würde beim Tod des Genius ja auch gleichsam etwas gefehlt haben, hätte ein nationaler Hanswurst es nicht verbittert.

Die letzte Zeile ist von diesem Tage . . . . . :

C. *(stockend ; Todesschweiß auf der Zunge) :* » Den ganzen Tag. : Krank. / (Rothlauf ? ?). / Mit großer Ermattung. / Auch wohl Fieber . . . . . «

A. *:* Am 29. Mai 1809, morgens 4 Uhr 45, erlosch er, ohne die geringste Bewegung, in den Armen eines treuen Dieners.

(Musik ; leise : › Nun trinkt er keinen Rotspon mehr . . . . . ‹, d. h. also : der Chopin'sche Trauermarsch.)

(Wortstücke, von C. gesprochen, mischen sich ein in die unentwegt=abschiednehmenden Takte ; erst Goethes gedankenvolle Betrachtungen : » . . . unser

abgeschiedener Freund ... / ... das Klingen und Verklingen eines zarten, liebenswürdigen Wesens ... / ... eine von den seltsamsten Individualitäten, die ich gekannt habe : es würde schwer seyn, ihn als Mann, Mensch, Talent, Schriftsteller, Geschäfts= und Lebens=Mann darzustellen ... / ... : eine Natur, dergleichen auch nicht wieder zum Vorschein kommen wird ... « / / *Dann, unvermittelt, B. ; brutal=laut und offizierlich schnarrend :* » Er lebte und wirkte : als Sofist, Rhetoriker und Höfling. Ward als Geschichtsschreiber vergöttert. Und sonnte sich im Widerschein des Glücks ; der Fürsten, Pfaffen, und des Hochadels. «)

A. (*wuchtig in all den gemüsebeetigen Stimm= und Ansichten=Wust hineinsprechend) :* Halt ! Das müßte schon ein schlechter Kerl sein, der sich nicht schützend stellte : vor Müller und sein Werk !

(*Ganz kurzer Gongschlag ; dann sofort*)

B. : Ja, brennend gern : zum Werk ! —
Denn — ich will es Ihnen nur gestehen : sein Leben schien mir verdammt wenig ehrwürdig ! Obschon Sie unermüdlich ein Sofisma ans andere Paradoxon reihten, um mir gewissermaßen das Normal=Biogramm aller Geistesheroen zu verkaufen. — Also jetzt nichts mehr von Vita=Vita : was enthalten die 40 Bände hier ? !

A. : 12 davon seine Briefe. In denen Ranke » den ursprünglichen Quell seines Geistes näher, vernehmlicher rauschen « zu hören vermeinte — (*abschätzig*) *:* ein echtes › Ranke=Urteil ‹, also ein solches, das man nur achselzuckend, und lediglich › der Vollständigkeit halber ‹ mit anführt.

B. : Warum? — Ich könnte mir vorstellen, daß gerade Müllers Briefwechsel . . . . . (*schon bedenklicher*) : Achso : Sie mißtrauen seiner Eitelkeit ?

A. : Und der brüderlichen Pietät zusätzlich, die den Rest dekorativ frisierte. / 6 Bände werden von › Kleinen Schriften ‹ gefüllt : Theoretische Rechtfertigung fürstlicher Arrondierungsgelüstchen ; Rezensionen & Publizistisches ; in einer der Besprechungen verkündet er als Erster die » Niebelungen als teutsche Ilias « ; › Reisen der Päpste ‹ ; das — relativ — wichtigste Stück ist eine › Handübung ‹ des Neunzehnjährigen über den › Cimbernkrieg ‹, ursprünglich lateinisch geschrieben. — Der Reiz dieser, zum Teil fragmentarischen Sächelchen, liegt für den Kenner in ihrem Skizzenhaften ; das Plänemachen großer Gelehrter und Dichter hat viel Anziehendes : man könnte sie ausführen !

B. : 12 und 6 ergiebt 18 : was weiter ?

A. : 6 Bände nehmen ein die › 24 Bücher Allgemeiner Geschichten ; besonders der europäischen Menschheit ‹ : ein, recht geschickter, Abriß der Weltgeschichte bis 1783. — Jedoch auch er immer noch nicht › das Werk ‹.

B. : Das vielmehr — Sie haben sich's, sehr richtig, bis zum Schluß aufgehoben — das steckt also, muß stecken, in den noch verbleibenden 16 Bänden ; und heißt › Die Schweizergeschichte ‹. — Ich hab' aufgepaßt.

A. : Band 7 bis 22 inclusive, umfassen die › Geschichten schweizerischer Eidgenossenschaft ‹, vom Anbeginn der Zeiten, bis zum Jahr 1489.

B. (*verblüfft*) : Was ? ! : weiter ist er nicht gekommen ? !

— Sagen Sie : auf wieviel Bände war die Historie des › Musterländle ‹ denn da angelegt ?

A. : Genau darüber hat sich bereits Napoleon mokiert : über die hypertrofierten Lokalklätschereien ; die unerträglich breit erzählten Mikrohändel jedes Fleckens — ähnlich wie bei Homer, oder in der Bibel, kurz : wie überall, wo man die eigene Kreisstadt für den Nabel der Welt ansieht.

Und sogleich drängt sich wieder auf : der Vergleich mit Gibbon : der Umfang der Buchstabenmeere ist ungefähr der gleiche. Aber Gibbon hatte ein anderes Thema ; eins von wahrhaft › weltgeschichtlicher Bedeutung ‹, sodaß man bei ihm, bedauernd, oft das Gefühl hat, in allzu leeren Kammern zu stehen : man möchte *mehr* wissen ; ob Rom, ob Byzanz, ob Sultan Saladin oder die Frankenreiche im Peloponnes. — *(Abfällig) :* Während Müllers falsche › Fülle ‹ nur durch Herzählung der einzelnen Stückchen Käse bei Tributen möglich wird.

C. *(erhaben) :* » Es geschahen,
vornehmlich durch die Berner,
sieben hundert und funfzig Schüsse in die Stadt :
durch welche 1 Pfaffe am großen Münster, in seinem Hause,
1 Thurmwächter,
1 Weib,
und 1 Henne mit ihren Küchlein das Leben eingebüßt. «

A. : Und ich möchte hervorheben : daß dergleichen nicht ironisch gemeint ist / Durch Aufmästung und endlose Ausschreibung der Daten : schindet er Zeilen — nicht › 26. 8. 1444 ‹ heißt es da ; wohl aber . . . . . :

C. *(langsam, › episch wogend ‹) :* » Früh ; des Morgens um Acht, an dem sechs und zwanzigsten Tage des Augustmonates, in dem vierzehnhundert vier und vierzigsten Jahre ! «

A. : Den Vorfahren jedes zahlungsfähigen, beziehungsweise =willigen Eidgenossen, hängt er ein rühmendes Beiwort an, möglichst sogar ein pralles Nebensätzchen . . . . . :

C. : » Dort fielen,
bei Jost Reding, ihrem Hauptmann, des Landammans die Männer von Schwyz. [Bruder,
Zehn atmeten noch ;
Einer hatte das Herz, die Kriegsgesellen zu überleben ;
keine Wunde rechtfertigte ihn ;
so lang er lebte, war Haß und Schmach sein Los.
Dort wurde von Rudolf Netstalers Blut der Glanz der Perlen seines Doppelkreuzes verdunkelt (oder erhöhet !).
Bei ihm des Landammans Tschudi väterlicher Tugend nachstrebender Sohn ;
und, nun dem Hauptmann ausgesöhnt, Ulrich Loriti, der, vor dem Übergange der Birs,
seine Mäßigung Feigheit genannt ;
unter allen von Glaris anwesenden schöpfte nur Werner Äbli (des verdienten Geschlechts von der Kilchmatten) siebenfältig verwundet, noch schweren Athem ;
starb nicht ;
lebte in hohes Alter ;
als Zeuge der That und Haupt seines Volkes.
Muthig fiel, mit seiner Schaar, der Hauptmann von Uri, Arnold Schik ;
nun gerechtfertigt, Hemmann Seevogel ;
der junge Andreas Falkner, der Freiheit Freund, obwohl adelig geboren :
Burkhardt Ehrenfels hatte nicht das Glück, mit seinen Freunden zu sterben . . . . . «

B. : Genug als Probe. Es hört sich zwar gar nicht schlecht an, aber . . . . . : hätten Sie nur nicht zuvor Müllers Leben so raffiniert=komplett geschildert : jetzt klingt es doch unangenehm verlogen im Munde des Weichlings, dieses › Glück zu sterben ‹ !

A. : Aber die Schweizer waren entzückt, ob der heroisch=vollen Klänge ! Sie Alle wollten flugs mit ins große Buch hinein ; jedes Nest eine » alte, hochberühmte, wohlgebaute Stadt « heißen ; jede Familie mindestens einen » langen Friedli « unter ihren Vorfahren zählen — Müller lieferte ihn, ebenso mühe= wie anstandslos, aus seinen Excerptengebirgen : und eben alles in dem Ton ! : als handle es sich nicht um » 1 Henne mit ihren Küchlein «, sondern um » Ein Sechstel der Erde « !

Jetzt erst erfuhren sie es, hingerissen, die Schweizer & die ganze Welt : wie allbedeutend, wie vorbildlich ihre Wirtshausprügeleien gewesen waren — die ernsthafte › Weltgeschichten ‹ bislang meist vermittelst › Fußnoten ‹ erledigt hatten. Jetzt erschienen sie für immer, all die sepplhosigen Helden, um die Weltliteratur nie wieder zu verlassen.

(Abfällig) : Ein großer Teil des hervorgebrachten Effekts ging freilich — zur erheblichen Befremdung aller Leser dieser › Schweizergeschichte ‹ — verloren, als das französische Directorium das 16=bändige Heldenvolk innerhalb von 40 Tagen zur › Helvetischen Republik ‹ umorganisierte — eine Tatsache, an der kein Unbefangener auch nur 1 Augenblick gezweifelt hatte : ein Andres ist eine Großmacht ; ein andres sind eitle Kantönli.

B. : Also die › Härte ‹ des Buches ist imitiert ? Die › Gediegenheit ‹ echt Gold=Doublé ? Und die nichtswürdige › Fülle ‹ wird nur dadurch ermöglicht, daß Müller in die

Weitschweifigkeit der Chroniken noch mehr Wasser hineinpumpt, vermittelst des › Höheren Tons ‹ ? Er walzt die angeblich gehaltenen — Reden aus, daß man sie im › Witiko ‹ nicht länger hat ? Nennt ameisig Freunde und Mäzene ? — Freilich : da läßt sich dann Einiges an Papier bedecken. — *(Unangenehm berührt) :* Und vor allem eben wieder diese effeminierte Anfälligkeit für grobschlächtigstes Athletentum : und Sie wollen von › größter Wirkung ‹ sprechen ; ja noch mehr ?

A. (behaglich) : Ich räume nur gern immer Alles beiseite, was — spreuhaft=wirbelnd, rührig=staubig — die Sicht verstellen könnte : jetzt ist das Proscenium rein gefegt von Alltäglichem ; jetzt kann Bedeutendes erscheinen. Vernehmen Sie den Satz : Müllers › Schweizergeschichte ‹ ist, vom Tage ihres Erscheinens an, bis heute, eines der allereinflußreichsten, stilbildenden, formprägenden, Bücher deutscher Zunge gewesen !
Einleitend ein Merkwürdiges : Müller war ursprünglich zweisprachig ; las und schrieb Französisch wie Deutsch ; und entschied sich erst recht spät, und ganz bewußt, für das Deutsche . . . . . : 1773 ? :

C. : » Frantzösisch ist die Sprache des cultivierten Menschengeschlechtes ! «

A. : 1783 jedoch . . . . . :

C. : » Je suis allemand : je dois écrire dans ma langue ! «

B. : Besonders pikant=verwirrende Bekenntnisse, weil jeweils in der entgegengesetzten Sprache abgelegt. — Aber was war der letzte Grund zu solcher Entscheidung ?

A. : › Sansibar oder der letzte Grund ? ‹ : das Französische war längst › vollendet ‹ — in seiner Art — von zahllosen › Klassikern ‹. Sämtliche rhythmischen und syntaktischen Möglichkeiten — zumindest soweit man damals zu sehen vermochte — erprobt. / Im Deutschen dagegen ? : War noch alles möglich !

B. : Also reine Berechnung.

A. (wiederholend, dabei aber richtigstellend) : Reine : › Berechnung ‹ : sehr wohl ! / Man weiß freilich, daß Müller nie mehr dahin gelangt ist, Deutsch im mündlichen Verkehr zu beherrschen — es blieb immer ein geläufiges Radebrechen ; Schwyzerdütsch plus Gallizismen ; also ähnlich wie bei Chamisso. Dennoch wurden Beide bedeutende Stilisten : eben › aus Berechnung ‹ !

B. : Sie meinen jetzt : Beide konstruierten sich, mühsam, fleißig, unermüdlich feilend, wenn nötig raspelnd, ihr schriftliches Spezial=Deutsch ?

A. : Wobei Müller — dieser » Wortredner des Jahrhunderts, mit seinem göttlichen Talent für die Sprache «, wie ein anderer Müller ihn nannte — sich den Tacitus zum Vorbild nahm . . . . . :

C. *(diesmal völlig unkarikierend : sorgfältig ; damit die seltsam › drahtige ‹, verschlungene, › grammatizierende ‹ Sprache herauskommt) :*
» Dessen erschrak der rechtsuchende Mann ; bebte ; gab auf.
Sie, durch Hans Waldmann, fehdeten.
Beck's versicherten sie sich, damit er nicht, aus Furcht, unüberlegt handle.
Ehrfurchtsvoll empfing die Krieger Lindau.
Sie, die Holzleite hinan : tiefer Schnee deckte das Land.
Isny zogen sie vorbei ;
: › Sie wollen den rauhen Weg ! ‹ seufzte der Bürgermeister, und kreuzte die Schweizer segnend.
Ihre Freundin war die Nacht ;
nicht ruhig dem Abt ; welcher,

im Gefühl mehrfacher Schuld,
oder wegen Hasses aller Partheien,
entwich. «

A. : Entzückt vernahmen die Zeitgenossen — nicht nur die ästhetischen Fachleute — dieses herrliche Deutsch=Latein, diese » müllerbiblischen Formen «. Verfolgten begeistert die artistischen Überanstrengungen der Syntax ; parodierten, in verehrender Schelmerei, die bakelithafte Buntheit zusammengepreßter elliptischer Wendungen — die sehr wohl › Taciteische Gedrängtheit ‹ ergeben hätten, wäre es eben nicht die offenbare › Höhere Geschwätzigkeit ‹ gewesen. —
Denn auch dieser Gegensatz wieder ist sehr nachdenklich : die berufene › Kürze und Dunkelheit ‹ des Tacitus ist bitterster Ernst ; der sprachliche Ausdruck prekärster persönlicher Position inmitten einer kriegerischen Weltmacht : etwa, wie wenn › unter Hitler ‹ ein berühmter Gegner gezwungen worden wäre, ihm den Hofgeschichtsschreiber zu machen. / Bei Müller wirken die Waidsprüchlein unecht ; › gearbeitet ‹ ; die unsinnig=hinreißenden Lakonismen wie Affensprünge ; sein zungenspitzenkitzelndes Pizzicato wechselt mit einherwuchtenden Mammutsätzen, dreißig Zeilen langen, selten organisch — d.h. je nach betreffendem Ereignis — : sondern meist nach Müllers künstlichem Belieben. Nicht umsonst warnte Goethe vor jeder sprachlichen » Hämmerung und Verrenkung, die an Müller erinnern könnte « !

C. (protestierend) : » Es ist kein Capitel, das nicht fünf= oder sechsmal umgearbeitet worden wäre ; noch im ganzen Buch eine Redensart, welche mich nicht mehrere Spatzirgänge auf meinem Zimmer gekostet hätte ! «

A. : Das ist richtig : man muß schon selbst Fachmann sein, um die köstliche Vokalharmonie, das Gerüttel der Kurzformen, zu würdigen. Beispielsweise von 2 Namensformen — wie sie ja in der mehrsprachigen Schweiz gern auftreten — wählt er ganz sorgfältig, je nach Klang und Rhythmus der umgebenden Worte, die passendste aus : aufbauend auf Klopstocks › Gelehrtenrepublik ‹ — genauer : deren › Denkmalen der Deutschen ‹ — lieferte Müller unser zweites Großbeispiel dehydrierter Prosa, der einzigen, bei der Kunstwerke möglich werden : » Sie : muthbrünstig : auf ! «, heißt es von Lagernden, die, geschickt haranguiert, schlachtlustig, sich vom Boden heben.

Oder, als weitere folgenreiche Kostprobe . . . . . :

C. : » Da sie nicht weit jenseits des Rütli gekommen,
brach, aus den Schlünden des Gotthard, plötzlich der Föhn :
es warf der enge See die Wellen wüthend hoch und tief ;
mächtig rauschte der Abgrund ;
schaudervoll tönte durch die Felsen sein Hall ! —
In dieser großen Todesnoth, befahl Geßler, voll billiger Furcht,
Wilhelm Tellen,
einem starken mächtigen Mann, den er als vortrefflichen Schiffer kannte, die Fesseln abzunehmen.
Sie ruderten,
in Angst,
vorbei die grausen Felsenufer ;
sie kamen an den Axenberg, rechts, wenn man aus Uri fährt :
An diesem Ort ergriff Tell sein Schießzeug, und nahm den Sprung auf einen platten Fels.
Er kletterte den Berg hinauf ;

der Kahn prellte an, und von dem Ufer ;
Tell floh durch das Land Schwyz ;
auch der Vogt entkam dem Sturm.
Als er aber bei Küßnach gelandet,
fiel er durch Tells Pfeil,
in einer hohlen Gasse,
hinter einem Gebüsch hervor.
: Gesetzmäßige Regenten sind heilig ;
daß Unterdrücker nichts zu fürchten haben, ist weder nöthig noch gut. —
Die Verschworenen schwiegen still.
Das dreizehnhundert und siebente Jahr wurde vollendet. «

B. : Daher also Schillers intime Kenntnisse. Und Müller der im › Tell ‹ gerühmte » glaubenswerthe Mann «.

A. (bestätigend) : Und daher also die Sprache, etwa der › Dya Na Sore ‹ ! / Denn die Wirkung war tatsächlich unvorstellbar weittragend !
Das lag einmal am unwiderstehlichen › Reiz des Milieus ‹ — heute sind's › Zirkus ; Rennfahrer ; unwiderstehlich=lanzettige Chirurgen ‹ — damals waren es (und eine ganze Motiv=Reihe ist damit angerissen !) : die halbwilden Randvölker, deren literarische Porträts den Markt beherrschten. Das wäre aber eine Abhandlung für sich ; ich weise jetzt nur ganz flink hin auf : › Steffens' Norweger / Scotts Hochländer / Coopers Indianer / Tolstojs Kosacken / — und eben auch : Müllers Schweizer ! ‹

B. : Ist denn schon die Rede von › Markt beherrschen ‹ ? : Hatten wir doch lediglich erst Schillers › Tell ‹.

A. : Kotzebue : dramatisierte und staffierte sofort eine › Johanna von Montfaucon ‹ mit vielenvielen › Harsthörnern ‹ und anderem Müller'schem Zubehör. / Lafontaine — unser deutscher, wohlgemerkt : August Heinrich Julius — entnahm der Stelle 8, 32 einen ganzen Kurzroman, › Ida von Tockenburg ‹. / C.G.Cramer : plünderte die Müller'schen Wort= und Waffenkammern ; Der läßt seine Helden sich gern mit » Alter Wunderfrevel ! « titulieren. / Für Fouqué : wurde die › Schweizergeschichte ‹ erst Lehrbuch ; dann, vor allem, Namens=Reservoir : auch so ein ergiebigstes Thema, das unsere Literaturhistoriker systematisch zu durchforschen sich noch nicht die Mühe genommen haben : › Woher nimmt der Dichter seine Namen ? ! ‹. / Jene ganze vielberufene › Erneuerung des Mittelalters ‹, all der › Historismus ‹, den man gern der Romantik zuschreibt, geht in Wahrheit auf Müller zurück ! ! / Alle haben sie von ihm gezehrt: von seiner Sprachlichkeit Nietzsche. / Von seinem unerschöpflichen Anekdotenvorrat: Gottfried Keller ! : 9,9 beziehungsweise 9,115 ergab, Liebesroman & Namen=gleichzeitig, den entzückenden › Hadlaub ‹ — ob Liebesgedicht am Angelhaken, ob die Äbtissin › Kunigunde von Wasserstelz ‹ — kennen Sie die gleichnamige Holzplastik von Heinrich Schlotter ? : Mit Gold müßte man sie aufwiegen ! — / Claudius ; Immermann ; Scheffel. / Und, was meinen Sie, was die Dritt=Reichler zwischen 20 und 45 — einen Hinweis Gundelfingers nicht verschmähend — so › kolbenheyerten ‹ ? . . . . . :

C. : » Alle Stärke suchten die Bürger,
in einstimmigem Bestreben,
auf einerlei Zweck.
Obwohl sie gewissen Gewerben Innungen setzten, verordneten sie
: › Dem, der eine Zunft, Meisterschaft, oder Gesellschaft aufrichte,

das Haus niederzureißen, und eine Buße von zehn Mark Silbers abzufordern. ‹
Denn sie besorgten,
es würde bald Jeder seine Zunft für Vaterland halten, und sich, an seinem Ort, von kühnen und listigen Männern zu allerlei Neuerungen verleiten lassen.
Bürger, welche einander befehdeten, mußten, Beide, von der Stadt weichen.
Sie
verwachten ihre wohl=unterhaltenen Mauern, und wohl=versehenen Thürme ;
dem Graben gaben sie Tiefe und Weite ;
sie litten keine neue Vorstadt, noch am Thor ein festes Haus : die Stadt war fest,
vornehmlich durch der Einwohner Muth
: weil der Mensch durch Kunst aller unbeseelten Dinge Meister wird ; Niemand aber als der Tod herzhafte Männer bezwingt. —
Viele fingen an, von Steinen zu bauen — es wurde nicht geboten, sondern empfohlen.
: Doch steht, wider allgemeinen Schaden, die Sorgfalt billig den Obrigkeiten zu
: Privatmänner vergessen über gegenwärtigen Unkosten die ungewisse ferne Gefahr. «

B. : Brave Gesinnung das, eh ? ! Wie väterlich=gottgesetzt die betreffenden › Obrigkeiten ‹ sind, wie allwissend=vorsorglich, sehen wir ja dann bei jeder Inflation, bei jeder Million › Kriegsgefallener ‹ !

C. (ohne darauf zu achten ; körnig & fruchtbar=platt) :
» Den Bauern, welche sich bey ihnen niederlassen wollten, gaben sie
Haus Holtz Pflug,

1 Wagen mit 4 Ochsen,
1 Sau, 2 Ferkel, 1 Hahn, 2 Hennen ;
Sichel Axt Beil ;
Samen zu Spelt Haber Hanf und Hirs,
Bohnen Erbsen Rüben
: es ist an dem Bauernreichthum etwas Häuslichgroßes, Patriarchalisches,
Was erschmeichelten oder erspeculirten Geldern bey aller Verschwendung immer fehlt. «

B. : Naja=also ! : Wie ich vorhin schon gesagt hätte, wäre ich nicht von Ihnen gehindert worden : › Schäfer : Die 13 Bücher der Deutschen Seele ‹ !

A. : Und fein lieblich getarnt dazu — denn zum resoluten Dieb, der den fremden Mantel in so eleganten Falten zu tragen weiß, daß er schon wieder wie ein eigener wirkt, langt es eben nicht bei Jedem. / Zwanglos schließen sich an — daß wir auch darauf hinweisen ! — : sämtliche › Oberkommandos der Wehrmacht ‹ ; deren kostspielig=heroische Knappheit Sie nunmehr, durch all=die Kanäle, bis auf Müller & Klopstock zurückzuführen vermögen : dafür bin ich an sich sehr : daß Jedweder für seine Sprache raube, was er nur irgend bewältigen kann ! —
Aber ! :
wo der amüsierte Fachmann angeregt lernt — Snobismus erkennt ; Maniriertheit unterscheidet ; Kunststücke unbestechlich überlächelt ; und sei es alles zur eigenen Klärung & Förderung —
: da erliegen die ewig=schlaftrunkenen Völker der imitierten Biederkeit ; der › gekonterten ‹ hausväterlichen Sorglichkeit ; der Praktik : die gefährlichsten Ziele mit den volltönendsten Redensarten zu verdecken !

Wie herrlich ernüchternd da wieder — für den › Fachmann ‹, den › Bewußten ‹ ! — wenn der alte französische Übersetzer das, von Müller aus den Chroniken frisch=aufgetriebene, sogleich begeistert verwendete, nordisch=röchelnde › Walstatt ‹ — als » plan d'élection « mißverstand ! —

B. *(überfüllt=kopfschüttelnd) :* Wissen Sie, wie ich die Aufschlüsse des heutigen Abend ; für mich ; zusammenfassen möchte ? —

A. *(hebt erwartungsvoll die Augenbrauen ; d.h. : winzige verbindliche Pause) :* ? ? !

B. *:* Ähnlich, wie es Thomas Carlyle, mit seinem › Blessed are the Unknown ‹ tat — also : › Selig sind die Unberühmten ‹ ! — möchte auch ich ; allen schlichten Ernstes ; die 9 › Seligpreisungen ‹ um eine zehnte vermehren . . . . . *(tief durchatmend) :*

› Selig sind — — : die Normalen ! ‹

A. *(ernst ergänzend) :*

› . . . die da Nachsicht üben : mit dem Gehirntier ! ‹

DER WALDBRAND

ODER VOM GRINSEN DES WEISEN

S P R E C H E R :

A. *:* Referent ; ruhig=wissend ; (autobiografische Züge).

B. *:* Frager, bzw. fördernde Einwürfe ; also einerseits bildungs=gut=willig, andererseits aber auch zweifelnd=reserviert — mit Recht ; wer auf › Anhieb ‹ glaubt, ist wertlos.

C. *:* Männerstimme für Zitate ; feuriger Bariton.

D. *:* Frauenstimme für Zitate.

C. *(mit Nachdruck) :* Zweierlei Arten von Werken brechen sich selbst ihre Bahn : die Schöpfungen der ganz großen Dichter, im Lauf der Jahrhunderte ; und, bestsellerhaft=quick, der Edelkitsch. Deshalb ist es wichtig, für das Schaffen der *Guten Meister zweiten Ranges* einzutreten, die sonst oft, unbeachtet, durch die Dünung der Jahrzehnte an die Ränder des Literaturmeers gespült werden. Der normale Leser sieht sie nie. Der Germanist verzeichnet, bebrillten Gesichts und plombierter Zunge, das verschollene Jahr ihres Erscheinens, Titel und Seitenzahl. Der Selbst=Schreibende bestiehlt sie, und schweigt. So stehen die Bände und Bändchen, und harren ihrer Atombombe entgegen. — *(Energischst) :* Noch bin ich nicht faul oder blasiert genug, auf ein großes Meteor *nicht* mit dem Finger zu zeigen !

(G o n g — falls juristisch verantwortbar Feuersirene)

A. *(gedankenvoll ; sich erinnernd) :* Es sind jetzt gerade 27 Jahre her, daß wir Oberprimaner mit unserem › Klassenlehrer ‹ einen › Schulausflug ‹ machten. . . .

B. *(bescheiden=unerbittlich sich erkundigend) :* Darf man auch die Gegend wissen ? : das Ganze spielt wo ?

A. *(Nickend ; wie zuvor) :* Das war in Görlitz ; an der äußersten Südostecke der DDR. — Unser Ordinarius mochte so Anfang 40 sein ; langbeinig und militärisch=kurzhaarig, wie es einem Deutschlehrer — weiland › Seiner Majestät schönster Leutnant ‹ — anstehen mag, stakte er vor uns dahin, die Beine in Breeches und Wickelgamaschen. Er machte uns im Lauf der Jahre lehrplanmäßig die schlesischen Grenzgebirge besichtigen, wie auch sächsische Braunkohlengruben. . . . . .

B. *(verständnisvoll einfallend) :* Und über jeden dergleichen › Gang durch den Sand ‹ mußte anschließend der unvermeidliche › Aufsatz geschrieben ‹ werden.

A. *(fortfahrend) :* Oder wir bekuckten uns verdrossen Schloß Friedland in Böhmen, › O Täler weit, o Höhen ‹ . . . . . .

B. *(interessiert) :* Wo der › Friedländer ‹ residierte ? Der Wallenstein ?

A. *(bestätigend ; aber) :* Der tschechische Führer nannte ihn immer nur den › Waldstein ‹ und widerlegte überdem unseren Studienrat mit Daten und boshaften Interieurs aus der böhmischen Geschichte, daß es eine rechte Lust für uns zu hören war, und wir — uns amüsiert gegenseitig ellenbogend — diesmal dem deutsch-slawischen Zungenduell sogar mit einigem Interesse lauschten.

B. *(mahnend; die Kunst ist lang) :* Damals, vor 27 Jahren jedoch, ging es *wo*hin? — Sie entschuldigen.

A. : Nach › Moskau ‹ — natürlich nicht dem russischen, sondern unserer deutschen Miniaturausgabe : › M*u*skau ‹ ; es kommt aber schon beides vom slawischen › Muzakow ‹, das heißt › Männerstadt ‹. Es ist sinnlos, den Einfluß der › Satem=Sprachen ‹ dort wegzuleugnen oder auch nur bagatellisieren zu wollen : › Their names are on our hills ‹ ; ich stamme selbst daher.

B. : Und Muskau ist ja nun ein Begriff : die Riesen=Parklandschaft des Fürsten Pückler.

A. (*gedankenvoll*) : Tchaa. Auch der nunmehr zu beiden Seiten der Neiße. — Und er war auch der Grund, warum wir, 18 Jahre jung, dorthin geführt wurden. (*Kopfschüttelnd*) : Es muß schon ein kurioser Anblick gewesen sein : wir 13 oder 14 Halbmenschen ; meist › in Sachen unserer Väter ‹ ; zwischen Eins Fünfzig und Eins Fünfundachtzig groß ; vom eleganten Arztsohn an, der schon, aus hygienischen Gründen, eine Mätresse benützte ; bis hinunter zum Waisenknaben, der, körperlich zurückgeblieben, immer halboffenstehenden Mundes, unbegabt aber zäh=verzweifelt, mitstudierte — und vor uns bummelt der Prä=Nazi, in soldatische und Felix=Dahn'sche Wahngebilde vertieft.

B. : Der hat sich also gehütet, auf › Zentren des Wendentums ‹ und dergleichen, hinzuweisen ?

A. : Aber nicht mit 1 Wort! — Dieser Volksgruppe ist erst im letzten Jahrfünfzehnt von staatsseiten Gerechtigkeit widerfahren ; damals hieß es nur › Umschulen ‹ — und gleich nachher › Ausrotten ! ‹ — Neinein ; also davon nichts. Aber im Park selbst erhielten wir dann natürlich einige nichtsnutzige Belehrung, wie der Lehrer sie vermutlich am vorhergehenden Abend kurz nachgeschlagen hatte : geschwatztes Geschwätz über jenes unwichtig=merkwürdige Seifenblasenwesen, das sich Hermann, Fürst Pückler=Muskau genannt hatte. Einige der › Dichterbäume ‹ wurden uns vorgestellt — (*selbst = befremdet*) : da ist mir, völlig rätselhafterweise, einzig die › Houwalds=Buche ‹ im Gedächtnis geblieben ; obgleich ich damals keine Ahnung hatte, wer das wohl sein möchte.

B. *(als Vorschlag) :* Vielleicht der Gegensatz zwischen einem hellgrünen Baumriesen, und dem wurzelhaft=chthonischen Doppel=› u ‹ ? *(Wiederholend) :* H u h - walds=:B u che . . ?

A. *:* Schwerlich. — Aber all das — diese ganzen › Fasanerien ‹, das › Englische Haus ‹, die › Alaunquelle ‹ und das Jagdschlößchen › Hermannsruh ‹, ja der Park selbst : das sind nur noch unverbindliche Schattenbilder, und basislose Akusmata für mich ; sämtlich untergegangen in den vielen, seitdem gesehenen, Wiesenweiten und Baumgruppen.

B. *:* Und der Grund, warum Sie dennoch davon erzählen?

A. *(eindringlich) :* Weil ich *Eines* noch weiß : wir hatten jene DOMAIN OF ARNHEIM — Poe erwähnt Pückler darin ! — eben hinter uns ; als mir, dicht dabei, ein originelles Gebäudlein auffiel, halb deutsches Innen=Wohnhaus, halb mediterraner Außenbau. Mein Schulfreund hielt es sogar, durch die erduldeten Sehenswürdigkeiten auf Alles gefaßt, für die Nachbildung eines › Griechischen Kapellchens ‹ — auch diese verdrehte Begriffskombination war so unpassend gar nicht. / Da der Herr Doktor nichts sagte, drückten auch wir uns schweigend vorüber ; froh, uns wieder etwas weniger merken zu brauchen.

B. *:* Und das also, darf ich wohl annehmen, wird die eigentliche Sehenswürdigkeit Muskaus gewesen sein ? — *(Winzige Pause ; dann, entschieden) :* Obwohl auch ich, trotz jetzt schon minutenlanger Versenkung in den Namen › Muskau ‹, ebenfalls nicht weiß, warum Ihr Lehrer vor dem rätselvollen Bauwerklein hätte stehen bleiben sollen.

A. *(entrüstet) :* Nicht nur stehen bleiben hätte er sollen, der › Große Duns ‹ : er hätte auch getrost seinen Löns=Hut vom Kopf nehmen dürfen ; ihn ehrerbietig in beiden Händen halten ; und dann, nach einer schicklichen Pause, mit leicht gedämpfter Stimme zu uns sagen müssen : *(einprägsam) :*

» Hier hat Leopold Schefer gelebt ! «

Und schon tags zuvor, im Klassenzimmer zu Görlitz, hätte er einen alten Band in die nikotingebräunten Finger nehmen müssen ; mit gerunzelter Stirn » Ruhe. « sagen — es hätten immerhin 3 von uns aufgehorcht — und dann, eindringlich, brustgewaltig, zu lesen anfangen. . . . .

(G o n g ; möglichst also die Feuersirene, denn jetzt beginnt der eigentliche › WALDBRAND ‹)

D. *:* Der Frühling war schön!
Die Pfirsiche blühten rosig um unser Haus ; die Apfelbäume prachtvoll, wie mit Rubinen geschmückt, im Baumgarten ; unsere Bienen trugen bis in die Nacht. Sie hatten nicht weit zu den blühenden Fichten, die wie eine grüne, palasthohe Wand den eingezäunten Acker umragten. Und wenn ich am Saume des Waldmantels stand, und einen Zweig faßte — so tauchte der letzte Zweig des letzten Baumes am Waldrand drüben ins Stille Meer : so verschränkte sich Zweig in Zweig ; und ein Eichhörnchen hatte nicht den kleinsten Sprung zu tun, und konnte auf dem grünen Waldmeer hinlaufen, wie eine Spinne über ein dichtgewebtes Kleefeld.

C. *(eifrig) :* Und welches Wunder war schon nur ein Baum ! Grad aufgeschossen aus der fruchtbaren Erde, wie eine grüne Flamme. Thurmhoch, zweigvoll, vom Wipfel bis an den Boden ; und die Zweige blüthenvoll an allen Spitzen, wie von göttlichem Feuer angeglommen. Ein luftiger=duftiger Palast für ein Vogelpaar ; ja, geräumig genug für eine ganze Familie. Was für den Menschen eine Reise auf den Chimborasso ist, das war für die Ameise ein Ersteigen des wie an die Wolken rührenden Wipfels — ich beneidete manchmal das kleine Thier, das herabkam ; denn so etwas giebt es für Menschen nicht. / Ich sah die Gestalten des Wolkenzugs mit Erstaunen an ; ich hörte mit stiller Bewunderung die Flamme im Holz auf dem Heerde sausen ; und hielt die schimmernde Taubenfeder — die sich, wie furchtsam, noch vor der Adlerfeder daneben krümmte — mit Lächeln gegen die Sonne.

D. *(besorgt) :* Aber es ward Sommer. Und es war Trockne, Dürre, erstickende Hitze. Meine Pfirsiche, meine Apfelbäume, hatten umsonst geblüht ! Umsonst der ganze, königreichgroße Wald. Das Getreide war vor der Zeit gereift : ohne Körner. Die Brunnen versiegten ; die Bäche vertrockneten ganz ; das Wasser des Weihers war breit vom Rand zur Mitte gewichen. Die Baumstämme waren heiß, selbst des Morgens noch warm ; die Zweige matt, die Nadeln bleich und welk, das Laub verfärbt wie im Herbst, fahl und kraftlos, es fiel ohne Lufthauch. Die Tannen, Fichten und Pechkiefern schwitzten Harz wie vor Angst. Das hohe Gras raschelte dürr, wenn ein Hauch es bewegte, wie Stroh.

C. *(ängstlich) :* Ein Blitz konnte den Wald entzünden ! Ein Sturm die Wälder entflammen. Denn nur von dem Hauche und der Kohle eines Indianers hing unser Leben, das Leben von Millionen Waldwesen, das Dasein der Wälder, ab.

D. *(schwermütig ergeben) :* Ehe wir noch etwas sahen, verbreitete sich in der Nacht ein eigener Wohlgeruch ; nach einigen Tagen zu herb, zu bitter — zuletzt brandig. Die Augen fühlten sich gedrückt ; ja, Einige weinten, ohne zu wissen worüber. Einige lachten. Unabsehbare Züge von Tauben flogen, den Himmel verfinsternd und auf der Erde einen flirrenden, wie dahinrauschenden Schatten werfend, über uns weg — und sie kamen doch sonst erst im Herbst, auf unsere reifenden Felder ?

C. : Wilde, schwere Truthühner folgten ihnen tiefer. Sie waren so müde, daß sie in unsere Gehöfte fielen, und die Menschen sie fangen konnten : sie duckten die rothen Köpfe an den langen schwarzen Hälsen auf die Erde ; und zogen vor der sie fassenden Hand nur das weiße Lid über das Auge.

D. (dumpf aufgeregt) : Jetzt war im Westen ein Rauch wie Hegerauch zu sehen, der in der Morgensonne erschreckend glühte ! Lange, lange weiße Streifen flossen davon wie Ströme in die Thäler. Dünner, dann dichter, dann dichterer Rauch, überzog das Gewölbe des Himmels ; die Sonne schien roth, dann düster und matter hindurch, bis sie gänzlich verschwand. Der Rauch, schwerer und schwerer, senkte sich tiefer und tiefer ; bis er wie ein Nebel über uns fiel ; alles ausfüllte wie eine Fluth, und Jedem nachwallte, der in ihm schritt. Alles Leben stockte. Ein Jeder ging müßig. Nichts mehr wurde getan, als noch gekocht.

C. (sorgenvoll gefaßt) : Und ich war der Mann, dem die Sorge für dies Dorf anvertraut war ! — Aber gerade die Erfahrensten beruhigten mich : neue Ansiedler konnten sich, wie alle Jahre geschieht, Plätze zu Wohnungen, Gärten und Feldern leer brennen. Und brenne die Flamme auch weiter als ihr Gebiet — wen kümmere das ? Zuletzt stehe der Brand an baumleeren Savannen, an Seen, Flüssen, Felsengebirgen ; oder Regen und Frost lösche ihn endlich aus : Einer trage des Andern Last.

D. *(immer bedrückter) :* Als aber nicht allein Hasen und Rehe, selbst am Tage, vor uns in der Rauchdämmerung wie Schatten vorüber flohn ; sondern Hirsche, wilde Ochsen und Büffel ? Als die Bären brummten, die Wölfe heulten, als selber die schlauen Füchse kamen — da mußte der Waldbrand uns nahe sein, denn Feuer war nicht zu sehen. Als aber 1 Elenthier sich gezeigt, aus dem nördlich gelegenen Wald ; als Jemand einen Caguar, aus dem südlichen wollte gesehen haben — da mußte der Waldbrand groß sein. Als aber die Menschen aus dem westlich gelegenen Kirchspiel kamen, mit Andern, noch ferner von ihnen Wohnenden : als sie Menschen begegneten, die aus dem nächsten östlichen Kirchspiel geflohen : da schien es, als habe der Waldbrand uns schon umringt !

C. *(entschlossen) :* Die Notglocke erscholl. Wir hielten einen Rath. Wir versammelten uns auf dem freien Platz vor der Kirche. / Die Fremden saßen und ruhten ; manche selbst ohne ihre Bürden abzulegen, oder ihre Bündel aufzumachen. Unsere Weiber und Kinder verteilten indes still Speise und Trank an die Flüchtigen ; Niemand dankte, so natürlich war Geben und Empfangen. / » In den brennenden Wald können wir nicht « sprach Einer ; » aber nur ein Adler, oder ein Mann im Luftball könnte uns dahin führen, wo er nicht brennt. O es giebt einen Ausweg, hundert : aber wir wissen sie nicht, und fehlen sie ! «

D. *(unruhig klagend) :* » Haben wir Lebensmittel genug «, rieth ein Anderer, » so suchen wir gerade den abgebrannten Wald auf ! Die Stämme stehen, wie Ihr wißt, nach dem Waldbrand noch ; nur die Baumstürze sind dort zu fürchten, denn die Wurzeln der Bäume sind mit verkohlt : aber wie wissen wir den schwarzen Wald ? ! «

C. *(verhalten kopfschüttelnd) :* Die ängstliche Menge folgte nur › Eingebungen ‹, ja, wahren Täuschungen. Ein Häuflein ließ sich von einem lichten Streifen am Himmel, vom Winde dort aufgedeckt, nach Norden hin ziehen : » Dort ist es feuchter ! « trösteten sie sich. Sie nahmen kaum Abschied ; Niemand sah ihnen nach.

D. *(ratlos) :* Andere beschlossen, der Richtung der wilden Thiere nachzuziehen. Ja, die Meisten folgten einem alten Manne — bloß, weil er › Noah ‹ hieß ! Und doch lachte Niemand. Das war wohl entsetzlich !

C. *(gefaßt) :* Nun hatt' ich bloß für mich noch zu sorgen, das heißt : für die Meinigen. Eoo saß zu Hause, und weinte um ihre Tochter Alaska. Aber sie befolgte eilig, was ich rieth : Jagdkleider, womöglich alles von Leder, anzuziehen. Auch Hüte sollten uns gut thun. Wir beschlossen, die milchende Eselin nur mit dem nöthigsten zu beladen.

D. *(hausfraulich bekümmert) :* Alle Dienstbarkeit hatte aufgehört ; kein Mädchen, kein Diener war mehr im Hause zu finden. » Ich gehe fort «, meldete Eine, nur in die Thür tretend — » Geh mit Gott «, sprachen wir.

C. *(anordnend) :* Eoo ließ die Kühe los. Sie machte den Hühnern und Tauben den Vorrathboden auf ; den Papageien das Fenster. Ja, sie ordnete Alles und stellt'es an seinen Ort, als sollten hohe, himmlische Gäste das Haus betreten. / Und als sie nun Alles besorgt, was ihr Pflicht schien, trug sie uns zur letzten Mahlzeit den großen gebratenen Truthahn auf, dessen rother Kopf noch glänzte. Der kurzen Sicherheit froh aßen wir still, und hätten gern das Mahl noch Jahre womöglich verlängert. / Es geschahe nun eilig : die Eselin war mit Tüchern für die Nacht ; einem kleinen Bett unter Okkis Kopf ; und mit Bouillon-Tafeln, wie ich sie sonst mit auf Reisen nahm, und mit wenig anderm Geräthe, beladen. Meine Frau war wie ein Jäger gekleidet — und schien gleichsam von sich selber Abschied zu nehmen ; denn sie sah in den Spiegel ; und sah über ihre Achsel mich ; ihre Augen füllten sich mit Salz, ich sahe das wohl. Doch Fassung war nöthig.

D. (eintönig=ergeben) : Als wir nun schieden, trat ich noch einmal dicht an ein Fenster ; hielt die Hände neben das Gesicht, wie Scheuleder, vor, um nicht geblendet zu sein ; und übersah noch flüchtig das Zimmer, den Aufenthalt von Menschen, die so lange darin glücklich gewesen waren : in der Mitte stand der Tisch von gesprenkeltem Ahorn. Am Kamin der verlassene › Sorgen ‹= Stuhl. Dort Eoos kleines Mahogany=Tischchen ; darauf der halbfertige kleine Strumpf. Am Kamin stand Okkis braungemaltes Wiegenpferd und machte ein schweigendes finsteres Gesicht. Und im Spiegel sah Jemand, mir gegenüber, herein — der › Ich ‹ war ; und der wunderliche Geist sah mich an, und äffte mich still.

C. (übernimmt ; die Reise eilt) : So zogen wir hin. Und als der Weg aus ging, als die Laschen und Male an den Stämmen sich auch verloren, als der Bach eine Wendung machte : war der Hund unser Wegweiser auf der Fährte des Wildes ; und wir Menschen nahmen sie an.

D. : Es war ein tiefes Schweigen im Walde. Nur aus der Ferne hörten wir zu Zeiten einen verhallenden Schall von Fliehenden, die sich anriefen, um sich nicht zu verlieren im Nebel des Rauchs. — So zogen wir bis an den Abend.

C. *(gezwungen=rüstig) :* Eoo breitete nun Tücher ; hing Tücher über Zweige — und unsere Hütte war fertig. Wir aßen. Wir schliefen oder glaubten zu schlafen. Wir wachten — und glaubten zu träumen ; so verworren war unser Bewußtsein. Furcht jagte vielleicht=uns=schon in der Nacht auf : denn durch den Nebel brach ein sanfter Feuerschein und Glanz, wie wenn man im Flusse die Augen auftut, wenn brennendes Abendroth auf ihm liegt.

D. *(mit Halbfassung, im Versuch sich abzufinden) :* Am Mittag traten wir wider Vermuthen in einen Eichen- und Buchenwald, der ausgebrannt war. Abgebrannt ließ sich nicht sagen, denn die Bäume standen noch ; aber die Stämme schwarz, unabsehbar, ein Anblick wie ein Trauergefolge aus Millionen Trauernder. Aller Unterwuchs war verschwunden, Kräuter Gerank Gesträuch ; der Wald war eine schwarzgraue Wüste.

C. *(männlich=schlimmer ; wie überhaupt im Folgenden zunehmend härter und unheimlicher) :* Nur die Wurzeln, oder die Rinde der Bäume glühte noch auf, wenn der Wind daherfuhr ; dann leuchtete und knisterte es tausendfältig. Graue Eichhörnchen, Füchse und Luchse hatten auf diese verschonten Bäume sich gerettet — aber sie saßen still, als wir nahten : sie waren todt. Von der Hitze darunter erstickt. Sie hatten die Augen zu ; sie schliefen.

D. *(entsetzt) :* Von dem äußersten Ast einer der Buchen hing, mit der Klapper angewickelt, verkehrt, mit dem Kopfe nach unten, eine Klapperschlange herab : ihre schaukelnde Bewegung war nur vom Winde ; und sie glänzte und sie troff von ihrem Fett. / Weiter hin fanden wir ein, auf dem weißen Gesicht liegendes Opossum, das sich todt gestellt in der tödtlichen Gefahr — aber die Gluth war an dem, seinem rettenden Triebe getreuen

Thier, nicht vorüber gezogen, ohn'es mit ihrem Hauch zu tödten. Eines seiner Jungen hatte Athem schöpfen wollen — und glühenden Tod geschöpft.

C. *(mitleidig) :* Der Anblick der treuen Thier=Mutter, des armen Opossum=Kindes, ergriff Eoo. Sie stand ; sie blickte zum Himmel — der nicht zu erblicken war. Hinzukamen die Fragen Okkis, unseres Sohns, dem wir von Allem Auskunft geben sollten ; oder der uns bat : nach Hause zu kehren ; er habe genug gesehen ; er sei so müde. Dann nahm ihn die Mutter vom Esel, und trug ihn, bis er einschlief. Und trug den Schlafenden. Und wenn ich ihn nehmen wollte, wehrte sie still mit ihrer Hand, und lächelte mich an. Fühllos aber sprang der kleine Esel mit seinem großen Kopfe tölpisch hinter uns drein ; ich gönnt' ihm sein Glück.

D. *(betäubt bis traumhaft) :* Auch schienen wir jetzt im Sichern. Nur der Boden war so heiß ; und uns war, als zögen wir unter scheitelrechter Sonne. / Wir ruhten, schon im Abenddämmern, auf dem hohen Felsenufer eines dampfenden Sees ; denn die noch wenigen Bäche führten fast siedendes Wasser ihm zu.

C. *(sich umsichtig orientierend) :* Um seine Ränder und Buchten hatte die Waldung gebrannt. Die Sümpfe umher waren sehr eingetrocknet ; ihr Wasser hatte sich bis tief in den Grund erhitzt ; die Fische hatten nicht entfliehen können ..... *(stutzend) :* Auf einmal hörten wir es von ferne brüllen ? ! Wie dumpf eine Heerde Büffel brüllt. Nur klang es ängstlicher ; und ängstlicher vom Echo wiederholt.

D. *(erläuternd aufnehmend) :* Es näherte sich uns. Wir saßen still ; wir hatten das Feuergewehr auf dem Knie. Indes fürchtet' ich nicht so sehr ; denn vor eigener Angst scheute der Todtfeind jetzt den Todtfeind. — Jetzt sahen wir es springen wie Kälber, mit tölpischem Sprung; dann ruhte, dann brüllte, dann sprang es wieder! Und so eine Reihe entlang, wie Gespenster, die sich kauernd und brüllend und springend nahen ......?

C. *(still resigniert)*: »Ochsenfrösche!« sagte mein Weib; mit Lächeln erst, dann mit Thränen im Auge: »Sie suchen frisches Wasser.« / Aber sie irrten entsetzlich. Denn durch unser lautes Anrufen, »Ho! — Ho!«, das sie zurückscheuchen sollte, machten sie nur einen Bogen — nicht weit von uns sprang die grünliche Schaar desto schneller vom Fels in den See. — *(Steinern)*: Und das Brüllen verstummte. Nach und nach schwammen sie Alle, aufgetaucht, auf der Fläche umher. So hatte sie ihr Trieb doch nicht ganz getäuscht: sie waren nun ohne Qual, und ruhig.

D. *(erschöpft)*: Jetzt sahen wir erst: bräunliche Biber saßen, aus ihren glühenden Bauten vertrieben, auf den Felsen umher; und schienen auf die Fläche des Sees zu starren, die von zahllosen Fischen bedeckt war, die auf der Seite lagen — und schimmerten. Große gelbliche Wasserratten krochen darauf umher; und Wasserschlangen suchten matt und mit halbem Leben an den erhitzten Felsen emporzuklimmen — und sanken im Fall geringelt zurück. Ein Flug von Wasservögeln wollte sich an einer freien Stelle in den See stürzen; aber die Führer versuchten; und schrien kläglich über die Verwandlung ihres Elements; und schwirrten weiter im Dampfe dahin.

C. : Wir aber brachen auf, die Höhe des Berges zu erreichen. Wir fanden eine Felsennische. Eoo bettete das Kind weich auf Laub und Tücher; wies den müden Hund an, bei ihm zu wachen, der sich ihm gleich zu Füßen legte. Die Esel,

Mutter und Sohn, mit Klingeln um den Hals, und dem Rufe gehorchend, weideten indes zum dürftigen Abendbrot. Und wir stiegen zum Felsengipfel ....

D. (*erschüttert schwindelnd*) : Welch ein Blick in das Land umher! So weit das Auge trug. Heftiger Unterwind herrschte; uns gegenüber, am Horizont, hatte er eine Rauchwand aufgethürmt, riesengroß und schwarz wie die Nacht. Ein breiter Strich des Himmels war offen: aus der schweren Decke, die über unserer Heimath lag, fuhren geschleuderte Feuerschlangen empor, denn die Täler brannten alle! So schlug eine brennende Flammengicht, breit von Süd bis West, in den Äther hinauf, und stand, in der Ferne schweigend und unbewegt, wie ein Nordschein. Aber über den nähern Wäldern bewegte Sturm die wallenden Flammen wie Saaten der Hölle; ein rothes Meer von Erinnyen gestrickt.

C. (*voller Abscheu*) : Mich hatte eine Furcht befallen vor der Natur! Ich saß auf dem Berge, und wiegte Okki einen Tag lang auf meinen Knien, mocht'er nun wachen oder schlummern an meiner Brust. Ich schien mir kein Mensch mehr; denn um mich war nicht mehr die gewohnte Welt. Speise und Trank war vergessen. So saßen wir; mir dämmerte es nur im Sinn. Und immer häuften sich in der Nacht die Thiere im verödeten Walde. Ihr Geheul verriet noch Angst; aber die Mächtigen schonten der Kleinen. Beim ersten Dämmer des Tagscheins brachen wir wieder auf.

D. (*mütterlich*) : Ein beschwerlicher Weg! Eine fast hoffnungslose Flucht. Kleine Bäche von Harz und Theer, halberstarrt, waren hier; dort Hügel von Asche, vom Winde zusammengewirbelt. Feuchte, quellige Stellen dampften noch. Brach ein schwefliger Sonnenblick durch die niedrige Luft, und sah ich unsern Schatten an der Erde hinziehen — dann konnt'ich weinen. Da verschwand er wieder ; aber die Thräne blieb im Auge stehen.

C. (dahinziehend) : Endlich gelangten wir in frischen Wald, von Weymouths- und Pechkiefern und Sprussel=Fichten ; voll zahlloser großer Heuschrecken und Schmetterlinge. Es zirpte und schwirrte wunderlich, und flirrte, wie Schnee flirrt. Ich hörte das an : es war unerforschlich ; geisterhaft ; und verschwand nicht ; und hörte nicht auf. Ich zog wie im Schattenreich ; 2 Stunden ; unheimlich — ich möchte sagen › unweltisch ‹, wie ich nie gelebt.

D. : Glaubt es, oder glaubt es nicht : unser allergrößter Schmerz war in den Schläfen und Kinnbacken ; vom beständigen Aufblasen der Backen, um den Rauch zu verscheuchen. Wir sahen kaum mehr !

C. : Wir entzündeten ein kleines Feuer — von dem großen mochten wir nicht. : Auf einmal hob es sich empor ! Fast mannshoch ; und der Boden mit ihm, wie ein umgestürztes Boot. Das brennende Holz und Kohlen rollten auf beiden Seiten herab, und fielen uns fast auf die Füße. Dann borst die Erdrinde, von einer unsichtbaren Gewalt gesprengt — wir schrien uns auf und flohen ....

D. (fast mitleidig) : ..... und ein weit geöffneter, nach Luft schnappender Rachen eines Alligators streckte sich aus der Gruft. Dann brach er, noch Brände auf seinem Rücken, mit 1 Sprunge hervor ! Aber er ruhte schlaftrunken, und lag geblendet von auflodernden Flammen — das Feuer über seinem Rücken hatte ihn aufgeweckt, aus der Tiefe des Schlammes und Mergels, worin er sich, die Hitze des Sommers über, vergraben.

C. : Wir ergriffen einen brennenden pfahlstarken Ast, und stießen ihn tief in den zähnestarrenden Rachen — der sich vor Schmerz noch weiter öffnete : da lag der ungebetene, todesgefährliche Gast auf dem Rücken, und dampfte. Schlug mit dem Eidechsenschwanz in die Glut, daß sie umherflog. Und ehe er noch wieder wußte, er lebe, war er schon todt. Das Feuer wurde um ihn geschürt ; und die große Krokodilgestalt schrumpfte zusammen, und hob, wie um Erbarmen bittend, die Schildkrötenpfoten gleichsam gefaltet zum Himmel.

D. *(verstört ; präziser : verhext) :* Und der Nachmorgen hatte etwas zauberhaftes ! Als sei die Erde unter andere Gestirne versetzt : 5 Sonnen standen am rauchumzogenen Himmel ; roth wie Lichter durch Rubinglas ! — Meine Sinne waren durch so viel Nie=Erlebtes gelöst, daß mir fast nichts mehr wunderbar dünken konnte. Woher es stamme, was es bedeute und sei, fiel gewiß Niemanden ein. Alles war nur, was es im Augenblicke schien : heiß und kalt ; trüb und hell : das war, was uns rührte.

C. *(langsam, bitter, in metafüsischstem Mißtrauen) :* Ich senkte die Augen, die alles nur dunkel sahen, wie in einem Flor : meine Stiefeln waren abgerissen ; ich schwarz bis an den Gürtel. Ich nahm 1 Hand voll Sand auf ; betrachtete ihn ; und der Staub war mir unbegreiflich : woher ewig ? Ewig wozu ? ! — *(Leiser ; bedeutender) :* Unnöthig — wenn nicht entsetzlich — daß er sei . . . . . .

(G o n g)

B. *(einmal tief durchatmend) :* Ich muß gestehen — : das habe ich nicht gewußt !

A. *(geduldig) :* Die Gesamtheit der Deutschen hat es vergessen, daß dort, in der Lausitz, vor über 100 Jahren, ein bedeutender Dichter — nicht vom allerhöchsten ; aber ein guter Meister zweiten Ranges ! — sein mächtig=insulares Dasein geführt hat.

B. *:* Können Sie zuerst einmal rasch Ort und Zeit umreißen ? Damit wir auf keinen Fall ins Schwimmen geraten.

A. *:* Der Ort : die Lausitz. Also ein in vielfachen Beziehungen nachdenkliches Gebiet. Zur Gottsched=Zeit, genauer : kurz davor, hielten lausitzer Professoren an der Leipziger Universität, was akademische Poesie und Rhetorik anlangt, mehrere Jahrzehnte lang das Heft in Händen — so › Christian Weise aus Zittau ‹. Und den Größten der Landschaft kennt ja Jeder : › Leschnigg aus Kammenetz ‹ . . . .

B. *: (betroffen) :* Wen verballhornen Sie so ? Doch nicht etwa . . . . .

A. *:* Ich kann nichts dafür, daß › Lessing ‹ im Slawischen einen › Heger ‹ einen › Förster ‹ bedeutet ; und › Kamenz ‹ schon im Namen seinen steinigen Boden anzeigt. Natürlich war Lessing, der Sprache nach, rein deutsch — seine Ahnen allerdings werden wohl schon überwiegend Wendisch, Sorbisch gewesen sein. — Warum werden Sie unruhig ? : War die Mischung so schlecht ?

B. *(verlegen) :* Das nicht. Aber . . . . .

A. *:* Ich wollte damit auch nur auf ein Zweites zu sprechen kommen : auch in dieser Hinsicht nämlich waren die beiden Lausitzen ein Präzedenzfall, gerade heute wieder wichtig zu erwägen, daß dort, jahrhundertelang=friedlich, Slawen und Deutsche neben=, oder besser durch=einander gewohnt und geheiratet haben. Man kann kleine Häkeleien und Spottreden als Argument gegen mich ins Feld führen — wo im Grenzland könnte man das nicht ? — aber die waren dort stets harmlos ; nahezu nichts, verglichen mit dem, was sich Völker verschiedener Abstammung wohl sonst hundertfach antun. Neinein : hier in den Lausitzen wurde schon echte große Toleranz vorgelebt, in jeder Beziehung. Hier fanden Ketzer ein freundliches Obdach ; hier, als alle andern Orte verfänglich schienen, gründeten die Herrnhuter : denken Sie an Niesky und Schleiermacher. — Und ist es denn letztlich ein Grund zum Totschlag, ob der Wende › Pomogaj bog wam ‹ grüßt, und der Deutsche ihm › Vergelt's Gott ‹ zurückgiebt ? Oder der wendische Priester segnet : › To pomogaj si bog wosc, bog syn, a bog swety duch ‹ — und der deutsche respondiert : › Im Namen des Vaters, des Sohnes, und des Heiligen Geistes ‹ ?

B. *(mit gut gespieltem Mißtrauen) :* Nu sagen Se mal : nu hören Se mal : wieso können Sie denn das so gut ! ? Stammen Sie etwa auch aus jenem vorgeblichen Musterländchen ?

A. *(achselzuckend gleichmütig) :* Ich kann nichts dafür, daß Vater und Mutter, Undsoweiterundsoweiter, mitten aus der Lausitz stammten — setzen Sie mich deswegen nur nicht gleich noch einmal auf die Proskriptionsliste des Hochdeutschen. — *(Ironisch vertraulich) :* Väterlicherseits bin ich sogar nur 20 Kilometer von Muskau her !

B. *(resigniert) :* Womit wir also wieder bei Schefer wären : auch er ?

A. *(amüsiert bestätigend) :* Auch er. Die Mutter sprach und sang gerne wendisch ; und der Lausitzer vermerkt in seinen Büchern immer wieder die lokalen, farbigen Dialektausdrücke : wie da Truthähne › gaudern ‹ ; das Kälbchen an der Mutter › nuppelt ‹ ; die Schatten im Hof › sich arfeln ‹ ; die Greisin › barmt ‹ / Die Mutter eine lausitzer Predigerstochter ; der Vater Arzt in Muskau : dort wird am 30. Juli 1784, einem Freitag, Leopold Schefer geboren.

B. (*stirnrunzelnd nachrechnend*) *:* Siebzehnhundert, vierundachtzig — : das heißt also, als sächsischer Untertan noch ; denn preußisch machte man die Gegend ja erst 1814 ; um die Wut auszulassen, daß Friedrich August so lange zu Napoleon gehalten hatte.

A. *:* Der Vater — originell, ja skurril, wie ländliche Autokraten so oft — wollte den Sohn wohl einmal mit Stutenmilch großziehen. War andererseits aber auch vernünftig genug, auf den Rat Fichtes zu hören, der Hauslehrer im benachbarten Wolfshain war ....

B. (*anerkennend hineinmurmelnd*) *:* Jetzt wieder Fichte noch ! — Sie verstehen es aber tatsächlich, eine Gegend herauszustreichen.

A. (*fortfahrend*) *:* .... Der riet dem Vater immer wieder : » Mathematik und Griechisch, Herr Doktor ! Und zeitig, zeitig ; sonst lernt man es nicht, und damit nichts ! « / Als nun der Vater früh wegstirbt, gibt die Mutter den 14=jährigen Jungen auf das Gymnasium zu Bautzen= Budissin ins Internat. Von seinen dortigen Klassenkameraden ist Keiner über den Ruhm des › local=boy ‹ hinaus gelangt — Pädagogen nicken vielleicht noch beim Namen › Blochmann in Dresden ‹. Wichtig wird, daß sich schon früh Schefers zweite große Begabung zeigt : für Musik. Er komponiert bereits ; groteskerweise setzt er sogar seine Schulzeugnisse ....

B. Gar nicht so un=lustig oder abwegig — aus der Situation heraus, mein' ich : › DAS GYMNASIUM / Komische Oper in 3 Akten ‹. / Dort in Bautzen also macht er sein Abitur ; beziehungsweise das zeitgenössische Äquivalent ?

A. : Nicht ganz : mitten in Oberprima wird er nach Hause berufen. Die immer kränkelnde Mutter hat einen besonders schlimmen Anfall, und wünscht den Sohn bei sich zu haben. Einmal herausgerissen, bleibt er dann, unter der Nicht=Aufsicht von Mutter und Großmutter, im heimatlichen Muskau. Autodidaktisch=rastlos bildet er sich weiter. Abends sitzt man beisammen im Zimmer : er an der einen Tischecke, dichtend und komponierend ; die Mutter an der andern, mit Handarbeiten beschäftigt ; die Ahne döst in der Ecke ; nur 1 Licht brennt.

B. : Demnach war mit dem Tode des Vaters die Armut eingezogen ?

A. : O nein. Direkte Not hat Schefer in seinem Leben, unserer Kenntnis nach, nicht gelitten — es war wohl mehr vorsichtige bürgerliche Sparsamkeit, als eigentliche Dürftigkeit. / Schon früh hat er begonnen, Tagebuch zu führen — es lag › zu meiner Zeit ‹ noch, wie überhaupt der ganze Nachlaß, im Archiv der › Oberlausitzischen Gesellschaft der Wissenschaften zu Görlitz ‹ : hoffentlich ist er heute noch erhalten — und aus ihm ersehen wir die übliche schwermütige Unrast des Jünglings . . . . . .

C. : O, daß doch der Same, aus dem ich gezeugt, meinem Vater entgangen wäre ; oder meine Mutter Schaden genommen hätte, daß ich vor der Geburt gestorben wäre ! — Wie kränkte es mich, als ich erfuhr, daß ich › vom Weibe ‹ war ! Aber auch mein Vater war von einem Weibe ; und Alle hinauf von einem Weibe — aber in der Bibel, da stand's : *Eva, die war von Adam ! !* In meinem Leben hab' ich mich so nicht wieder gefreut ! —

Nie konnt' ich Klopstocks Fanny leiden : weil er ein Mann war, und sie ein Mädchen, und das Mädchen die Liebe dieses Mannes verschmähen konnte ! Es ist nichts grausamer, als solch ein elend Geschöpf, das aus weißgott was für › Gründen ‹ die Liebe eines großen Mannes von sich stößt. Wenn sie noch lebte, hatt' ich mir fest vorgenommen, sie zu blamieren !

B. (lustig=gerührt) : Wie nett jung ! —

A. : Mit Freunden aus dem Städtchen durchstreift er weit umher die Gegend — Heide ist dort, endlos=faszinierende Sande und Kiefernwaldungen ; ich kenne sie wohl — nicht selten bleibt er die Nacht über draußen, und nächtigt in einer Köhlerhütte oder im Freien. Und das Lebendigste liebt Todesgedanken . . . . .

C. (schwärmerisch) : Wenige Lenze zurück — und wir waren noch nicht. Dann schien auf uns die Sonne, und die Erde bot uns ihre Gaben. Wir dachten nicht, woher wir gekommen, wie irdisch unsere Hoffnung ; wir machten Pläne bis an unsern Tod, ohne daß dieser uns vorschwebte. Lächerlich, wie ein Sterbender, der nach der Mode fragt, wie jetzt die Todten zur Schau liegen. —

D. (ebenso) : Ich trat nackt, die Geige in der Hand, in meiner Stube vor den Spiegel : ich betrachtete mich, das Licht in der rechten. Aus dem Boden hörte ich unten die Uhr den sicheren Schlag der Zeit gehen : so, dachte ich, werde ich im Sarge liegen, indem ich das Licht so hielt, daß nur ein Profil zu sehen war, das Auge der Lichtseite schloß, und aus dem in Schatten gehüllten Auge meine blasse Wange und meinen zuckenden Mund betrachtete. —

C. : Ich trat auf den Hügel Deines Grabes, und fühlte es mit den Füßen — die Erde schien mir nur eine starre

Leiche, mit dem schwarzen Leichentuche der Nacht zugedeckt. Und ich fragte voll lachenden Spottes die Sterne, die, wie Leichenlichter, ohne Ordnung gestellt, im Winde gräßlich wehten, diese fragte ich : » Und ? ! « Das heißt : ist die unbefriedigende Fabel schon aus, und folgt keine Pointe ? » Und ? « soll künftig mein Abend- und Morgengebet sein ! Ich will einen Menschen malen lassen, der, von Nacht umgeben, auf einem Grabe steht, und mit sinnendem Blick die Sterne fragt : » Und ? ! «

B. : Der häufige prometheische Trotz jener Entwicklungszeit. — Wie war in späteren Jahren seine Einstellung zu den Religionen ?

A. : Darauf müssen wir noch ausführlich kommen. Christ war er freilich nie ; dies vorweg ; denn also spricht der DERWISCH MIT DEM ROSENZWEIGE zu Gott ......

C. *(bedeutsam)* :

Ich vergebe Dir die Schöpfung
: Du vergiebst mir fromm den Menschen ;
der gewiß mir schwerer drunten
auf der Erde ist zu tragen,
als das Allah=Sein Dir droben !

A. : Interessant noch seine Stellung zu den politischen Ereignissen jener aufgeregten Jahre : er war glühender Napoleonhasser ! Eines seiner › längeren Gedankenspiele ‹ bestand darin, den großen Kaiser zu ermorden ....

C. *(vertraulich)* : Ich hatte mir einen Mann aus Lumpen und alten Kleidern gemacht — wem ähnlich kannst Du Dir denken ! — und ermordete ihn alle Abende einmal ; um des Mannes und der That gewohnt zu werden.

B. : Sieh an ! Nichts Altes unter der Sonne. — Aber eben

doch wohl nur Theater eines potentiellen Herostratus. Immerhin dürfte er auch später, in Wort & Schrift, radikale Lösungen nicht gemißbilligt haben.

A. : Au contraire : er scheute nie im Werk das › ensanglanter la scène ‹ ; und hat 1819 Sand wegen des Mordes an Kotzebue sehr gelobt. Aber seine Abneigung gegen die Franzosen saß schon ziemlich tief : einmal ist er, größtenteils per pedes, bis Aspern gewallfahrtet, um sich am Anblick der Walstatt zu weiden, wo Napoleon wenigstens einmal annähernd gekontert wurde ; und in den Jahren 1812 bis 15 hat er häufig außerhalb Muskaus, im Walde, genächtigt, um unliebsame Zusammenstöße mit durchmarschierenden Franzosen zu vermeiden — Soldatenfreuden bedeuten Menschenleiden ; und er fürchtete die eigene Heftigkeit.

B. *(leis mahnend) :* Sie haben ein Vorurteil gegen Soldaten ?

A. *(ablehnend) :* Ich würde mich schämen, wenn ich keins hätte ! / Aber Schefer : auch bewegt er deshalb beständig Auswanderungspläne im Herzen .....

C. *(unmutig) :* Ein Bettler in Amerika ist jetzt selbständiger, als ein König in Deutschland : wenn man nicht, indem man aus Europa ginge, sich von so vielen schönen Werken trennen müßte, von der Fülle der Literatur — so wäre ich längst unter Denen, die nach Amerika gehen. Bis der Druck diese Vorteile aufwiegt, so lange bleibe ich noch hierzulande.

A. : Dies Problem der Auswanderung hat ihn zeitlebens beschäftigt ; mehrfach hat er sich die Situation literarisch= intensiv suggeriert : in den DEPORTIERTEN, dem großen WALDBRAND, oder der PROBEFAHRT NACH AMERIKA.

B. *(schnell) :* Aber nie ausgeführt, wie? Also ein Mann der Theorie & Fantaisie. Dabei hätte er an dem gottverlassenen Nest doch wahrlich nichts Erkleckliches verloren.

A. *:* Sie urteilen viel zu schnell : Muskau war nicht nur nicht › gottverlassen ‹ — was übrigens nichts weniger als ein Einwand gegen Kultur ist — sondern bot sehr wohl unverächtliche Bildungsmöglichkeiten. Es war nämlich eine › kleine Residenz ‹ mit Schloß und Bibliothek : ein ausgesprochenes › Kulturzentrum ‹. Das › Fürstentum Muskau ‹ war größer, als so mancher souveräne deutsche Kleinstaat ; größer als, sagen wir, Schaumburg=Lippe oder Reuß=ältere=Linie. Gerade im Geburtsjahr Schefers hatten die Pückler es sich erheiratet.

B. *:* Also von dem Allen weiß ich nur jenen weltberühmten › Großen Park ‹.

A. *:* Der allerdings erst ab 1817 angelegt wurde. / Aber wieder retour : natürlich wucherten die gesellschaftlichen und intellektuellen Genüsse in Muskau dennoch nicht derartig, daß man auf den hübschen intelligenten Doktorsjungen hätte verzichten mögen : Schefer wurde großzügig und rückhaltlos in den Kreis der Schloßbewohner aufgenommen ; und befreundete sich rasch, sowohl mit den offiziellen, wie mit den › natürlichen ‹ Söhnen und Töchtern des Magnaten. Besonders eng wurde das Verhältnis zu Hermann, dem späteren mondänen Fürsten Pückler — nach dem man, in sehr richtiger Würdigung seiner eigentlichen Verdienste, mehrere Tafelgenüsse getauft hat : › Fürst=Pückler=Eis ‹, und so. Es kam schließlich so weit, daß Schefer ganz ins Schloß übersiedelte.

B. : Und wie ging es ihm dort? Wußte er sich zu › bewegen ‹? Oder mußte er abwechselnd den Hof=Poeten und =Narren agieren?

A. : Aber nein! Denken Sie ja nicht, Schefer wäre — wie so viele andere deutsche Dichter; zugegeben — › weltfremd ‹ gewesen. Er brillierte bald als Gesellschafter; unterhielt die Freunde mit seinen Dichtungen: 1811 gab Pückler Schefers ersten Gedichtband so geschickt anonym heraus, daß man jahrelang ihn für den Verfasser gehalten hat. Wenn es Musik galt?: Schefer spielte außer der Geige auch noch fertig Klavier und Glasharmonika; er komponierte. Und gar nicht lange, so heißt es in einer ELEGIE — was nur die Form anzeigt, und nichts mit › elegischem Inhalt ‹ zu tun hat ....

D. (*schwärmerisch*) : Götter, was habt Ihr getan?! — Hier unter demselbigen Dache / gabt Ihr den herrlichen Freund, und die Geliebte zugleich? ....

A. : Das war nämlich die 14=jährige Gräfin Agnes Pückler — den 16. Juni 1809 bezeichnet er im Tagebuch als den › Tag seiner Verliebung ‹ .....

D. (*aufgeregt*) : Sie trug ein gelblich seidenes Kleid, als ich sie zum ersten Male sah, und im schwarzen Haar Rosen; auch vor der Brust — und dann das Futteral, worin sie die Engelsflügel eingefaltet, welche sie beim Betreten der Erde abgelegt hatte!

A. (*launig*): Das aparte Geschöpf hatte nämlich einen deutlichen Ansatz zum — Buckel.

B. (*betroffen*) : Ts, sieh da. — Und 14 Jahre erst?: ist diese geradezu indische Frühreife in Ihrer Niederlausitz häufig?

A. (*ablehnend*) : Biologisch betrachtet, ist eine Vierzehnjährige eine fertige Frau.

B. (*der inzwischen weiter gedacht hat*) *:* Ja und der › Standesunterschied ‹ ? Auf den damals ja doch wohl alles ankam ?

A. *:* Daß Schefers Liebe im Stillen aufs Zärtlichste erwidert wurde, darüber kann kein Zweifel bestehen. Auch von › 1 Kuß auf den Busen ‹ berichtet das Journal — aber die Sitten waren dort derart großzügig, daß es wohl allenfalls auch als eine Art vertrauteren Grußes ausgelegt werden konnte. Freilich heiratete Agnes nur zu bald › standesgemäß ‹ ; und starb, relativ früh, im fremden Lande, fern in der Provence. Die Freundschaft mit Fürst Hermann litt jedenfalls nicht im Geringsten darunter ; der 1812 auch Schefers erste Sammlung von Kompositionen, › bey Breitkopf & Härtel ‹, finanzierte.

B. *:* Und nun kommen die berufenen Freiheitskriege.

A. *:* Fürst Pückler kalkuliert die Chancen, welchem Thronsitzer man sich am lukrativsten anschlösse — und geht in russische Dienste. Als Adjutant steht er viel herum ; ist, vermutlich aus Langeweile, wohl auch einmal › tapfer ‹ ; den Abschied erhält er als Oberstleutnant. Für die Zeit seiner Abwesenheit ernennt er zum verantwortlichen Verwalter seiner ganzen riesigen Besitzungen ? — : Leopold Schefer.

B. *:* › Pegasus im Joche ‹ — je nun ; man kann nicht immer dichten. Wie hat er die ungewohnte, in Kriegszeiten gewiß doppelt schwierige, Aufgabe gemeistert ?

A. *:* Recht ordentlich. Er führt rastlos › Bücher ‹ ; wirtschaftet fleißig und sparsam ; und lindert das Elend der von den pausenlos durchziehenden › Heerhaufen ‹ nicht wenig gepiesackten Landbevölkerung, so weit er nur vermag — › Junger Vater ‹ nannten ihn dankbar die Wenden.

B. (*amüsiert=unwillig*) *:* Sie immer mit Ihren › Wenden ‹ !

A. : Natürlich fehlt es nicht an aufregenden Zwischenfällen : ein Kosackenoberst will Schefer einmal aufknüpfen lassen, weil der nicht sofort vor dem Herrn Hetman aufgesprungen war ......

B. *(die gute Gelegenheit spitzfündig nützend)* : ...... auch ein Slawe, gelt ?

A. *(fortfahrend)* : Die Mutter stirbt am Schlaganfall, als unversehens ein Trupp plündernder Franzosen in die Küche dringt — eben hat sie noch am Heerd gestanden, im Topf gerührt, und dazu › Kde domov muj ‹ gesungen, › Wo steht mein Vaterhaus ‹ ? Erbittert hält es das Tagebuch fest. / Ein andermal muß er sich mit dem Romantiker Fouqué herumzanken ; weil der Kriegskontributionen einzutreiben beauftragt war — ein Geschäft, für das der Dichter der UNDINE auch nicht gerade geschaffen war. / 1815, nach vollbrachtem Sieg, erschien Pückler dann selbst wieder auf seinen Gütern. Und es beginnt eine neue, scharf abgesetzte, nicht nur längere, sondern vor allem auch literarisch folgenreiche Episode in Schefers Leben : die Zeit der großen Reisen.

(G o n g ; normal)

B. : Wobei ich gleich bremsend zu bedenken geben möchte, daß Goethe, der bis Sizilien gekommen war, in jener guten alten Zeit als › enorm weitgereister Mann ‹ galt.

A. : Schon. Aber Schefer kam etwas weiter. — Zunächst nahm Pückler ihn mit nach England, um dort die berühmten Parkanlagen zu studieren : Vorarbeiten für Muskau. 36 dieser vorbildlichen Groß=Gärten werden genau durchmustert — eine sehr bedeutende Tagebuchnotiz jener Wochen formuliert es .....

C. *(fest und laut)* : Mein Credo : Die Welt ist schaffbar !

A. : Nebenher läuft natürlich viel vornehmer Unfug : Beide, Pückler wie Schefer, nehmen an öffentlichen › Derbys ‹ aktiven Anteil. Im Theater wird die damals berühmte Miss O'Neil angeschwärmt. Die wichtigste literarische Bekanntschaft ist der MARIA STUART=Übersetzer, Dr. Mellish : Schefer hilft ihm bei der Arbeit, und hat noch spät Briefe mit ihm gewechselt.

B. *(kritisch)* : Etwas weiterhinaus müssen Sie Ihren Helden aber noch führen ; sonst nenne ich ihn nicht › weitgereist ‹.

A. *(bestätigend nickend)* : Anschließend kommt die eigentliche › Große Tour ‹ : er legt sein Verwalteramt in Pücklers Hände zurück ; macht Alles, was er besitzt, zu Geld — zum Beispiel Haus & Hof der Großmutter — und geht zunächst nach Wien.

B. : Und zwar zu welchem Zweck ?

A. : Um sich als Komponist weiter zu bilden, und sich für den Orient vorzubereiten. Aber er betrieb nicht nur Petrarca=Studien in der Bibliothek ; oder lernte Türkisch und Neugriechisch : auf Pücklers berühmtem Rennpferd › Sledmere ‹ ritt er als Jockey bei öffentlichen Rennen mit, und soll seinem Gestütsbesitzer angeblich sogar einmal einen Preis von 4000 Dukaten gewonnen haben.

B. *(anerkennend)* : Ho ! Da kenne ich wenige deutsche Dichter, die ihm das nachgemacht hätten — Hagelstange war wohl in der Olympiaauswahl ; und Risse Rennfahrer. Aber sonst . . . . .
Wie lange hat Schefer dort den › Generalbaß ‹ gestrichen ?

A. : Ein volles Jahr lang. Er schrieb dort auch den Text und die Musik zu seiner Oper SAKONTALA ....

B. (*gehorsam=gebührend hineinmurmelnd*) : ..... Willst Du den Himmel, die Erde, mit *einem* Namen begreifen..... (*lauter*) : Wer war denn sein Lehrer dort ?

A. : Vorzüglich ging er mit Heidenreich um, und dem alten Salieri.

B. : Doch nicht etwa der mir von Gluck und Mozart her geläufige Salieri ?

A. (*bestätigend*) : Eben der. — Schefer hat übrigens viel komponiert : allein 12 › große Symfonien für Orchester ‹ ; › Römische Quartette ‹ ; 80 Lieder ....

B. : Sind Urteile von Fachleuten darüber bekannt ?

C. (*gewichtig*) : Ein Kern der Harmonie, der an Beethoven mahnt. Im Adagio ein Geist, so zart wie der Mozarts. Im Vaterunser ein Anschluß an die Kirchenstücke der Italiener aus der Blüthezeit. In den Ideen, wie in der Kunstform, voll Anmuth und Wohllaut ; in der ganzen Auffassung ungewöhnlich und originell !

B. (*neugierig*) : Sagt *Wer* ?

A. : Immerhin Robert Schumann. — Leider scheint das Meiste sehr schwer zugänglich geworden zu sein ; ich kann gar nicht urteilen. / Aber weiter : zu handgreiflicher Widerlegung der, im Volke noch vielfach verbreiteten Ansicht, daß › Dichter ‹ gleichbedeutend mit › Trottel ‹ wäre, sei noch erwähnt, daß Schefer die diversen Währungsgefälle und Valuten so geschickt zu manipulieren wußte, daß er von Wien mit *mehr* Dukaten in der Tasche *abfuhr*, als er *angekommen* war. Zunächst ging er nach Triest ; und sorgte dort dafür, daß Winckelmanns Grab anständig hergerichtet wurde — das Geld dazu gab ein wohlhabender Italiener ; Rosetti war sein

Name ; wir wollen ihn ruhig erwähnen, er hat es sich verdient. / Dann kam Venedig.

B. : Und ? War er begeistert ?

A. : Teils. Die Stadt als Ganzes schien ihm ausgesprochen häßlich ; einzelne Palazzi dagegen unvergleichlich herrlich. Von Venedig aus unternahm er Ausflüge ; zumal ins Paduanische, nach Arquá, wo er natürlich Petrarcas Haus besuchen mußte — er war ein großer Petrarca= Verehrer ; lange hat er den Plan zu einer LAURA gehegt ; am ausführlichsten schildert er des alten Dichters Haus in der LENORE DI SAN SEPOLCRO, wo er Georg von Königsmarck und die schöne Julia ebendort Zuflucht finden läßt.

B. : Graf Königsmarck ? : › Aurora ‹ einer=, die › Prinzessin von Ahlden ‹ andererseits ?

A. : Sehr wohl ; das hier war ein Onkel dieser Beiden. / Aber weiter geht's : zu Fuß über Ancona und Loretto — von seinen diesbezüglichen Gedankengängen will ich nur 2 anführen ;

a) ironisch — entrüstet : » Die Fabel von Christo hat uns schon viel Geld eingebracht « ; und b) herrlich, wie ein Mann denken soll : » ich will nicht freventlich in der Arche Noah sitzen : ich will rechtschaffen mit ersaufen ! «

Vor Rom hatte Schefer zunächst ein wahres Grauen.

B. : Warum ?

A. : Zu Einzelheiten ist keine Zeit ; er nennt es jedenfalls, zusammenfassend, » zwiefach tot «. — Immerhin hat er fast 2 Jahre dort verbracht ; mit Bunsen, Cornelius, Thorwaldsen, Niebuhr, Umgang gepflogen. Neapel und Pompeji besehen. Und vorsichtshalber noch ein wenig Arabisch gelernt.

B. : Hatte er tatsächlich vor, so weit im › Schatten des Großherrn ‹ zu reisen ?

A. : 1819 schifft er sich, von Ripa Grande aus, nach Sizilien ein — die gemächlich=lange Seefahrt hat er zu einem Training seiner Fantasie benützt, von dem er gern seltsame Resultate erzählte : er will es damals dahin gebracht haben, mit geschlossenen Augen jede Landschaft in beliebiger Beleuchtung zu sehen ; und Töne jedes Instrumentes zu hören — durch derlei Übungen, glaubte er, werde der Mensch erst völlig › Herr seiner Sinne ‹.

B. (*skeptisch*) : Interesting. If true.

A. : Von Messina aus besucht er Syrakus und Agrigent ; besteigt auch den Ätna. Dann wird, in Begleitung des griechischen Widerstandskämpfers Andreas Miaulis — Sie sehen, welche Tradition die EEOOKAA hat ! — die Überfahrt nach Hellas angetreten. Flüchtig Morea, wie man damals den Peloponnes nannte, und Delphi besucht ; und anschließend längere Station in Athen gemacht. Viel durchstreift er das Erzinselland . . . . . .

B. (*bittend*) : Sagen Sie lieber das schöne deutsche › Archipel ‹ ; sonst denkt man womöglich noch an ein Erzbergwerk — — (*entsetzt*) : Meingott, was'n Wort wieder : › Erzberkwerk ‹ ! Wie das schnarrt und scheppert.

A. : 1 Monat lang hält er sich in der Troas auf ; von da geht er nach Istanbul, wo er sich in historische Untersuchungen vertieft ; er hat profunde Kenntnisse der › Byzantiner ‹ gehabt — lassen Sie sich von einem Fachmann erklären, was das bedeutet, wenn Einer die ganze Reihe, so von Prokopius an bis hinauf zum Kantakuzenos, gelesen hat. Für mehrere seiner Novellen hat er jene Zeiten und Landschaften als Rahmen gewählt, etwa den GEKREUZIGTEN, die PRINZENINSELN, und vor allem den umfangreichen dreibändigen Roman der EROBERUNG VON KONSTANTINOPEL. / Aber er lebt auch in seiner Zeit mit : bunteste Abenteuer besteht er ; mit schön=hitzigen Griechinnen nicht minder, als mit häßlich=hitzigen Korsaren. Sorgfältig notiert er sich landschaftliches Detail — » Gäistisches «, wie er es zu nennen pflegte — Sitten, Trachten, Naturfänomene, vom Heuschreckenschwarm bis zur Pest : nach 2000=tägiger Abwesenheit trifft er wieder in Muskau ein.

(G o n g ; normal)

B. : Und hat er nun — er ist ja wohl bald 40 — die Siebenmeilenstiefel abgelegt ?

A. : Schefer wußte allzeit die GANGARTEN des Menschen einzuhalten . . . . . .

C. *(fest, gedrungen ; aber nicht zu langsam) :*
Als ich ein kühner Knabe war — bin ich gesprungen.
Als ich ein frommer Jüngling war — bin ich gewallet.
Als mich die weite Erde zog — bin ich gepilgert.
Als mich die junge Schöne rief — bin ich geklettert.
Da ich zum ernsten Manne ward — nun kann ich gehen.
Wenn mir das Alter angeklopft — dann werd' ich schleichen.
Und kommt der schwarzen Männer Schar — werd' ich getragen.
» Nun wähle Dir das Beste aus ! « — : » Am besten ? : Alles ! «

B. : Er setzt sich also jetzt, ganz bewußt und bedeutend, › zur Ruhe ‹ ?

A. : Besser : er nimmt Platz zum Beginn seiner eigentlichen Wirksamkeit. Seine Ansichten über Heimat und Fremde legt er, des größeren Nachdrucks halber, einem › Ausgewanderten ‹ in den Mund — also monologisiert der Franzose d'Issaly im WALDBRAND ...

C. *(bedeutungsvoll=bizarr) :* Er that, als umarme er sich, und drücke sich selbst an die Brust ; und ich hörte den Laut zweier Küsse. Dann setzte er sich ; und rauchte wunderlich eine Friedenspfeife mit sich selbst. Dabei sah er mich öfter an ; und als sie ausgegangen, und er den letzten Zug des Rauches dem Himmel zugeblasen, schien er mir zur Lehre zu sagen, was er indes gedacht :
» Nur auf derselben Stelle « — sprach er — » können wir leben ; wenn › leben ‹ heißt : Einsicht in die Welt erlangen, in ihren Lauf ; antheilvoll wirken, und Wirkungen empfangen. Nicht die Stadt, nicht das Dorf sollten wir verlassen, worin wir geboren und auferwachsen sind : nur dort wird uns die Landschaft, die Natur, zur Gewohnheit : die äußeren Erscheinungen stören uns nicht, unser inneres Leben fortzusetzen. Über *ein* Menschenleben recht klar werden, das stellt uns höher, als an Millionen vorüberziehen, deren Herz und Schicksal uns verschlossen ist. Und unser eigener Sinn wird nicht klar und voll, wo wir nicht fußen und urtheilen können. In unserer Heimath allein kennen wir das Herkommen ; die Mitbewohner und ihren Sinn, ihre Werke von Jugend auf. Wir sehen, wie Anfänge ihren Fortgang und ihr Ende erreichen ; wir sehen die Kinder um die Gräber der Eltern spielen ; Fremde in Häusern wohnen, darin wir liebe Freunde gewesen : diesen heiligen Wandel der Welt mit dem Geiste sehen und bewundern lernen, ist mehr werth, als Auswandern ! Als fremde Meere und Länder, Berge und Bäume, Gebäude und Menschen sehen. Mehr werth, als ein Leben, das uns ein nie verstandenes ver-

worrenes Gewebe ist. Darum : wer auswandert aus seiner Heimath, der bringt sich schlimmer als um das Leben. Und geschieht ihm das Äußerste daheim — es ist immer noch besser, als in der Fremde mit Rosenöl gesalbt zu werden. «

B. : Darüber könnte man sich natürlich stundenlang in die Haare geraten — nehmen wir's für jetzt als › Schefers Ansicht ‹ zur Kenntnis : als jüngerer Mensch hat er übrigens, Sie erwähnten es, anders gedacht. — Schön : er fixiert sich also ganz bewußt in seinem Geburtsstädtchen ?

A. : Getreu seinen jetzigen Einsichten, nimmt er sich Johanne Friederike Lupke zur Frau : ein Muskauer Kind ; des weiland Bürgers und Schuhmachermeisters Johann Gottfried Lupke nachgelassene jüngste Tochter : denn nur mit ihr wird die letzte menschliche Verständigung möglich sein ; nur Eine=Solche versteht=begreift die feinsten Anspielungen in Dialektwort und Gebärde — » Das beste Weib ist und bleibt, die unsere Sprache spricht, und unsere Götter glaubt. «

B. (*murmelnd*) : Beziehungsweise mit nicht=glaubt . . . . .

A. : Ihr hat er später seine 12=bändigen AUSGEWÄHLTEN WERKE gewidmet ; und es in der DANKSAGUNG FÜR DAS LEBEN stoisch ausgesprochen . . . . . .

D. (*reserviert*) :

> Denn nicht ein Lüftchen fehlte, mich zu kühlen :
> am rechten Abend stand die Jungfrau mir
> zum Weibe da. — Am rechten Morgen richtig
> lag ihr ein Kind im Schoß. Zu rechter Zeit
> ward ihm die Erdbeer' wie die Kirsche reif. —
> Zur rechten Stunde ward das erste Haar
> mir reif. — Zum rechten Augenblicke starb
> mein Weib . . . . . .

B. *(konsterniert) :* Numomentmal — : er dankt auch dafür?!

A. *:* Keine vorschnellen Deutungen. Einmal ist das Leben *noch* komplizierter, als Sie jetzt meinen ; und überdem dankt er nicht fröhlich — gehen wir erst noch historisch weiter vor. / Er baut sich ein klein=merkwürdiges Haus am Stadtrand, dicht beim Park . . . . .

B. *(verständnisvoll) :* Aha : siehe der › Schulausflug ‹. Das also die schnurrige kleine Villa, deren Sie einleitend gedachten.

A *:* Vermutlich unterstützte ihn dabei finanziell der › Große Freund ‹ Pückler, der eben die Tochter des allmächtigen Fürst=Ministers Hardenberg geheiratet hatte, die 10 Jahre ältere Lucie, seine » gute Schnucke « ; während sie ihn mit » teurer Lucifer « anredete — aber lassen wir das ; es ist alles sehr verworren. Und verwirrend.

B. *(trägt bei) :* Ich habe mir über Pückler nie ein Urteil gebildet — einerseits läßt ihn der große ETA Hoffmann doch im ÖDEN HAUS als › Graf P. ‹ auftreten . . . .

A. *(schnell) :* . . . . und andererseits Immermann den auf Hochglanz polierten Adligen Glücksritter im MÜNCHHAUSEN. Begnügen wir uns zur Stunde damit, daß er viel für Schefer getan hat : das war ein bedeutendes Verdienst ! — / 42 Jahre lang jedenfalls, menschenalterlich=endlos, hat Schefer ab nun in Muskau zugebracht, von 1820 bis 1862 — er lehnte selbst kleinere Reisen konsequent ab.

B. *:* Und hat wovon gelebt ? — Hatte er › Familie ‹ ? : Stellten sich Kinder ein ?

A. *:* Ja. Auch Kinder hatte er : Sechs. Von denen ihm eine, die kleine Marie, früh wegstarb . . . . .

D. (*schwermütig*) : Roher Tod. Warum nahmst Du das fröhliche Kind mir ? *Ich* hatte / einen Engel an ihm — *Du* nur ein Särglein voll Staub.

A. : Die anderen 5 Kinder überlebten ihn sämtlich. Geheiratet hat davon allerdings nur 1 Tochter — Alles verschwindet wieder, wie es sich geziemt, im Dunkeln.

B. (*herausfordernd=kritisch*) : Wie es sich geziemt ? !

A. (*achselzuckend*) : › Atterdag ‹. — Schefer hatte jedenfalls keine hemmenden Nahrungssorgen. Abgesehen von etwelchen Unterstützungen › seines ‹ Fürsten, entfaltete er ab 1821 eine rege — nicht nur fleißige, sondern auch bedeutende — Tätigkeit als Mitarbeiter an › Taschenbüchern ‹ und zeitgenössischen › Almanachen ‹. Man nahm seine Beiträge immer gern, und honorierte sie hoch : die ZEITUNG FÜR DIE ELEGANTE WELT, das Taschenbuch AGLAJA in Wien, die IRIS, die URANIA oder Winkler=Hells PENELOPE. 74 Novellen und Romane hat er — anscheinend ; es ist hier bibliografisch noch ziemlicher Moorboden — geliefert.

B. : Und darunter womöglich mehrere spektakuläre Prachtstücke, wie vorhin den groß=zitierten WALDBRAND ? — Warum = wieso hat man nicht auf ihn geachtet?

A. : Oh, › man ‹ hat schon auf ihn geachtet ! › Man ‹ kannte sehr wohl die lange Reihe, vom PALMERIO an, mit dem er die › Philhellenen ‹=Konjunktur weidlich=richtig ausnützte ; bis hinauf zur merkwürdig=letzten VERSAMMLUNG DER JUGENDFREUNDE IM ALTER, eine Art Werfelschen ABITURIENTENTAGES — wir verfolgen die Serie nachher noch. Ein bißchen. / Am populärsten wurde er durch seine didaktischen Sammlungen, etwa die Gedankenlyrik des LAIENBREVIERS....

D. : Nun tragen sich in ihren kleinen Händchen
die Kinder mit der rothen würzigen
Erdbeere — ihnen köstlicher als Schätze !
Die Kleidchen duften ; und die Finger duften,
benetzt vom Rosenblut der reifen Frucht,
worin des Himmels Säfte sich verwandelt,
als wär' sie aus der Erd' hervorgeschlichen.
Der Mund der Kinder duftet ; und sie preisen
die Mutter, die sie aus dem Wald gebracht. —
Oh, sieh die Freude doch so leicht nicht an ;
nein, fröhlicher und göttlich=froher noch.
Der Gang der Mutter kostet : 1 Reise
der Erde um die Sonne ; und der Sonne
viel 1000 Strahlen ; die viel 1000 Strahlen
viel blaues Öl dort, aus dem blauen Äther !
Und wenn Du eines Sommers Götterarbeit
— und Götterglück ! — und Erd= und Him-
mels=Kosten
ermessen kannst, und still erwogen hast —
so sag' ich der Erstaunten leis das Wort :
» Die Erdbeer' kostet, was 1 Sommer kostet ;
und was 1 Sommer kostet diesem All.
Sie sind 1 frohes Werk der schweren Müh ;
die Kinder sind 1 schweres Werk der Mutter ;
die Mutter ist 1 schweres Werk der Erde —
die Erde ist 1 schweres Werk des Meisters !
: Nun freue Dich noch einmal. Größer. Schöner. «

A. : Im LAIENBREVIER, in den VIGILIEN, im WELT-PRIESTER, im KORAN DER LIEBE und in den HAUSREDEN verkündet Schefer — meist in reimlosen Quinaren : ich füge das hinzu, um das eigentlich unangebracht=dicke › verkünden ‹ heilsam zu entmythologisieren — seine Weltanschauung, die der » Tiefst=Betrogenen aller Dinge «. Da erscheint im Einzelnen etwa die, dem Okzidentalen aus seiner Religion nicht geläufige, Tierliebe ; ein › Rinderdienst ‹ fast . . . . .

D. *(fröhlich=mütterlich) :*

> Die Mutter spricht: » Kind komm zu sehn den
> neuen Weltbürger ! « . . . . Und Du siehst die
> gute Kuh im Stall an ihrer Krippe steh'n, ganz froh,
> und mutterstolz ; denn neben ihr steht schon
> ihr Sohn, das Kalb, und ißt schon Blumen mit.

A. *:* Und denken Sie dabei an Arthur Schopenhauers, unseres Größten, entrüstete Beschwerde : daß die Menschen für das Gebären, Aufsäugen, Essen, Wandeln, der Tiere, andere, hochmütig=herabsetzende, Ausdrücke verwendeten, als für die physiologisch doch haargenau gleichen Verrichtungen des Herrn Homo Sapiens. Kein gleichwertiger Verstand, klar : aber ein gleichwertiges Herz ! Und da kann ich mich nicht satt lesen, an Schefers ehrwürdig=groteskem » Lammtöchterlein « und » Bienenknäbchen «.

B. *(nüchterner) :* Also, wenn ich Sie bis hierher recht verstehe, hat Schefer eine Reihe von › Lehrgedichten ‹ veröffentlicht, in loser Spruchform, in denen er — bong ; drücken wir's so aus : Spinoza=Ähnliches predigt ? Deus sive natura ?

A. *(etwas zögernd) :* Ja ; man kann es so ausdrücken.

B. *(schnell dazwischenfahrend ; es ist ja auch eine recht dürftige Bestätigung) :* Also kann man es auch *nicht* so ausdrücken ?

A. *:* Wohl lehrte Schefer eine Sorte Pan=Theismus trotz Einem. Im Ganzen hatte sich ihm, aus Leben und Studien, aus Büchern und Erfahrung, eine Art wohltuenden

Agnostizismus' ergeben ; ein redliches Manichäertum, halb Ahriman halb Ormuzd.

B. *(schlau) :* Ein orthodoxer Christ würde ihn also › ungläubig ‹, und › links ‹ nennen ?

A. *:* Genau. — Nach 1850, als bei uns, wieder einmal, die Reaktion im größten Stile einsetzte, haben ihm Gegner immer wieder die » merkwürdige Mischung feindseligen Hohns gegen Staat und Kirche, und tiefen innigen Gefühls für Glück Bedeutung und Segen der Familie « bescheinigt. / Er sah eben nicht nur › das Gute ‹ ; sondern auch den sinnlosen WALDBRAND. Er beschrieb die wundersam rot= und grünschillernde Großwolke, die sich über die kleinasiatischen Gefilde feierlich herandreht, und ihre Folgen : denn es ist ein Heuschreckenschwarm, und es knuspert und knistert und » schnurpst « unheimliche Seiten lang — ausgerechnet in der Geschichte vom GEKREUZIGTEN, dem Prä=Kommunisten Böre Dede Sultan. Die › Jenseitsneugier ‹ des Christen, ist bei Schefer ersetzt durch die › Diesseitsneugier ‹ des gebildeten Fatalisten : nicht nur das Lächeln liegt um den Mund des Erfahrenen ; sondern auch das *Grinsen des Weisen !*

B. *(nachdenklich) :* Seine Stellung zur Religion also — oder, da das bei uns ja für identisch gehalten wird : zum Christentum — geht vom jünglingshaft=ablehnenden Trotz an ; bis zur gelassenen, halb freudigen halb eisengrauen, Resignation ?

A. *:* Ich gebe einige bezeichnende Kurzzitate dazu : 1804 entwirft er den FEHDEBRIEF AN EIN UNDING, an Gott : » Mit Dir heraus, Du gift'ger Bluthund ! / Ich bin Dir ebenbürtig, wie Du mir ! « / Dann, in immer ruhiger werdenden Tagebucheintragungen: » So wahr als ich bin : so wahr ist Gott nicht ! «

B. *(nachdenklich murmelnd) :* Umkehrung des › Cogito, ergo sum ‹ . . . .

A. *(fortfahrend) :* Oder : » Gott hat den Menschen geschaffen ? : Es mag wohl umgekehrt sein. « / » Frische und gesunde Leute sind geborene Freidenker. « / » Was verlöre die Welt, wenn kein Gott wäre ? : sie bliebe doch wohl noch dieselbe ! « / » Ich lebe nur, solange mein Körper lebt. Ich gehe sorglos an die offene Tafel der Natur zu Besuche. Ich lebe seitdem mehr gleichgültig, weder böse noch gut. Ich folge nur mir : aber deswegen hab' ich mehr zu tun, als alle Gesetze von mir verlangen ! «

B. *(anerkennend) :* Ein schöner und vertrackter Gedanke : daß Der richtig lebte, der — wenn auch alle Gesetze und Religionen aufgehoben würden — nichts an seiner Lebensweise zu verändern brauchte. — Hmhm . . . . . .

A. *:* An der Bibel interessierte ihn — wie übrigens viele Künstler — am meisten das Alte Testament. Über die kommende Religion hat er einen tiefsinnigen Satz . . . . . .

C. *:* Die Kunst wird am Ende alle Völker, alle Sinne vereinigen. Ihre Wahrheiten sind unleugbar, ihre Schönheiten Jedem fühlbar. Sie ist ein Kind des Menschen, eines Kindes der Natur : sie ist, als rein menschlich, die einzig wahre Religion für den Menschen, zu der sie sich Alle bekennen sollten, und werden.

A. *:* Genial=bizarre Themen finden sich überall : in den Gedichten erscheint Benjamin Franklin als Re=Inkarnation des Prometheus. / In SULEIKAS HAUT werden die › Lebenswerkstätten ‹ durchschritten . . . .

D. *(leicht schaudernd) :*

Da lasen sie an ungeheuren Bütten,
voll weißen Brei's die Aufschrift angemalt :

› Gehirn für Menschen ‹ . . . . . dort : › Gehirn für
Bienen ‹ . . . .
› Gehirn für Elefanten ‹ . . . . . da : › Für Mäuse ‹.
Dann lasen sie an Riesenschalen, groß
wie Erdenteiche: › Blut für Löwen ‹ . . . › Ziegen ‹ . . .
› Für Fische, kalt ‹, › Für Schlangen, weiß ‹. Dort lagen
Gebirge : › Braunes Haar für Menschenkinder ‹,
und Lüfte spielten unterdeß damit . . . .
Noch weiter sahn sie Berge Diamanten :
der Wesen Augen ; von dem Milbenauge,
vom kleinsten bis zum hellen Sonnenauge . . . . . .

A. : Der EWIGE JUDE erlöst sich kurzerhand selbst, indem er in der Türkei einfach zum Islam übertritt, und dem Herrn des › Auge um Auge ‹, bei Schweinebraten und Wasserpfeife, ein Schnippchen schlägt : kein schrulliger Einfall ; sondern lediglich Ausdruck der Ansicht, daß › ewige Strafen ‹ für uns arme Luder völlig fehl am Platze sind : das hat der Schlimmste von uns nicht verdient ! / DER CONVENT DER 500 HAGESTOLZEN DER REPRÄSENTANTEN DES AMERIKANISCHEN FREISTAATES MAINE, in dem, ironisch und geistvoll, die Ehelosigkeit angepriesen wird. / Der GLOCKENKLÖPPEL ; wo er — im Anschluß an Schillers GLOCKE — die Gesellen auf einmal feststellen läßt, daß ihre ganze Glocke ja gar nicht klingen könne : weil Schiller den Klöppel zu gießen vergessen hat ! Und nun wird die nachträglich=hastige Anfertigung dieses Klöppels possierlich geschildert. / Oder hören Sie das Wort von der Macht der Dichter, wie es das SYMPOSION DER GÖTTER verkündet . . . .

C. *(diesmal gleichzeitig zitierend und referierend ; es wird sonst allzu klein gehackt) :* » Mir träumte, bei den Göttern war ich froh zu Gast ; / ich lag bekränzt an ihrem goldnen Tische mit « — *(mit veränderter Zwischenrednerstimme, etwas leiser wird genügen) :* Da bekommt er von ihnen die Kraft verliehen, alles das wirklich zu machen, was er singt ; und nun . . . . . » als mir aus meinem Mund Felsstücke, Berge gar / und Bäume flogen ; Hirten, Lämmer, alles voll ; / vor allem schöne Jungfraun tanzend in der Luft, / daß Zeus und Aphrodite mit Apollo selbst / versicherten, sie hätten niemals so gelacht ! « . . . . Auf Heras schelmisch=impertinente Erkundigung, ob er denn immer unvermählt bleiben wolle, ersingt er sich flugs die Liebste : sie erscheint ; zürnend, voll Schaam. Und als er nun auch noch von ihren gemeinsamen Kindern und deren Zeugung singt — und diese plötzlich im Göttersaal laut und keck schon umherspringen — erbleicht sie zürnend, und sinkt gestorben hin. / Da beginnt der Dichter zu grollen ; und singt ein Lied, das vom Tode der Götter handelt : und siehe, sie sterben wirklich ! . . . . » Nur kalte, todte Götter faßt' ich an. / So geht es Jedem, den die selber arme Schaar / der Götter, willenlos, an ihre Tafel zieht, / den goldnen Lebenstisch : Gesang erschafft umher / uns unsern Traum lebendig. Liebst Du morgen noch, / so liebe morgen frei und treu, nie menschenscheu / : denn morgen sind sie — bist Du — sind die Götter todt ! «

B. : Ihr › Zungenkonterfei ‹ wird tatsächlich immer interessanter — : wo kam dieser Schefer eigentlich literarisch her ? Ich meine : kein Dichter — kein Mensch überhaupt ! — steht ja › auf sich selber so ganz allein ‹ : wen kann man Schefers literaturgeschichtlichen › Vater im Geiste ‹ nennen ?

A. : Einen, den er nie sah ; der aber dennoch — › im Geist ‹ ist dergleichen eben aufs Schönste möglich — sein genuiner Ahnherr ist : Wilhelm Heinse ! in dessen ARDINGHELLO, HILDEGARD VON HOHENTHAL, ANASTASJA ODER DAS SCHACHSPIEL, glüht der gleiche, weltzugewandte Geist. Es ist derselbe Schauplatz ; die gleiche Schätzung der Kunst ; die gleiche diesseitige Gesinnung : HAFIS IN HELLAS. Man darf diese Herleitung getrost vornehmen ; denn die stolze Behauptung, › Man sei Niemandem etwas schuldig ‹, ist immer dubioser Natur ; die kann den Sehr=Reichen ebenso zieren, wie den Ganoven, dem kein Mensch mehr etwas pumpt.

B. (hartnäckig) : Schön. Und weiter : hat Schefer — Sie vindizierten ihm zuvor eine › insulare Existenz ‹ — Schüler, beziehungsweise etwas dem nennenswert=Ähnliches, gehabt ?

A. : Abgesehen von Einzelzügen — wie zum Beispiel seine VIRGINIA ACCOROMBONI mit Tiecks späterer VITTORIA ACCOROMBONA zusammenhängt : alles Themen, die anzugehen ich noch nicht arm genug bin — haben Zwei, und zwar recht bedeutende spätere › Gute Meister zweiten Ranges ‹ ihn stark benützt. — / Im Laufe des Jahres 1836 empfing Adolf Freiherr Brenner von Felsach, eine ganze Anzahl Briefe, in denen ihm sein Busenfreund — *(kleine Pause) :*

A d a l b e r t   S t i f t e r

300 Zeilen lang 7 Gedichte abschrieb, ohne ihm den Verfasser, » auf den Jener raten solle «, zu nennen : › Sterngedichte ‹, und solche von › Wassernüssen ‹ — sie entstammen sämtlich dem LAIENBREVIER Schefers ! Und auch die berühmte Vorrede zu den BUNTEN STEINEN,

das ganze › Sanfte Gesetz ‹, geht auf Schefer zurück : » Dem Größten fehlt Geschichte. / Das Kleine ist Geschichte, und ist klein ! «.

B. *(skeptisch) :* Ist das bekannt und offiziell genehmigt ?

A. *:* Soweit ja. Weniger — vielleicht noch gar nicht untersucht ; ich bin kein Stifterfachmann ; seit 1953 kann allerlei geschehen sein — ist der Einfluß der Scheferschen *Prosa* auf die Kunst Adalbert Stifters ; (vor dem ich übrigens alle Achtung habe ; man hat das aufgrund meiner Dekapitierung des NACHSOMMER vielfach verkannt : in den STUDIEN — in denen vor allem ! — aber auch in den BUNTEN STEINEN, den ERZÄHLUNGEN, und im WITIKO finden sich › Dinge ‹, vor denen ich ohne weiteres salutiere.) Von Schefer nämlich, hat Stifter die Technik der endlos=langen, der › fressenden ‹, den Leser › aushöhlenden ‹ Groß=Schilderungen erlernt : ist doch der berühmte EISBRUCH der MAPPE — wie Sie vielleicht jetzt schon zugeben werden — nichts anderes, als der › gekonterte ‹ WALDBRAND : Verwandlung von Feuer in Wasser ! Der Hagelschlag im KATZENSILBER das Pendant zu der schon erwähnten Heuschreckenwolke in Schefers GEKREUZIGTEM. / Auch einzelne Motive schuldet Stifter ihm : in den ABDIAS hat er die Rosalie und ihren betäubenden Blitz aus Schefers KUSS DES ENGELS übernommen. / *(Halblauter, aber desto nachdrücklicher ; eines der › Dinge ‹ die man noch nicht sagen darf) :* Von Schefer datiert auch der › merkwürdig ‹ fatalistische Zug Stifters — bei einem angeblich so eingefleischten Katholiken befremdlich genug — *(noch leiser) :* falls man sich nicht allmählich entschließen sollte, Stifter als › unfromm ‹ zu werten : ich habe ihn längst im herrlichsten Verdacht deswegen ! — Hier ist jedenfalls noch Stoff zu Vergleichungen die Hülle und Fülle.

B. *(mit Vorbehalten) :* Das warten wir also vorsichtshalber ab, bis die Filologen zu › Ergebnissen ‹ gelangt sein werden — die › Stifter=Gesellschaft ‹ mag erst einmal › Stellung nehmen ‹. / Ja und der zweite bedeutende Schüler ?

A. *:* Zu den — nach Goethes humorigem Ausdruck — › Fasanen und Kapaunen ‹, mit denen Edgar Poe › sein Bäuchlein gemästet ‹, gehört auch unser Schefer : nicht umsonst ist die erste Novellensammlung, 1825 bis 29, in Deutschland ein so rares Stück : 2000 Exemplare nämlich wurden, unter Schefers eigener Vermittlung, 1830 nach den USA verramscht. Vergleichen Sie etwa seine PFLEGETOCHTER — in der bei Gewitter die scheintote Lady wieder in den Saal tritt — mit dem HOUSE OF USHER. DONNA PAULA mit den SPECTACLES ; den ZWERG mit HOPFROG. Undsoweiter ; es wäre auch eine Dissertation wert. / Jakob Wassermann's › Graf Erdmann Promnitz ‹ — schlicht gestohlen von Schefer — wie auch des, heute noch unbekannteren, Wilhelm Wolfsohn › Neues Laienbrevier ‹ und › Osternacht ‹, seien nur am Rande erwähnt.

B. *:* Das erledigen wir heute Abend nicht mehr. — Schefer lebte also, in selbstgewählter Isolation, in seinem Muskau dahin ; von den Zeitgenossen geachtet und geschätzt . . . .

A. *:* Das nun eben nicht ! Ein rheinisches Plappermaul, › Müller von Königswinter ‹ — dessen › Bedeutung ‹ man durch 1 Lexikonsatz abtun kann : › In seiner Heimatstadt wurde ihm 1 Denkstein errichtet ‹ — der also sprach im Namen von Schefers Zeitgenossen . . . . . .

C. (geziert=deutsch) :

Welch kunterbunt Geschnörkel
von lauter Seltsamkeit ! —
zu suchen Auslands=Dunst,
Kopfhängen, Würze naschen :
das ist nicht deutsche Kunst !
Die Türken und Chinesen,
wir halten gern sie weit ;
und auch das Slawenwesen
paßt nicht in deutsch Gebreit !

B. (nüchtern) : Für meinen Geschmack 1 decouvrierendes Mal zu oft mit dem Wörtlein › deutsch ‹ gearbeitet — : zitieren Sie was Besseres !

A. : Wie wär's mit Wolfgang Menzel ? — : » Seinen Kirchenhaß äußerte Schefer meist in Versen . . . . . dieselben erscheinen ganz harmlos und sentimental, sie verbergen aber eine zitternde Wut. Seine Poesie gleicht einer sanften, das Auge anlockenden Blume, deren unheimlicher Geruch aber bald ein tödliches Gift verrät . . . . . er hat unter den süßesten Redensarten von der Welt das Christentum als das heilloseste Übel bezeichnet, das je die Welt verpestet, und seine Mitmenschen gleichsam mit dem innigsten Mitleid gebeten, doch ja von diesem Übel abzulassen . . . . Es liegt etwas diabolisches in dieser Manier . . . «

B. : Menzel, wie er leibt & lebt. — Bei aller Achtung vor der immensen Belesenheit seiner Literaturgeschichten muß man sich › sobald er urteilt ‹ immer die 1 Regel vor Augen halten : die von ihm Getadelten sind grundsätzlich erste Garnitur. / Also zitieren Sie noch was Besseres !

A. : Heinrich Laube, der › Jungdeutsche ‹, der Verfasser der KARLSSCHÜLER, der auch als › Politischer ‹ redlich seine 9 Monate in der berliner › Hausvogtei ‹ abgesessen hat, wurde eine zeitlang in die › Verbannung ‹ geschickt — nach Muskau eben ; und er hat den alternden Schefer in seinen ERINNERUNGEN beschrieben . . . .

C. : Schefer war ein Muskauer und lebte in Muskau. Lange Zeit war er oberster Verwalter daselbst gewesen ; jetzt lebte er im Pensionsstande. Er hatte sich am Ende des Städtchens ein originelles Häuschen gebaut ; es stand in einem kleinen Gemüsegarten, und er hauste da wie ein bescheidener Bürger mit seiner Familie, welche ganz kleinbürgerlich geartet war. Alles an ihm, Schrift wie Wesen, erinnerte an Jean Paul ; an einen Brahminen, welcher geduldig Sonnenschein und Regen, Gedeihen und Vernichten, hin nimmt . . . . . . Frau Schefer war da anderer Meinung, und verlangte reellere Gaben zur Beglückung ; er aber lächelte zu ihren Einwendungen, nahm 1 Prise, und ging zur Tagesordnung über — zum Schreiben an einem großen Tisch, der mit vollgeschriebenen Papierbogen bedeckt war . . . . . / Er war von kleiner Gestalt, und sah sehr schlicht aus. Ein röthliches Antlitz, ein ziemlich kahles Haupt, eine ruhige, immer sinnige Sprechweise, kennzeichneten ihn : große Toleranz für alle Meinungen war ihm eigen.

A. : Selbst sein äußeres Leben ist noch weitgehend ungeklärt ; trotz BRENNING's handwerkerhaft=halbredlicher Vorstudie : Der war nicht der Mann, Schefer zu würdigen, dieser entlaufene Theologe, dem vor der › Erotik ‹ und › Atheistik ‹ immer wieder schauderte ! Hier eröffnet sich ein endloses Arbeitsfeld für einen guten Biografen. / Über Schefers letzte 5 Jahre weiß man so gut wie nichts. — Die letzte, bisher=finale Eintragung, vom 9. Juli 1859, ist die VERSTÄNDIGE GENÜGE .....

C. *(langsam=ältlich) :*

Auch nur das › Morgen ‹ ist schon unerreichbar.
Der Tag und jede Stunde aber ist
mit Allem, was sie bringen und enthalten,
es sei nun gut, nun schlimm, nun klein, nun groß,
für sich ganz eine eiserne Erfüllung,
die überstanden werden muß von Allen .....
Das Allergrößte — auch das Allerkleinste —
den trüben Sonnenaufgang mußt Du nehmen,
den heißen Tag, den Regen oder Schnee :
Dein Morgen, heut, wird nie ein andrer sein !
Dein hartes Brod zu Deinem Frühstück heut
wird nimmermehr Dir je ein weiches sein —
es müßte Dir die Welt denn sonst ganz anders
von Anbeginn bis in das Heut verlaufen.
Dein heut versalzner Fisch am Mittagsmahl
bleibt Dir auf alle Ewigkeit versalzen ;
Du kannst ihn nur entbehren — oder essen.
Den schlechten Wein ? : Nur meiden, oder trinken.
Dein hartes Bett ? : Verschmähen, oder drücken. —
So grolle mit den Deinen nicht bis Nacht :
ein Jeder hat es möglichst gut gemacht :
Jed' Heut ist von der Vorzeit Bann bedingt !

A. : Am 16. Februar 1862 starb, 78=jährig, zu Muskau, wo er geboren war — das eine ohne ; das letzte mit seinem Willen — einer unserer besten Meister zweiten Ranges ; einer der LAVALEUTE ; wohl Edgar Poe vergleichbar — von › seinem Volke ‹ vergessen noch immer :

Leopold Schefer. —

C. *(geheimnisvoll) :* » In seinem Nachlaß fand man eine versiegelte Rolle, in der man noch eine wunderliche Schrift vermutete. Als sie eröffnet ward, sah man ein wunderbares Bild :
Es war ein über alle Worte erhaben schönes Antlitz ; ein Kopf — ja, nichts als Gesicht, mit großen, reinen, unaussprechlich wichtigen Augen, aus dessen Zügen die zärtlichste Liebe quoll. Ja, es fehlten in den Wangen die Grübchen nicht. Reiches Haupthaar umfloß das Gesicht, und verfloß darunter, in den vollen, breiten, lockigen Bart, der in einer Spitze schloß — nicht in zweien, wie sonst die Jesusbilder ! / Dieses wunderbare, überirdische, göttliche Gesicht umschloß, über den Scheitel hinweg, an den Wangen herab, und unter dem Barte sich wieder vereinend, ein Blumenkranz, von bekannten und unbekannten Blumen. Das colossale Ganze war bloß in Gold gemalt : wie in der Weise punktierter Kupferstiche waren alle Züge, — Augenbrauen, Augensterne, Lippen und Locken des Barts : lauter Sternbilder ! Nebelflecke und Milchstraßen. — In der Verschlingung einer Winde fand sich die Sonne — und, als 1 kleiner Goldpunkt : die Erde ! «

D. *(erst normal ; dann immer leiser werden ; nur den einen Namen injizierend) :*

L e o p o l d   S c h e f e r
L e o p o l d   S c h e f e r
L e o p o l d   S c h e f e r
Leopold Schefer

HUNDERT JAHRE

EINEM MANNE ZUM GEDENKEN

SPRECHER:

A. : Referent; ältlich herb
B. : Frager und Einwändler ; jünger ;
mit Maßen begeisterungsfähig
C. : Zitate, Männerstimme

A. (*langsam, gewichtig*) : In unserer, an trüben Kapiteln so deutsch=reichen Literatur weiß ich ein trübstes : Den Politischen Roman.

B. : Aber muß er denn unbedingt sein? Ein garstig Lied, pfui !

A. : Traurig genug, wenn ich die Existenzberechtigung des Politischen Romans erst nachweisen müßte. » Die Politik ist das Schicksal ! « ; das hatte schon der alte Aristophanes eingesehen.

B. (*trocken=unüberzeugt*) : Bitte, Beispiele.

A. : Das Parlament beschließt eine › Wiederaufrüstung ‹ ? : da klopft früher oder später der Postbote an Ihre Kammertür, und überreicht Ihnen den Einberufungsbefehl. Alle Handwerker haben gleich doppelte Arbeit ; bauen Kasernen, beschlagen Stiefel, brünieren Läufe. / Krieg in Korea ? — beziehungsweise wie verantwortungslose Journalisten dafür setzen, weil gleichermaßen lüstern=verantwortungslose Leser es so wollen : (*geziert*) : › Schüsse am 38. Breitengrad ‹ — also Krieg in Korea ? : da steigen sogleich die Lebensmittelpreise ; da zahlt die schweizer Regierung ihren Beamten 1 Monatsgehalt voraus :

zur Anlegung von Vorräten. / Aufstand in Ungarn? : Hunderttausend kommen über die Grenzen gerobbt, und der Wohnraum verknappt. / Die Sowjets schießen den ersten Sputnik ins Weltall? : da sinken die › betreffenden ‹ Aktien an der New Yorker Börse; da rollt die › Zigarrenlawine ‹ von Eisenhower bis Cape Carnaveral ..... Lieber Freund : und Sie fragen noch, ob der Politische Roman sein muß?!

B. *(wie zuvor) :* Sie haben lediglich geschildert : politische Fakten, und deren Auswirkung auf den Einzelnen, die bekannten Sächelchen. — Aber : hat sich der *Dichter* mit dergleichen zu befassen? There's doch the rub!

A. *:* Wer hätte sich denn sonst damit abzugeben? — *(Verbindlich=hinterhältig) :* Ihrer Ansicht nach.

B. *(fest ; allzufest) :* Der Historiker.

A. *(ironisch) :* Soso. Der Historiker. Also Der, der 100 — manchmal auch 1000 — Jahre später, wenn dann › die Akten zugänglich werden ‹, die Daten verwaltet. So › Mommsen : Römische Geschichte ‹ 1850 geschrieben ; oder Burckhardt, der » vom Goldglanz um den Sohn des Philippos « schwärmte? Nein nein ; die Herren lassen erstens allzugern einige Säcula verstreichen, ehe sie ein › heißes ‹ — womöglich gar noch glühendes — Eisen antippen .....

B. *:* Kommen wir gleich zum : zweitens?

A. *:* Vergessen Sie doch, zweitens, nie : daß auch jeder › objektive Historiker ‹ seine Richtung hat! Sie können nämlich gleichermaßen › urkundlich belegen ‹, daß Luther Profetenmaß hatte, wie auch, daß er ein verhängnisvollster Schismatiker, ein Menschen- und Nonnenverführer war. Studieren Sie die Französische Revolution von 1789 : a) bei Mortimer=Ternaux ; b) bei Kropotkin. —

Darf ich auf Adolf Hitler verweisen ? : Lesen Sie doch bei Rosenberg & Goebbels nach, Grimm Blunck Johst Frenssen : Was'n großer Mann ! ! — *(Nüchterner) :* An den Schriften jener Herrlichen Tage läßt sich parallel=genau jener Burckhardt'sche Alexander=Goldglanz demonstrieren : die Technik, Schrecklichstes unter übermäßigem Licht zu verbergen !

B. (warnend) : Gehen Sie ja nicht noch näher an unsere Zeit heran ; sonst wird sofort abgestellt. — *(Eine › Entschuldigung ‹ vorbringend) :* Übrigens sind Professoren Staatsbeamte.

A. (dringlich) : Ebeneben ! Weswegen schon Schopenhauer die Befürchtung äußerte, sie möchten ihre Aufgabe lediglich darin sehen, die jeweilige Regierungspolitik und Staatsreligion theoretisch zu begründen. Machen wir uns lieber jene andere, nun auch schon 2000 Jahre alte, Forderung zu eigen — Diodor hieß der nicht unverständige Mann — daß der gute Historiker, und er meint im Grunde den Verfasser politischer Romane !, dreierlei nicht haben dürfe . . . . . *(kleine Kunstpause, um das Schockierende recht vorzubereiten. Dann, mit Wucht) :* Kein Vaterland ! / Keine Freunde ! / Keine Religion ! —

B. (erst betroffen ; dann pikiert) : Kein Vaterland ?

A. (scharf) : Ganz recht ! — Oder, wenn Sie's anders hören wollen : Er darf kein Chauvinist sein. Kein › Patriot ‹, der die schreienden Gebrechen seiner Nation mit völkischen Lügen übertüncht.

B. (wie vorher) : Keine Freunde ? Dürfte ein rechter Historiker haben ?

A. : Auf Einfachdeutsch : keine blinde Vorliebe darf ihn hemmen ; kein zuviel von Syndetikon im Blut ; klar muß er scheiden : daß Stifter ein bedeutender Dichter war, wer leugnet's ? : aber, außen- wie innenpolitisch, ein gefährlicher Rattenfänger in edle Weltfremdheiten : fruchtbare Einöde.

B. *(abwehrend) :* und keine Religion dürfte ein echter Historiker haben ?

A. *(bestätigend) :* Keine Religion. Er darf keine Kirche kennen ; sondern, bestenfalls, Kirchänn : Mehrzahl. — *(Dringend) :* Wollen wir's doch ganz deutlich sagen : MENSCH muß er sein ; nicht › Deutscher ‹ ! / MENSCH ; nicht › Anhänger ‹ ! / MENSCH nicht › Christ ‹ !

B. : Ich bin noch nicht überzeugt — — *(verlegener) :* Obwohl ich einzusehen beginnc, daß die Historiker Schwierigkeiten haben, › zuständig ‹ zu sein. Wenn die › Archive zugänglich ‹ werden, sind die Augenzeugen längst, nicht nur mund= sondern ganz=tot. Diodorische Rücksichtslosigkeit ist nicht vereinbar mit Pensionsberechtigung. Und kompliziertes menschliches Verhalten laß' ich mir doch allerdings lieber vom Dichter erklären ..... *(Betroffener, wie wenn ihm 1 Licht aufginge) :* Achsooooo .....

A. *(erheitert) :* Leiten wir den Politischen Roman — den ich, nebenbei angemerkt, ja nicht mit dem — *(spöttisch) :* › Historischen ‹ zu verwechseln bitte .....

B. *(hastig) :* Moment. Wieso das wieder ? Umschließt der Historische Roman nicht grundsätzlich auch die Politik des behandelten Zeitalters und Landstriches ?

A. *(nüchtern) :* Jaja. Zuweilen ja. Aber das ist natürlich nie mehr › echt ‹ : sogenannte › Historische Romane ‹ schreibt nur der literarische Schwätzer.

B. *(protestierend ; vielleicht denkt er an Stuckens › Weiße Götter ‹) :* Ist das nicht ein überflüssig hartes Wort ? — *(Er wiederholt, unangenehm berührt) :* › Schwätzer ‹ ...

A. : Aber gar nicht. Niemand kann, auch nach den mühevollst=umfassendsten Studien nicht, die Denkweisen eines fernen Jahrhunderts nachvollziehen. Er mag sich noch so › feinsinnig ‹ und › mitfühlend ‹ gerieren, wie er will : es fehlt ihm grundsätzlich der echte Stimmklang des Mit=Betroffenen ; der genialste Dichter wirkt hier wie ein Bauchredner, verglichen mit dem schlichten Wort eines Zeit=Genossen. Denn nur ein Solcher kann ja Einzelheiten wahrnehmen und notieren, die einem › Nachvollziehenden ‹ weder zugänglich noch erfindbar sind : Anspielungen, › Querverbindungen ‹, kulturelles Kleindetail, Privataltertümer, › Geflügelte Worte ‹, Zitate : wissen Sie, daß wir von der Literatur des Altertums bestenfalls 10 % kennen ? ! — *(Seufzend) :* Neinnein : der Politische Roman ist schon eine der schwierigsten Formen des Schrifttums überhaupt. Hier einmal 1 vollendetes Kunstwerk zu sehen, welch schöner Traum — zumal unter Deutschen : unsere sogenannten › Klassiker ‹ haben, wie schon der Name andeutet, in dieser Hinsicht sämtlich versagt !

B. : Also schön : wer Rücksichten zu nehmen hätte oder gedächte, sollte keinen Politischen Roman beginnen. — Wie müßte man Ihrer Ansicht nach denn — gesetzt man gehörte zu dem Lippenvolk der Schriftsteller — praktisch vorgehen ? Untersuchen wir das handwerklich Mitteilbare : wieviel Seiten müßte Ihr Politischer Roman mindestens aufweisens ? Dreihundert körnig=kurze ?

A. (ablehnend) : Nichts da : Schweigsamkeit ist grundsätzlich nur reziproke Schwatzhaftigkeit. Nein : umfangreich muß der Politische Roman sein ; sonst vermag er die Fülle der Ereignisse nicht darzustellen : unter tausend Seiten braucht man gar nicht anzufangen. Muß er doch, ich möchte sagen, › Hundert Jahre ‹ umfassen, um Ursachen & Wirkungen zeigen zu können.

B. *(stirnrunzelnd) :* Warum ausgerechnet hundert ? Gerät man damit nicht zwangsläufig in den — eben erst von Ihnen pathetisch abgelehnten — › Historischen Roman ‹ ?

A. *:* Nein ; denn er muß gleichzeitig zeitgenössisch sein ! Am Ende müssen stehen : der Verfasser und seine eigene Zeit. / Und wieso man auf 100 Jahre kommt, will ich Ihnen gleich vorrechnen : wer sich heute, jetzt, 1960, hinsetzte, uns einen politischen Roman zu bescheeren, müßte 45 oder 50 Jahre alt sein. Eher hat er, selbst wenn er fleißig und mitfühlend war, zu wenig gelernt und erlebt, studiert nachgedacht gesammelt.

B. *:* Schön ; gut ; den politischen Roman eines Zwanzigjährigen möchte selbst ich nicht lesen. Und den eines Achtzigjährigen erst recht nicht !

A. *(zustimmend fortfahrend) :* Nun beherrscht unser Fünfziger aber, zusätzlich noch, bis ins Kleindetail hinein, die Umwelt seiner Eltern ; kennt aus ihrem Trällermund die längst verschollenen › Couplets ‹, mit ihren Anspielungen ; weiß den Wortschatz jener Zeit, dicht vor seiner Entstehung ; die Geräte ; die altertümlichen Autoformen ; hat mit den › Orden & Ehrenzeichen ‹ gespielt, als damals der Vater seine Weltreise alla tedesca machte, d. h. an Bord eines Truppentransporters — : da sind wir, gesichert und zwanglos, schon auf 1880.

B. *:* Stimmt. Ich erinnere mich noch an politische Limericks meines Vaters, von einem › Li=Hung=Tschang aus Tschina ‹ — und wenn ich auch die Sache nicht mehr weiß : die Formel schallt mir noch im Ohr.

A. *(bestätigend) :* Nun wissen Sie aber selbst, wie man als Deutscher — und unser Roman müßte ja ein deutscher politischer Roman sein ; obwohl unsere Fähigkeit, die eigenen Zustände nicht zu verstehen, immer hoch entwickelt war ! — als Deutscher also, wiederhole ich, müßte man, die Denkweisen gewisser retrograder Kreise, Generäle Minister Großgrundbesitzer, zu erklären ; oder die Beziehungen der gefährlich verschiedenen › Stämme ‹ zu begreifen, die folgenreichen Kriege von 70/71 mit heranziehen ; 66 : den vor allem ! Vielleicht auch noch 64. Und auch da sind unverächtliche intime Interieurs möglich : haben ja die Meisten ihre Großeltern noch persönlich gekannt.

B. : Also noch weiter zurück würde ich nun aber nicht gehen.

A. : Auf keinen Fall ! Von dem, was weiter als 100 Jahre zurückliegt, interessieren uns nur noch — und das sollte manchem geblähten politischen Granden zu denken geben — : die großen Erscheinungen der Kunst.

B. : Das war ja meine Rede : › Was bleibt, stiften die Dichter ‹ : sollte man also nicht doch lieber › zeitlos dichten ‹ ?

A. : Und uns unterdessen munter von den Politikern zwiebeln lassen, gelt ja ? ! : Wer hindert Sie denn, auch den politischen Roman als Kunstwerk höchsten Ranges zu gestalten ?

B. : Jaja, wer hindert's ? ! — Aber wenn Ihr politischer Roman zwangsläufig zeitgenössisch zu sein hat — um zumindest den vollen Wert 1 Ansicht, deren etwa ein halbes Dutzend divergente denk- und vertretbar sind, zu haben — würde da der Verfasser nicht automatisch zur Selbstbiografie genötigt ?

A. : Unvermeidlich ; es ist gar nicht anders möglich. Denn jeder ehrliche Mann bestrebt sich, uns Farbe und Trübungsgrad des Glases anzugeben, durch das wir bei ihm beobachten müssen. — Sie können sogar noch viel weiter gehen, bei der Berechnung des › Handwerklich Mitteilbaren ‹, wie Sie vorhin so treffend sagten .....

B. *(einschaltend) :* Mange tak.

A. *(lächelnd fortfahrend) :* Es liegen sogleich fest : Ort und Landschaft des politischen Romans. Es müssen solche sein, die der Verfasser, und sorgfältig, kennt : an die beliebten mythologischen › Außenränder der Welt ‹, in › erträumte Landschaften ‹, allgemein : › in den Thymian ‹, verlegt seine Wortpossen .....

B. *(abwehrend) :* › Nur der Schwätzer ‹, ich weiß. Bleiben wir doch bei unserm, wahrlich ernsthaften, Thema : also Zeit & Ort liegen undiskutabel fest, zugegeben. Aber weiter .....

A. *:* 10 Berufe muß der politische Roman zu schildern suchen : das sind ja, auch bei uns heute noch, › Stände ‹, soziale Querschnitte. Und bitte nicht in der Manier von Tiecks › Jungem Tischlermeister ‹ : was ist Holz für ein wunderbarer Stoff, und wie ist so gar nicht die Rede davon. Dabei ist es doch eine alte — ja, nicht › Weisheit ‹ : das ist ein viel zu hoher Ausdruck : 'ne Selbstverständlichkeit ist es ! — :

daß ein Mann erst dann interessant wird, wenn er zu fachsimpeln anfängt. Alles andere, die Todesfälle und Krankheiten, die merkwürdigen Anekdoten, die Kriegserlebnisse die ganze Schweinerei : die hab'ich genau so selbst zu Hause.

B. *:* Also nicht die Schilderung einer Familie ; nicht › Die Forsythes ‹ ?

A. *:* Die schon gleich gar nicht ! — Nein ; die › selected areas ‹ müssen sich erstrecken vom Hof seiner Majestät an, bis zum Shanty der › Filler Marthe ‹ ; das Personal von der Gräfin Melusine von Wildhausen an, bis zum › Schlachtmeister Schulz ‹.

B. *(befremdet)* : Also Fleischer=Schlachter=Metzger ; warum verwenden Sie den krummen Ausdruck › Schlachtmeister ‹ ?

A. *(behaglich) :* Sehen Sie an ! › Schlachtmeister ‹ ist ein spezieller › Weserausdruck ‹ : wenn Sie durch Bremen spazieren, und da an die › Schlachtpforte ‹ geraten, drehen Sie nicht gleich vegetarisch=entrüstet um ; sondern merken Sie sich ab heute, daß man dortzulande unter › Schlagten ‹ die Uferbefestigungen versteht. / Aber ich wiederhole : nicht › Familienroman ‹ ; das verführt den Historie=Beabsichtigenden nur zu psychologischen Exkursen, die ihm den Platz für Wichtigeres nehmen ; verstellt ihm auch, was noch schwerer wiegt, die Möglichkeit, Ereignisse von allen Farben des sozialen Spektrums aus zu analysieren : wenn die Zechenbarone jubeln, flucht der Verbraucher ; wenn die Generäle lachen, weinen die Menschen !

B. *:* Schön ; ich begreife und gebe zu : Ihr idealer Politischer Roman müßte autobiografische Züge, als › Leitfossilien ‹ überall eingestreut, enthalten ; in solchem Fall ist Autobiografie die einzige nachprüfbare Garantie dafür, daß ich nicht im ganzen Buch belogen werde.

A. *:* Und › Autobiografie ‹ ist, logisch weitergedacht, ja nur ein anderer Ausdruck dafür, daß es sich um › eigene Erlebnisse ‹ handelt : leidenschaftlich muß man sein ; trotzig ; jedes geschehene Unrecht muß einen Aufschrei erzwingen : lieber einmal zu oft und einmal zu laut, als einmal zu wenig ! Rücksichtslos muß man sein ; Namen ungescheut nennen ; kritische Opposition ; tapfer vor allem : nicht abgeklärt ! Hüten Sie sich vor der heute vielgerühmten › Altersweisheit ‹ : so mit versagendem Gedächtnis, gelt ja ? ; nicht nur die Zähne fallen aus, auch die Zitate aus Büchern, die man früher mal jewußt hat ; so mit wackelnden Beinen, greisenhaft=eigensinnig, unfehlbar=altersfrech ; gewiß, die › Labour Party ‹ nennt sich wohl auch, in entzückender Naivität, › His Majesty's Opposition ‹ . . . . .

B. *(vorsichtig umlenkend) :* Ach, das ist aber interessant : der Politische Roman könnte nur aus den Reihen der Opposition kommen ?

A. *:* Oh ja, mein Lieber ; denn der ideale Untertan, wie die Regierungen ihn sich brünstig wünschen, wäre : während seines 8=Stunden=Tages bienenfleißig ; während seiner Freizeit in abgeschmackte Zerstreuungen eingewiegt oder nationale Träume oder religiöse ; nachts zeugt er fummelig seinesgleichen . . . . . : Neinein ! Was gut ist, das ist anscheinend unvermeidlich › in der Opposition ‹. Überall. Denken Sie an unsere, rundum verehrten Dichter : Dante ? stirbt als fluchender Emigrant. / Schiller ? : flieht vor seinem tyrannischen Herzog. / Dostojewski ? : ins Totenhaus geschickt. / Victor Hugo : im Exil. / Unser gutmütiger, achsohumoristischer Fritz Reuter ? : Wissen Sie, daß der Mann als › Politischer ‹ zum Tode verurteilt war ? ! Dann zu 30 Jahren › begnadigt ‹ ? ! Später gar — welch Manna träuft doch zuweilen auf uns herab ! — amnestiert . . . . . *(hart) :* in Wahrheit gebrochen für immer : zum grölenden halbvertierten Quartalssäufer hatte › man ‹ ihn gemacht ! — Wir tun freilich stark gebildet ; und haben ihre Werke, elegant gebunden, in sorgfältig entschärfter Auswahl, abends auf dem Bücherbrett stehen : freilich, wer einmal an Mystik gewöhnt ist, befindet sich bei klarer Deutlichkeit am übelsten ! Aber ein helläugig Schaffender mit Zivilcourage ? : das ist, rechts wie links des Eisernen, so ziemlich das Unerwünschteste, was ein Minister sich vorstellen kann.

B. : Aber halt ; halt noch einmal ! — : Könnte nicht doch auch aus Rechts=Kreisen der große Politische Roman kommen ? Ich denke da an=ä ..... Moment .....

A. : Nein ; nie & nimmer die gestiefelte Verbissenheit nationalen Grimms !

B. (einfallend) : Ja sehr richtig ! Genau so wollte ich sagen : Hans Grimm.

A. (dramatisch) : Auch das noch ! — — Gewiß ; das Buch hat 1350 Seiten : aber sonst auch nichts ! Schlagen Sie bloß die Einleitung auf, und vernehmen Sie sofort jenen Ton : j e n e n T o n ! ! ! ..... :

Zitat (langsam ; schollegebunden, ganz Blut & Boden, wie jene Herren es lieben : also bocksteif, und › völkischster ‹ Borniertheit voll) : » Vor diesem Buche müssen Glocken läuten ..... Und wenn die metallenen S=timmen dröhnen und schüttern, oder auch nur beraubt und eintönig gellen, zwischen Maas & Memel ..... dann sollen alle Mann in Deutschland die Arme heben ..... und sie sollen heischend und s=tumm vorschreiten, mit den lodernden Armen und den verhungerten Augen der deutschen Menschen jeglichen Alters .... und GOtt soll erkennen die Ungeheuerlichkeit ihres Schicksals ..... der deutsche Mensch braucht Raum um sich und Sonne über sich und Freiheit in sich, um gut & schön zu werden ..... : oder meinst Du etwa, daß es irgend Größeres gebe, auf Erden & im Himmel, als die letzte Schicksalsfrage unseres Volkes ? ! «

A. (kalt) : Das ist doch noch eine Probe von — *(nachäffend=schwerfällig ; ganz Schleswig=Holstein=meer-*

umschlungen) : › unsere doitsche Lirre=ratur ‹ nöch ? !
(Wieder sachlich) : Deshalb hat dieser herrliche › Deutsche Mensch ‹ dann wahrscheinlich 20 Millionen Andersdenkender, Andersrassiger, vergast. Dieser dreimal verfluchte › Deutsche Mensch ‹, von dem ein wirklich=Großer, Karl Immermann war sein Name, mit weit mehr Wahrheit feststellen durfte, daß er seit eh & je » die besten Bedienten gestellt « habe : das nämlich ist's genau : die Lakaiennatur ; die › Lust an der Uniform ‹, die › jeden Befehl ausführt ‹. — Kurzum : Herr Hans Grimm, und von mir aus darf er 100 Jahre alt werden, hat jede der eingangs aufgestellten, unabdingbaren Forderungen verletzt :

denn er hat 1 Gott — gleichviel, wie er das Dings nennt ; —
er hat 1 Vaterland — und was für eins, oh leck ! —
und er hat Freunde ringsum — allerdings nicht in › Roten Kreisen ‹. —

(Sachlich) : Und also ist er nicht der Mann dazu, dem ältlichen denkenden Menschen ein verläßliches Geschichtsbuch zu liefern : in einer Reihe ernstzunehmender Schriftsteller — nicht etwa nur in einem Kompendium ehrwürdig Protestierender — kann sein Name nur mit 1 Achselzucken abgetan werden !
Wer nicht einsieht, daß über › dem Deutschen ‹ — dieser verdächtigen Standortvarietät — als ein Höheres der Begriff der › Menschheit ‹ steht. Und über=dieser der Begriff des › Lebewesens ‹. Und über diesem=noch ein halbes Dutzend umfassendere — der soll sein Ränzel schnüren, und — ich habe ihn eben im Haus ! — : Fliesenleger werden : wir sind unsere Arbeitskraft, mehr noch : unsere Lese=Kraft !, ernsthafteren Büchern schuldig.

B. *(versucherisch) :* Also dann noch lieber › Heinrich Mann : Der Untertan ‹ ?

A. *:* Nein. Auch der nicht. Der ist wiederum nur bitterböse Satire. Im Einzelnen gewetzt beobachtet, ja ; im Ganzen aber doch nur Karikatur. Zeitlos, bodenlos, unverankert, wie alle Manns ; vor allem : viel zu kurz : wer sieht beim Wetterleuchten ? !

B. *:* Meingott : wer kann es Ihnen denn nur recht machen ? !

A. *:* › Recht ‹ — im nunmehr länglich=pedantisch definierten Sinne — machte es mir, in aller deutschen Literatur, bisher nur 1 Buch, und Einer :

die › HUNDERT JAHRE ‹ des Heinrich Albert OPPERMANN.

(G o n g ; blubbt kurz und betroffen=fragend)

A. *(nachdrücklich) :* Hundert Jahre : 1770 bis 1870 . . . . .

B. *(einfallend) :* Das würde sich also in praxi mit dem vorhin von uns skizzierten › neuen Politischen Roman ‹ genau überlappen : der sollte ja die Jahre von 1860 bis 1960 erfassen . . . . . *(hoffnungsvoll=halblaut) :* Na, vielleicht übernimmt's Alfred Andersch . . . . .

A. *(wieder anknüpfend) :* . . . . . das Gebrodel des ganzen › Beginns der Neuzeit ‹ also ; vom amerikanischen Unabhängigkeitskrieg an, bis zum Vorabend › 70/71 ‹ — das hören wir gleich des Näheren, Schritt für Schritt kommentiert, wenn wir die 9 Bände, mit ihren 3000 Seiten und 4 Millionen Buchstaben, der Reihe nach durchgehen.

B. *(in komischem Entsetzen) :* Neun Bände ? ! — Das kann eine lange Nacht werden, endlos=unmagisch.

A. *(scharf) :* › Magie ? ! ‹ : treibt in der Literatur nur Der, der keine verläßlichen Daten vorzulegen weiß ; das ist lediglich ein anderer Ausdruck für Mangel an Stoff : wo das Material ausgeht, beginnt die › tiefschürfende Bemerkung ‹. Genau so sicher, wie der Hörer sich darauf verlassen kann, daß Regierungssprecher dem Namen DDR unverzüglich ein » sogenannt « beigeben — hei, wird das binnen Kürzestem ein Erwachen setzen ! — nicht minder gewiß mag er sein, daß der Verfasser einer › Deutung des Werks ‹ zu faul war, Archiv= und Kirchenbuchstudien auf sich zu nehmen.

B. : Weil wir vom Politischen Roman sprechen, will ich's hingehen lassen. — Aber nun, da die betreffenden › Hunder Jahre ‹ festliegen, folgt logischerweise die Frage nach dem › Ort ‹ : irgendwo müssen ja, laut Theorie, und wenn das Thema auch › Die Ganze Welt ‹ heißt, die Wurzeln sitzen. — *(Da B. sieht, daß A. eben antworten will, hastig=erleuchtet) :* Oderhalt ; nein ; lassen Sie mich selbst versuchen : nennen Sie mir das Vaterland — beziehungsweise, da Sie Wort und Begriff wenig goutieren ; den Lebensraum des Verfassers : wo fühlte Oppermann sich › zu Hause ‹ ?

A. (leichthin) : In Hoya. — *(Korrekte Aussprache :* Hoh=ja).

B. (resigniert) : Da steh' ich nun . . .

A. (aufgeräumt) : In Niedersachsen also ; im alten Königreich Hannover. Göttingen ist ein weiteres der Zentren. Auch der benachbarte Solling, Waldhaufen getürmt auf den Hügeln. Bremen. Und eben Hoya : durch das ganze Buch strömt, ein langes Lebewesen, seit diversen Myriaden Jahren an der gleichen glitzernden Stelle : Die Weser. —

Aber zur Sache !

(Gong)

A. *(in nachdrücklicher Ankündigung, wie auch später bei jedem neuen Buch) :* Erstes Buch ! Niedersachsen 1770 ? : Das ist uralter englischer Boden ; und man braucht durchaus nicht — wie modische Politiker gerne argumentieren — bis Hengist & Horsa zurückzugehen, oder ähnlichen Räuberfirmen : seit 1714 stellt das › House of Hanover ‹ offiziell die englischen George.

B. *:* Und dieses Hannover eignet sich warum ?, besonders gut zur Demonstrierung umfassender Politica ?

A. *:* Abgesehen davon, daß es des Verfassers Lebensraum ist — was, laut Theorie, bereits Grunds genug wäre — ergibt sich aus diesem Vorangeschickten, daß der Herrscher fern im Schlosse zu St. James sitzt ; für das Stammland sorgt eine kleine › Deutsche Kanzlei ‹ ; in Hannover selbst schaltet & waltet, nahezu allmächtig= unbeaufsichtigt, der einheimische Adel, der eifersüchtig sämtliche Beamten= und Offiziersstellen besetzt hält: das Ergebnis ist eine geradezu Südafrikanische › apartheid ‹ ! Da führt etwa, schon rein äußerlich, der adelige Beamte einen andern, volltönenderen Titel, als der Bürgerliche, der die gleiche Stellung bekleidet, die gleiche Arbeit leistet — im Durchschnitt natürlich wesentlich mehr sogar : ein heutiger Landrat hieß, war er aus dem Bürgerstande, › Amtmann ‹ ; war er › von Adel ‹, d. h. durfte er — » gleichsam als a=privativum « sagt Oppermann — ein › von ‹ führen, › Der Herr Landdrost ‹.

B. *:* Also steht der Bürger Oppermann grundsätzlich auf Seiten der › kleinen Leute ‹ ?

A. *(abwehrend) :* Oh nein, nicht'och. Er hat, genau nach Vorschrift, keine Freunde. —
Zurück : Hier in Heustedt also herrscht, als ungekrönte Königin, die Gräfin Melusine von Wildhausen, eine echte

Tochter der Aufklärung : freien Geistes, freiester Sitten, sehr reich, sehr hochmütig, sehr hübsch und geil. In einer Sonderabteilung des großen Parks, der ihr Schloß umgibt, steht der › Chinesische Pavillon ‹, halb Gartenhaus, halb heimliches Liebesnest, das die ärgsten Ausschweifungen ermöglicht — wenn die schöne Melusine an einem athletisch=gebräunten Förster Gefallen findet, darf auch er einmal mit hinein : die zweite Tochter, Heloise, ist das Ergebnis einer solchen Laune ; der Vater der älteren Olga mag ihr Gatte sein.

B. *:* Dies also die Spitzen der dortigen Gesellschaft ?

A. *:* Zunächst ja ; denn die Könige selbst treten persönlich erst in den späteren Bänden auf. — Sorgfältig und mit guter Sachkenntnis wird nun weiterhin der Beamtenapparat der kleinen Verwaltungsstadt aufgebaut : der Drost und seine Schreiber ; die Advokaten= und Arztfamilien ; Pfarrer und Deichinspektoren. Wichtige Namen sind die Förster Baumgarten und Haus.

B. *:* Die also weitere Helden liefern, wenn ich recht verstehe ?

A. *:* Ganz recht : einige der Helden. Ohne die erforderlichen vielverzweigten Stammtafeln vor Augen finden Sie nicht durch — einer der ganz großen Nachteile des bloßen hastigen Hörens : ernsthaftes Studium ist da unmöglich ; ich bin ein Gegner von › Schall & Rauch & Rundfunk ‹ ! — Also geben Sie's von vornherein auf, die reizvollen Familienverhältnisse der Personen durchschauen zu wollen ; halten Sie sich an die interessanten, die pikanten, Episoden. —

Es folgen auf den Stufen der damaligen sozialen Leiter die Handwerker — hier ist die wichtigste Familie die des, erst Drechsler= dann › Schlagt ‹=Meisters Schulz ; die

Kaufmannssippe Junker, in Bremen ; der Großbauer Dummmeier — und Sie müßten das Wort, mit seinen 3 › m ‹ hintereinander, immer wieder, bei Oppermann gedruckt sehen : das wirkt frappant ! Myrmidonisch=wimmelnd ; ich fand ähnliches gestern in meiner alten Tieck=Ausgabe — sehen Sie : ein › Feinsinniger ‹ würde schon wieder » bei meinem Tieck « gesagt haben !

B. : Sie können einen Menschen aber auch völlig durcheinander bringen : was hat das jetzt wieder mit unseren › Hundert Jahren ‹ zu schaffen ? !

A. (*schnippisch*) : Betrachten Sie es als Episode : gegen einen › Duden ‹, der uns durch seine halb pedantischen, halb gußeisernen Vorschriften unter anderem auch um solche unvergleichlich=einprägsamen › typografischen Porträts ‹ bringen möchte : gegen den ist keine Invektive zu scharf ! —

Aber natürlich leben in Hoya=Heustedt auch Arbeiter Knechte Mägde. Der › Halbmeister ‹ Filler .....

B. (*nickend*) : Ah, das weiß ich zufällig : einer jener vom Volke, halb in Furcht halb in Verachtung, erfundenen Titel des Henkers und Abdeckers.

A. : Ganz recht ; also › die Fillers ‹ stellen, zumal in ihren weiblichen Mitgliedern, eine bedeutende Gruppe Personal. Dann die Juden : erst Hausierer, später Bankiers, sind die Meyer=Hirschsohns ; habsüchtig, gewiß ; aber eben vom › Deutschen Menschen ‹ Grimm'schen Schlages in solch geldrafferische Isolierung gezwungen. Geistreichigkeit à la Rahel Varnhagen ; Heinisch=listig. — Den Typ des Abenteurers vertritt der Jütländer Claasing ; ein nordisch=schöner Raufbold, Spieler, für Stunden wohl auch Liebhaber adliger Damen ; zum Schluß schlängelt er sich mit letzter Heiratskraft ins Großbauerntum ein, und endet als versoffener Roßtäuscher.

B. : Ziemlich boshaft : was würden Wirth, Kossinna, Schuchhardt und die sonstigen › Könige der Germanen ‹ s=pucken, wenn sie ihre Lieblingsrasse derart beschrieben fänden ?

A. : Die würden › Wikinger ‹ dafür sagen ; ein Unterschied ist da ja höchstens mit bewaffnetem Auge zu erkennen. Denn dieselben Eigenschaften spiegelt sogleich auch der einheimische Adel : von den teils verrotteten, teils vertrottelten, Grafen Schlottheim an ; bis zum Reiteroffizier Viktor Justus Haus von Finkenstein. — Endlich die Künstler aller Art .....

B. : Ist das Absicht, solch=Ihre Anordnung ? : wollten Sie doch » auf der sozialen Stufenleiter abwärts steigen « ....

A. : ..... dieses › Fahrende Volk ‹ also, vertreten der Maler Hellung aus Dresden. Und vor allem eben Literaten jeder Spielart : von Gottfried August Bürger und Lichtenberg an ; über › Werthers Lotte ‹, bis hinauf — zeitlich hinauf — zu Gutzkow Dingelstedt Carrière Creizenach Prutz — Oppermanns Schwager übrigens — Hoffmann von Fallersleben .....

B. : Damit greifen Sie aber bestimmt wieder vor ; wir sind noch im ersten Band.

A. (bestätigend) : Im ersten Band ; der aber zunächst einmal die Kulissen aufstellen muß, und das Personal hinein. — Da dröhnt und kracht der Eisgang auf der Weser, bis dem Leser so recht heimlich=unheimlich wird .....

Zitat : › Matthis brekket dat Is ! ‹ — : Es regnete fein, was man in Heustedt › stöbbern ‹ nennt. Als am folgenden Tage Wagen um Wagen den Deichen zu fuhr, um Faschinen, Stroh und sonstige Zubehörungen zu bringen, regnete es schon stark ; und so regnete es 2 Tage und 3 Nächte. Der weiße Schnee war in dieser kurzen Zeit von allen Feldern, selbst von den nach Norden gekehrten Wänden der Gräben verschwunden. Das Wasser stand zum Theil über dem Eise der Weser ; erst nach ein paar Tagen sah man, daß der Wasserstand um einige Fuß gestiegen war. Es kam Matthias=Tag, aber er brach das Eis nicht. Am vierten Regentage krachte das Eis zum ersten Male, donnerähnlich. Tiefe Spalten und Ritzen bildeten sich ; die Schollen vor den Eisbrechern wurden langsam höher und höher an ihnen hinaufgehoben. Das Wasser war bis Sonntag auf 12 Fuß gestiegen ; und zur Verwunderung Vieler ging das Eis unterhalb der Brücken am Sonntag, gegen Abend, ohne Schwierigkeiten fort. Allein die unvorsichtigen Bewohner der Oststadt wurden des Nachts durch Alarmschüsse und Geschrei erweckt, und mancher, der aus seinem Bette sprang, trat bis an die Knöchel ins Wasser : aus den Ritzen der Fußböden in der Hinternstraße quoll das Wasser bald fußhoch in die Stuben und Kammern ; und in den Straßen begann sich an den tieferen Stellen das Wasser zu zeigen. Nun erhob sich ungemeine Geschäftigkeit. Vor dem Neuen Schlosse und an dem Thorwege zum Park wurden die großen Pechpfannen angezündet, die mit ihrem rothen und qualmigen Lichte das Schloß und einen Theil der Schloßstraße erleuchteten. In dieser begann ein buntes Getreibe bei Fackel- und Laternenerleuchtung. Nachdem die Einwohner nämlich vor allem die Keller geleert, und alles Werthvolle aus den Räumen zur ebenen Erde auf die Böden und in die oberen Räume gebracht hatten, fing man an, die einzelnen Häuser einzudeichen ; damit sie von der Straße her nicht durchfluthet würden : man schlug etwa 3 Fuß voneinander Pfähle in das Pflaster des Trottoirs, lehnte Dielen dagegen, und füllte die Zwischenräume mit Strohdünger aus, 3 bis 4 Fuß hoch. Das Wasser in den Straßen stieg zusehends. Schon kamen aus der Weserstraße Kähne mit Betten, Möbeln und Hausgeräth, Wiegen mit schreienden Kindern darin, aus den ärmlichen Wohnungen der Hinternstraße geflüchtet, wo obere Wohnräume nicht existierten, vor dem Schloßthore an. In der Schloßstraße selbst stand das Wasser nun noch nicht so hoch, daß man die Kähne benutzen konnte; deshalb mußte in dieser alles bis kurz vor den Rathskeller, wo es wasserfrei war, von Männern in Wasserstiefeln getragen werden ; auch Frauen und Mädchen wurden so getragen. Dazu erschallten von Norden her von Zeit zu Zeit starke Donnerschläge ; das Eis hatte sich bei Paß Hengstenberg gestopft, und der Deichgraf versuchte Sprengungen mit Pulver. ..... Alle gewöhnlichen Geschäfte hatten aufgehört ; alle Schulen waren ausgesetzt ; gerichtliche Termine wurden nicht abgehalten, es war Justitium eingetreten ; man glaubte sich plötzlich nach Venedig versetzt. ..... Während dessen war man oberhalb der Brücke und des Überfalles auch nicht müßig ; das Wasser spülte bis an die Krone des Deiches ; 30 bis 40 Personen waren damit beschäftigt, dicke Seile von Stroh zu drehen ; ebensoviele Andere schlugen diese am äußersten Ende des Deiches mit Pflöcken übereinander fest ; dahinter wurden Faschinen oder Säcke mit Sand gelegt, und Erde darüber gefahren. Dummmeier sah aber ebenso häufig nach dem Himmel als nach der Weser ; der wollte ihm nicht mehr recht gefallen. Dort hatten sich am nordöstlichen Himmel dunkle Wolken, Gewitterwolken ähnlich, gebildet, welche trotz des Südwindes rasch emporstiegen. Da hörte man 6 Kanonenschläge. › Dat is de Moordorper Diek, de to'n Düwel geiht ‹, sagte Dummmeier, › Nu schull Ji mal sehn, Jungens, wie dat Is nu Luft kriggt un losgeiht ! ‹ : Erst langsam, kaum merklich, schoben sich die Massen zusammen ; noch einmal krachte es, als würde die Erde in ihren Grundfesten erschüttert ; dann sah man, wie die auf den Eisbrechern ruhenden Schollen über deren Spitzen weggeschoben wurden. Auf diesen Spitzen aber brachen die Schollen auseinander, küselten unter das Wasser, und eine suchte der anderen zuvorzukommen, es war ein Drängen, Reißen, Stoßen, Übereinanderhinwegstürzen. Trotz des Eisgangs stieg das Wasser, und schien sich gelblich zu färben : › Iss all Fuldewater ‹ brummte Dummmeier . . .

B. : › brummte Dummmeier ‹ — aber lassen wir die, dem Lokalhistoriker oder Eingeborenen zweifellos sehr interessante Schilderung . . . . .

A. : Denen am wenigsten : Die kennen das nämlich ganz genau ! Jedem Anderen vielmehr sollte solche Information, solches › Fachsimpeln ‹ wie wir vorhin sagten, willkommen sein . . . . . aber schön ; lassen wir, breitbeinig, die Hände in den Taschen, ums Haus den jahrhundertealten Eichenkamp, den niedersächsischen Bauern da auf dem Deich stehen — fleißig und handfest ist er, gewiß ; aber auch tückisch und rückschrittlich, was man in interessierten Kreisen dann lobend › konservativ ‹ nennt oder auch › gesund ‹ ; in Wahrheit ein Schläger und Dreckfink, der die Mägdekammer nur allzugern als seinen Privatharem betrachtet, wie denn aus Oppermanns eingelegten Novellen recht nachdenkliches Licht speziell auf diesen Zweig nächtlich=bäuerlicher Tätigkeit fällt.

B. : Kannte Oppermann das Landvolk aber auch wirklich? Das ist nämlich gar nicht einfach; Literaten fallen meist böse hinein, wenn sie sich, womöglich noch unter neckischen Nachahmungsversuchen des betreffenden Dialektes, an bukolisch=misthaufige Themen wagen.

A. : Oppermann kannte › seine ‹ Hoyaer Bauern sehr genau; zumal als ländlicher beliebter Anwalt, der schätzbare Fachbroschüren über das alte › Meierrecht ‹ herausgegeben hat. Neinnein : seine Interieurs sind alle wohltuend exakt. Unter der Ampel steht das krummbeinige Rokokotischchen; darauf der Perlmutterkasten mit Zunder Stahl Stein und Schwefelfaden zum Feuerschlagen; da versammelt man sich bei der Lektüre eines Säkulums — die man also organisch wachsen sieht : zu Anfang ist es noch, und selbst die Kinder lernen buchstabieren daran, die alte › Insel Felsenburg ‹; dann kommen die › Neuerscheinungen ‹, Lessings › Minna ‹, Goethes › Götz ‹ und › Werther ‹. — Innenpolitik gibt es noch nicht; höchstens in Spurenelementen zopfiger Zunftstänkereien erkennbar; noch existieren keine Sprecher des 3. und 4. Standes. Unterwürfig bestaunte Gesprächsthemen liefern, damals wie heute, die Verhältnisse der regierenden Herrschaften : damals also die › Struensee=Affäre ‹ um Köngin Karoline=Mathilde von Dänemark, und deren plötzlich=mysteriöser Tod. — Die heranwachsenden Gymnasiasten Karl Haus und Heinrich Schulz, die einst als nächste Generation die Handlung übernehmen werden, machen eine Fußwanderung ins interessanteste Ausland : die Großhandelsstadt Bremen ..... :

Zitat : Durch die Wachtstraße ging es der großen Weserbrücke zu, zu welcher der Zugang durch ein festes Thor verteidigt werden konnte. Die Brücke war von Holz, ohne jedes Geländer ; gleich rechts an ihr stand ein großer kupferner Kasten, 15 Fuß lang breit hoch und tief ; davor in der Weser war ein großes Rad, so groß, wie die jungen Männer noch nie ein solches gesehen hatten : es hatte 50 Fuß im Durchmesser, mit sehr breiten Schaufeln ; an diesem hingen Kannen, die unten in der Weser sich voll Wasser füllten, und sich oben in eine Rinne leerten, welche das Wasser in den erwähnten Kasten führte, der ziemlich hoch auf einem Pfahlwerke stand. › Dat iss'at Waterrad ‹ erläuterte Brauer, › toulezt 1710 upgebuet ; und gript 9 Tonnen Water, wenn et einmal rum geiht. Dat Rad geiht aber in 1 Stunne 51mal rümmer ; bringt also in 24 Stunnen 10 800 Tunnen à 125 Stübchen. Me düssen Water werd die gemeinen Woltgoten speiset ; und unter den groten gemeinen Röhren gift et vor jedet Hus Privat=Nebenröhrn : so kriggt jedet Kirchspeel un jedet Hus sin Water. ‹

B. : Sieh da : ein altes Wasserwerk. Und das war 1800 so noch in Betrieb ?

A. : Unverändert, seit 1400 ; ja. — Dort in Bremen wohnt der große Olbers ; gleich in der Nähe befindet sich eines der heimlichen Zentren damaliger astronomischer Forschung : Lilienthal. Dort in Bremen treffen unsere jugendlichen Helden eine weitere allerhistorischste Hauptgestalt : Justus Erich Bollmann.

B. : Über den ich Wo=Was finde ?

A. : Das ist auch wieder so ein wunder Punkt : weder in unserem Standardwerk, der › Allgemeinen Deutschen Biografie ‹, noch der eben davon erscheinenden Neuauflage, finden Sie, völlig unbegreiflicherweise, den Namen aufgeführt. Dabei war er eines der interessantesten › Kinder zweier Völker ‹ ; einer der ganz wenigen Deutschen, die, gleich Steuben oder Karl Schurz, eine lebendige Verbindung zu den Vereinigten Staaten herstellen. Varnhagen hat ihm, nach seiner aalglatten klein=schlechten Art ein Biogramm hinterher geschrieben ; ihm, dem Fast=Befreier Lafayettes aus Olmütz, dem Fast=Gründer von Pittsburg, ihm, dem Finanzexperten des Wiener Kongresses, ihm, der zu Hoya geboren war, und auf Jamaica starb, ein Anderthalb=Odysseus seiner Zeit.

B. : Also kann ich aber schlechterdings von ihm nichts wissen ; wenn man ihn in den 56 Bänden der ADB vergaß, bin ich der Schande los und ledig. — Aber Sie betonten so verdächtig Bollmanns › Historischen Namen ‹ : ich denke, *sämtliche* Namen sind rücksichtslos=historisch ? !

A. : Die Personen schon ; ihre Namen nicht immer — Oppermann war ja schließlich kein Selbstmörder ; bezw. nicht unklug genug, sein Leben in endlosen Prozessen zu vergeuden, wie es leider manchem feurigen Dichter ergangen ist, Cooper oder May. Die Namen sind grundsätzlich leicht getarnt ; obwohl dem Kenner blitzschnell durchschaubar à la › Hoya=Heustedt ‹. Wollen Sie jeden einzelnen der Beschriebenen auch heute noch beim Zopf erhaschen, so macht das keinerlei Schwierigkeit : wenn Oppermann angibt, daß der Betreffende 1840 Wasserbauinspektor zu Hoya gewesen sei, dann .....

B. (herausfordernd) : Ja, was dann ? ! Sie können doch keinem Leser zumuten, mit Gewalt nach Hoya zu pilgern, und dort monatelang Lokalstudien zu treiben — oder ist das etwa schon geschehen ? Gibt es einen, im Druck vorhandenen Schlüssel zu den › Hundert Jahren ‹ ?

A. : Leider noch nicht. Heute müssen Sie sich noch die Katasterplankarte von Hoya zur Hand nehmen ; und dazu die betreffenden Jahrgänge der Staatshandbücher des alten — erst Churfürstentums, dann Königreichs — Hannover : in diesen, noch viel zu wenig ausgewerteten, historisch=biografischen Quellen finden Sie Allealle. Eine solche Art der Verschlüsselung ist gar keine !

(G o n g)

A. *(mit Nachdruck) :* Zweites Buch ! —
Da befinden wir uns, zu Anfang der 1790er Jahre, in Göttingen, der Stadt der Georgia Augusta, der großen Universität : 3 der › jüngeren Helden ‹ — genauer wäre › der mittleren ‹ — studieren hier. Justus Erich Bollmann, der Mediziner ; Karl Haus der Jurist ; Heinrich Schulz der Theologe.

B. *:* Mir fallen, von bekannten Namen, im Augenblick nur ein : Tieck und Pape ; Metternich und der Präkommunist Saint=Simon ; Wolfgang Bolyai und ER, der Größte der Großen : Karl Friedrich Gauß.

A. *:* Am Rande erscheinen sämtliche Professoren : Kästner Heyne Blumenbach ; Eichhorn Pütter Tychsen Spittler Heeren . . . . .

B. *(hineinmurmelnd) :* . . . › Ideen über die Politik, den Verkehr und den Handel der vornehmsten Völker der Alten Welt ‹ : sehr wichtig : Der und Mannert ! . . . . .

A. *(weiter die Vergessenen › zitierend ‹) :* . . . . . der Ritter Zimmermann › Über die Einsamkeit ‹ und sein Gegenfüßler von Knigge : › Über den Umgang mit Menschen ‹. Und schließlich er, der Mächtigste, schon Zerfallende : Gottfried August Bürger ! Zu ebener Erde wohnt sein Hauswirt, der Kupferstecher Riepenhausen=Hogarth ; oben im Dach der ewige › Arme Poet ‹. Und er, der als › Gänsemännchen ‹ gleichzeitig 2 Schwestern geliebt hatte, ist zur Zeit der Gatte einer Jung=Dritten, jener berüchtigten Elise Hahn, die sich öffentlich angeboten hatte, › Mollys ‹ Stelle auszufüllen .....

Zitat : › Getreu wird's ‹ — (*mit bedeutendem Tonabfall ins Zynische*) *:* das Schwabenmädchen nämlich ! — › ... unter Himmelssegen / des einzig lieben Mannes pflegen / bis zu dem höchsten Stufenjahr ; / und Deutschland soll's zu rühmen haben, / daß dieses Jungferlein aus Schwaben / einst Bürger's Gattin war ! ‹ — / (*Vertraulich*) *:* Heute empfing die Frau Professorin : ein nicht sehr großes Zimmer nahm 15 Personen auf, darunter 6 Herren und 9 Damen ; man trank Thee und aß Kuchen und Butterbrot dazu. Die Damen waren jung, die Herren nur Studiosen ; zum Tanzen war kein Platz ; Elise schlug ein Pfänderspiel vor. Die Strafen diktierte Amor ; sie bestanden regelmäßig in Küssen, bei denen nur die Zahl, die Art & Weise, ob die ganze Gesellschaft durchgeküßt wurde, oder ob einzelne Personen sich küssen mußten, ob dies öffentlich oder im dunklen Nebenzimmer geschah, wechselte. Nach dem Pfänderspiel kam Blindekuh an die Reihe : man tanzte im Kreise um die Blindekuh, die dann plötzlich zwischen die Tanzenden sprang, um eine Person zu haschen und zu benennen — es entspann sich oft ein Kampf, bei dem der Blinde sich erlauben durfte, was dem Sehenden unerlaubt gewesen wäre ! Kurz, es war ein Leben & Treiben, zu dessen Schilderung ein Hogarth'scher Pinsel gehörte. / › Mach daß Du fertig wirst ‹, sagte Riepenhausen zu Bollmann, der noch immer an seinem Punsche braute, › diesen Höllenlärm da oben ertrag ich nicht mehr. Auf die Gefahr hin, daß Ihr mir mein Staatszimmer zurechtschmökert, daß Lichtenberg, der morgen meinen ersten Abdruck sehen will, zu schimpfen anfängt, wenn er den Knaster riecht, führe ich Euch dorthin. Da sind wir unter Bürgers Schlafgemach, und haben diese wilde Jagd hoffentlich nicht über uns. ‹ / › Bin sofort fertig ‹ sagte Bollmann, die letzte Citrone ausdrückend, › aber sag'einmal, um aller Welt willen, wie kann der Bürger so blind sein ? ! ‹

A. : Ach, es ist zu viel und zu schön, dieses Dutzend Seiten voll ungedrucktester Details ; das muß man, als Deutscher, selbst lesen !

B. (*ebenfalls hoch aufatmend*) : Dergleichen erfreut natürlich des Deutschen Herz ; unbedingt. Es scheint doch ein › groß wüst Buch ‹, diese › Hundert Jahre ‹. Aber › stimmt ‹ denn das auch alles ?

A. : Oh unbedingt ! : Oppermann ist verläßlich ! Wie sagt er doch, gleich zu Eingang des zweiten Buches ? . . . . . :

Zitat : Wer in den Zwanziger und Dreißiger Jahren in Göttingen studierte, oder sich dort Studierens halber aufhielt, der ist auch im Hause des witzigsten aller › Kroneninhabers ‹, Friedrich Bettmann gewesen ; nämlich in der › Goldenen Krone ‹ an der Weenderstraße. Wer dort aber jenerzeit ein= und ausging, der fand allda=alltäglich ein altes zusammengeschrumpftes Männchen, mit gelber Perrücke, die weniger als Haarschmuck, denn zur Erwärmung des Kopfes diente ; abends in der hinteren Stube vor der Mutterflasche mit gelbem Lack sitzend, sich und den Stammgästen daraus einschenkend und diese lebhaft unterhaltend : als die Georgia Augusta 1787 ihr funfzigjähriges Jubiläum feierte, da war dieser Mann schon wohlbestallter Universitäts=Kupferstecher ; und als Göttingen 1837 sein hundertjähriges Jubiläum feierte : da war Riepenhausen einer der Wenigen, die noch vom Jahre 87 erzählen konnten. Sobald es dunkelte, Sommer und Winter, war er der erste Gast in der Krone. Er wußte viel zu erzählen, der alte Herr ; und er hat mir Dinge berichtet, von denen in unzähligen Büchern, die über Göttingen geschrieben sind, kein Wort steht ! Und hätte sich Otto Müller von ihm eine Stunde über Bürger erzählen lassen : er würde einen besseren Roman als den uns vorliegenden geschrieben haben !

B. *(tiefsinnig=nachdenklich) :* Achrichtig. Oppermann hat die Leute ja noch Alle persönlich gekannt ; sieh da ! — Wie geht es weiter ?

A. *:* Bollmann, der Älteste der erwähnten Drei — auch der Unternehmungslustigste — wird nach Paris gehen ; jenem revolutionären Paris, das Louis Sébastien Mercier so unnachahmlich=falsch geschildert hat, mit den berüchtigten › Mitteln des Journalisten ‹ — *(nüchtern) :* der außerdem zumeist während der von ihm so › anschaulich geschilderten ‹ Szenen in leichter Haft saß : ein unschätzbarer Vorteil für solche › Pseudisten ‹ ! Sie sind einerseits › Zeitgenossen ‹ ; und können andrerseits doch faselnfaseln, bis ihnen der schönfärbige Schaum vorm Plappermaul steht.

B. *:* Er gibt aber doch, meines geringen Wissens, auch unverächtliche Details — die › Jou=Jou=Manie ‹ etwa . . . .

A. *:* . . . über die Sie, eben bei Oppermann, Deutsch=Verläßlicheres nachlesen können : das spielt man auch in Heustedt ; wo Karl Haus und Olga sich platonisch lieben — während Anna Dummmeier und Graf Schlottheim sich mehr der Praxis widmen. — Ein bedeutender Stichtag ist der 10. August 1792 . . . . .

B. *:* Warum gerade, vor allen andern, er ?

A. *:* Weil an ihm einmal der unselige 16. Ludwig in Paris

guillotiniert wird : das berichtet, in sonst nicht wieder abgedruckten Briefen, Bollmann. / Weil an ihm gleichzeitig Anna Dummmeier den verachteten=veralteten Abenteurer Claasing, und Comtesse Olga den débauchirten Grafen Schlottheim ehelichen müssen. / Und weil gleichzeitig an eben diesem Schicksalstage der cand.theol. Schulz in Hedemünden, bei seinem Schwager, dem Oberförster Baumgarten, einen Mann kennen lernt, der — neben Hormayr und Christian von Massenbach — dem Kenner eines der › Leitfossilien ‹ des ausgehenden 18. Jahrhunderts geworden ist : Friedrich Ludwig Freiherr von Berlepsch.

B. : Wieso eigentlich kaprizieren Sie sich darauf, nach einer spannenden Einleitung, einen Namen zu servieren, den selbst der Große Brockhaus nicht mehr kennt ?

A. (*heftig*) : Ist das vielleicht meine Schuld, wenn sich Einer ehrlich bestrebt, das Gedächtnis der Menschheit zu sein — daß Der dann sogleich als antiquiert, ja, verschrullt, ausgeschrien wird ? ! : Nur weil die Trägen — und ihre Zahl, fürchte ich, ist identisch mit der der Lebenden ! — nicht mehr › Bescheid wissen ‹ ? — Ich bin nicht auf die Welt gekommen, um Rücksichten zu nehmen ; ich wiederhole also noch einmal, und feierlich :

Friedrich Ludwig Freiherr von Berlepsch !

B. (*resigniert*) : Schön. — Aber wehe Ihnen, wenn Sie mich enttäuschen : was hat er Nennenswertes geleistet ?

A. : Folgendes : — Er, im Goethejahr 1749 geboren ; leidenschaftlich und exzentrisch, d. h. kann=man=sagen, war Einer der Wenigen, die das Fänomen der großen Französischen Revolution von 1789 richtig würdigten. Er voraussah weiterhin : daß › sein ‹ Hannover da zwangsläufig zwischen West & Ost zermahlen werden würde —

ungefähr vergleichbar der augenblicklich sogenannten › Bundesrepublik ‹ und der nicht minder sogenannten › DDR ‹. Und also trug er offiziell darauf an, daß die › Calenbergische Nazion ‹, deren einer offizieller Vertreter er war, unverzüglich Frieden und Bündnis mit Frankreich schließen sollte — natürlich wurde er sofort erst einmal entlassen !

B. : Es klingt doch aber auch verdammt eigenbrödlerisch : › Calenbergische Nazion ‹ — was ist das überhaupt : › Calenberg ‹ ?

A. (*ablehnend, man muß dabei hören, daß er die Stirn runzelt ; ein Nachtprogramm ist eben viel zu kurz, als daß man auch nur das Wichtigste erläutern könnte*) : Eine der 9 › Landschaften ‹. Lassen wir die Einzelheiten : zwischen Einem wie mir, der 6 Bände Berlepsch gelesen hat ; und Einem wie Ihnen, der eingestandenermaßen nichts davon weiß — (*strafend*) : nichts wissen will ! — ist eine Verständigung schwer möglich.
Berlepsch also — meinethalben › leidenschaftlich & exzentrisch ‹ ; aber ein solcher Überschuß von Phlogiston war bei uns stets Mangelware und sollte kostbar gehütet werden ! — Berlepsch war einer der ersten Deutschen, die Recht & Gerechtigkeit nicht devot erbaten, sondern schlichtweg forderten ! Dessen Anträge freilich nirgends durchdrangen, › weil die abstoßende Form zu schockierend wirkte ‹.

B. (*verständnisvoll*) : Achso : der Inhalt wäre sonst so übel nicht gewesen ?

A. (*achselzuckend*) : Mit unerschrockenem Mut vertrat er jederzeit, unter einheimischer wie unter fremder Herrschaft, die Interessen der Untertanen — selbstverständlich seine eigenen mit ; obwohl auch hier hervorgehoben sei, daß er für den Adel, dem er doch selbst angehörte, eine besonders hohe Besteuerung vorschlug. — Vor allem aber hatte er, Einer der ganzganz Wenigen Klarblickenden seiner Zeit, früh genug erkannt, daß 2 Staaten, genauer Ost & West, sein Hannover aufzufressen höchst appetitlich=bereit waren : einmal Frankreich, um die Seeküsten wirksam gegen den natürlichen Feind des Festlandes, England, sperren zu können . . . . .

B. *(kopfschüttelnd ; er kennt eben Massenbach auch nicht) :* Den › natürlichen Feind des Festlandes ‹ — ich fühle mich fast versucht, Sie ebenfalls, gleich Ihrem Berlepsch, › leidenschaftlich & exzentrisch ‹ zu heißen.

A. : Deswegen nun — weil England keinen Frieden wollte ; und das ihm liierte Hannover keinen machen durfte — deswegen schlug Berlepsch ganz kalt dem › Calenbergischen ‹ Landtag vor: auf eigene Faust Frieden mit der jungen Republik Frankreich zu schließen ! Man folgte ihm nicht ; lachte vor Dummheit, und brüllte vor Wut. Aber die Jahre 1801—13 zeigten umgehend und nur allzudeutlich, wie sehr Berlepsch im Recht gewesen war, seine › Calenbergische Nazion ‹ vor der Französischen, wie vor der strammen Preußischen zu warnen. — Jedenfalls ist er immer eines der ersten klassischen Beispiele auf deutschem Boden : wie 1 Einzelner, nur mit seinem Wort bewaffnet, öffentlich mutig unermüdlich, auftritt, gegen die myopische Regierung seines Vaterlandes !

B. : Was diese Regierung vermutlich sogleich dahingehend verdrehte, als sei Berlepsch gegen › das Vaterland ‹ selbst. — Aber wir müssen weiter . . . . .

(G o n g)

A. : Drittes Buch !

B. (*bittend*) : Könnten wir nicht eine Zigarettenpause einlegen ? Bei mir beginnt es bereits langsam zu drehen : Hoya & Bolyai ; Riepenhausen=Bürger ; das Bremer Wasserrad & Berlepsch — das sind erst 2 Bücher, und ich eigne nicht den Magen eines Vogel Strauß.

A. (*unerbittlich*) : Drittes Buch ! : das zerfällt ins Bedeutend=Weite. — Bollmann hat den Grafen Narbonne für die Frau von Staël aus Frankreich hinausgeschleust ; muß aber im Umgang mit den degenerierten Émigrés jener Jahre nur zu bald erkennen, wie doch die herrschende französische Kaste nichts als › lackierter Staub ‹ war. Sofort anschließend versucht er ein zweitesmal sein Glück als politischer kidnapper : der Held der amerikanischen Freiheitskriege, Lafayette, ist in österreichische Gefangenschaft geraten, Olmütz heißt sein Kerker ; und Bollmann, zusammen mit dem Amerikaner Huger, unternimmt es, ihn zu befreien.

B. : Gerade heute wieder, im Zeitalter des Menschenraubes, eine recht schwermütige historische Anekdote.

A. (*ungehalten*) : Ja leider tendieren wir Deutschen dahin, Gegenwart und Historie zu trennen, als gehörten sie gar nicht zueinander ! Dabei ist es doch so : das individuelle Gedächtnis des Einzelnen ergibt Verhaltungsmaßregeln nur für eine recht beschränkte Zahl von Erlebnissen ; für die weitaus größte muß eben vikariierend das › Gedächtnis der Menschheit ‹ einspringen : einer der Zwecke der › Geschichte ‹ ! Nur so wird es ja möglich, Gleichungen wie › Alexander = Hitler ‹ zu erkennen ; oder bei uns das › Neue Mittelalter ‹. Freilich reicht dazu weder › die Volksschule ‹ aus, noch eine gerichtet=

dürftige › Lehrerbildung ‹, wie sie den Regierenden gern vorschwebt. —
Aber weiter : während Bollmann also in Wien und Olmütz sich historisch betätigt, kost Karl Haus in Heustedt mit seiner schwarz=bleichen hochadligen Olga — was jedoch die erfahrene Melusinen=Mutter nur allzubald entdeckt, und ihn als Sekretär des Grafen Münster — 7 Fuß hoch aufgeschossen — nach Italien abschiebt. Unterdessen kommentiert der Pfarrkandidat, Heinrich Schulz, die neueste Kantische Schrift › Vom ewigen Frieden ‹ ; ehelicht ein Bauerntöchterlein ; und — während dergestalt die › Registraturen ‹ erledigt werden —

B (*einfallend*) : . . . ein Rechtsanwaltsausdruck Oppermanns wohl ? Um, immerwieder=zwischendurch, die Biografica seiner Helden kurz & gut zu Papier zu bringen ?

A. (*bestätigend*) : . . . unterdessen erscheint in Hannover Heinrich Hauenschild aus Wetzlar, der letzte Reichskammergerichtsbote ; der gleichzeitig ein, nicht mehr appellationsfähiges, Urteil überreichen, und seine Schwester Barbara besuchen will : die aber dient als Magd bei › Werthers Lotte ‹ — beziehungsweise, schlichter, bei Frau Charlotte Kestner, geborene Buff.

B. (*verständnisvoll*) : Was natürlich wiederum zu den leckersten literaturgeschichtlichen Anekdoten Gelegenheit darbeut. — Aber Sie sagten eben, die Handlung ginge in diesem Buch › ins Bedeutend=Weite ‹ ?

A. : Allerdings : Olga, nunmehr leider verehelichte Gräfin Schlottheim — obwohl sie vorm Altar › Nein ! ‹ gehaucht hat, und dem ausschweifenden Gatten nicht erlaubt, die Ehe zu vollziehen — lebt in Italien ; trifft dort den Immer=Jugendgeliebten Karl Haus — dem sie › es ‹

natürlich gestattet. Exakt geschildert das damalige Königreich Sizilien ; Neapel ; Schuft Nelson . . . . .

B. *(befremdet=tadelnd) :* . . . Ich meinte, der Mann wäre Admiral gewesen ? —

A. *:* Bittebitte : wenn Sie — aus Unkenntnis der historischen Gegebenheiten, — Oppermann nicht trauen, dann lesen Sie doch bei Massenbach nach, oder — tres faciunt collegium — in Coopers › Wing and Wing ‹ : er war ein einarmiger, verbuhlter, gewissenloser, wortbrüchiger › Schläger zur See ‹ ! — Und anläßlich einer Lustfahrt um Bajä=Capri also, passiert eine der größten damaligen Schweinereien : Korsarenschiffe entführen Olga und den Maler Hellung nach Zuwân.

B. *:* Demnach war also Mozarts › Entführung aus dem Serail ‹ gar kein bodenloser tausendnächtiger Opernstoff, sondern brutalste Wirklichkeit ? Etwa wie wenn ich heute . . . . .

A. *:* Genau so ! Man hat nur vergessen, daß Frankreich vor 120 Jahren Nordafrika besetzen *mußte* : im Namen der reinen Menschlichkeit ! Um Zehntausende weißer Männer von den Galeeren, Zehntausende weißer Frauen aus den Harems geil=indolenter Paschas zu erlösen ! Die › Rechte der farbigen Völker ‹ in allen Ehren : aber erst müssen sie sich wie die Menschen benehmen lernen.

B. *:* Bis 1830 ging damals dieser Menschen=Großhandel ? !

A. *:* 1818 noch kreuzten algerische Korsaren vor unserer allerpreußischsten Emsmündung ; und das siegreiche Volk der Freiheitskriege mußte sie mit den schimpflichsten Tributen abkaufen ! — Bei solcher Lage der Dinge ist es Oppermanns Pflicht gewesen, ausführlich auf den — bis jetzt ehrenvollsten — frühen Waffengang der blutjungen Vereinigten Staaten hinzuweisen. Die erste

Beschämung des camemberthaft=verschimmelten Alt-Europa durch die rühmlichst=zukunftsträchtigen USA. Als die, 1801 bis 03, ihre erste › Mittelmeerflotte ‹ entsandten, unter Commodore Decatur, das Großschlachtschiff › Chesapeake ‹ sich vor Tripoli legte, und Feuer aus 38 schwerkalibrigen Rohren spie, bis dem Herrn › Dei ‹ der Turban wackelte : das war schon eine schöne Geschichte! — (*Anzüglich*) *:* Und ebenfalls wert zu wissen. . . . . .

(G o n g)

A. (*rüstig*) *:* Viertes Buch !
Unterdessen ist Hannover besetzt worden — genau, wie Berlepsch vorgewarnt hatte — zweimal von den Preußen, zweimal von den Franzosen, die es dann bis 1813 innehatten. Wieder einmal hatten Minister & Generäle, die bewährten Unheilstifter, es dahin gebracht, daß Deutschland zur Kloake von 10 Besatzungsmächten wurde — (*bitter*) : wie zur Zeit eben wieder.

B. (*beruhigend*) : Nicht zu laut. Das Thema ist allzu bitter. Begeben wir uns lieber wieder ins Jahr 1805 : das ist so schön lange her.

A. : Die › Filler=Marthe ‹ ist mit ihrer Tochter Anna nach Bremen ausgewichen, wo allerlei Besatzungsgeschichten geschehen. Karl Haus hat seine Olga aus der Gewalt der Barbaresken befreien, nach Amerika führen, und dort heftig ehelichen können. Und, immer deutlicher herausgearbeitet, immer stärker von Oppermann hervorgehoben, immer ausführlicher dahintergeblendet : Amerika ! — Bollmann hat die Erzlagerstätten von Pittsburg entdeckt, und dort die, heute noch blühenden, Hüttenwerke gegründet. Auswanderertypen werden vorgeführt, Deutsche Iren Italiener. Aber nicht nur die guten zukunftsträchtigen Seiten erfahren wir ; sondern auch die schäbig=lächerlichen : den, heute noch unverändert=affigen, Wahlrummel — kein Mensch, der noch ein bißchen auf sich hält, würde ja unter solchen Bedingungen für den Präsidentenstuhl kandidieren ! Die wüste Sklavenhalterei : › Ku=Klux=Klan ‹, so knackt ein Gewehrhahn ! ; und die unsinnigsten religiösen Sektenbildungen.

B. : Ist das Ihre vorhin gerühmte Toleranz à la Diodor ?

A. : Wie das klingt : › A la Diodor ‹ : schön ! Ich fürchte, Sie haben mich da mißverstanden : selbstverständlich registriert der Autor des Politischen Romans alle religiösen Erscheinungen ; aber nicht alle sind ja gleich ehrwürdig ! Der › Billy=Graham=Rummel ‹ ist eine läppische Hanswurstiade. Das › Buch Mormon ‹ dagegen weiß Oppermann sehr wohl zu würdigen.

In Europa nun, ist das Zeitalter Napoleons angebrochen. Um die deutschen Kleinstaaten für sich zu gewinnen, hat er 1 › Musterkönigreich ‹ gegründet : Westfalen.

B. : Aber jetzt halt, lieber Herr ! War das nicht nur der › Morgen=wieder=luschtik ‹=Jérôme ?

A. : Freilich verfehlen unsere billigen Geschichtslehrbücher, wie auch die teuren, nie, wenn sie auf jene Zeit kommen, von » dem frevlen Spiel des Korsen mit Völkern und Thronen « zu deklamieren — anstatt des Breiten dabei zu verweilen, wie die Kurfürsten von Hessen sich durch den schmutzigsten Untertanenverkauf bereichert hatten. Mit vollem Recht durfte das 27. Bulletin verkünden : › Das Hessen=Kasselsche Haus hat seine Untertanen seit vielen Jahren an England verkauft, und

dadurch der Kurfürst so große Schätze gesammelt. Dieser schmutzige Geiz stürzt ihn nun : das Haus Hessen=Kassel hat zu regieren aufgehört ! ‹
Und in einer Instruktion vom 15. November 1807 entwickelt Napoleon seinem Bruder Jérôme seine äußerst beachtenswerten Gedankengänge : Preußen und Österreich sind besiegt ; Rußland für den Augenblick freundschaftlich eingefroren — es gilt, das politisch=weltanschauliche Vakuum zwischen Rhein und Weichsel auszufüllen, es › für den Westen zu gewinnen ‹, für eine vernünftige, fortschrittliche Entwicklung friedlich zu erobern.

B. : Achso. Und hierzu bot sich, logisch weitergedacht, ein Weg, der jeden Verständigen überzeugen mußte : die Schaffung eines Musterkönigreiches ?

A. : Sehr richtig : von Cuxhaven bis Magdeburg, von der mittleren Elbe bis Marburg, entstand so, nach dem Willen des Imperators, das › Königreich Westfalen ‹. Denn, wie Napoleon es sich in seiner vernünftigen Unschuld dachte . . . . . :

Zitat : » Die deutschen Völker verlangen mit Ungeduld, daß die bürgerlichen Talente nicht gegen den Adel zurückgesetzt, daß jede Art von Leibeigenschaft abgetan werde, daß alle Schranken, welche den Landesherrn von der niedrigsten Klasse seiner Untertanen trennen, hinwegfallen. «

A. : Genau dies, und noch mehr, sollte in Jérômes Reich vorbildlich verwirklicht werden :

Zitat : » Die Wohltaten des Code Napoleon — die Öffentlichkeit der Gerichtsverfahren, die Einführung der Schwurgerichte, werden die unterscheidenden Kennzeichen des Westfälischen Staates sein. Es ist notwendig, daß das Westfälische Volk eine Freiheit, eine Gleichheit, und einen Wohlstand genieße, wie sie den Völkern Deutschlands bisher unbekannt waren. Eine solche liberale Regierungsart wird den günstigsten Einfluß auf die Machtstellung der Westfälischen Monarchie ausüben, und eine mächtigere Schranke gegen Preußen sein, als die Elbe, die Festungen, und der Schutz Frankreichs. Welche Provinz wird auch unter das despotische preußische Regiment zurückkehren wollen, wenn sie einmal die Wohltaten einer weisen und liberalen Verwaltung gekostet hat? Es kann gar nicht ausbleiben, daß Westfalen ein moralisches und geistiges Übergewicht über die benachbarten absoluten Könige erlangt. «

B. (*nachdenklich*) *:* Napoleon betrachtete demnach das neue Königreich als ein Mittel, die Segnungen der französischen Revolution, speziell die Hebung des 3. Standes, den Deutschen handgreiflich vor Augen zu führen.

A. : Mehr noch : in allen übrigen deutschen Landen sollte der Wunsch erweckt werden, gleicher Wohltaten teilhaftig zu werden. Deutet der Kaiser doch vorsichtig an, daß auf diesem Wege vielleicht gar eine Vergrößerung des Staates auf friedlichem, › kaltem ‹, Wege erreicht werden könnte ! Als — von Oppermann ausführlich beschriebene — Hauptstadt wurde Kassel auserlesen, wo König Jérôme, diese Lieblingsfigur witzelnder Historiker, residierte . . . . .

Zitat : Ein Jahr Westfälischer Herrlichkeit war schon vergangen — und Kassel stand sich nicht schlecht dabei ! Jérôme besaß einen Hofstaat nach brüderlich=kaiserlichem Muster, er ließ die Garden in glänzenden Uniformen auf dem Friedrichsplatz Parade machen — freilich, was den Althessen und Hannoveranern sehr mißfiel, ohne Zopf, mithin ohne Ansehen und Würde. Dafür hatte Jérôme aber für sein zusammengewürfeltes Reich etwas, das allen anderen deutschen Staaten damals noch fehlte : Reichsstände, ein Parlament, mit Deputierten des Handelsstandes, der Industrie, sogar der Wissenschaft ! Es hatte kaum 2 Jahre gedauert, da war Westfalen ein wirklich einheitliches Reich. Frankreichs Maß, Gewicht und Münzen waren eingeführt ; und das hielt Jedermann für ein Glück ; denn die zwanzigerlei Albus, Mariengroschen, Gute Groschen, Kreuzer, Pfennige, Heller, waren erschrecklich gewesen. Der Code Napoleon war zum Gesetze erhoben, und öffentliches mündliches Verfahren im Civil= und Criminalprozeß an die Stelle des alten geheimen schriftlichen Schlendrians getreten, was Leuten, wie dem nun glücklicherweise in England weilenden Geheimen Cabinettsrath Rudloff, gegen den Executionen niemals zu vollziehen gewesen, freilich ein Greuel war. Die Leibeigenschaft wurde aufgehoben, die Feudallasten verschwanden, der Bauer konnte freier aufatmen. / Der Hof des Königs Jérôme in Kassel war viel besser, als sein Ruf ; wie auch der König selbst es als Herrscher mit seinen Untertanen besser meinte, als alle die › legitimen ‹ Hessenfürsten, die vor und nach ihm auf demselben Throne gesessen haben. Und doch war man nur in dem aufblühenden Kassel zufrieden ; das übrige Land sehnte sich nach den alten › gewohnten ‹, wenn auch schlechteren Zuständen zurück, oder › hing vielmehr mit Liebe an der angestammten Dynastie ‹, wie die nationalen Lohnschriftsteller von 1814—15 sagten. Nun, die › Liebe ‹ war nicht weit her ; es gab nicht 1 Bauernfamilie, die nicht in Amerika einen Sohn verloren oder von dort als Krüppel zurückbekommen hätte; allein die Gewöhnung war zu mächtig bei den verdummten niederen Ständen. Jedes Neue wurde als Übel betrachtet; die allen Deutschen anklebende Schwerfälligkeit, sich in Neues hineinzugewöhnen, zeigte sich bei den zusammengewürfelten Stämmen vom Main bis an die Elbe; und es wurde ihnen des Neuen auch sehr reichlich geboten. Später betrieben kurfürstliche Soldschriftsteller dann eine systematische Verleumdung des Westfälischen Hofes: aus einem einmal genommenen Bouillon= oder Rothweinbade machte man › tägliche Bäder ‹; alle Libertinagen einzelner Großen wurden in der Person Jérômes centralisiert.

A. : Und ich möchte noch einmal ausdrücklich darauf hinweisen, daß Oppermann geborener Westfälischer Untertan, und ergo über jene Zeit leidlich im Bilde war. Ist e r aber schuld, daß manche seiner einfachen Feststellungen und Faktenreihen, › zynisch ‹ in völkischen Ohren klingen? . . . . . :

Zitat : Vor dem Frankfurter Thor angekommen, begann die Capelle der Jäger=Carabiniers eine alte Harzweise zu spielen, der man zu verschiedensten Zeiten die verschiedensten Texte untergelegt hat — damals war eben eine Hymne für Jérôme darauf gedichtet; als später Georg 4. sich einmal das Hannoverland ansah, feierte man ihn mit derselben Melodie; und unsere Zeitgenossen haben sie, von Fuhrmannspeitschen=Concerten unterbrochen, zu Ehren Ernst August's bei dessen Militärjubiläum gehört; und Georg der 5. ist, nebst seinem Kronprinzen, durch die › treuen Harzer ‹ mit ihr angesungen worden — wie auch König Wilhelm von Preußen mit ihr angesungen werden wird, wenn er einmal › seine ‹ Bergstädte besucht.

B. *:* Es wiederholt sich doch aber tatsächlich alles — man sollte wirklich mehr › Geschichte ‹ wissen — : ich erinnere mich aus meiner Kindheit noch des nationalen Marschliedes › Am Wege Heckenrosen blühn / frisch auf : SA zieht nach Berlin ‹ . . . . .

A. *(ergänzend) :* Und ich kenne, aus dem Beginn der Zwanziger Jahre, auf die gleiche Melodie, dies : › So leb denn wohl, mein Rotgardist, / der Du ein Freiheitskämpfer bist ! ‹. — Aber leiderleider ist unsere Zeit zu kurz, um all die zahllosen faszinierenden Details auch nur aufzuzählen : etwa wie die Schmuggler damals, in der noch völlig unwegsamen Lüneburger Heide, die einsamen Stangen, die Marschall Mortier, um den Weg nur einigermaßen zu markieren, hatte aufstellen lassen : umsetzten ! Um die französischen Geld= und Nachschubtransporte in die Irre, in Einöden, Heiden, Sümpfe, › Wilde Moore ‹, zu verführen ; sie dort zu überfallen . . . . .

B. *(murmelnd) :* . . . also wie bei Karl May, im › Llano estacado ‹ : warum in die Ferne schweifen ? . . . . .

A. *:* Die geheimnisvoll=verlästerte Schlüsselgestalt des mächtig=labilen Johannes von Müller erscheint. Oder die des, weit überschätzten › Grafen Reinhard ‹. — Anmerkenswert noch, daß Sie in den › HUNDERT JAHREN ‹ die ausführlichste und korrekteste Schilderung des sogenannten › Dörnbergischen Aufstandes ‹ von 1809 finden.

(G o n g)

A. *:* Fünftes Buch !
Das beginnt mit Szenen à la › Abu Telfan ‹ — obgleich sehr schwer festzustellen wäre › Wer von Wem ‹ ? Ver-

mutlich haben Beide, Raabe wie Oppermann, nach der gleichen › Wahren Geschichte ‹ gearbeitet — : der Maler Hellung nämlich, gleichzeitig=damals mit Olga von Wildhausen in mohrische Gefangenschaft geraten, erfährt im Atlas erst leidliche, dann gute, dann beste, Behandlung. Darf die Wonnen des Harems schmecken ; wird jedoch — nachdem sich viel=schöne Gelegenheit zu ketzerisch=toleranten Vergleichungen, › alla Diodor ‹, zwischen Christentum und Islam ergeben hat — der indolenten Üppigkeit rasch müde ; und kann, mit gutem Wind, nach Dresden entkommen. Wo er 1 Sohn zum Maler, den andern — und es ist bedeutend=symbolisch gemeint ! — zu dem Beruf erziehen läßt, dem die Zukunft gehört : Theodor Hellung, Einer=Derer, die später › die Handlung ‹ übernehmen werden, bildet sich zum Eisenbahningenieur.

B. : › Dichter und ihre Gesellen ‹ — damit würden Sie ja bei den meisten Poeten, selbst unserer Tage noch, schön ankommen ! › Eine Logarithmentafel auf dem Schreibtisch hat noch Niemand geschadet ‹ — haben Sie das mal irgendwo gesagt ?

A. : In Mitteleuropa also französische Besatzungszeit : die Försterfamilie Baumgarten gelangt unversehens zu Geld ! Der 15jährige Sohn Hermann — an dem der hitzig=unklare, von regierungswegen für einige Jahre künstlich erzeugte, Vaterlandsrummel demonstriert wird — der also erspäht aus dem Gebüsch, anläßlich eines Kgl. Westfälischen Geldtransport=Geleits, wie durch einen weitblickenden Fuhrmann 1 Goldfäßchen heimlich herabgekollert wird. Bemächtigt sich des raren Tönnchens ; vergräbt den Hauptanteil ; und benützt den Rest, sich und ein Dutzend anderer gleichaltriger Teutssöhne, als

› Lützower Jäger ‹ einzukleiden — eine Schar, deren sinnlos=eifriges, ausgesprochen opernhaftes, Hin= und Her=Jagen schon nach kürzester Zeit Allen auf die Nerven fiel . . . . .

Zitat: Lützow und sein Corps wurden, je mehr sie sich der großen verbündeten Armee näherten, desto auffallender von den Führern ignoriert : keiner von diesen schien irgend eifrig, die › Lützower ‹ zu haben ! / Der Freischaarführer hatte vor, die Verbindung zwischen dem Armeecorps Bülow's und den Verbündeten herzustellen. Als dies nicht gelang, machte er den Versuch, zwischen dem Blücherschen und Schwarzenbergischen Corps zu vermitteln — allein sowohl Fürst Schwarzenberg wie Blücher thaten nicht, als ob er und sein Reitercorps überhaupt noch existiere ! Das empfand nach & nach jeder einzelne Reiter ; man fühlte aber auch, daß es im Kriege in Feindesland, wo der Enthusiasmus für › Die Schwarzen ‹, der in Deutschland noch überall von seiten der Bevölkerung den Lützowschen Schaaren entgegengekommen war, aufhörte ; daß in einem Kriege von solchen Dimensionen es nothwendig sei, einem größeren Ganzen sich anzuschließen ; und daß ein Operieren auf eigene Hand wenig Nutzen bringen, wohl aber gefährlich werden konnte. Hatte man doch an das Hauptquartier des Kommandierenden in einer französischen Stadt mit großen Fracturbuchstaben das Schiller'sche Distichon angeschlagen, mit der Überschrift : » Pflicht für Jeden ; an Lützow ! :

Immer strebe zum Ganzen ; und, kannst Du selber kein Ganzes / werden, als dienendes Glied schließe dem Ganzen Dich an ! «

B. *(in Gedanken) :* Sehr merkwürdig — das sind alles so speziöse Details, die man uns sonst brennend gern vorenthält. Und ausgerechnet zu Zeiten, wo man dergleichen › wild=verwegene ‹ Freischaren, weitblickend, zu propagieren sich anschickt ; Hmhm. — *(Er seufzt einmal tief auf) :* Bitte weiter .....

A. *:* Hermann Baumgarten kehrt denn auch, einigermaßen belehrt, aus dem › Heiligen Kriege ‹ heim ; und entschließt sich, von einer weiteren Daumenbreite seines Goldfäßchens, zu studieren — › Älteste Deutsche Geschichte ‹ freilich ; so bis höchstens › Heinrich dem Löwen ‹ : was'n Name ! : Wer möchte nicht Löwe sein ? ! — *(Mit deutlichem Tonabfall) :* Je nun ; an dieser Gestalt gedenkt Oppermann dann noch Diverses zu demonstrieren : › Wartburgfest ‹ & › Burschenschaft ‹. Nach beendetem Studium postkutscht der junge Herr Doktor erst einmal nach Wien, wo eben eine Cousine von ihm, Veronica Cruella, als Sängerin alle Herzen — und auch Organe weiter südlich — entzückt.

B. *(fragend) :* Cousine ?

A. *(rasch) :* Ajá, die Tochter einer Mutter=Schwester — geben Sie's auf ; Sie können sich's platterdings nicht merken. Aber merken Sie sich wenigstens das Eine : Lesen ist Lernen & Leben — Hören bloßer Ohrenkitzel !

B. *:* Sie sprechen aber gar nicht in Ihrem eigenen Interesse : ich könnte mir vorstellen, daß gewissenhafte, dazu beeinflußbare, Hörer, jetzt, fester Hand, sogleich abstellten.

A. *(eigensinnig) :* Damals in Wien wurde seitens der Monarchen und ihrer Kanzler organisiert : die Restauration, die Große Lähmung, die › Heilige Allianz ‹ — das Windei, an dem wir auch heute wieder saugen. Unser dummes Volk freilich — zu dessen Merkmalen es gehört, daß es kitschigen Formulierungen gegenüber besonders widerstandslos ist — hat sich die sinistren Fakten dessen, was damals mit ihm gemacht wurde, durch folgende Überschrift aus dem Gedächtnis weg=eskamotieren lassen: › Der Kongreß tanzt ‹ : so bringt man dem › Untertan ‹ Geschichte bei : es lebe die Mnemotechnik !

B. : Welcher der Helden berichtet denn all die Einzelheiten aus der Kaiserstadt ?

A. : Jaja, so nennen sie Kreuzworträtsel und Illustrierte. — Justus Erich Bollmann ist es. Oppermann hatte, dank seines Hoyaer Aufenthaltes, intime Verbindungen zu dessen Verwandten, und konnte ungedruckte Quellen auswerten, die uns heute längst wieder unzugänglich geworden sind. Berühmt sind die › Charakterbilder ‹, die Nostiz vom Wiener Kongreß gegeben hat — nahezu gleichwertig die, die eingesargt sind in den › Hundert Jahren ‹.

B. *(erschrocken) :* . . . . . › eingesargt ‹ ? . . . . . *(Eine kleine, schuldbewußte Pause).*

(G o n g)

A. : Sechstes Buch ! — *(Ehrfürchtig wiederholend) :* Sechstes Buch — da müßten wir eigentlich viel langsamer reden . . . . .

Sputnik=gleich — dem Aufmerksamen ein Fanal : daß schon damals, 1818, Europa rüstig dabei war, technisch ins Hintertreffen zu geraten — überquert die › Savannah ‹ den Atlantischen Ozean, das erste Dampfschiff auf großer Fahrt . . . . . *(schwermütig) :* Robert Fulton hat es nicht mehr erlebt.

In Deutschland ist man indessen mit den, für 20 Jahre letzten, politischen Plänkeleien beschäftigt : Demagogenriecherei ; Stourdza ; Aachen ; Sand ermordet Kotzebue . . . . .

B. : Billigen Sie das etwa ? !

A. : Was für eine Frage ? ! : überlassen wir die Politischen Morde, › Karl & Rosa ‹, den diversen › Femen ‹. Auch fällt mir beim Namen › Kotzebue ‹ zuerst immer Chamisso ein : » Wer gab am Nordpol hart und fest / mir das verwünschte Felsennest ? « — Verdammt, daß Einem ständig Zitate ›aufstoßen ‹ ; wir haben doch wahrlich mit dem Labyrinth der › Hundert Jahre ‹ genug zu tun : Karl Haus, aus Amerika zurückgekehrt, ist, wider seinen Willen, zu einem › Freiherrn von Finkenstein ‹ promoviert worden — durch Intervention seiner, noch immer adelsstolzen Olga : was soll man machen ; man ist eben verheiratet. Sein einer, schon derb korrumpierter Sohn galoppiert als Pseudohusar durch den Rest der Bände.

B. : Es geht jetzt also, durch die Flaute der zwanziger Jahre — aber lebt man als Bürger bei Politischen Flauten nicht am behäglichsten ? — es geht also langsam auf die Revolutionen der Jahrhundertmitte zu, ja ?

A. : Da wird zunächst, aus intimster Detailkenntnis Oppermanns, das göttinger Studententreiben geschildert. Da ergibt sich, sich entzündend an der › Julirevolution ‹, der › Göttinger Aufstand von 1831 ‹.

B. : Der was bezweckte ? Ein Vorspiel von 48 ?

A. : Einer der › jüngeren Helden ‹, Gottfried Schulz, hat sich als Krause=Schüler, als philosophischer Privatdozent, dort etabliert ; und wird, ganz gegen seinen idyllisch=meditierenden Willen, hineinverwickelt. Oppermann beschreibt den Krawall, nebst dem just vorangehenden berühmten Nordlicht, zunächst aufs Putzigste .....

Zitat (atemlos, ein Schüler spricht) : » Wie wir grad aus der Klasse kamen, die des Jahrmarkts wegen um eine halbe Stunde früher geschlossen wurde, kam auf einmal eine ganze Schar Bürger und Studenten, alle mit weißen Binden um den Arm, und gingen die Rathaustreppe hinauf ; und bald verkündete eine Stimme : der Magistrat habe eingewilligt, daß der Polizeicommissar Westphal entlassen werde, und daß sich eine Bürgergarde und akademische Nationalgarde zur Erhaltung von Ruhe und Ordnung bilde : O, Onkel, Du mußt das sehen, wie das auf dem Markt zugeht — das ist ärger als im Jahrmarkt zu Plundersweilern ! Alles packt ein über Hals und Kopf ; nur die braunschweiger Pfefferküchlerinnen fürchten sich nicht ; verkaufen frisch drauf los, und wiederholen immer : › Heern Se mal, kaufen Se mich was ab ; von uns Braunschweigern kennen Se lern, wie man Revolution machen muß. ‹ Aber, Onkel, ich muß ein Gewehr haben ; um 4 Uhr ist Appell, da muß ich dabei sein ! «

A. : Das ist Oppermann selbst, der lustig mithilft, das Pflaster aufzureißen, dekorative Barrikaden zu errichten, und der begeistert dem Dr. Rauschenplat folgt, wenn der, in › Heckerhut ‹ und Kanonenstiefeln, 4 Pistolen und 1 Säbel im dreifarbigen Gürtel, beherzt und stämmig und vollbartumgeben, seine trotzigen Reden hält. — Übrigens war der Mann durchaus ernst zu nehmen ; er hat auch späterhin, in Italien Spanien Deutschland, an allen Insurrektionen wacker mitgeholfen, ein zu früh Geborener ; und erst im Alter, als die Körpermaschine nicht mehr mitmachte, wich er in selbstgewählte Unscheinbarkeit aus. — Unterdessen spielen sich in Göttingen Szenen wie aus den › Fliegenden Blättern ‹ ab .....

Zitat : » Es wird sich kaum bezweifeln lassen, daß, wenn man die Leute in der Universitätsstadt ruhig hätte fortwirtschaften lassen, ohne 8000 Mann Truppen zusammen zu ziehen, die sogenannte Revolution wahrscheinlich ebensobald zerfallen wäre, als sie jetzt zu Ende gebracht wurde — ein Leben, wie man es seit 8 Tagen in Göttingen führte, läßt sich nicht wochenlang aushalten! Kein Handwerker arbeitete ; es sei denn, daß es sich um das Schmieden von Piken handelte, oder um das Setzen und Drucken von Decreten und Bekanntmachungen. Alle Philister waren, wenn sie sich nicht auf der Wache befanden, oder zur Parade aufmarschieren mußten, vom Morgen bis zum Abend im Wirthshause, um ihr Dünnbier, Klapütt genannt, und den reinen Korn dazu zu trinken, zu politisieren, und die Freunde, welche noch nicht eingeschlachtet hatten, mit den Resultaten der diesjährigen Weiß= Knack= Leber= und Rothwursternte bekannt zu machen. Die › Hauptwachen ‹ aber, auf dem Rathhause und in der Bosia, waren weiter nichts als große Kneipen ; in denen es vom Morgen bis in die Nacht lustig & guter Dinge herging, bis einer der Wachthabenden in die › Todtenkammer ‹ gebracht werden mußte, um seinen Rausch auszuschlafen. Da wurde gesungen, gezecht, Karten gespielt — und was das Beste war : das Alles ging auf › Regimentsunkosten ‹, wie man es nannte. Der wachthabende › Offizier ‹ requirierte ; da hieß es : soundsoviel Eimer Bier, soundsoviel Flaschen Branntwein, mindestens 2 Dutzend Flaschen Wein (denn es waren Freunde zu empfangen, und die Ronde zu beköstigen), Brot, Schinken, Mettwurst soundsoviel Pfund ; Morgenkaffee 30 Portionen mit ebensoviel Franzbroten. Nur das Wachestehen in der rauhen wolkigen Mondnacht auf den windigen Wällen und vor den Kirchthurmthüren kam die verwöhnten Musensöhne hart an ; und das Patrouilliren in der Nacht, außerhalb der Thore, durch die Garten= und Feldwege, reizte durch die damit verbundene Spannung. Auf jeder Wache wurde ein Verzeichnis der wohlhabenden Bürger angelegt, und diese der Reihenfolge nach beschickt : der Eine mußte heute dies, der Andere morgen jenes liefern. An eine Weigerung war nicht zu denken ; sonst folgte regelmäßig eine freiwillige Executionsmannschaft von 8 bis 10 Studenten, die sich sofort vor und in dem betreffenden Hause niederließ, und nicht eher wich und wankte, bis sie neben dem Geforderten noch einige Flaschen Wein, Cigarren, mitunter, wenn die Köchin oder › der Besen ‹ hübsch war, auch einige Küsse als Executionsgebühren erhalten hatten — diese › Bons ‹ und Requisitionen hatten in den Rauchkammern der göttinger Hausfrauen binnen 8 Tagen mehr Verwüstungen angerichtet, als sonst die Monate von Januar bis April : das war Anarchie ! Aber es war eine gutmüthige, lustige, romantische Anarchie ; und mancher Graukopf wird sich noch heute mit Vergnügen solcher Executionskommandos erinnern. «

B. : Sagen Sie . . . . . Eines fasse ich nicht : wieso räumen Sie solchen Schnurren so viel Platz ein ?

A. : Weil Sie wissen müssen, daß Oppermann sehr wohl solche Scherze vom wahren Ernst zu unterscheiden weiß. Er, der bald als Bruno, bald als Karl Baumann, also, um mehr Bewegungsfreiheit zu haben, gleich zweimal, im Buche auftritt . . . . .

B. (*protestierend einfallend*) : Wie ? Nicht einmal sich selbst, führt er mit Namen auf ? ! Was ist denn da noch das tertium comparationis zwischen Baumann und Oppermann ?

A. : Vielleicht — : Der Mann ! Und dieser Mann schildert uns nicht nur die Hundertjahrfeier der Georgia Augusta, an der er, 25jährig, teilnahm — und die Porträts, rund 50 sind es, werden immer belehrend zu lesen sein — sondern er gibt uns weitweit mehr . . . . .
(*man hört der Stimme die Ehrerbietung an, als das Stichwort fällt*) : die beste, ausführlichste Schilderung der › Göttinger Sieben ‹, und seines eigenen, ewig=ehrenwerten Anteils daran.

B. : Ich kenne zwar nur die › Göttinger Achtzehn ‹ unserer Tage, die — unter dem reißzähnig=schaummäuligen Wutgebrüll der betroffenen Interessenten — gegen alle Atomrüstung protestierten. — Was war damals vorgefallen ?

A. : Damals hatte sich soeben — auf Grund des uralten › Salischen Gesetzes ‹, das in Deutschland keine weibliche Erbfolge zuließ — England von Hannover getrennt : in Großbritannien bestieg Queen Victoria den Thron ; in Hannover Ernst August : der reitet da heute noch, in Kalpack und metallenem Dolman, vorm Hauptbahnhof nicht=herum. Diese, gleich komische wie empörende, Figur nun — nicht nur › Rex mulierosus ‹ ; er wußte sehr wohl auch die Wonnen gleichgeschlechtlicher Liebe zu würdigen ; ein gekrönter Louis, dem man in seinem englischen Vaterlande öffentlich in den Zeitungen bescheinigen konnte, » daß er alle Laster habe, außer, leider, dem Selbstmord « — diese Type also, die weder Deutsch noch Englisch richtig konnte, » Jedweder Zoll ein Heldenbild « sang ergebenst Blumenhagen, der also hatte zweierlei dringendste Anliegen — die freilich beide dem zur Zeit seiner Thronbesteigung geltenden Staatsgrundgesetz widersprachen .....

B. : Und das waren ?

A. : Einmal hatte er, wie alle diese Herren, unmäßig viel Schulden — ergo gedachte er die, zur Westfälischen Zeit von bürgerlichen Käufern, mit ihrem sauer verdienten Geld erworbenen Staatsdomänen, kurzerhand wieder zu enteignen. Das zweite war ein noch weit Merkwürdigeres : als pure=pute Selbstverständlichkeit schrieb jenes Hannoversche Grundgesetz vor, daß Niemand König werden könne, der › unfähig dazu ‹ sei.

B. (tolerant) : Numeinjott, was heißt schon › regierungsunfähig ‹ ? Was brauchen die Herrschaften letzten Endes mehr zu können, als im Frack rumzuwanken, und ab & zu ihren Namen auf ein Blatt Papier zu schreiben ?

A. : Gesetzt jedoch den Fall, der betreffende › König ‹ oder wie sich das Dings nennt — *sähe* nichts ? ! Im › Hause der Welfen ‹ waren nämlich alternierend diverse › Erbübel ‹ an der Tagesordnung : Bluter, Wahnsinnige, Blinde — und eben das war › Kronprinz Georg ‹ ! Persönlich bedauerlich ; aber einen › Blinden König ‹ hatte bisher, außer bestenfalls in Uhlands Ballade, noch Niemand gekannt. Also ließ Ernst=August mit leichter Hand auch dies noch ins Grundgesetz einschmuggeln : nicht › Unfähigkeit allgemein ‹ sollte die Thronfolge verhindern können ; sondern › geistige Unfähigkeit ‹ — ein feiner, aber für den vorliegenden Fall völlig ausreichender Unterschied.

B. (kopfschüttelnd) : Wie ging das praktisch vor sich, diese › Änderung des Grundgesetzes ‹ ? Wie bei uns :

'n halbes Jahr lang Reklame in › Presse & Rundfunk ‹, 10 Platzkonzerte, und Alles stimmt mit › Ja ! ‹ ? — Oder nein ; damals war's wohl noch einfacher ; › Parlamente ‹ gab's ja noch nicht.

A. : Vermittels des sattsam bekannten › einfachen Federstriches ‹ wurden sämtliche Beamte des Königreiches von ihrem — bei Amtsantritt zunächst natürlich unter allerhand Brimborium und ehrfürchtigen Schauern geleisteten Diensteide entbunden. Und ihnen statt dessen ein anderes Formular zur Unterschrift hingelegt, dessen Inhalt › den wahren Bedürfnissen des Landes besser entspreche ‹.

B. (*bedächtig*) : Wenn ich recht verstehe, wurde also damals, von einem praktisch landfremden, dazu finanziell wie persönlich höchst interessierten › Dritten ‹, aus Willkür und reinem Eigennutz, das Grundgesetz eines ganzen Staates aufgehoben ! Nicht, um es zu verbessern oder zu ergänzen . . . . .

A. (*grollend, in rotglühendem Grimm*) : Sagen wir doch gleich so : Von den › wahren Bedürfnissen des Landes ‹ wußte der heuchlerische Despot, der sich nie zuvor um Hannover gekümmert hatte, wenig ! Auch war im Lande=selbst, der pomadigen Art jener vorwiegend bäuerlichen Bevölkerung gemäß, die Aufregung nicht übermäßig. Nur dort, wo man sich das menschliche und staatsbürgerliche Gewissen — vom juristischen zu schweigen : für *die* Herren war das Ganze lediglich eine Frage, über die endlos=lukrative Deduktionen angefertigt, und Cumuli von Aktenstaub erzeugt werden konnten ! — aber eben dort, von wo schon so manche mannhafte Tat ausging — auch in unseren Tagen, wo eine andere Regierung ein ähnlich=frevelhaftes Spiel zu treiben sich mächtig anschickt — : in Göttingen erhoben sich Sieben der ordentlichen Professoren von ihren Lehrstühlen ; und erklärten, angesichts des ganzen, tatenlos=aufhorchenden, Deutschland : daß sie nicht vor der ihnen anvertrauten Jugend als Männer erscheinen wollten, die mit Eiden ein leichtfertiges Spiel treiben !

Zitat (laut & herausfordernd) : » Sollten etwa Albrecht und ich künftig als höchsten Grundsatz des Staatsrechtes vortragen : Gesetz sei, was der Macht gefällt ? ! «

A. : Es war ein Wort bester Entrüstung, genau zur rechten Zeit. Ein Wort, das der brutalen Gewalt schlicht das Pflichtgefühl des ehrlichen Mannes gegenüberstellte ; ausgesprochen von Gelehrten, deren Name dafür bürgte, daß sie, ohne alle Gewinnsucht oder Effekthascherei, ihre Überzeugung dartaten.

B. (eifrig=bittend) : Bitte : die Namen der Sieben ? !

A. (langsam, einprägsam) : Es waren

DAHLMANN — Professor für Geschichte und Nationalökonomie ;
ALBRECHT — für deutsches Staats- und Privatrecht ;
EWALD — ausgezeichnet durch exegetische Leistungen ;
WEBER — der mit Gauß den Telegrafen erfand ;
GERVINUS — verdient durch Werke der Literaturgeschichte ; und endlich
die GEBRÜDER GRIMM : berühmtesten Namens. —

(Eindringlich) : Also nicht nur zuständig für › Märchen ‹, wie man sie abermals=fälschlich festzunageln beliebt hat ! —

Aufstanden diese Männer gegen einen bornierten Landjunker, der, mit zynischer Gemeinheit, in Berlin zu einem Alexander von Humboldt zu äußern wagte :

» Professoren ? : haben kein Vaterland ! Die und Huren und Tänzerinnen kann man für Geld überall haben. «

B. : Und Humboldt hieb ihm keine rein ? !

A. : Leider nicht. Die meisten Leute hätten da wohl heute noch Hemmungen, wenn irgend ein gekröntes Stück Vieh, irgend ein groß=greiser Chefpolitiker, ihnen dergleichen Unverschämtheiten ins Gesicht mümmelte. — Aber : Oh ! : Wollen Sie nicht noch die weiteren Details hören ? Wie man › DIE SIEBEN ‹ gründlichst verfolgte ? Ihnen, wo immer sie sich hin wandten, hochfürstliche Steckbriefe nachschickte : nirgends sollten sie mehr angestellt werden dürfen ! Sie, die das Unerhörte=Unglaubliche gewagt hatten : die Faust zwischen die rostigen Räder einer Staatsmaschinerie zu hämmern !

(Hämisch) : Oder wie man die Sache › offiziell erledigte ‹, vor dem damals=höchsten Gerichtshof — nämlich bei der Frankfurter Bundesversammlung — man kriegt allmählich einen richtigen Ekel vor dem Worte › Bund ‹ ! — da stimmten die Regierungen darüber ab, was mit Ernst=August, › Einem=von=unsre=Leit ‹, geschehen solle. Und, obgleich das Endergebnis von vornherein nicht unsicher sein konnte, es geschah das Wunder aller Wunder : von 17 Stimmen stimmten 8 gegen, 9 für den neuen › angestammten Herrn ‹ !

B. : Das wäre ja immer=wichtig — ist doch die › namentliche Abstimmung ‹ das einzig=historische, schwächlich=edle, Mittel des Unterliegenden — wer stimmte für jenen Ernst=August ?

A. : Tout comme chez nous. — Natürlich die › Beiden Großen Höfe ‹, Österreich und Preußen, natürlich Preußen. Dann etwa noch Dänemark : wegen seiner Stimme für Schleswig=Holstein. Oder Holland : wegen Luxemburg ! — Als die Stimmen 8 : 8 standen, gab den Ausschlag . . . . . nu, raten Sie ? :

B. : Doch nicht etwa . . . . . : Hannover selbst ? !

A. : Nu wer sonst ? ! — Aber nicht Allen war wohl zumute. Und Einzelne, selbst der Fürsten, scharfsinnig genug, einzusehen : daß hier, von einem schlechten Mann, ein Beispiel schlimmster Art gegeben sei ; daß hier die Monarchie in Deutschland an ihrem eigenen Grabe schaufle. — Und wenn Sie künftig wieder eine Illustrierte finden, wo die Hochzeiten dieser Herren liebevoll beschrieben werden : bestellen Sie sie ab ! ! : Die lesen uns ooch nich !

B. : Aber nun Oppermanns Rolle bei der ganzen — zugegeben : bedeutenden ! — Angelegenheit. Wenn ich Sie recht verstanden habe, befand er sich eben zu der Zeit in Göttingen ?

A. : Oppermanns Rolle ist einzig schön ! Vielleicht ist sogar er es, dem wir dieses unsterblich=europäische Fanal verdanken. — Er hat sie, in berechtigtem Stolz, mehrfach geschildert ; wir folgen heut Abend der Darstellung in den › Hundert Jahren ‹ :

Zitat : » Es war am 19. November, als ein ihm befreundeter junger Professor ihn im Museum beiseiterief, ihm etwas Geschriebenes in die Hand steckte und sagte : › Das Neueste ; lesen Sie ; aber nicht hier. ‹ Bruno eilte nach Hause, und las hier den Protest der Sieben : Dahlmanns, Albrechts, Jakob & und Wilhelm Grimms, Ewalds, Gervinus' und Wilhelm Webers. / Der Protest durchschütterte jede Fiber seines Körpers ; er war ihm kein Schriftstück, sondern eine That, wie er sie seit Wochen provocirt hatte ; eine That, die sich anreihte dem Thesenanschlag Luthers an die Kirchthüren von Wittenberg ! —

Diese That konnte nur durch möglichst weite und schnelle Verbreitung an Bedeutsamkeit gewinnen! / › Laßt für heute die Kindereien ‹ sagte er zu seinen jungen Freunden : › ich brauche Eure Hülfe. Georg : Oskar : Karl — : laßt den Gartensalon erleuchten und heizen, und richtet 12 Plätze zum Schreiben ein, mit den nöthigen Materialien. Ihr Andern geht zu den nächsten Freunden, und treibt sie hierher : in 1 Viertelstunde müssen sämtliche Plätze besetzt sein, ich werde dictieren. ‹ / Nach einer halben Stunde waren 12 Abschriften des Protestes vorhanden. / : › Die Herren werden ohne weiteres begreifen, um was es sich handelt : die schnellste Verbreitung ; und mindestens 24 Stunden Geheimhaltung. Ich ersuche Sie, die Procedur noch dreimal zu wiederholen! — Außer diesen Exemplaren bedarf ich noch 22, die in 1 Stunde geschrieben sein müssen. Dann schreibt Jeder für sich selbst 1 Exemplar ab ; treibt soviel Freunde zusammen als er findet : und wiederholt die Procedur bis zur Ermüdung in der Nacht : die Abschriften werden in alle Theile Deutschlands verschickt ; und wer im Ausland Bekanntschaft hat, sendet sie auch dahin! ‹ «

A. : Gut & Schön war der Protest der Sieben : aber erst durch Heinrich Albert Oppermann wurde er, was er wirklich war! . . . . . :

Zitat (befriedigt) : » So geschah es — ohne Wissen und Willen der Sieben — daß hunderte von Abschriften des Protestes durch Deutschland, ja Europa, verbreitet wurden. / Unsere Generation ist gewohnt, auf die That eines solchen Protestes geringschätzig hinabzublicken. Ein Fähnrich oder Hauptmann, der bei Königgrätz verwundet davonkam, glaubt sich ein Held, gegen solches › Federvieh ‹. Aber, so sagt Robert Prutz : › Es handelte sich darum, ob — unter irgendeiner Verfassung — irgendeine königliche Ordonnanz die ewigen Grundfesten der Sittlichkeit und Wahrheit mit einem brutalen Quos ego erschüttern darf ! ‹ ; eine Wahrheit, die man heute verachtet, und die das Jahr 66 und die folgenden sich gesagt sein lassen sollen : es ist die alte Speise, woran die Menschheit seit Jahrhunderten kaut : Recht oder Gewalt ; Wahrheit oder Lüge ; Redlichkeit oder List ! «

A. : Und, weit rührender noch, die bewegte Schilderung, wie die studentische Jugend sich ihrer geliebten Lehrer annahm .....

Zitat : » Es war Sonnabend, der 16. December nachmittags, als Creizenach dem Freunde Bruno Baumann, mit dem er verabredet hatte, den Entsetzten das Geleit nach Kassel zu geben, die Nachricht brachte : der Prorector habe die Reise über Münden inhibirt, und den Professoren eine Zwangsordre gegeben, über Witzenhausen zu reisen. » Außerdem aber, denke die Schweinewirtschaft !, hat die Polizei allen Pferdephilistern bei 20 Thalern Strafe untersagt, heute und morgen an Studirende Wagen oder Pferde zu verleihen ! — Wir haben jedoch trotzdem beschlossen, nachmittags nach Witzenhausen voranzugehen, um dort den Verbannten einen würdigen Empfang zu bereiten. « / ..... / Die Studiosen zogen gegen Abend zu verschiedenen Thoren hinaus : Hunderte aus allen Gauen Deutschlands zogen mit ihnen ! / Der Abend war frisch, die Felder lagen voll Schnee, der Mond schien hell, und es leuchtete um die Wette. Die Studiosen erhielten noch andere Arbeit : im Dorfe Friedland brannte es ; und die Schar der jugendlichen Retter trug nicht wenig dazu bei, die Macht des Elementes zu dämpfen. / ..... / Da ward ein Zeichen gegeben, daß die Professoren sich nahten : Alles stürzte nun hinaus, um jenseits der Brücke auf dem rechten Werraufer Spalier zu bilden. / Der Wagen nahte, der Kälte wegen mit verschlossenen Fenstern ; das Hurrah ! begann. . . . . Ohne Verabredung trat man vor die Wagen und spannte die Pferde aus, wie sehr auch Dahlmann und Jakob Grimm abmahnten. Eine Anzahl junger Männer bat um die Ehre, die Wagen ziehen zu dürfen ; die nächststehenden Studenten griffen zu ; und unter donnerndem Hoch rollten die Wagen über die Brücke dem Rathausplatze zu, wo vor dem Goldenen Hirsch noch einmal ein Vivat aus tausend Kehlen ertönte. Der Enthusiasmus und die Rührung waren unbeschreiblich — jung und alt vergoß Thränen ; nur der Himmel lachte. Wahrlich, das war eine andere Stimmung als die, wo — noch nicht 30 Jahre später — der Sohn des Vertreibers der Sieben, ein König zwar, aber geflüchtet aus seiner Residenz, von Göttingen auszog ; um nimmer wieder unter dem Thronhimmel zu sitzen, von dem er behauptet hatte, daß er › bis zum Ende aller Dinge ‹ dauern werde. / Die Verbannten fuhren davon ; die Mehrzahl der Studenten kehrte nach Göttingen heim ; Baumann jedoch in seinem Wagen folgte mit mehreren andern nach Kassel. Von diesen Ackerwagen sang man, nach einer amerikanischen Melodie, die Grant einem Lied aus Creizenachs › Sohn der Zeit ‹ untergelegt hatte :

› Wie lagen wir in tiefer Nacht / so bang.
Gottlob, daß wieder Ruf zur Schlacht / erklang !
Wir scharen uns nach träger Ruh / zu Hauf ;
und rufen Wald und Strömen zu / : Wacht auf ! —

Wahrlich : die Jugend, welche 1837, am 17. Dezember Dahlmann Grimm und Gervinus begleitet, war aufgewacht ! «

A. : Logischerweise ergeht es Oppermann alias Baumann, wie es ihm › gebührt ‹ : jede Hannover kritisierende, › Politische Notiz ‹, die in auswärtigen Zeitungen erscheint — in › einheimischen ‹ ohnehin nicht — wird flugs ihm zugeschrieben. Ihm, der längst sein juristisches Studium beendet hat ; ihm, der längst Dr. jur. ist, wird die Erlaubnis zur Ausübung der Anwalts= und Notars=Praxis — je nun, nicht direkt › verweigert ‹, oh nein. Aber es ist eben › kein Platz frei ‹. Dafür steht er unter Polizeiaufsicht, jahrelang ; bis er es endlich — man möchte sagen, › erleuchtet ! ‹ — zu journalistisch=toll treibt ; und, als eine Art Strafe, eine › Planstelle ‹ erhält, im › verfluchten Nest ‹, in Heustedt.

B. : Läßt sich das, was Sie da vortragen, aktenkundig belegen ? Oder ist es lediglich auf der Selbstdarstellung der › Hundert Jahre ‹ begründet ?

A. *(sachlich)* : Wenn Sie sich im Niedersächsischen Staatsarchiv zu Hannover die Mappe › Hann. 26 a, XXX, 3 ; Nr. 464 und 465 ‹ — nämlich die › Personalakte Oppermann ‹ — herauslegen lassen, dann werden Sie zwar, leider, über seinen Lebenslauf wenig finden ; wohl aber viel über seine 10 toten Göttinger Jahre, wo man ihn, einen der in unserer deutschen Literatur so raren Männer, von staatswegen zur Untätigkeit verdammte. Die kleinlich=elendesten Berichte von Polizeispitzeln über ihn › abheftet ‹ — › von Beaulieu ‹ hieß der Chef=Schuft des damalig=dortigen › Verfassungsschutzamtes ‹ : auch diesen Trabanten=Bonzen gebührt ihre spezielle Sorte Unsterblichkeit ! — jedenfalls ist die erwähnte Akte unangenehm aufschlußreich ; man sollte sie veröffentlichen, als klassisches Exempel geheimer Regierungs-Machinationen gegen einen Bedeutend=Einzelnen.

B. *:* Den wir heute Abend feiern — anscheinend mit Recht ; und also ausgiebig. — : Eigentlich gar keine schlechte Tätigkeit : die gedankenlos abseits Gestellten wieder zum Leben zu erwecken — und sei es für 1 arme Stunde !

(Gong)

A. *(beifällig) :* Siebtes Buch ! —
Da begleiten wir, wiederum voll=autobiografisch, unseren › Wühler mit dem großen Barte ‹, ihn, › der in der Erregung die Fäuste ballen konnte, daß ihm die Glacé=Handschuhe platzten ‹, in die Kleinstadt Hoya=Heustedt, ins › Exil ‹.

B. *:* Wohin ihn also die Regierung › abschiebt ‹. Die endlich-endlich einsieht, daß es grundfalsch gewesen war, sich einen helläugigen, scharfzüngigen, verärgerten Augenzeugen und Kommentator in Göttingen festzuhalten. Endlich ist man im Ministerium dahinter gekommen : gebt dem Mann doch in der Provinz, irgendwo, eine Stelle ; und Arbeit, viel Arbeit. Da sind wir den lästigen Aufpasser los ; und er hat gar keine Zeit mehr zum Räsonnieren.

A. *(bedächtig) :* Es kommt ergänzend noch dies hinzu : Oppermann stammte aus ärmlichsten Verhältnissen, und mußte sich einen Lebensunterhalt verdienen — wenn man ihm also keine Advokatenstelle gewährte, hätte sich die Regierung eigentlich sagen müssen, daß sie ihn mit solchem Verfahren einem oppositionellen Journalismus in die Arme förmlich zwang ! Wann werden die Regierungen wohl einmal einsehen, daß man die meisten großen Widersprecher am leichtesten zum Verstummen brächte : nicht durch Drohung Prozeß Gefängnis Exil ; sondern, weit wirksamer, durch eine Pension von Tausend Mark im Monat.

B. (zweifelsvoll) : Na ich weiß nich . . . . . hieße das nicht, eine Belohnung auf oppositionelles Gebaren aussetzen ?

A. : Kaum : ich habe nicht ohne Grund von den › Großen ‹ gesprochen ; von Denen, die so gut sind, daß sie, hätten sie Muße und leidliches Auskommen, sogleich mit allen Kräften in die Höchstliteratur einbiegen würden. Da würden sie dann zwar auch noch opponieren — › Unveränderlichkeit des intellegiblen Charakters ‹ — aber die Form wäre dann so anspruchsvoll, so unverständlich=experimentell, daß kein Mensch sie mehr verstünde. — Aber wir werden den Teufel tun, und den Regierenden wichtigste Belehrungen zukommen lassen.

B. : Die überdem doch nicht akzeptiert würden. — Wie sind wir eigentlich darauf gekommen ?

A. : Durch Oppermann ; an dem sich reizend=traurig demonstrieren läßt, wie es immer wieder falsch gemacht wird.

B. : Wieso ? Ich denke, nun hat man ihn endlich › beschäftigt ‹, indem man ihn, immer widerstrebend, in › Amt & Brot ‹ bringt ?

A. : Das schon ; aber wiederum kann man es sich nicht verkneifen, ihm, in Gestalt eines › Vertraulichen Berichtes ‹, einen Steckbrief voraufzuschicken : heute noch können Sie, unter höhnisch=grimmigem Kopfnicken, die › Vorwarnung ‹ nachlesen, an den derzeitigen › Drost von Honstedt ‹ : wie Oppermann der ständigen scharfen Beaufsichtigung bedürfe uswusw. ; die Kenntnisnahme bestätigen, durch Unterschrift am Rande, die Assessoren von Bremer, Meyer, Gleim, Denecke.

B. (ungeduldig) : Das bedeutet also ?

A. : Daß man von Regierungsseite doch wiederum die Dummheit beging, Oppermann gesellschaftlich isolieren zu wollen — ihn also erneut in Einsamkeit und Widerspruch zu drängen.

B. : Ich weiß nicht ..... : ich kann mir einfach nicht denken, daß man : ich meine, die Herren sind ja schließlich auch Jahrtausende daraufhin geschult, Gegner mundtot zu machen — daß man da immer wieder solche Fehler begehen sollte. Gibt es denn keine anderen, gescheuteren Mittel ?

A. (höhnisch) : Aber selbstverständlich gibt es › Mittel ‹ — — *(kälter) :* Zu einem glatten Mord greift man ungern ; das hat höchstens dieser unvorsichtige Schiller im › Tell ‹ propagiert — man schont sein bißchen Gewissen gern : vielleicht gibt's ja doch etwas wie eine, na nennen wir den Ort=nach=dem=Tode lieber nicht. Neinnein : dafür gibt es ja immer noch das Militär .....

B. (stirnrunzelnd) : Jenes gewisse Verfahren, über das man bei Salomon Näheres nachlesen kann ? !

A. : Nicht doch ; der schiere Mord ist erst seit 1918 bei uns Mode geworden. — Nein ; damals, zu Oppermanns Zeiten, erledigte man solche Fälle durch ein Duell : Rochow contra Hinkeldey .....

B. (verständnislos) : Nie gehört.

A. : Also nicht einmal › Irrungen=Wirrungen ‹ mit offenen Augen gelesen ; bedauerlich. — Nun ; hier in Heustedt läßt man also den Baumann des Romans durch einen waffengeübten Major solange systematisch › reizen ‹, bis — nach den damaligen Anschauungen — ein Duell unvermeidlich wird. Vergebens schreibt, witzig und mahnend, Detmold ihm :

Zitat : Lieber Freund ! Welche Tollheit muß ich von Ihnen hören ? Wenn unser Heldenmuth darin bestünde, daß wir uns mit jedem Fähnrich oder Major einer in der Zeitung gethanen Äußerung wegen schießen wollten, so würde es leicht sein, alle mißliebigen Literaten, Dichter, Advocaten todtschießen zu lassen. — Nun, die Sache hat einen guten Verlauf genommen, und man gönnt hier allgemein dem Major, daß er flügellahm geschossen ist. Er wird indeß befördert werden, freilich aber zukünftig statt des Sabuls die Feder führen müssen : ich höre, heut ist er als Militärbevollmächtigter Hannovers nach Frankfurt bestimmt. Glück zu !

B. : Wenigstens einmal ein offizieller Mordversuch, der › andersherum ‹ ausgegangen ist. — Aber wer schrieb eben an Oppermann : Detmold ? Kann es sein, daß mir der Name — witzig und krumm irgendwie — schon anderweitig aus der Hochliteratur im Ohre liegt ?

A. : Sicher ; von Heine her ; der Briefwechsel der Beiden liegt vor. — Aber, damit Sie, bei so vielen Autobiografica, kein › Versanden der Fabel ‹ zu befürchten brauchen — eine Gefahr, die, zugegeben, gern eintritt, wo Privates sich vordrängt — zweierlei Gewichtiges noch enthält dieser siebte Band : einmal die Schilderung der ewig=deutschen KZ=Justiz .....

B. (peinlich berührt) : › Ewig ? ‹ — Aber bitte .....

Zitat : Da unterbrach Pferdegetrappel Baumanns Gedankengang. Der Criminalassessor kam ihm in kurzem Trabe auf einem großen schwarzen Rappen entgegengesprengt, an dessen Schweif ein alter Mann mit grauen Haaren, dem die Hände mit einer Kette gefesselt waren, angebunden war, und welcher mit keuchender Brust folgen mußte. In kurzer Entfernung folgten 2 berittene Gensdarmen. Als der Assessor der Stadt näher kam, fing er an, Schritt zu reiten; was zunächst die Folge hatte, daß der Gefangene auf das Hinterteil des Pferdes stürzte. Zur Erde konnte er nicht fallen, dazu war die Fessel zu kurz. Nun machte der Reiter halt; die Gensdarmen trabten heran und entfesselten den Greis, der atem= und kraftlos zu Boden sank.

A. : Anschließend — nachts und allein — inquiriert der › Deutsche Mensch ‹ dann . . . . .

Zitat : Um 10 Uhr hat sich der Assessor mit einem Buch Papier, Tinte und Feder in die Zelle des Gefangenen begeben, sich vom Gefängniswärter 2 Wachslichter anzünden lassen, und diesen zu Bett geschickt. › Wenn ich ihn brauche, werde ich schellen; dann vergesse Er aber den Ochsenpesel nicht ! ‹ hat er diesem gesagt. Gegen 2 Uhr in der Nacht hat der Assessor heftig geschellt, und Nappmeyer ist mit dem Ochsenpesel in der einen, der Laterne in der andern Hand in die Zelle getreten. Bei seinem Eintritt ist der Assessor vom Tische, an dem er protokollirte, aufgestanden, und hat Dummmeier angeschrieen : › Hund, willst Du nun unterschreiben ? ! ‹. Der Gefangene, an einem Bein gefesselt, hat ein heiseres rauhes › Nein ‹ hervorgepreßt, und so mußte Nappmeyer ihm 12 aufzählen. Delinquent stürzte bei dem letzten Schlage zu Boden, und stöhnte : › Wasser ! ‹ Der Wärter holte einen Krug von unten; der noch immer auf der Erde liegende Dummmeier steckte die Zunge hinein, und fing wie ein Hund an zu lecken. › Jetzt, wenn ich noch einen Krug Wasser bekomme, und mich setzen darf, will ich unterschreiben ‹, hat er gesagt. Der Wärter schob ihm den Stuhl hin, auf dem bis dahin der Assessor gesessen; dieser hatte sich wie schlaftrunken auf die Pritsche des

Delinquenten niedergelassen. Er rückte die Lichter näher, gab Dummmeier die Feder, und verließ dann die Zelle, um unten den Krug von Neuem mit Wasser zu füllen. Als er wieder heraufkam, hatte Dummmeier seine Schreiberei beendet; die Aufmerksamkeit des Wärters wurde aber abgelenkt auf den Assessor, der sich mit stieren Augen und wilden Gebärden von seinem Lager erhob, und schrie: › Fort! Fort!: Siehst Du die Mäuse nicht und die Ratten, Nappmeyer?! Fort! Die ganze Zelle ist voller Mäuse und Ratten! ‹. Der Wärter, ein vorsichtiger Mann, hat dann freilich die Lichter ausgelöscht, aber das Protokoll liegen lassen, die Zelle verschlossen und den Assessor mit Mühe die 3 Treppen hinaufgebracht. Heute Morgen, als er dem Gefangenen die Suppe bringen will, findet er ihn an der Erde liegend am eigenen Halstuche, das an der Pritsche befestigt ist, erhängt. › Aber, meine Herren ‹, fuhr der Drost in erhöhtem Tone fort, er hatte sich schon in die Fistel hineingeredet: › wissen Sie, was der Dummmeier unter das Protokoll geschrieben hat? So etwas ist mir in meiner langjährigen Praxis noch nicht vorgekommen; ich habe es mir deshalb abgeschrieben. ‹ Er zog einen Flicken Papier aus seinem Uniformsrocke und las: › Alles erlogen und erstunken! Der dreimal verfluchte und besoffene Menschenschinder hat mich 2 Stunden lang am Schwanze seines Pferdes nach Heustedt geschleppt; mich dann, nachdem ich kaum zu Atem gekommen und in Schweiß gebadet war, mitten in der Nacht lange Stunden stehen lassen, daß ich vor Frost zitterte und bebte; mir einen Trunk Wasser, um den ich zehnmal bat, verweigert; und mich dann durch Prügel zwingen wollen, seine eigenen, wüsten, räuberischen, versoffenen Phantasien als eigene Bekenntnisse zu unterschreiben : Verflucht sei der Menschenschinder ! Verflucht die Gerechtigkeit im Lande Hannover ! ! ! ‹

B. *(nervös) :* Empörend, zugegeben. — Aber . . . . . *(in etwas gezwungener Lustigkeit) :* . . . wie das › Puppenspieler=Lisei ‹ sagt : › Ob's G'schichtl auch net derlogn iss ? ‹

A. *:* Leider nicht : wie so oft in den › Hundert Jahren ‹ finden Sie auch hier die Fußnote : › Zu Anfang der vierziger Jahre geschehen ; aktenmäßig ‹ — das heißt : wer Lust hatte, konnte beliebig über den Justizmord nachlesen. Wäre das große Buch denn heute noch diskutabel, wenn es uns nicht auch in dieser Hinsicht den Spiegel vors Germanengesicht hielte ? Freilich. Amerikaner verhören auch gern › im dritten Grad ‹.

B. *(ablenkend) :* Sie sagten vorhin : noch ein zweites Wichtiges würde im vorliegenden Bande begonnen ?

A. *(gefällig) :* Ohja. Es entbrennt der alt=neue, nie genug gewürdigte, Großaufstand von 1848—49 ; er füllt das Ende des siebten, den Anfang des . . . . .

B. *(hastig einfallend) :* Halt, erst der Gong! Ordnung muß sein. . . . . .

(gehorsam erfolgt 1 G o n g)

A. *:* Achtes Buch !

› Gegen Demokraten helfen nur Soldaten ! ‹ : so singt & klingt, so wrangelt & windisch=grätzt, so marschiert & trampelt es in den 3 Zentren der Volkserhebung : Berlin, Wien, Dresden. Und überall haben wir ja Helden der › Hundert Jahre ‹ sitzen, die uns als Augenzeugen berichten können : in Wien die Finkensteins und Baumgartens ; in Dresden die jüngeren Hellungs. Nach Berlin fährt Baumann selbst : er hat sich, freien Geistes, mit einer hübschen hitzigen, auch reichen jungen Jüdin, der Heustedter Sidonie Hirschsohn, verlobt ; die ihn aber fallen läßt, als sie, die scharfsinnige Rechnerin, erkennen muß, daß Baumann auf die falsche Karte gesetzt hat . . . . .

B. : Richtiger : die › lange ‹ Karte ; die, die erst 70 Jahre später › rauskam ‹.

A. : Der Arbeiter auf den Barrikaden sind zu wenig — es ist allzuviel Theaterdonner von nichtstuerischen Emigranten und schlechten Literaten dabei. Als die wenigen wirklich guten › Eisernen Lerchen ‹ fliehen müssen, gibt auch Sidonie ihrem Bruno den Laufpaß . . . . .

Zitat : Bruno rannte statt nach links, nach rechts ; und sah erst, als er durch die Propyläen des Brandenburger Thores gegangen, und nun vor dem kahlen Thiergarten stand, daß er irregegangen. Er hatte das Brandenburger Thor oft abgebildet gesehen, und geglaubt, daß es von Marmor, mindestens von Granit oder Sandstein sei ; jetzt, da er zurückging und sah, wie die Tünche abfiel, sagte er › Berliner Schwindel ! ‹, und suchte baldmöglichst sein Hotel zu erreichen.

B. (verblüfft) : Ja wieso ? . . . . . Das hatte ich aber doch auch immer gedacht, daß das irgendwie › graniten ‹ wäre, › monumental ‹ : wo doch jetzt ständig dieser Zauber damit veranstaltet wird !

A. (ironisch=gemütlich) : Tja, man lernt nie aus. — Es folgt noch Frankfurt mit seinem › Professorenparlament ‹, über das Baumann die appetitlichsten Details weiß : hat er doch, als eine Art Sekretär, den Notizblock in der Hand, immer hinter dem Minister Detmold gesessen, dem » kleinen Scheusal «, dem unzuverlässigen, das späterhin lustig die Demokratie verriet; und, mit dem ›Guelphen=Orden‹ dekoriert, sogar jenem schon erwähnten Ernst=August diente. Zu figurenreich ist der Reigen, um sie Alle einzeln hier erwähnen zu können, die Jochums und von Vincke, die Grävell und andere ›Piepmeier‹. Oder der interessante ›Reichsregent‹ Karl Vogt, der große Biologe und Darwinist, Professor und Expeditionsleiter, dessen ›Untersuchungen über Thierstaaten‹ immer lesenswert bleiben werden, eine Kombination von solider biologischer Belehrung, und witzigster politischer Satire — freilich muß man viel Geschichte wissen, um es voll genießen zu können; denn auch das wissen die ›Hundert Jahre‹ längst, und es könnte heute geschrieben sein . . . . . :

Zitat : Es war eine schlimme Zeit für die Presse in Deutschland! Die ›Deutschen Jahrbücher‹ waren unterdrückt; die ›Neue Rheinische Zeitung‹ ebenfalls; die Censur ward allerorten verschärft; während in Berlin Romantik, Frömmelei und eine verschwommene Naturphilosophie den Reigen führten. Die Kritik rüttelte und schüttelte zwar an allen Ketten und Vorurtheilen; aber sie durfte keinen Gedanken klar und scharf aussprechen; sie mußte errathen lassen, was sie meinte, sich in Bilder und Phrasen hüllen, und nur hoffen, daß Publikus verstehen werde, zwischen den Zeilen zu lesen : in diesem Sinne muß alle Literatur von 1840—48 gelesen werden!

A. : Während man also, allerorten im ›Deutschen Sprachraum‹, wieder einmal die Demokratie verröcheln macht, begibt sich Oppermann, rührend zukunftsgläubig, wieder nach . . .

(Gong)

A. : den Vereinigten Staaten : im 9. Buch.

Und zwar ziehen seine Helden — nunmehr die › jüngsten ‹ — nach zwei bedeutendsten Richtungen : Oskar Schulz studiert in den Südstaaten das Sklavenproblem ; hört › Spirituals ‹ › I hear their gentle voices : poor old Joe ! ‹ ; schäkert mit giftig=frühreifen Creolinnen ; tritt Geheimbünden, den › Cedern des Libanon ‹, bei ; und erlebt nicht nur Menschenjagden mit Bluthunden ; sondern auch siegreiche Aufstände der ins Herkulische Gequälten.

Nach Westen treckt Theodor Hellung, um im Auftrag der Central Pacific Railway Company die Trasse für die Bahn durchs Felsengebirge abzustecken : Lagerfeuer, Indianer und Büffelheerden ; die Geiser des Yellowstone ; da schäumt der Platte=River ; und endlich gelangt man auch in eines der merkwürdigsten Staatengebilde der Welt : nach › Deseret ‹. Oder, wie der bekanntere Name lautet : nach Salt Lake City, der Mormonenstadt. Da wird eingeblendet der große Treck Brigham Youngs nach Utah ; wie Schlagintweit sehr richtig sagt : » einer der großartigsten, den die Weltgeschichte überhaupt kennt. « Löwenthor, Plurality und der › Tempel Moronis ‹.

B. : Kehrt man nicht nach Deutschland=Hannover zurück ?

A. : Und wie ! Während dort, einem Symbol schollenverbundener Brüchigkeit gleich, erst die › Gründerzeit ‹ herrscht ; dann der › Blinde König ‹, Georg 5 . . . . . .
Während dort weitläufig die Einführung eines › Neuen Katechismus ‹ vorbereitet und beschlossen wird : eines schwarz gebundenen Büchleins, das, unter anderem, die Existenz eines leibhaftigen Teufels lehrte ! . . . . .

Während in Hannover, befürwortet vom › Konsistorialrath Taubenschlange ‹ — eine prächtige Kurzfassung des betreffenden, immer merkwürdigen, Bibelwortes ! — das › Grüne Buch ‹ angelegt wird, in das » Alle Mißvergnügten eingetragen werden sollen « . . . . .

B. : Also bitte jetzt nicht mehr einen Detail=vollgestopften Nebensatz mit › während ‹ beginnen !

A. (*mahnend*) : Sie wollen sich also, abgekürzten Verfahrens, der zeitgemäßesten Einzelheiten begeben ? Wie da, im Zuge der Rüstung, für die Herren › Kriegsräthe ‹ mancherlei abfällt ? Wie man die Regierungsnachrichten nur der › gutgesinnten Presse ‹ zuleitet — um › die Anderen ‹ hoffnungslos veralten zu machen ? Wollen Sie nicht Szenen hören, wie etwa diese :

Zitat : Der Consistorialrath wollte antworten ; aber König Georg, als sähe er dies, erhob sich und sagte : » Ich sehe, daß die Sonne Abschied nehmen will ; es wird kühl, und es ist Zeit ins Haus zu gehen. « — (*Mit deutlichem Stimmabfall*) : Dem war freilich nicht so ; die Sonne stand noch hoch am Himmel ; aber die Bäume des Parks, namentlich die von dem großen Springbrunnen her, warfen ihren längeren Schatten in die Seitenallee, in welcher der König saß.

A. (*halblaut*) : Oder — auch das bildet sich die › Blindheit ‹, jeder Sorte, gern ein . . . . . :

Zitat : › Wenn ich sehe, wie meine treuen Hannoveraner, mit freudestrahlenden Gesichtern, an dem Sitze ihres angestammten Königshauses vorbeiströmen, so fühle ich so recht, wie keiner der deutschen Stämme inniger mit seinem angestammten Hause verbunden ist ! ‹ sagte Se. Majestät. / Gerade in diesem Augenblick ging indeß eine Gruppe von Menschen an dem Königssitze vorüber, unter denen keiner der Herren den Hut zog, keine der Damen eine Verbeugung machte : es waren das Karl Baumann aus Heustedt, in Begleitung seiner Frau, nebst Hans Dummmeier von der Wüstenei. Graf Schlottheim lorgnettierte die Gruppe ; und Baumann warf ihm von unten 1 bösen Blick zu.

B. : Grotesk ! Daß dergleichen in Deutschland möglich war . . . . .

A. : Lieber Freund ! : Deutschland ist seit eh & je von › Blinden Königen ‹ regiert worden !
(Bedeutende, erkenntnisreiche, Pause).

B. : Aber Ihre › Hundert Jahre ‹ können=dürfen doch nicht mit dem Bilde eines gekrönten Simplex schließen !

A. : Und warum — Ihrer Ansicht nach — nicht ?

B. *(erbittert=bittend)* : Wo geraten wir denn hin, wenn wir — nach einem solchen › Gang durch den Sand ‹ eines Jahrhunderts ! — wenn wir da mit einem derart Stumpf=Unfruchtbaren schlössen ? !

A. : Sie wollen also, daß es ganz Deutsch her= und zugehe ? — Wohlan :
Theodor Hellung, nach geradezu Karl=May=haften Szenen — was nebenbei schon Sonnemann anmerkte, in seiner maschinengeschriebenen Dissertation — hat ein Kalifornisches Gebirgsthal entdeckt, das ihm geeignet scheint, einen Idealstaat, das › Paradies Hellungen ‹ zu gründen . . . . .

Zitat : Im August und September des Jahres 1868 zirkulierte in Sachsen, in Nord= und Süddeutschland, in liberalen Kreisen, ein lithographiertes Schreiben, das also lautete :

Freunde in der Heimat ! Gesinnungsgenossen ! Kampfgenossen für die Freiheit ! Ein deutscher Landsmann bietet Euch in einem fernen Erdtheil eine Heimstätte, wie sie schöner belegen, von der Natur in jeder Beziehung mehr begünstigt, gesünder und fruchtbarer, vielleicht auf dem ganzen Erdboden nicht mehr gefunden wird. Nach den Grundsätzen

Freier Boden / freie Arbeit /
freie Rede / freie Menschen!

ist der Bau begründet; und auf dieser Grundlage soll er fortgeführt werden ......

B. : Alles gut und schön ; aber .....

A. : Lassen Sie uns erst aussprechen! ..... :

Zitat : Wir sind glücklicher daran, als alle Europäer und Asiaten, welche mit den Ruinen und dem Schutt der Vergangenheit zum Erdrücken beladen sind ; welche mit schlechten Gebräuchen Sitten Vorurtheilen, mit überlebten Einrichtungen zweier Jahrtausende zu kämpfen haben : wir haben einen jungfräulichen Boden frisch anzubauen! Uns steht kein historisches Gerümpel, keine › Gerichtslauben ‹, kein römisches sogenanntes › Recht ‹, noch das › Recht ‹ (d. h. Unrecht!) des Krieges im Wege! Wir haben weder Kasernen noch Citadellen! Wir füttern keine Mumien, weder dynastische noch klerikale! — Eine Kirche? : mag sich eine gläubige Gemeinde, wenn sie sich je in Hellungen finden sollte, selbst bauen — aber ich hoffe : der Evasee ist zu klar & hell, als daß die Schwarzen sich je darin spiegeln möchten!

B. : Schade eigentlich. — : Nach 3000 Seiten scharfgesehener Realität ; nach Erneuerung von Eintausend halbvergessenen guten Namen ; nach all dem Aufwand an Wirklichkeitssinn also — mündet schließlich die Fabel von allen Enden her in ein — entschuldigen Sie den

Ausdruck, aber es ist ja nicht anders — in ein Traumreich ? !

A. : Ich sage vielmehr so ! :
Die abschließende Blitzlichtaufnahme › Hellungen ‹ ist mir das Sinnbild erhabener Resignation. Der Weisheit letzter Schluß eines Mannes, der, nach ausführlichster analytischer Betrachtung von einhundert Jahren deutscher Geschichte, an seinem Vaterlande verzweifelt ! : Verzweifeln muß ! !
Die Zukunft gehört nicht Europa — das ist, seit Leibniz schon, unter Wissenden kein Geheimnis mehr ; und immer wieder gesagt worden : von Johannes von Müller ; Massenbach ; Oppermann. Immer wieder überhört worden. — Bis es sich denn, heute allmählich, herumzusprechen beginnt : die Zukunft gehört den Amerikanern. Und — von Oppermann leider vergessen ! — : den Russen !

(G o n g)

B. : Ihr Gesamturteil nun über diese › Hundert Jahre ‹ ? — Die, ich möchte es doch, und zweifelsvoll, angemerkt haben : samt ihrem Verfasser in keinem Konversationslexikon mehr zu finden sind.

A. (abwehrend) : Das ist noch kein Einwand gegen einen Schriftsteller, daß er nicht im neuesten › Brockhaus ‹ steht : Manche verdienen Denkmäler ; und Andere kriegen sie : das ist › bei=uns=zulande ‹ nicht anders.
Was nun die Vergessenheit speziell der › Hundert Jahre ‹ angeht, so trafen hier eine ganze Anzahl ungünstiger Umstände zusammen . . . . .

B. : . . . von denen ich mir einige zu erraten zutraue.

A. : Und zwar?

B. : Wenn es, wie Sie sagten, 1870 erschienen ist — tja, dann war es einmal, nachdem 66 das alte Königreich Hannover bankerott gemacht hatte, › moutarde après le diner ‹.

A. : Schon recht; obwohl berücksichtigt sei: daß eben *vor* 66 eine solche Schilderung hannoverscher Zustände nicht möglich gewesen wäre. — Wichtiger jedoch dies: als das Buch im Frühjahr 1870 bei Brockhaus herauskam .....

B. : Also als Oppermann schon tot war? : Hat er das etwa absichtlich so arrangiert? Als gewiegter Jurist? Um jedweder › gerichtlichen Verfolgung ‹ enthoben zu sein?

A. : Das glaube ich nicht; er hat im Laufe seines Lebens wenig › Menschenfurcht ‹ gekannt. Mir war dies posthume Erscheinen eigentlich eher die Erklärung für die zahlreichen Druckfehler. —
Nein; was ich hauptsächlich betonen möchte: das große Buch wurde vergessen — und geschickt vergessen gemacht! — im großen Trubel von 70/71: die Stimme der Vernunft wurde wieder einmal mehr übertönt von der › Trompete von Gravelotte ‹: » sie, die mutig mit schmetterndem Grimme / uns geführt in den herrlichen Kampf hinein! « ..... *(Bitter) :* beziehungsweise, vornehmer formuliert: der Zeitpunkt für Oppermanns kritisches Groß=Werk war denkbar ungünstig. Die nationale Woge hat — und es liegt ja eine gewisse solide Ironie darin — den einzigen Politischen Roman der Deutschen fortgeschwemmt.

B. : Schön. — *(Schnell) :* Das heißt: ich bin in Gedanken schon weiter; die Tatsache, die Sie erwähnten, ist natürlich nicht schön! — also ich würde, nach meiner jetzigen, leidlich=oberflächlichen Kenntnis des Riesenfrieses so sagen .....

A. *(anerkennend einfallend)* : › Riesenfries ‹ ist gut : ohja : al fresco, mit sicherer Hand, gemalt.

B. *(grübelnd fortfahrend)* : — — großartig angelegt, da gibt es gar keinen Zweifel. Oppermann hat — wahrlich, soweit ich sehe, als Einziger ! — das geleistet, was Gustav Freytag versprach=und=nicht=hielt ; was Gutzkow zerfaselte ; was die damaligen Lyriker bestenfalls schneidig › anritzten ‹. Besonders nachdenklich zu lesen, vor, zwischen und hinter Stifters › Nachsommer ‹ : Wird man dereinst glauben : daß beide Bücher, gleichzeitig, dieselbe Zeit schildern ? ! Auf demselben Stern geschrieben sind ? !

A. : Darf ich — ein anderes Positives hervorhebend, das Sie gar nicht würdigen können — darf ich betonen : exakt & kunstreich komponiert ist das Mammutbuch. Die Verhältnisse der Haupt= und Nebenpersonen wohlüberlegt, und organisch ineinander verschlungen. — Weiterhin : Oppermann gibt, als rechter Polymathestatos, in reichster Fülle schätzbare Einzelheiten : der Roman ist zur Erkenntnis der Denkweisen jenes Jahrhunderts unerläßlich.

B. : Gestört hat mich Eines : — die Sprache der Textproben ! — Ich bin da etwas verwöhnt ; und sie schienen mir doch herzlich nüchtern — um nicht direkt platt zu sagen.

A. : Sie haben den Finger auf den einzigen — nicht direkt › wunden ‹, aber doch ziemlich verhornten, Punkt gelegt : Ja, der Wert der › Hundert Jahre ‹ liegt absolut im Material ; nicht in dessen Verarbeitung. Holofernes war weder Redner noch Dichter.

B. (fragend) : › Holofernes ‹ ? — Was soll der gewalttätige Klang hier ?

A. : Es war, zeit seines Lebens, Oppermanns Spitzname : sein rötlich gesträubtes Haar ; seine wilden, immer zum Trotz bereiten Gesichtszüge ; seine vierschrötige Gestalt mit den knotigen Fäusten — die er, wenn's ihm nottat, auch zu brauchen verstand : beste plebejische Kraft, mein Lieber !

B. : Ich kenne Ihre Vorurteile zur Genüge ! — Also auch eine unverächtliche Selbstbiografie hat er gleichzeitig geliefert ; herausfordernd verschlüsselt — d. h. so erkennbar, daß damals wahrscheinlich Jeder sogleich aufgeschrien, und mit Fingern auf den Betreffenden gezeigt haben dürfte — etwa, wie wenn Einer heute aus › Greiffenberg ‹ › Falkenberg ‹ machte. Eine Maskenredoute, ungefähr wie in May's › Silberlöwen ‹ . . . . .

A. (berichtigend) : Wobei ich jedoch den fundamentalen Unterschied nie aus dem Auge zu lassen bitte : bei May ist Vieles persönlich = kleinlich ; der unhistorisch = private Racheakt, freilich ein glänzend kostümierter, auch tiefsinniger, eines Dichters. — Bei Oppermann ist alles ins selbstlos = politische gewendet : es geht um ein ganzes Volk, und seine, meist unseligen, Fata !

B. : Also 1812 — sagten Sie — war er geboren. Was war der Herr Papa von Beruf ?

A. : Ludwig. Ein einäugiger, armer Buchbinder.

B. : Dann also Schüler ; Student ; endlich auf Anstellung wartender Literat, in Göttingen. Advokat in Hoya : aber dann ? — Ä : übrigens : Frau & Kinder ?

A. : Verheiratet war er mit Elise Bloede aus Dresden — auch diese Familie und ihre Schicksale ist in die Fabel des Buches mit verschlungen : der Schwager nahm — ich brauche wohl nicht zu sagen, auf welcher Seite — am dresdener Aufstand teil ; und mußte, zu 12 Jahren › Waldheim ‹ verurteilt, fliehen : in Richtung › Hellungen ‹, wo, gegen Ende des Buches, fast alle Helden sich einfinden. — Nachkommen hatte Oppermann vermutlich keine ; zumindest bezeichnet er sich noch 1854, in einem der Aktenstücke, als › kinderlos ‹.

B. : Und er starb also in Hoya ? — Ist er viel › gereist ‹ im Leben ?

A. : Er unternahm, nach Art jener nicht=globetrottenden Epoche, nur seltene und kleine Ausflüge — zweimal, soweit ich ihm nachgehen konnte, war er in Wien=Österreich, den Rhein hinauf, und über Prag wieder zurück. Trips in Niedersachsen natürlich ausgiebig : Bremen Hannover Hamburg. Einmal zur Erholung nach Marienbad.

Und gestorben ist er in Hoya mitnichten : er wurde bald Anwalt & Notar in Nienburg, wo seine markante Figur, seine impulsive verständnisvolle Art, ihn zum Liebling der bäuerlichen Bevölkerung machten : die wählten ihn denn auch, gleich nach 48, als Abgeordneten in die Hannoversche zweite Kammer. Nach der Annexion des Landes, 1866, gehörte er, bis zu seinem Lebensende, folglich dem preußischen Abgeordnetenhause an.

B. : Sie sagten vorhin aber, er sei › kein Redner ‹ gewesen : ist das nicht, gerade für solche Karriere, ein verhängnisvolles Manko ?

A. : Seine liberale Partei wußte dennoch sehr wohl, was sie an ihm hatte : einen eisernen Fleiß, dem man die unglaublichsten Arbeiten zumuten durfte. Eine Uneigennützigkeit, die bis zur Selbstaufgabe ging. Eine Sachkenntnis — nicht nur von ephemeren Einzelheiten, sondern eben › Hundert Jahren ‹ ! — gekoppelt mit dem, was Parteileitungen durchaus zu schätzen wissen : einer polternden furchtlosen Energie, die, ohne Rücksicht auf › äußere Formen ‹, die schlagendsten Kurzbemerkungen in die parlamentarische Debatte zu schleudern imstande war.

B. *(nüchtern) :* Also zäher Fleiß, und — ziemlich grobfädige — Wahrheitsliebe ; unterstützt durch eine gußeiserne Konstitution : rasende Redlichkeit.

A. *(indigniert) :* Natürlich kann konsequente Bosheit es auch so ausdrücken ! : Lieber Freund, Sie überblicken eben einfach › Das Werk ‹ nicht ! Der Mann hat immerhin ein halbes Dutzend Bücher hinterlassen, meist historischer oder juristischer Art, gewiß ! Aber gestatten Sie mir — mir, der ich rund das Zwanzigfache über den Gegenstand weiß ! — es abschließend zusammen zu fassen :

Heinrich Albert Oppermann zeigte, zeit seines Lebens, die — meiner Ansicht nach — für sämtliche existierenden Wesen einzig legitime Haltung gegenüber jeder › Höheren Instanz ‹ . . . . *(grollend) :* die, grundsätzlich, uns, den mit unzureichenden Organen von ihr ausgerüsteten, gegenüber, die *schuldige* ist ! —

r e d l i c h e n T r o t z !

So starb er, ungebeugt, zu Nienburg, am 16. Februar 1870.

B. *:* Kein Bild kündet von ihm ? Keine Büste, kein Gedenkstein ? — Nun ; wir haben Besseres : seine › Hundert Jahre ‹.

A. *(bedeutend) :* Wie für jeden richtigen Mann brauchte man für ihn 2 Nachfolger :

1 für seinen Sitz im Abgeordnetenhaus

1 für seine Anwaltspraxis :

diese fanden sich. — Der Dritte, der fähig gewesen wäre, uns die nächsten › Hundert Jahre ‹ zu schreiben — : fehlt bis heute !

MASSENBACH

HISTORISCHE REVUE

Sie ersparen sich 2 Parkettplätze, 1 Band Weltgeschichte und viele politische Enttäuschungen

VORSPIEL (1948)

Mitten ins Zuschauergespräch hinein erscheint von rechts eine Jazzkapelle, 6 Mann in weißgoldnen Uniformen, baut blitzschnell ihre Instrumente um sich und johlt rhythmisch auf; sobald die Aufmerksamkeit unten gefesselt ist, gleitet eine aus Halbnacktheit und Seidenschwarz gebildete Chansonette vor sie und singt tief und schmachtend, während sich allmählich alles Licht auf die Gruppe konzentriert

CHANSONETTE: Leben ist ein Hauch nur —
ein verhallnder Sang —
ein entwallnder Rauch nur: —
Und *wir* sind das *auch* nur! —
Und es währt nicht lang.

Da! — Da! — Da! fallen brausen und hämmernd die Instrumente ein, nehmen die steppende Melodie auf, werden leiser: der Scheinwerfer schwenkt auf Bühnenmitte, wo ein Junge in kurzen Hosen mit bunter Mütze sich hölzern verneigt, und, während drüben im Dunkel flüsterleise der Song schmachtet, im leierndsten Schülerton aufsagt

SCHÜLER: Quando Suevus nascitur
vel cum in cribro ponitur
dicit ei mater
simul atque pater:
foramina quot cribro
hoc ordine sunt miro,
tot terras circumire
debes, sic vitam finire.

Er errötet, verneigt sich nochmals und schrittelt ab, während im Halbdunkel ein Männerquartett in den klaren süß dissonierenden Schreien der Comedian Harmonists wiederholt

QUARTETT : Leben ist ein Hauch nur ;
ein verhallnder Sang,
ein entwallnder Rauch nur :
Und Wir : sind das auch nur ! —
Ja, und es währt nicht —
Ja, und es währt nicht — — —
Ja, und es währt nicht — : — la—a—ang.

Die Melodie schlendert, schlenkert herum, wie ein junger Bursch, grün im Abend, trauri=komisch, weit hinter einem seinem Mädel, dudel budel didel überschlägt sich die Klarinette ; verflucht ist man alt — Das Theater wird stufenweise von links her so erhellt, daß sich die Swingband ungesehen verdrücken kann. — Der vorderste Teil der Bühne zeigt eine moderne Straßenszene ; Geschäftshäuser : unten helle Auslagen, oben noch hohle Bombenetagen. Während der ganzen Szene klopft Einer monotonen Ziegel ab auf einem Trümmergrundstück. Passanten gehen hin und her, mustern die Auslagen etc. Ganz vorn links die Spitze einer kleinen Verkehrsinsel mit einer Litfaßsäule, — daran ein Arm mit Straßenbahnnummern, die Haltestelle andeutend — ein Plakat : ein sonnenbraunes nacktes Mädchen springt raffiniert nach einem großen Ball, auf dem steht : Coca-Cola.

EIN OBSTHÄNDLER *(mit Karren)* : Bedarf an Obst und — Gemüse ! . . . . .

Von rechts her kommen Arno und Heinz in eifrigem Gespräch ; Arno in Soldatenstiefeln, Hose und gefärbter Tommyuniform, ohne Mantel und Hut ; Heinz im leichten Sommermantel. Radfahrer klingeln vorbei. Sie debattieren

ARNO : Freilich : Zollunionen, wirtschaftliche Erleichterungen, Benelux und so — das geht allenfalls noch. Aber nicht mehr das, Heinz, was sich die Meisten unter uns vorstellen, wenn sie » Europa « sagen : eine große geschlossene Einheit, die sich notfalls wuchtig, siegreich und selbstverständlich den Riesenmächten im Osten und Westen ....

(Eine Sirene heult mit satanischem Fading ; ein Mann in staubig blauem Arbeitsanzug tritt aus der Kulisse und gröhlt)

MANN : Deckung ! —

Demontagesprengung ! Fenster öffnen !

(Noch einmal hört man ihn dann, ferner, rufen ; indessen spielen sich Heinz und Arno weiter vor und treten vor die Anschlagsäule. In einem Radiogeschäft spricht's leise aus einem Apparat)

HEINZ : Siehst Du : die 17 verschwindet natürlich grade ; großer Fuchs ! — — Na, hör mal, ist es denn aber nicht gut, nun endlich mit Europa Ernst zu machen ? Was so viele Jahrhunderte vertrödelt haben, das sollen wir jetzt aufholen : Ich seh gar nicht ein, warum das zu spät sein sollte.

(Aus dem runden Loch über der Radiotür unterbricht ihn Piecks dröhnende Stimme)

PIECK : So gründe ich hiermit die deutsche demokratische Republik. *(Zwischengedröhn : „ Heil ! Heil ! «)* Als endgültige Grenze im Osten erkenne ich die Oder-Neiße-Linie. *(» Heil ! Heil ! «)* Völker, hört meine Signale : Bei mir kann Jeder sagen, was ich will ! *(» Heil ! Heil ! «)* Hier fehlt Keinem Etwas, was dem Andern nicht gleichfalls mangelte : so sind wir Alle Brüder ! *(» Hei .... « — mitten im Ruf schnappt die Sendung ab.)*

ARNO *(erregt)* : Nein, Heinz : das ist alles nichts mehr ! Das hätte vor hundertfünfzig Jahren kommen müssen : wo Franklin noch mit rundem Hut Sympathien für das junge Amerika sammeln gehen mußte. Und Suworoff noch nicht allzuoft erprobt hatte, wie Rußlands Heere überall den Ausschlag geben konnten : damals ein einheitliches Europa von der Garonne bis zur Weichsel, vom Nordkap bis Lampedusa — damals den technischen und kulturellen Vorsprung ausgenützt ; damals, mit dem Geist von 1789 die Ketten des Feudalismus geschmolzen : damals wäre die Einigung von Westen her noch möglich gewesen. Ach was : noch möglich ! Es war der einzige Zeitpunkt dafür in all den Jahrtausenden ; denn nur in eben diesen Jahren 1790—1810 waren beisammen : der Feuerhauch der Freiheit, der die Geister hätte ergreifen können ; der Praktiker, der die Einheit hätte erzwingen können ; und vor allem eben : Amerikaner und Russen noch unterlegen. — Wenn jetzt Toynbee und Gollancz schreiben : Save Europe first !, dann ist das vielleicht gut gemeint, aber nur noch Wind und Lufterscheinung. — Vom Europarat ganz zu schweigen.

(Ein Gebetsrufer tritt auf in katholischer Priestertracht, mit langem Weiberrock und Hütchen ; langgezogen, im Litaneienton, träufelt er)

GEBETSRUFER : Gott ist groß und Brandreden halten seine Profeten ! Nach Bonn neige ich mich siebenmal sieben Mal : fürchtet nicht Max Reimann, nicht die Fleischpreise, den gerechten Lastenausgleich, das niedersächsische Fußball-Toto, oder die Abwertung der D-Mark : Mit Gott ist man immer im Zentrum ! — *(Heulend)* Und Maria Sevenich SPD ! *(Er verschwindet. Einer mit einem dreirädrigen Lieferwagen trägt Damenhüte ins Geschäft. Eine Nutte schiebt vorbei ; sie ruft den Beiden zu)*

NUTTE : Hört bloß auf zu quatschen ; Kleiner, komm lieber . . . *(Sie flüstert Heinz ins Ohr ; er nickt ihr zu)*

Heinz : Gleich nach der Vorstellung, ja ! — *(Dreht sich noch um und ruft ihr drohend in die Kulisse nach)* Aber bestimmt, Du ! — *(Wendet sich wieder zum Freunde, während ein Sandwichman düster vorbeibummelt : auf dessen Doppelschild steht einerseits » Ro-Ro-Ro — / Weißt Du nicht gleich, was das hier heißt, / Bist Du wohl noch nicht weit gereist ! « auf der anderen Seite » Arno Schmidt / Leviathan / das Buch der Wochenmitte «)* Ich versteh schon, was Du meinst, Arno : Napoleon . . .

Arno *(unterbricht ihn mit heftiger Handbewegung)* : Ach du lieber Gott : Napoleon — — *(Dann)* Ja, meinetwegen Napoleon ; er war natürlich auch unentbehrlich dabei. Ja, auch Napoleon.

Heinz *(lacht)* : Also schön ; ich will Dir sogar zugeben, daß die Verhetzung — d.h. die chauvinistische Verbissenheit — der europäischen Nationen um weitere 150 Jahre ein zusätzliches schweres Hindernis ist. Auch der bis zur Zerfleischung wichtig genommene Tratsch über Religionsformen : wen interessiert es schon, ob ein Haufen Mist rund oder ins Quadrat getreten wurde ? — Aber sollte nicht endlich doch jetzt — jetzt : nach solchen Erlebnissen — die Vernunft siegen ? Natürlich ohne England ; England gehört ja gar nicht zu Europa. — Nebenbei, hast Du gelesen die Erinnerungen des letzten polnischen Botschafters in Washington — Steckimrinski, oder so : Wie Churchill der Hauptschuldige an der Oder-Neiße-Linie ist : interessant, interessant ! Zur Zeit ist er wieder mal dagegen. — Bei Uns ist doch jetzt auch ein Stückchen Besinnung durchgekommen. *(Hier schleicht Einer in verblichener SA-Mütze mit Eimer und Pinsel heran und malt an die Hauswand : ein großes schwarzes Hakenkreuz, darunter das Wort NOCH ; indessen erfolgt die angekündigte Sprengung, Alles zittert, man duckt sich. Der Maler zeigt höhnisch nickend die Zähne : Versuchts noch mal mit Uns ! und huscht ab : bald würden Alle wieder zu Hakenkreuze kriechen)*

ARNO : Aber es gab schon damals Leute, Heinz, die um das Alles bewußt litten ; die wollten, förderten, rangen, und mit sehenden Augen in den Abgrund rennen mußten. *(Er ruft)* Voranrennen ! ! — Heinz, weißt Du, was das heißt ! ? — Und auch ich muß mit sehenden Augen diesen ganzen Wahnsinn mitmachen ! *(Er schreit einen kleinen frechen Jungen, der ihm einen Karton vorgehalten hat, an)* Nein : ich will keine Amis : keine Camel, keine Chesterfield, keine Lucky Strike ; ich fluche dem Westen wie dem Osten . . *(Ein Vorübergehender, birnenkauend, ruft ihm zu : » Warum denn, Mann ? ! « Arno tritt auf ihn zu, flüstert ihm einen Satz ins Ohr ; der hört, stutzt, lacht auf : » Von mir aus ! « und geht weiter)*

HEINZ : Du bist immer noch wie früher : damals in Görlitz. *(Neidisch)* Dein Feuer möcht ich haben!

ARNO : Ach, das leuchtet Niemandem, das verzehrt nur mich. — Heinz, bleib beim Thema : kennst Du Christian von Massenbach ? ! *(Er faßt ihn am Mantel)*

HEINZ *(sich freimachend)* : Nein, kenn ich nicht ! — Du hast immer Deine aparten Heiligen und Tausendsgeschichten : Pytheas von Massilia ; Agathyrsus und Monika . . .

ARNO : Das ist ja noch gar nicht gedruckt !

HEINZ : Na, aber ich kenns doch ! — *(Es wird düsterer)* Pfui Deubel, jetzt fängts auch noch an, Uns mit Regen zu turbieren. — Hättst auch Hut und Mantel mitnehmen sollen.

ARNO : Du bist der Erste, der mir wieder den legalen Besitz solcher Dinge zutraut : soll Dir nicht vergessen sein. — Tja : Radrennfahrer müßte man sein : Coppi hat dies Jahr 37 Millionen Lire damit verdient — großer Gott, was für ein Zeitalter ; anstatt daß man allen » Berufssportlern « und vor allem sämtlichen beim Zuschauen Ertappten immer gleich Hundert auf den Hintern zählte . .

(Eine Straßenbahnklingel wird gehört ; er guckt) Ist Deine, ja ? *(Heinz nickt und reicht ihm die Abschiedshand)* Schnell, Heinz : Dieser Massenbach . .

HEINZ : Ach, Arno : Morgen, ja ? ! Da kannst Du mir ihn rühmen bis zur nächsten Eiszeit. — Also : Banzai ! *(Er schwingt sich hoch in die Kulisse. Erneutes Klingeln ; abfahrendes Surren. Arno hebt ihm kurz und straff die Hand nach, atmet schwerer, und sieht dann flackernd im Zuschauerraum herum. Er fragt)*

ARNO : Kennen S i e Christian von Massenbach ? — Ach, nicht was Sie im Lexikon nachgesehen haben : das gilt nicht ! — Seien Sie wenigstens im Dunkeln ehrlich : wenn ich so : 1800 sage : da fällt Ihnen außer Napoleon ein : Goethe, ja ? ! Und Schiller. Und die Jungfrau von Orleans haben Sie gelesen. Und die Iphigenie : Herr des Himmels, was haben diese Menschen für Bürothemen behandelt ! Hätten sie wenigstens gleich Latein geschrieben, da wäre die Weltfremdheit doch brüllend offenkundig geworden ! » Wir wollen sein ein einig Volk von Brüdern . . « : das muß sich Einer mal vorstellen ! ! *(Er beugt sich erregt vor)* : Predigt den Nationalismus in schärfster Form ; dabei war er mit Massenbach auf der Karlsschule gewesen ! Natürlich auch was Weniges von der Menschheit, verschwommen und Wortoboen. Und der Andre schwang sich gar bis zum Begriff der Weltliteratur auf, nein, der große Mann ! *(Mal wieder eine Autohupe, damit's nicht ganz stille wird auf der Szene. Auch kommt der Sandwichman noch einmal und zeigt wieder deutlich beide Schilder, das vom Leviathan aber länger !)* : Aber die Aufgabe, die ihr Herz mit rotem Feuer hätte erfüllen müssen, die ihnen ins Gesicht brannte : Europa ! ! Das sahen sie nicht ! — Hören Sie doch auf mit Goethejahr : Diderots zugegeben = gute Dialoge hat der übersetzt, während Massenbach um Europa kämpfte : damit Sie mir nicht sagen können : es hat's doch damals Niemand

gesehen ! : Doch, doch, doch ! — Legen Sie auf Ihren Tisch zu Hause diesen Zettel : Christian von Massenbach ! Daß Sie nicht vergessen ! ! — Heute ist sein Massenbachtag. Und 1958 müssen Sie das Massenbachjahr feiern ; oder besser trauern : denn 's ist zu spät ! Und damit Sie nimmermehr aufhören, Europa zu beweinen und Massenbach, sollen Sie 's sehen und hören, wie stumpfe Bürger und ein stumpfer Staat das große Europa verhinderten *(er lacht kurz auf)* und Massenbach lohnten ! Bis heute : denn auch Sie kennen ihn nicht. Vergessen ist er : bis Heute : das kann nicht sein, das kann nicht sein ! Sie müssen Alles wissen ; damit Sie künftig ehrfürchtig nicken können, wenn Sie den Namen hören, und auf Minuten sich selbst entschwinden, und all unsern politischen Invertebraten : Franz und Hjalmar, und so. Entschwinden : um Größeres ! — Zeuge : wie Europa verhindert wurde und von wem. —
Denken Sie also — *(er greift von der Rückseite der Litfaßsäule Dreispitz und Kapitänsmantel)* — dies sei das Jahr 1792 ; ich der Kapitän im Generalstabe Christian von Massenbach, und wir, zusammen, stürmen auf die Höhe von La Lune : bei Valmy *(ein ferner rollender Kanonendonner erhebt sich, während die Litfaßsäule versinkt und die Straßenkulisse nach oben verschwindet. Noch einmal wendet er sich im Hinaufrennen)* : Ich kann den Hut nicht so fesch halten : nur noch 2 Finger an der linken Hand ; für den Rest hab ich 87 im holländischen Feldzug den Pour le mérite gekriegt : faule Campagne, faule Campagne . . . . .

KANONADE VON VALMY (1792)

Vorn eine leichte Bodenschwellung : eine tiefe Fernsicht in den Hintergrund. Immer murrt die Kanonade von

Valmy : zuweilen ein Mordsbumms, damit die Brüder unten nicht einschlafen. Massenbach, heraufgestürmt, nimmt das Fernrohr nicht von den Augen. Von der Seite her kommt steifbeinig, den Pferdezügel in die Kulisse werfend, der alte Husarengeneral Wolfrath im Dolman und hohem Kalpack, martialische Schnüre, eine Pfeife im Mund.

WOLFRATH *(in die Kulisse)* : Bleib aber inner Nähe ! Will bloß mal kiecken . . *(Er steigt gemächlich zu Massenbach hinauf und fragt gemütlich)* Na, Massenbach : iss wat Besonderes ? — Außer der allgemeinen Misere ? — *(Er setzt sich auf einen Baumstumpf)*

MASSENBACH *(sieht sich um, erkennt den alten Freund, und zuckt die Achseln)* : Immer die alte Leier : der Herzog darf nicht, wie er will — das heißt : er könnte schon, wenn er mal richtig energisch den König stoppen wollte. Aber in der allerhöchsten Gegenwart welkt er nur so dahin — *(Er tritt vom Beobachtungsstand zurück zu Wolfrath)*

WOLFRATH *(nickt, zutiefst überzeugt)* : Das Ding iss von Anfang an verfaarn : ich hab, gloob ich, noch zweehundertsieben Ferde. Fuffzich hab ich an de Artllrie undn Treng abgeben müssen — Sie hams ja damals in Rübenach gleich gesacht : in den Défiléen gehn unsre Bespannungen in'n ersten Tagen hops. Sowat Verrücktes !

MASSENBACH *(bitter)* : Freilich : Rübenach : das war der erste Fehler ! Für Uns gabs doch nur drei Ausgangspunkte : Mainz, Ehrenbreitstein, Wesel. *(Er schüttelt den Kopf)* Dann der Witz mit den Feldbäckereien : das hätt ich unsern Herren gleich sagen können, daß sie unter den Pfälzern niemand dafür freiwillig finden. Die denken doch gleich immer : bei den Preußen biste sofort lebenslänglich Soldat : 15 Tage haben wir da Pause machen : und Brot backen müssen ! Mitten in der Campagne ! ! *(Lei-*

denschaftlicher) So was von Vorbereitungen für einen Feldzug : mit elenden 101 000 Mann wollen wir ganz Frankreich erobern, den neuen Geist niederkartätschen ! Ohne das Land erkundet zu haben ; nur auf die verlogenen Berichte der hochadeligen Herren Emigranten hin, die versichern, die Revolution drüben sei nur das Werk einiger Verbrecher in Paris ! Dabei sah ich nie ein Volk einiger und entschlossener gegen solche Blutsauger aufstehen — Glauben Sie mir, Wolfrath, durch die Aufhebung des Feudalismus bekommt die Welt eine andere Gestalt ; — Sie sehen ja selbst täglich die Gefangenen !

WOLFRATH *(pomadig nickend)* : Seh ick ! Die sind froh, dat sie die ganze Hootwolee los sind. *(Er bläst die Pfeife durch)* — Zwee Sanniwagen ham wer vorhin noch erwischt . .

MASSENBACH *(fährt auf)* : Da : da greifen Sie's mit Händen, Wolfrath : hätten Sie nicht mit Ihren Husaren uns das Verbandszeug vom Feinde geholt, wir hätten unsre Verwundeten unverbunden liegen lassen müssen. — Wir verdienen geschlagen zu werden ! Zu unserem Glück versteht auch der Feind den Krieg nicht.

WOLFRATH : Oh — wirtn schonn lernn.

MASSENBACH : Ich hab' mal zum Herzog gesagt : wir müssen eine starke Armee, von der ganzen englischen Flotte dauernd begleitet und unterstützt, an der Meeresküste vordringen lassen ; ich habe Alles ausgearbeitet, wochenlang : Stationen, Rationen, Pferdematerial, Munition — : Sie wissen ja, was das heißt, so ein fertiger Plan.

WOLFRATH *(kopfschüttelnd)* : Nee ; weeß ick nich. Hab ooch ehrlich gesagt nich dat Intresse, Massenbach. Jeder soll det machen, was er kann *(ein starker Knall, es staubt hinter der Anhöhe)* : Bautz ! — Sehn Se, Massenbach, ich erklär mir det so : unterm ollen Fritz mußte Jeder Schüler bleiben ; wat anderes gabs gar nich : deswegen habn wer ooch gar keene Feldherrn. *(Er winkt den anhebenden Massenbach ab)* Ich weeß : Der Herzog soll Eener sein ; schön : soller. Vaschtehik nich. — Gloob ich ooch nich, nebenbei. — Wer issn dann noch : Möllndorf ? Oder Kleist, der andauernd uffn Hohenlohe schpuckt ? Oder der Herzog von Weimar ? Na, Massenbach ! : Und nu brauchen Se bloß noch sagen : Luih Ferdinand *(er winkt ab)*

MASSENBACH : Ja, und wo ist der Kronprinz ? — *(Lebhafte Bewegung in der Ferne ; Hornrufe. Massenbach tritt wieder vor und fernrohrt hinaus ; er spricht, ohne das Glas von den Augen zu nehmen)* : Also, das ist — — Wolfrath — Sehn Sie sich das an : hier ! *(Er winkt Wolfrath heran, der aber ruhig sitzen bleibt)* Natürlich : der Prinz von Nassau macht wieder einen kleinen Angriff auf eigene Faust. Völlig sinnlos. *(Er kopfschüttelt und murmelt ; lacht einmal hell und wütend ; setzt das Rohr ab und spricht zu Wolfrath hinüber)* Natürlich : nur den Säbel hoch, und mit 100 Mann die Lindenallee vorgeprescht : Ohne jeden Sinn : Wolfrath, ich bleibe dabei : der Mensch ist von der russischen Katharina gekauft, uns immer mehr hinein zu verwickeln ! Wie oft hat er schon solche Dinger gemacht ! Einmal war ich dabei, da sagte er zum König : Unsere Ehre erfordere es, so eine verunglückte Attacke nun auch wieder auszuwetzen, erbat sich dazu ein ganzes Dragonerregiment — Katte wars wohl — und, hol mich der Teufel : Friedrich Wilhelm, das Wort » Ehre « hörend, war hin. — Alle diese Russen in unserm Hauptquartier sind mir ein Greuel ! *(Er geht wieder zu Wolfrath hin)* Dabei ist doch so klar, daß Rußland förmlich jauchzt, wie wir unsere Kräfte hier immer mehr engagieren und abnützen ; unser Renommee verzetteln ; die Staatskasse leer pumpen. *(Die Stimme des Pferdeburschen aus der Kulisse)*

PFERDEBURSCHE : Seine Majestät kummt, Herr General !

(Wolfrath und Massenbach springen auf ; man hört Huf-

getrappel von der Seite. Stimmen. Ab und zu sieht man auch eine glänzende Uniform in der Kulisse. Den Hügel hinan gehen Friedrich Wilhelm II, *König von Preußen, riesig, massig, ganz der » dicke Willemm « ; und Karl Wilhelm Ferdinand, regierender Herzog von Braunschweig und Oberbefehlshaber des preußischen Heeres. — Der König stampft derb die Anhöhe hinauf, winkt Massenbach und Wolfrath, sie so der straffen Diensthaltung enthebend, wohlwollend zu, und steht breitbeinig am Rand, den Rücken den Zuschauern zugekehrt.)*

FRIEDRICH WILHELM II : Klotzige Aussicht, wat ? Wo sind wir hier ?

HERZOG : La Lune, Eure königliche Majestät.

WOLFRATH : Jawoll, jetz sind wer glücklich im Mond angekommen, Majestät !

FRIEDRICH WILHELM II *(lacht, den Kalauer des Alten würdigend, laut auf)* : Gutt, Wolfrath. — Da vorn : das ist —

HERZOG *(nach hinten)* : Massenbach ! — *(Erläuternd zum König, während Jener vortritt)* Massenbach ist immer das Kompendium für Geographie etcetera etcetera . .

FRIEDRICH WILHELM II : Doll, was man hier beobachten kann ! *(Er nimmt den Tubus ans Auge, fragt im Spähen weiter)* Wer hat den Platz für uns erkannt und besetzt ?

HERZOG *(mit der entsprechenden Handbewegung)* Der Kapitän von Massenbach, Eure Majestät. *(Der König schnauft Jenem nickend rasche Anerkennung zu)*

FRIEDRICH WILHELM II : Gut. Sogar sehr gut ! *(Er überlegt ; wieder ein lauter Knall, den der persönlich tapfere König gar nicht beachtet ; er ruft in die Szene)* : Manstein ! *(Und heraus kommt der » schwarze Mann «, der allmächtige Generaladjutant ; der König ruft ihm hinunter)* : Manstein ! — : Für die Mindener Präbende notieren : 'n Kapitän hier : Massenbach. — Nichts zu danken, Massenbach ; ist verdient. *(Manstein, nach einem wütenden Seitenblick, schreibt auf dem Knie, und zieht sich stumm wieder zurück. Friedrich Wilhelm weiter spähend)* : Hier müßt man doch vorstoßen können : da drüben, zwischen den Hügeln durch. — Wie weit sind wa noch von Paris ?

HERZOG *(hüstelnd)* : Eure Majestät : Vorstoßen könnten wir natürlich ; auch siegen. Gewiß. — Aber wir haben keinerlei Nachschub. Die Vorräte sind schon heut und hier erschöpft. *(Er schüttelt besorgt den Kopf)* : Tempelhof kanoniert wie besessen : muß denn das sein ? ! — Außerdem ist Ende September, Eure Majestät. — Wenn Eure Majestät natürlich darauf bestehen . . . .

FRIEDRICH WILHELM II *(ärgerlich)* : Ach wat : bestehen ! — Wenn Sie meinen, 's geht nich — — Ach, 's müßte doch gehen, Durchlaucht : Da hinten kommen doch Ebenen ? — Unsre Reiterei is nämlich viel besser als der ihre !

MASSENBACH *(hindeutend)* : Jawohl, Majestät : Im Südwesten, etwas nach Nord — jawohl, dort über dem einzelnen Kugelbaum hinweg — Richtung Châlons sur Marne : die katalaunischen Felder, wo Aëtius den Attila schlug. Weite Ebenen ; ein Feld für die Reiterschlacht. — Aber es ist wohl nicht mehr möglich, Majestät —

FIEDRICH WILHELM II *(wütend)* : Ach wat ! — Ihr kommt immer mit Euern Karten und Mémoires, und wenn mal wat nich ganz danach geht — *(er stapft den Hügel hinab, ruft)* Ich seh mir die Schose noch mal von der andern Seite an. — Wolfrath ! Mitkommen ! — *(Noch einmal wendet er sich)* : Morgen wird ne Rekognoszierung in Richtung Schalong gemacht : Grawert soll reiten und Hohenlohe. — Sie gehn ooch mit, Massenbach ! — Na, ich werd schon was . . *(Er verschwindet. Der Herzog salutiert und dienert noch einmal korrekt dem Rücken des Königs nach ; dann verschränkt er die Arme über der Brust, und sieht stumm weiter zum Gegner, dem General Kellermann, hinüber. Er zuckt mit den Achseln und spricht zu Massenbach)*

HERZOG : Nein, nein. — — Neinein ! — Ich bin ganz dagegen. Wenn ich's irgendwie verhindern kann, nehmen — oder besser : bieten — wir keine Schlacht an.
Sie wissen ja am Besten, Massenbach, wie wir die Pläne ausgearbeitet haben : und 's war grade als — — *(er stampft mit dem Fuß auf)* : Gar nichts hätt man machen sollen ! *(Er beißt sich in die Lippe und schweigt erbittert)* —

MASSENBACH : Ich weiß, Durchlaucht ; ich werde nicht vergessen — Durchlaucht wissen ja : ich führe ein genaues Tagebuch — wie Seine Majestät über unsere Absichten urteilte : » Zu langsam ! « — Aber, Durchlaucht, ich muß auch wieder, wie früher schon, sagen : Eure Durchlaucht hätten all das ändern können ! *(Er sieht sich um : sie sind allein)* : Anstatt den König weiter und immer wieder von Andern lenken zu lassen — *(er lacht bitter auf)* — und von was für Andern ! — hätten Euer Durchlaucht Einfluß auf ihn nehmen müssen. — Der König ist untätig aufgewachsen ; ohne Hoffnung auf den Thron ; unter dem großen Friedrich, wie fast Jeder, zu Stagnation und Nullität verdammt gewesen ; aus den Umarmungen der Ingenheim und Lichtenau fällt er in die Arme seiner Minister und Generaladjutanten. Sein Charakter ist Wachs, das jede Form annimmt. *(Leidenschaftlich)* Durchlaucht : Sie haben Alles, was ihm fehlt : Feldherrnkunst, Kriegserfahrung, Kenntnis der Geschäfte ; sind selbst Regent ; Ihr Land blüht : Sie hätten diese Form angeben müssen ! Sie hätten — — Durchlaucht : noch ist es Zeit !

HERZOG *(kopfschüttelnd)* : Nein, nein, Massenbach ! Wie soll ich mit Bischoffswerder oder dem schwarzen Mann konkurrieren können : das sind Chimären, Massenbach. *(Er lacht witzig und bitter)* Freilich braucht der König Männer mit Kenntnissen und Ideen in seiner Umgebung : Ich werde Sie empfehlen, Massenbach, eh ? *(Auf die be-*

schwörend erhobene Hand Massenbachs) Sehn Sie ? ! — Na, lassen Sie's gut sein. War natürlich nur ein . . . *(wieder ein lauter Knall)* : Was haben Sie sich bloß damals gedacht, Massenbach, als Sie von Württemberg ausrissen, und ausgerechnet nach Preußen kamen. *(Er schüttelt den Kopf)*

MASSENBACH : Durchlaucht, ich will ganz offen sein : Vom Glanze der Persönlichkeit Friedrichs des Einzigen geblendet, übersah ich, daß Preußen die wirtschaftlichen und militärischen Kräfte zu dem fehlten . . . *(er stockt und wühlt mit der Fußspitze im Boden)*

HERZOG *(rasch)* : Zu was fehlten —

MASSENBACH *(achselzuckend)* : Vielleicht wurden die Deutschen die dominierende Nation in Europa. — Ich sehe mit Entsetzen, Durchlaucht, wie sich unser kleiner Kontinent immer wieder unsinnig selbst zerreißt und schwächt : seinen gequälten Völkern muß endlich Ruhe werden, Ruhe um jeden Preis ! — Ich, ein Mensch des Westens, klassischer Bildung voll und der des Rinascimento, muß wünschen und nach Kräften fördern, daß diese Einigung von der Mitte oder vom Westen her erfolge. — Und im Osten wächst und wächst und wächst Rußland, wie eine Wetterwolke, die sich einst . . .

HERZOG *(unterbricht ihn)* : Glaubs nicht, Massenbach : Alles Übel, das man selbst denkt, geschieht nicht. — Also ein einheitliches Europa war es, das Sie sich von Preußen erhofften ? *(Ironisch hinüberdeutend)* Sie sehen ja, wie's hier Kraft und Ansehen verplempert. *(Ein lauter Knall stäubt dicht vor der Anhöhe auf)* : Ist nicht für Uns, Massenbach : Wer fallen soll, der fällt. Glauben Sie mir, Prädestination ist Alles.

MASSENBACH *(sein früheres Thema wieder aufgreifend)* : Ich habe immer gehofft — — ich hoffe es noch : Durchlaucht müßten in die Zügel dieses Staates eingreifen, ein Connétable des Reichs, ein neuer Wallenstein . . .

HERZOG *(ihn erregt unterbrechend)* : Herr Kapitän ! — Wallenstein war ein Verräter ; ein Rebell ! —

MASSENBACH *(kalt)* : Das ist durchaus nicht erwiesen, Durchlaucht ! — *(Sich wieder verlierend)* Was müßte Alles geschehen : wo ist die zukünftige Feldherrngeneration, unter Eurer Durchlaucht Augen heranwachsend ? — Wo ist der Kronprinz ? Wer bildet ihn zum Herrscher ? !

HERZOG *(spöttisch vorwurfsvoll)* : Aber Massenbach : — Mannheim ! ! —

MASSENBACH : Die Fortpflanzung der Dynastie hat doch weißgott noch Zeit, Durchlaucht ! Ich verstehe . .

HERZOG *(ihn unterbrechend)* : Oh, ich versteh's schon ! Die » tolle Louise « tanzt nicht nur vollendet, sie ist auch eine ganz ausgezeichnet schöne und geistreiche junge Frau. *(Er zuckt die Achseln)* Natürlich nichts weniger als zu einer Königin vorgebildet ; die Natur hat Alles für sie getan, nichts die Kunst : Ein Fräulein von Wolzogen, eine Prinzessin George, der Aufenthalt am Hoflager des Landgrafen von Darmstadt, bilden keine Königin. — Aber *(er wiegt anerkennend den Kopf)* : Blond ; blaues Augenfeuer : charmant, charmant, Massenbach !

MASSENBACH : So schreibe ich schon jetzt die Geschichte der Regierung Friedrich Wilhelms III : der Kronprinz lebt bürgerlich zurückgezogen, liebt die Häuslichkeit : also wird seine Frau den größten Einfluß auf ihn gewinnen. Und wo Weiber regieren . . . Noch ist sie jung ; noch sinds Tänze und Hoffeste ; aber ich sehe die Zeit, und sie ist nicht mehr fern . . . da kommen die Sorgen des Thrones, und Keiner von Beiden hat die Königskunst erlernt. — Mit ihrem lebhaften Gefühl kann die Kronprinzessin nicht gleichgültig bleiben bei den Gefahren, die den Staat umschweben werden. Sie wird in die Zügel der Sonnenpferde eingreifen : es ist also von höchster Wichtigkeit, wie sie die Welt betrachtet. Wer wird ihr den Pfad bezeichnen ? — Die Frau von Voß, diese personifizierte Hohlheit? — — Beide lieben Gewohnheiten: aber diese Tendenz des Geistes ist höchst verderblich. Ein solcher Mann geht mit dem Zeitgeiste nicht fort: der aber hat einen gewaltigen Schwung genommen . . .

HERZOG *(der während Massenbachs letzter Worte wieder, das Fernrohr vor den Augen, hinausgesehen hat, für sich)* : Ich hätt das Manifest damals wohl besser auch nicht geschrieben . . .

MASSENBACH *(der ihm gefolgt ist)* : Durchlaucht meinen . . .

HERZOG *(nickend)* : Ja, ich meine : wenn wir nicht entscheidend siegen, dann werden die uns einst das Gleiche vortragen, und mit Nachdruck. — —

Aber es bleibt gar keine Wahl. Jetzt nicht mehr : es ist nicht zu machen ; wir können hier nicht schlagen. *(Er sieht wieder hinaus)* Diese verfluchten Höhenzüge dahinten! *(Wieder zu Massenbach)* Wenn man so viel erlebt hat wie ich, wird man vorsichtig. Das Ganze — diese weiten Gründe — und die Hügelreihen : Das sieht genau so aus wie bei Nauheim. Dahinter hatte Condé seine ganzen Reserven stehen. Das ist mir einmal passiert! — Seien Sie morgen vorsichtig, Massenbach. Falls Sie morgen reiten sollten ; — übermorgen ist vielleicht noch besser . . . *(er steigt kopfschüttelnd und murmelnd herab und geht. Massenbach sieht ihm nach, die Arme über der Brust gekreuzt ; dann schreitet auch er, während sich die Bühne langsam verdunkelt, in den Vordergrund : seine Stimme ertönt im Dunkeln)*

MASSENBACH : Ja : Und dann gingen wir denselben Weg wieder zurück : Verdun — Longwy — Rhein. — Ich hab die Lagerkrankheit ja nicht bekommen ; aber die Andern! Ist ja auch kein Wunder : Regen, Lehm, Nässe : Rückzug in aufgelöster Ordnung. *(Er lacht bitter auf)* » Da konnte man uns sehn / wie die Zigeuner gehn : / halb barfuß und zerrissen, / den Kuhfuß weggeschmissen, / die Wagen meist verbrannt : / So zogen wir durchs

Land. « / : Oh, Lauckhardt, Lauckhardt ! Und in der Kutsche fuhren natürlich nur der Herr von Goethe und ähnliche Überflüssige. — Mainz wird verloren ; Frankfurt wird verloren. Frankfurt wird gewonnen ; Mainz wird gewonnen. Wir besehen uns Landau und drehen wieder um. — Im Osten wollen Rußland und Österreich Polen teilen : da muß natürlich auch Preußen sein Stück kriegen ! Wie das auf die Operationen im Westen wirkt, kann sich Jeder selbst malen ; denn zu einem nachdrücklichen Zweifrontenkrieg ist der Staat gar nicht fähig. — Wir verhandeln ja auch schon mit den Franzosen : Sie werden lachen, wenn Sie nachher von Kaiserslautern hören, vierundneunzig. — Natürlich : auch befördert wird man : Major, Stabschef beim Erbprinzen Hohenlohe . . . *(er geht murmelnd nach linsk ab)*

RHEINÜBERGANG BEI OPPENHEIM (1794)

In der rechten Hälfte der Bühne lodert ein kleines Biwakfeuer auf, von dem während der folgenden Szene die eigentliche Beleuchtung ausgeht. Der nahe Vorhang zeigt nächtliche Büsche, Bäume. Tief hinab führt ein Hohlweg, in dem man ständig den Tritt marschierender Kolonnen hört : es geht bei Oppenheim endgültig über den Rhein zurück. — Am Feuergeflacker steht klein und steif, aber imponierend, die Hände auf dem Rücken, der Oberst von Froreich, der mit den Regimentern Weimar=Kürassier und Katte=Dragoner den Abmarsch deckt. Ein wenig entfernt von ihm, meist neugierig in den Hohlweg spähend, sein Galopin : der Kornett Friedrich Baron de la Motte-Fouqué, ein siebzehnjähriges schmales Bürschchen. Die spitze Silberlarve des Mondes starrt aus dem Astgewirr ; zuweilen kommt vom Rhein herauf der ferne nächtlich klagende Schrei der Schiffer, die die Pontonbrücke gegen den Strom im Gleichgewicht halten.

FOUQUÉ *(aufspringend)* : Neue Einheit, mein Herr Obrist !

FROREICH *(einen Zettel nach vorn nehmend)* : Welches Regiment ? !

EINE STIMME *(von unten meldet)* : Infanterieregiment Romberg ; 2099 Combattanten, 199 Nicht-Combattanten —

FROREICH *(einen Vermerk machend)* : Gut ! — Können passieren. — Wer ist noch dahinter ?

DIE STIMME : Schladen. Und wahrscheinlich noch Manstein.

FROREICH *(nach einem Blick in den Zettel)* : Stimmt ! — Kantonnierungen sind bekannt, ja ? —

DIE STIMME : Sind bekannt, Herr Obrist.

FROREICH *(nickt mechanisch, ins Unsichtbare salutierend. Von links her wird Hufschlag hörbar ; er hebt scharf den Kopf)* : Wer kommt ?

FOUQUÉ *(in die Szene spähend, ruft schrill und sichtlich vergnügt)* : Wer da ? !

WOLFRATH *(die tiefe Stimme ; er selbst noch unsichtbar)* : Ach Quatsch ! — Zwee Mann wern Euch grade angreifen, wat ? Geh man wieder und wärm Dich, Kleener ! *(Aus der Kulisse treten General Wolfrath und der Obristwachtmeister von Massenbach.)*

MASSENBACH *(im Vorbeigehen zu Fouqué)* : Na, Fritz : denkst du noch an den zweiten Juli ? Was ich bei Deinem Brief an Schmettau drunterschrieb ?

FOUQUÉ *(ehrlich betrübt)* : Das ist furchtbar, Christian : Rückzug ! — Ich habs immer nicht glauben wollen : es ist doch mein erster Feldzug. —

MASSENBACH *(ihm die Hand auf die Schulter legend)* : Schon recht, Fritz : Du glaubst, wie ein Jüngling glauben soll ; ich spreche, wie ein Mann sprechen muß. — Es ist eine schwere Zeit, der Du entgegenreifest. Gewöhne dich immerhin an spartische Eurotas=Bäder ; wer die nicht zu ertragen vermag, ist am besten dran, wenn er früh untergeht : Du aber sollst es hoffentlich überstehen. *(Er zieht ihm ein Buch aus der Knopfreihe)* : Was liest Du da ? : Hasper a Spada ! ? — Und was hab ich dir empfohlen ? !

FOUQUÉ *(kleinlaut)* : Die Geschichte Raphaels de Aquillas von Klinger. — Aber sie habens nicht in der Feldbücherei !

MASSENBACH : Hol Dirs von mir, wenn Dus nächste Mal wieder Ordonnanz im Hauptquartier bist. *(Im Vorschreiten zu Wolfrath)* Ich kenn' ihn von klein auf ; er ist völlig verläßlich. — *(Sie nicken sich stumm mit Froreich zu und treten ans Feuer ; die flammigen Gesichter starren hinein)* : Wird kalt : na, Ende Oktober — — *(ingrimmig)* Da hätten wir die Campagne also wieder mal glücklich hinter uns, meine Herren ! ? —

WOLFRATH *(grunzt entrüstet ; dann brummt er)* : Mit so wat macht man die beste Armee zur Hure. *(Er nimmt eine Kohle aus dem Feuer und legt sie auf seine Pfeife ; Froreich nickt einverstanden, aber nur einmal : er ist im Dienst)*

MASSENBACH *(grüblerisch)* : Dabei ist es grade erst einen Monat her : Kaiserslautern. *(Zu Wolfrath)* Wie Sie bis zum Augenblick des Angriffs die Pfeife im Mund behielten, sie der Ordonnanz hinreichten, dann erst den Säbel zogen : und in 5 Minuten war das Riesenquarrée zersprengt. *(Wolfrath winkt mürrisch ab. Massenbach zu Froreich)* : Sie habens nicht mit gesehen ; Sie standen ja damals in Reserve — *(er erinnert sich wieder)* : Dann der Platzregen : wie die betäubten Franzosen langsam wieder auferstanden. — Zweitausend Gefangene haben allein Blücher und Schmettau gemacht. *(Er lacht bitter auf)* Und der Empfang im Hauptquartier, als wir die Siegesbotschaft brachten : grade daß sie Hohenlohe noch vorließen ; mich würdigte man kaum einer Anrede, und den Blick, mit dem mich Rüchel maß, werde ich nie vergessen : dieser Heini ! *(Er wird nach seiner Weise lebhaft : » exaltiert « nennen's seine Feinde)* : Ich weiß jetzt auch : warum ! Sie brüllen Hurra, wenn ich's Ihnen erzähle : seit einem halben Jahr handelt man ja bekanntlich schon in Basel mit Herrn Barthélémy um etwas — wahrscheinlich irgend einen Frieden, weil man ja auch ein Drittel von Polen runterschlucken will — Mehrer des Staates ! *(Lacht höhnisch)* Deswegen — weil für einen Krieg nach zwei Seiten die Kasse nicht mehr langt — sind alle die früheren Franzosenhasser jetzt für den Frieden mit der Republik. *(Er gerät wie außer sich, zittert und spricht)* Wolfrath : Froreich : ist denn solche Blindheit möglich ? ! Durch den westlichen Frieden schritte der französische Koloß an Rhein und Yssel vor. Und die Totalteilung Polens ist das Gefährlichste, was wir machen können : dadurch tritt Rußland einen weiteren Schritt nach Westen vor bis an die Weichsel. — Griechenland ist nicht mehr : bald wird auch Deutschland nicht mehr sein. Es wird, zwischen Ost und West, das Schicksal Polens erleiden ; geteilt werden ! *(Wolfrath brummt etwas ; Massenbach fängt sich wieder und fährt fort)* Ja aber natürlich soll von unsern clandestinen Verhandlungen auch nichts herauskommen : deshalb wurde beschlossen, den verbündeten Österreichern blutigen Sand in die Augen zu streuen ; und das Corps Hohenlohe wurde mit in die Konkursmasse geworfen. Und nun der Witz : damit die Franzosen nicht überrascht würden, unterrichtet man sie vorher von Kreuznach aus von unserem bevorstehenden Angriff : so ist allen Teilen geholfen, eh ? ! Und der größere Witz : Das Corps Hohenlohe marschiert zu schnell und schlägt die Freundfeinde völlig unerwünscht bei Kaiserslautern : daher der eisige Empfang im Hauptquartier ! Oh Gott, wird die Nachwelt lachen *(nach einer Pause)* : Und weinen. —

(Aus dem Hohlweg klingt Gelächter auf ; Stimmen, man

pfeift. Froreich blickt, indigniert ob solchem Nachtmarsch hinüber ; der Kornett Fouqué ist aufgesprungen und meldet)

FOUQUÉ : Die Pfälzer Hilfstruppen, mein Herr Obrist.

WOLFRATH : Machen sich gar nischt draus, wat ? Komsches Volk. — *(Sie lauschen, dann Wolfrath kopfschüttelnd weiter zu Massenbach)* Machen Sie sich man ooch nischt aus Rüchel, Massenbach. Wat is schonn Rüchel ? ! Bei keem der ernsthaftern Gefechte des letzten Krieges hat er mitgemacht : bei Valmy nich, nich bei Pirmasens, nich bei Kaiserslautern : Nischt !

MASSENBACH *(lacht wie in ergötzlichem Erinnern) :* Waren Sie dabei, Wolfrath, wie er damals angesprengt kam ? — Der Herzog schrieb grade wieder eigenhändig die Kantonnierungslisten — zwei Dutzend Adjutanten wären dazu da ! — kommt nicht Rüchel angetobt : » Bataille, Bataille ! Der Feind ! « und zeigt nach Südwesten mit beiden Armen ? — Der Herzog, alterssichtig, braucht kein Fernrohr ; sah, daß drüben Heuwagen hinter Pappeln fuhren, sagte mit einer Miene, die Garrick Ehre gemacht hätte : » Heute wollen wir nicht, Rüchel. « und fuhr unbewegt fort, Listen zu machen. — Der Charakter des Herzogs von Braunschweig ist die erste Ursache von Preußens Sturz. — Gott, wie Rüchel mich haßt ! Dabei ist er trotz all seiner aufbrausenden Heftigkeit doch nur ein Schmeichler und Höfling ; und ein Gamaschenhengst übelster Sorte : wenn Einer den Vorschlag macht, die Zöpfe abzuschaffen, möchte er unsinnig werden. Ihm ist der Stiel mehr als die Frucht. — Ja, und was ist Positives geschehen in den Jahren ? *(Er zuckt die Achseln und lacht müde)* : die zehnstellige Logarithmentafel des k. u. k. Artilleriemajors von Vega ; — könnte zwar besser sein, aber es ist schon was.

WOLFRATH : Och, Sie mit Ihrer ollen Mattematiek !

FROREICH : Rüchel sollte doch lieber eine neue Infanterietaktik ausarbeiten. Er kommt doch von der Infanterie her! — Diese Tirailleurs, überall versteckt, die machen uns noch fertig. Was haben die uns bei Meckenheim geärgert! Oder am Schänzel. Johanniskreuz. *(Er schüttelt unwillig den Kopf; ruft zu Fouqué hinüber)* Fouqué! *(Der springt auf)*: Oppen und Itzenplitz sollen ihre Schwadronen langsam auf den Brückenkopf zurückziehen. Die Andern sich ebenfalls zum Übergang fertig machen. *(Fouqué ab; der Hufschlag des Apollo — des Lichtbraunen — vertönt in der Ferne)*

MASSENBACH *(lebhaft)*: Ja, sehen Sie, Froreich, die Franzosen sind modern; der Geist der Zeit ist mit ihnen. Sie haben keine Truppen gedrillt — das heißt jahrelang überdrillt in Lineartaktik: da machen sie aus der Not eine Tugend: Heckenschützen, aufgelöste Ordnung, Schützenschwärme — und schlagen natürlich unsere Schießscheiben=Échelons. *(Eindringlich)* Wissen Sie, daß die Franzosen Schlachten mit Luftlenkung schlagen? Bei Fleurus sind der Divisionsgeneral Morlot und sein Generalquartiermeister Étienne mit einer Charlière in die Höhe gestiegen, haben Lage und Bewegungen der Österreicher von oben her ausgekundschaftet: Verständigung mit der Erde erfolgt durch verschlüsseltes Flaggenalphabet. — Jedes einzelne Heer hat zwei Ballons: bei der Sambre-et-Meuse-Armee » Le Céleste « und » L'Entreprenant «; bei der Rhein-und-Mosel=Armee der » Hercules « und der » Intrépide «. — Da gibt's gar nichts zu lachen, Wolfrath; Sie müßten mal die Geheimschreiben über die Aërostiers lesen! *(Während ihres Gesprächs brennt das Feuer langsam nieder. Auch Fouqué ist wieder zurückgekommen. Es wird dunkler. Die unten vorbeimarschierenden Truppen stimmen, seltsam ergriffen, Schubart's Scheidelied für die nach Afrika in fremden Sold gegebenen Württemberger an, in schmerzlicher Verwandtschaft)*:

TRUPPEN : » An Pfalzens Gränzen füllen wir
mit Erde unsre Hand,
und küssen sie : das sei der Dank
für deine Pflege, Speis' und Trank,
Verlaßnes armes Land! «

(Nur eine Stimme hat den Klang begonnen ; aber viele andre tönen alsbald wiederholend mit ein.)

FROREICH *(an die Böschung vorgetreten und wieder zurückkommend)* : Sind alles Norddeutsche. — *(Kopfschüttelnd)* Und die Pfälzer machen ihre Witze. — Ist andrer Menschenschlag. —

WOLFRATH *(berührt den versunkenen Massenbach an der Schulter)* : Sind alle durch jetz, Massenbach. —

MASSENBACH *(auffahrend)* : Ach ! — Der Erbprinz hat alle Listen von mir ; Alles, was er braucht.

WOLFRATH : Ick weeß : der macht Allet wat Sie sagen, Massenbach : ooch bei Kaiserslautern. *(Beschwichtigend)* Is ooch richtich, Massenbach ! Sach gar nischt dagegen ; Allet richtich so ! *(Er sieht sich um)* Tja : Wollen wir man ooch gehen, wat ? *(Er hebt die Hand und winkt prophetisch nach Westen)* : Am Rein, am Rein, da wachsen bald nich mehr unsre Reem ! —

FROREICH : Ja, ich muß heute noch bis Groß=Gerau ; ganz schöne Entfernung, das. — Fouqué ! *(Er winkt dem aufspringenden Kornett, ihm zu folgen)* Wo liegen Sie, Massenbach ?

MASSENBACH : Ich ? — Ich geh zunächst nach Berlin. — Bin geschickt, heißt das. Möllendorf will, ich soll die Pläne für den Feldzug 95 dem König persönlich vorlegen. — Ja, ich weiß bei der Lage der Dinge keinen anderen Rat : entweder müssen wir Frankreich besiegen — — oder aber — — *(er murmelt)* : Bündnis — —

FROREICH : Na, Berlin ist auch schon Was ! *(Das Feuer ist indessen völlig niedergebrannt. Es ist fast ganz dunkel ; nur aus der Ferne blinken noch ein paar Lichter Oppen-*

heims ; und zuweilen kommt der Ruf der Fährleute durch die alrunische Nacht)

MASSENBACH *(lacht gezwungen)* : Ja : Berlin ist schon was ! Und ich werde sie Alle wiedersehen : die Lichtenau, die um die Gunst jedes strammen Jünglings buhlt. Die Baranius. Das alte Weib Köckeritz, das einen künftigen König erziehen soll. — Und diesen künftigen König selbst : ja, mir bleibt nichts erspart. *(Er geht ab)*

FROREICH *(sagt noch zu Wolfrath ins Dunkel hinein)* : Unruhiger Kopf der Massenbach, wie ?

WOLFRATH *(brummt etwas ; wie › Jaja ‹ ; es kann aber ebensogut auch Alles andere heißen).*

BALL IM BERLINER SCHLOSS (1795)

Schon während Massenbach's letzter Worte ist von hinter dem Vorhang, zuerst leise, dann immer lauter werdend eine festliche Musik erschollen, mozartisch meist ; lebhaftes Gespräch. Bald geht der Vorhang in die Höhe, man sieht zwei Stufen hinauf in einen reich erleuchteten Saal des » Neuen Palais « zu Potsdam ; Tanz ; wandelnde Paare. Die vielen adeligen Reisläufer. Spiegel schnellen Lichtecke an die Wand. Auf einem kleinen Podium wiegt sich die verführerisch entkleidete Schauspielerin und derzeitige Geliebte des Königs, Baranius ; sie singt den begeistert applaudierenden Friedrich Wilhelm II *kokett und sieghaft an. Massenbach bleibt im Vordergrund zwischen zwei Säulen stehen.*

BARANIUS : Leben ist ein Hauch nur,
Ein verhallnder Sang,
Ein entwallnder Rauch nur :
Und *wir* sind das *auch* nur. —
Und es währt nicht lang . . . .

FRIEDRICH WILHELM II : Bravo — — ach ! — — Also — : das muß ich heut abend noch mal hören ! — Wie ? — Ach ! — Sie singen mir's noch mal : drüben ! — Och ! *(Er hebt und drängt sie fast herunter) ;*

BARANIUS : Aber, — Majestät : ich wünsche mir nichts Anderes ! — Mm *(sie promeniert an seinem Arm im Saal.)*

BISCHOFFSWERDER : *(der allmächtige Minister in grüner Uniform kommt still auf Massenbach zu. Seine Stimme ist so tief und undeutlich, als wenn seine Zunge im Magen läge : nicht immer versteht man diese » Bauchsprache «. Er bietet Massenbach kurz die Hand ; nickt ihm verhohlen zu, sieht sich noch einmal um, fragt)* : Und ? — Die Armee, Massenbach ? — Was ist ?

MASSENBACH : Feldmarschall Möllendorf hat mich beauftragt, Seiner Majestät die Pläne für den Feldzug des Jahres 95 vorzulegen und zu erläutern. — Wir müssen Holland halten, Exzellenz. *(Paare wandeln vorbei ; Bischoffswerder erwidert)*

BISCHOFFSWERDER : Avi bnise gegole epetum — dei — dei. — Es wird kein Feldzug 95 stattfinden, Massenbach.

MASSENBACH : *(stirnrunzelnd)* : Aber Exzellenz — er muß stattfinden, wenn wir Frankreich überhaupt in seinen Grenzen halten wollen. Und der Herzog muß wieder die Führung der Armee übernehmen ; denn Möllendorf ist nur der Schatten eines Feldmarschalls, dazu ein kalter engherziger Preuße. Sein Alter macht ihn ehrwürdig ; aber er ist ein schwankendes Rohr ; und der Herzog kennt dazu das Terrain.

BICHOFFSWERDER : Nein Massenbach : Unmöglich. Ganz andere Lage. Ganz anders. Können auch nicht mehr *(er winkt einen der Vorübergehenden heran.)* Hier, Geusau ! Hier will Einer Geld *(der eigentliche Kriegszahlmeister hebt beschwörend beide Hände, reicht dann eine Massenbach und sagt nervös) :*

GEUSAU : Sieh da, sieh da. Sehen gut aus. Aber hört bloß

mit Euern Feldzügen auf. Na 's erledigt sich ja von selbst *(er faßt Massenbach am Rockknopf)* Massenbach : Ende März sind die Kassen so erschöpft, daß die Armee einfach nicht mehr nach dem Kriegsfuß bezahlt werden kann. Hier gibts bloß Eins : — *(er schüttelt abwehrend Kopf und Hände und entfernt sich vor weiteren Forderungen.)*

BICHOFFSWERDER : Sie sehen. — Und Polen, Massenbach. Polen ! Wir haben von dem bösen Willen der Österreicher und dem Übermut der Russen alles zu fürchten. Also müssen wir mit Frankreich um jeden Preis abschließen. Schebe widebein, Massenbach, Schebe widebein. — Sie reiten morgen mit mir aus ? Wie früher wieder . . . ?

MASSENBACH *(in Gedanken vertieft, fährt auf und nickt hastig)* : Gern, Exzellenz. — Gern Exzellenz. Ich freue . . *(Bischoffswerder mischt sich schon wieder leise in die Wandelnden. Ein Menuett wird gespielt. Tanz. Von der Seite her kommt der Erzieher und Adjutant des Kronprinzen, Major Köckeritz ; er begrüßt Massenbach mit nicht unaufrichtiger Herzlichkeit.)*

KÖCKERITZ : Na, Massenbach : Neues vom Rhein ?

MASSENBACH : Ich glaube, ich werde mehr mitnehmen, als ich bringe ! *(Wie für sich)* Also sind Möllendorfs Verhandlungen doch mehr als nur halbamtlich ; deswegen macht dieser obscüre kreuznacher Kaufmann Schmerzer offiziell für ihn den Unterhändler *(er fährt auf und spricht erregt)* : Köckeritz : wir schließen ein Bündnis mit Frankreich. Mit der Republik. —

KÖCKERITZ *(ihn berichtigend)* : Frieden, Massenbach, Frieden. — *(Er sieht sich um)* so viel ich weiß *(fügt er vorsichtig hinzu ; er zeigt mit dem Kopf in den Saal. Halblaut)* Sehen Sie sich bloß den Ausschnitt von der Lichtenau an. Die führt ihm weiß Gott auch noch die Baranius zu, damit sie ihren Einfluß, und wenns als unentbehrliche Kupplerin ist, immer behält. Seit Jahren soupiert der König jeden Abend bei ihr; bespricht mit ihr Alles. — Na, es wird auch mal anders. —

MASSENBACH : Wo ist Manstein eigentlich ? Ist er wirklich . . *(er legt die Hand um)*

KÖCKERITZ *(nickt)* : Ja ja. Zastrow ist schon ganz offiziell Generaladjutant. *(Er nimmt plötzlich formellste Haltung an. Seine Majestät kommt ; am Arm die Baranius)*

FRIEDRICH WILHELM II : Köckeritz — Ach : Massenbach ! Was ist, Massenbach ? — Weiß schon : La Lune ! — Neues vom Rhein ? Na, Möllendorf hat schon Orders ; Kuriere schon gestern . . . *(er streichelt genießerisch den breiten Oberarm der Schauspielerin)* Müssen mir aber noch viel erzählen : von Kaiserslautern ; hat mich gefreut : oh, Blücher, Blücher. — Ja, das Bild muß ich Ihnen zeigen Baranius. — Äh — hinten bei mir *(er winkt den beiden Offizieren hastig und gönnerhaft zu und führt seine Dame ab.)*

KÖCKERITZ *(dem es peinlich ist, daß das Paar bei ihm Halt gemacht hat, verabschiedet sich hastig von Massenbach)* : Ja, ich geh mal rein : zum Kronprinzen ; auch die Kronprinzessin ist hier. Nehmen Sie mal wieder Verbindung auf, Massenbach. Empfehl' ich Ihnen. *(Er geht hinein.)*

MASSENBACH *(allein)* : Ja dann : — Dann wird das alles . . . *(er lehnt sich an eine Säule und verschränkt die Arme über der Brust)* Also der Friede mit Frankreich wird geschlossen. — Und Polen wird geteilt. — Dann stehen wir mit Rußland Stirn an Stirn : das winzige Preußen und der Riesenbarbarenstaat. — Damals mit Gustav III zusammen dagegen : das hätte auch was werden können ! — — Österreich mehr als zweideutig. England : England nur ewig darauf erpicht, die Manufakturen des Kontinents zu zerstören, allein der Manufakturstaat Europas, sowie der Stapelplatz aller Kolonialwaren zu sein, untergräbt die Grundpfeiler der politischen Ökonomie Europas. England kann keiner Festlandsnation wahrer Freund sein. Ist also auch der Feind Preußens. Kopenhagen fürchtet Petersburg und zittert vor London. Auf Schweden ruht die Last des eisernen Arms eines Nachbarn, der im Besitz der kornreichen Provinzen ist, auf welchen einst Schwedens Macht beruhte. — Im Angesicht des Großherrn weht die russische Flagge. — Rußland drückt mit einer ungeheuren Macht auf das westliche Europa und tatarische Stämme bedrohen unsere Gefilde mit Überströmungen, denjenigen ähnlich, welche die Römerwelt vernichteten. — — Die Römerwelt vernichteten . . . . . Es bleibt also für uns nur eins : Ja ! und das ist gut ! Das ist sogar sehr gut ! ! Also Frieden *und* Allianz mit Frankreich. *(Er wiederholt)* mit Frankreich ! — Dann war auch der vergangene Krieg nur eine Folge der kleinen Ansichten, welche den Königen von den Ursachen der französischen Revolution hingestellt worden sind. Und die Monarchen handelten : wie bei Bekämpfung der Schweizer, der Holländer, der Amerikaner immer gehandelt worden ist : die Gewalt einiger Tausend geistlos gehandhabter Bajonette sollte den unsterblichen Feuergeist der Freiheit niederstoßen. *(Er tut erregt ein paar Schritte)* Das heißt aber dann logisch weiter : Frankreich, größer, volkreicher, wirtschaftlich entwickelter, und vor allem viel fortschrittlicher als wir, übernimmt die Führung Europas *(er wirft scharf den Kopf und spricht)* die Einigung Europas. Noch kann von einem vereinigten Europa Rußland zurückgeschlagen werden. *(Er schüttelt den Kopf)* — Ja ja : wir sind völlig ohne schaffende Kraft. Nur brauchbar als Werkzeug ; und ein vortreffliches Werkzeug in eines großen Mannes Hand ! Frankreich, mit Preußens Hilfe, erzwingt erst Europa ; Auch gegen Rußland . . . Von einer Universalherrschaft Frankreichs ist gar nichts zu fürchten. Frankreich wird mit Feuer und Weisheit den krausen Staatenverein leiten : schließen wir uns an Frankreich an, so verbinden wir uns mit einem aufgeklärten Volk. *(Der Kronprinz mit seiner Gattin Louise wandelt vorbei, Massenbach schreitet rasch auf sie zu)* : Ich bitte um die Erlaubnis, Eurer königlichen Hoheit eine Erkenntnis vortragen zu dürfen.

DER KRONPRINZ : Ach, Louise : Du erinnerst dich, das ist Massenbach von der Rheinarmee. Haben uns schon an der königlichen Tafel gesehen. — Wie gehts, Massenbach ?

MASSENBACH : Das Befinden des Staates ist wichtiger als das des Dieners Eurer königlichen Hoheit. *(Er wendet sich eindringlich an Louise)* Darf ich Eurer Hoheit die Pläne vortragen von dem, was unbedingt geschehen muß. *(Der Kronprinz abwehrend)*

KRONPRINZ : Och, Massenbach : der König ! — Oder Köckeritz. Köckeritz interessiert sich auch oft für so was. *(Er lächelt gewinnend)* Gesellschaftliche Pflichten, Massenbach. *(Er will gehen, sagt aber noch schnell, versöhnend)* Sie speisen morgen bei uns Massenbach. Ja ? Müssen viel erzählen : von Königstein *(erläuternd zu Louise)* was ich doch erobert hab'. Interessante Belagerung . . . viel Berge und Wald *(seine Hand rundet Hügel, sie gehen ab. Bischoffswerder kommt heraus, ersichtlich im Begriff, das Fest zu verlassen. Noch einmal bleibt er bei Massenbach stehen)*

MASSENBACH : Exzellenz : Friede *und* Bündnis mit Frankreich.

BISCHOFFSWERDER *(wiegt bekümmert den Kopf)* : Och Massenbach. — Morgen reiten wir. Nein nein. Is noch viel zu früh ! Oh. — Mure schnawenelich mache pon. — Ein Rat, Massenbach : Sprechen Sie hier nicht davon ; das würde Ihnen furchtbar schaden. *(Er röchelt noch einmal Unverständliches und geht ab. Aus der Kulisse tritt, alt, aber straff und scharf wie eine Degenklinge, Prinz Heinrich, der » Feldherr ohne Fehler «, der Bruder Friedrich des Großen. Er sieht sich ruckweise und stechend um, geht dann auf Massenbach zu, stößt mit dem Stock vor ihm auf und fragt mit heller Stimme)*

PRINZ HEINRICH : Er ist der Bote von der Armee ? — Name ?

MASSENBACH : Der Obristwachtmeister von Massenbach, königliche Hoheit.

PRINZ HEINRICH : Massenbach. — Von den preußischen Massenbachs ? Aus Memel ? —

MASSENBACH : Halten zu Gnaden, königliche Hoheit : Nein ; Württemberger Linie.

PRINZ HEINRICH : Ach : Edelsheim ! Seine Mutter war eine Schwester, ja ?

MASSENBACH : Jawohl, königliche Hoheit.

PRINZ HEINRICH : Mutter eine Edelsheim ; Großmutter eine Gemmingen, Urgroßmutter eine Neipperg. *(Er lacht scharf auf, erfreut über seine Kenntnisse und sein untrügliches Gedächtnis. Wieder stößt er mit dem Stock auf.)* Also was ist ? ! Wie weit ist Möllendorf mit den französischen Verhandlungen ? Hat Er ein Mémoire mit ?

MASSENBACH : Ich bin beauftragt, königliche Hoheit, die Pläne für den Feldzug des kommenden Jahres vorzulegen und zu erläutern.

PRINZ HEINRICH *(schwenkt heftig die Hand)* : Nichts ! Kein Feldzug mehr ! Habe das alles bedacht . — Weiß Er was in Polen vor sich geht ? : » Praga raucht und geht in Flammen auf, und Warschau zittert ! « in dem Ton schreibt Suworoff an den König ; mit solchem Trotz spricht Repnin in Grodno ; unverschämt zweideutig Lacsy in Krakau. — Nichts da : Schluß am Rhein ! Hört Er ? Alles andre ist Unsinn. — Hat Er vorhin nicht so lange mit Bischoffswerder zusammen gestanden ? Hüt' Er sich vor dem ; kein Umgang für Ihn ; Schlechter Kerl ! *(Er stößt unwillig den Stock auf)*

MASSENBACH *(bescheiden aber mit Festigkeit)* : Königliche Hoheit : ich habe mit Bischoffswerder zwei Jahre unter einem Dache gewohnt, ihn allerdings nur zwei Mal in seinem Zimmer gesprochen, desto öfter aber auf Spazierritten. Bischoffswerder ist kein böser Mensch. Kein Lohnknecht. Er liebt den König und diese treue Anhänglichkeit macht ihn mir wert. Natürlich ist er schlau, verschlossen, behutsam : Tugenden an einem Minister ! Daher auch der dumpfe Ton in seiner Sprache : das ist nicht der reine Metallklang, der aus dem Munde eines hochherzigen Mannes tönt. Es ist der Ton der Geheimsitzungen und Garderoben. Aber hier haben noch wesentlich Schlimmere Einfluß.

PRINZ HEINRICH *(lacht kurz auf)* : Er hat eigene Meinungen ! Trotz königlicher Hoheit : Freut mich ! — Äh, wen meint Er.

MASSENBACH *(hastig)* : Lombard, Lucchesini, Manstein .... königliche Hoheit, wir müssen uns nicht nur mit dem Frieden begnügen : nur eine enge Allianz mit Frankreich kann uns gegen Österreich und Rußland helfen.

PRINZ HEINRICH : Na, na : Er geht aber ran ! — Ph ! Unmöglich ! *(Den Stock aufstoßend und Massenbach unwillig ansehend)* : Hör Er : Das sind schlechte Kerls da drüben : die haben ihren König ermordet !

MASSENBACH *(kalt)* : Ohne die Berechtigung und Nützlichkeit dieses Aktes untersuchen zu wollen : — können wir uns bei Entscheidungen über die Zukunft Europas, unserer Enkel *(er erinnert sich)* — Preußens — von Gefühlen leiten lassen ? Ich glaube nicht, daß Macchiavelli solche Bedenken gehabt hätte.

PRINZ HEINRICH *(lacht klirrend auf und läßt den Stock spöttisch vor sich tanzen)* : Er gefällt mir ! Schade, daß ich Ihn nicht früher gekannt habe ! Aber Er ist ein Jakobiner, Massenbach. — Nein nein : vielleicht wenn's drüben wieder ruhiger . . . *(er wiegt den Kopf)* Schwierig Massenbach. : Preußen in zweite Rolle verwiesen. — Na. Seine Feldzugspläne laß' Er nur gleich beiseite. *(Tritt etwas zurück. Überlegt)* : Wann geht Er zur Armee zurück ? — Ich seh' Ihn noch einmal bei mir. Also : *(er droht mit dem Stock)* Kein Jakobiner ! *(Lacht amüsiert und entrüstet und geht kopfschüttelnd ab. Während des Gesprächs mit dem Prinzen haben sich von beiden Seiten her Vorhänge wie eine riesige Tür ineinander geschoben, den säulengetragenen Saal verschließend und nur noch die breiten Stufen freilassend. Musik und Gespräch von drinnen ertönen gedämpfter. Zuweilen ein schrilles Lachen. Massenbach, niedergeschlagen, setzt sich auf eine der Stufen, den Hut neben sich, das Kinn in der Hand.)*

MASSENBACH : Es hat keinen Zweck. Bischoffswerder hat auch Recht : ich muß vorsichtig sein. Bin ja verheiratet. Habe Familie. — — Ja aber man muß es ihnen doch sagen ! *(Er schüttelt den Kopf)* Und sie wollen nicht hören, können nicht denken : wollen nicht denken ! Und wenn : dann ist es höchstens Preußen ! *(Er stößt höhnisch die Luft durch die Nase)* Und ich quäle mich, arbeite, mache Pläne : ich werd' sie am besten immer gleich selber ins Archiv bringen. Es liest sie ja doch kein Mensch. — Wär ich doch nur so stumpf wie die Anderen auch ! : Die haben Landgüter, Leibeigene : Drohnen sind fleißige Tiere gegen die. *(Er springt auf und tritt zornig mit dem Fuß den Boden)* Und die wollen sich über Frankreich erregen, wo man die Junker beseitigte ? Einzelne Gräueltaten verallgemeinern und danach richten ? Das ist rechte Mohrenart, sich über die schwarzen Flecken in der Sonne zu freuen ! *(Er schüttelt den Kopf und setzt sich wieder.)* Es ist alles sinnlos. Ich werde ein Gesuch einreichen und um meine Versetzung in irgend eine ferne Garnison bitten : da wird man seelig stumpf, alt, kann neue Gamaschen erfinden und nichts als preußisch sprechen. *(Durch die Vorhangtür kommt die Treppe herab der neue Generaladjutant und Beherrscher des Königs, von Zastrow. Er sieht Massenbach auf den Stufen.)*

ZASTROW : Nanu, Massenbach ? ! —Nu, was hat der König gesagt ? Was der Kronprinz ? Wie ?

MASSENBACH *(erhebt sich langsam und reicht Zastrow die Hand. Er sagt müde)* : Ich habe nie lebhafter gefühlt als eben jetzt, daß ich nicht geboren bin, Soldat und Fürstendiener zu sein, Zastrow. — Und der Kronprinz ? Sie haben mir selbst einmal Ihren Beifall gegeben, Zastrow, als ich sagte, aus der Anordnung des Wohnzimmers eines Mannes könne man auf den Geist dieses Mannes schließen : ich habe die Zimmer des Kronprinzen gesehen ! : Wenn ich keine aufgeschlagenen Bücher, keine Papiere erblicke, die in einer Unordnung liegen, welche für den beschäftigten Mann Ordnung ist ; wenn ich nicht bemerke, daß man, begierig auf neue Ideen, die Unterredung liebt und es gerne sieht, von jenen Feuerfunken ergriffen zu werden, womit die Geister einander entzünden : so weiß ich, woran ich mich zu halten habe. Man sagt, Alexander habe beständig Homers Werke unter seinem Kopfkissen liegen gehabt : Jeder zum Thron Geborene müßte 4 Bücher, — nicht unter seinem Kopfkissen, — wohl aber offen auf seinem Schreibtisch liegen haben : Machiavelli, Gibbon, Adam Smith und das Fuero Juzco.

ZASTROW : Was ist das ? — das Letzte ? —

MASSENBACH *(aufgestört, aber wieder versinkend)* : das ? — Das Gesetzbuch der Westgoten. — — Ein Kronprinz, der nicht mit diesen Männern lebt, bereitet sich nicht zu der großen Bestimmung, die seiner wartet. Ich habe Gibbon, Smith und die anderen noch nie gesehen, wenn ich dahin kam, oder der Frau von Voß die Cour machen mußte. Es ist nur zu gewiß, daß er sich zu wenig mit den großen Ideen der Staatsverwaltung beschäftigt : Und was wartet alles auf ihn ! Jetzt ist die Zeit der Vorbereitung. Alle Throne schwanken. Nur der Fürst wird seinen Thron befestigen, der, seinem Zeitalter voreilend, es an Aufklärung und Charakterkraft übertrifft. Welch herrliche

Resultate könnten entstehen, wenn sich der Kronprinz mit aufgeklärten Männern umgeben; oder seine Gemahlin, weniger Stunden dem Vergnügen opfernd, die edle Zeit dazu benützen wollte, dem künftigen Könige eine wahre Königin zu werden. Man schmeichelt ihr zu viel. Man spricht immer von ihrer Schönheit. Das ist ihr verderblich geworden. Auf den schier bürgerlich häuslichen Kronprinzen wird seine Gemahlin immer den größten Einfluß haben. Wer also Gutes bewirken wollte, müßte der Kronprinzessin eine höhere Ansicht der Dinge hinstellen. Das kann doch die Voß nicht!! Das künftige Schicksal Preußens hängt gewissermaßen von dieser Frau und vom Major Köckeritz ab: Wie bedeutungsvoll werden diese beiden mediokren Personen — *(Aufspringend)*: Zastrow, Sie sind ein Mann von Einsicht — *(er überwindet sich)* Ein Mann von Genie: Zastrow! Friede und engste Allianz mit Frankreich!!

ZASTROW *(überlegen abwehrend)*: Aber Massenbach: doch nicht jetzt um Mitternacht.

MASSENBACH *(sieht ihn starr an, dann wiederholt er bitter)*: Ja, ja: — › 5 Minuten vor 12 ‹: —

ZASTROW *(legt ihm begütigend die Hand auf die Schulter)*: Ts: Ts! Sie sehen auch alles zu schwarz, Massenbach. — Immer moros! — ! *(Er hebt den Zeigefinger)* Eine freudige Nachricht: Der König hat Ihr Gesuch gelesen — Sie wissen wegen den Gütern: es ist Ihnen ein Landgut im Polnischen gewiß. *(Er klopft sich leicht an die Stirn)* Wie heißt's gleich: — Sie wissen ja: zwei Mal niesen, zwei Mal spucken *(er lacht über seinen eigenen Witz)* — Bialokosch: so nördlich von Pinne. Meinen Glückwunsch, Massenbach.

MASSENBACH *(faßt Zastrow's Hände)*: Zastrow, das haben Sie gemacht! Sie haben mein Gesuch vorgelegt?? *(Zastrow macht sich überlegen lächelnd los und geht geschmeichelt ab. Massenbach sieht ihm nach; dann be-*

troffen) : Dann kann ich aber mein Versetzungsgesuch nicht einreichen — das wäre . . . . ja : schnöder Undank dann! — Nein, das kann ich dann nicht . . . .

ZASTROW *(der noch einmal zurückkommt)* : Noch eins, Massenbach. Wir schließen gleichzeitig für ganz Norddeutschland mit Frankreich ab : die wollen Alle neutral bleiben. Wir schicken eine größere Anzahl Truppen zur Sicherung an diese Demarkationslinie : Hannover, Schaumburg-Lippe, Clevemarkundravensberg : Haben Sie etwa Interesse Massenbach?

MASSENBACH : In den Westen? — Nein!! Wir müssen doch jetzt den Osten rekognoszieren, vermessen, — die Festungen anlegen. Nein nein — *(sie gehen langsam hinaus, während 2 Lakaien die Windlichter löschen.)*

KONFERENZ IN PETERSHAGEN (1799)

Der Vorhang hebt sich. Die Szene zeigt eine große hölzerne Halle auf dem Gute des Geheimrats von Bessel bei Petershagen. Eine weite Fernsicht bietet sich über Heide und Weserlauf. Strahlend schönes Juniwetter. Es treten ein : Friedrich Wilhelm III, *Louise, Prinz Louis Ferdinand, der Herzog von Braunschweig, Köckeritz, Haugwitz, die Gräfin Voß sowie August Moritz Samuel Ehrenreich von Bessel, der geehrte Wirt. Man hat gut gespeist und ein unwägbarer zarter Duft von westfälischem Schinken liegt in der Luft (wie die Theatermänner das machen, bin ich selbst neugierig). — Die Herren haben den Degen abgelegt. Ehe man zu den Staatsgesprächen schreitet, gönnt man sich den Genuß nachtischlichen Plauderns. Über dem König — jung und schlank ist er — seine gewöhnliche ehrbare Nörglichkeit, vielleicht heute noch stärker spürbar, da er genau weiß, was Haugwitz und der Herzog von ihm wollen : und — er will doch nicht!*

FRIEDRICH WILHELM III *(an die Brüstung der Veranda tretend und Bessel zu sich heranwinkend)* : Stemmern sieht man von hier nicht, wie ?

BESSEL *(sich verneigend)* : Zu dienen Majestät : Nein. Die Tinnje ist dazwischen *(auf einen fragenden Blick erläutert er den unmärkischen Namen)* — der Hügel dort, Majestät, mit der königlichen Windmühle darauf ; man sieht nur die oberen zwei Flügel.

FRIEDRICH WILHELM III: Ah, gut gut. Weiß schon. Von wo wir alles beobachteten *(zum Herzog und Louis Ferdinand, die, wie auch alle anderen, wissen was sich gehört, und höfisch herbei getreten sind)* : Die Infanterie war heut nicht so gut ; Die Husaren hätten da im Ernst schweren Schaden gemacht. *(Wieder zu Bessel)* : Ja : — und da sieht man nach Petershagen hinein ; der Brink, wo ich am Mittwoch zu Fuß herkam.

DIE GRÄFIN VOSS *(leise zu Haugwitz)* : Brinque ? Qu'est-ce que c'est que ça ?

HAUGWITZ *(zuckt die Achseln und antwortet Gleichgültiges, etwa : » bêtise allemande «, er ist ersichtlich nicht bei der Sache.)*

FRIEDRICH WILHELM III *(fährt fort, verdrießlich)* : Ja ja, wo die Leute da dauernd schrien : Immer » vivat « und so. Andauernd. *(Pikiert)* : Immer » vivat. «

DIE KÖNIGIN : Aber sie meinten's doch so gut, nicht wahr Herr Präsident ?

BESSEL *(sich tief und dankbar verneigend)* : Eure königliche Majestät sind zu gütig : Ja : unser Volk hier war stets brav und ergeben.

FRIEDRICH WILHELM III *(bezeugt weiter sein Mißfallen)* : Man kann es gut meinen, ohne zu schreien — Die Töchter sind in Halle ?

BESSEL : Mit Verlaub, Majestät : nur eine : die Jüngere, — ä — Stiftsdame, Eure Majestät. *(Der gnädigen Fragen sind genug gestellt ; auch Bessel fühlt es und wartet ersichtlich nur auf eine Gelegenheit sich zurückzuziehen. Der König mustert flink und trübe die Versammelten, erinnert sich neuer Verdrießlichkeiten und winkt den Prinzen Louis Ferdinand zu sich ; sie gehen in den Vordergrund, während die anderen gedämpft plaudernde Gruppen bilden.)*

FRIEDRICH WILHELM III : Ja, gratuliere noch zum Generallieutnant. — Ja. Ich wollte es erst nicht tun : zu schlechte Berichte über Euer Liebden Aufführung : immer Truppe verlassen ohne meine Erlaubnis ; Allen schlechtes Beispiel geben *(wird heftiger)* : Mir ist angezeigt worden, daß Euer Liebden sich schon seit geraumer Zeit öfters in Hamburg aufhalten. Ich glaube nicht nötig zu haben, Euer Liebden zu erinnern, wie wenig es für einen General und zumal für Sie schicklich sei, sich heimlich von Ihrem Regiment und von der Armee zu entfernen und sich in Liaisons einzulassen, die weder Ihrem Charakter noch Ihrer Geburt angemessen sind. *(Den Prinzen, der sich — halt irgendwie — verantworten will, mit einer Handbewegung unterbrechend)* : es gibt keine Entschuldigung ! Ich gewärtige, daß Euer Liebden sich unverzüglich zu ihrem Regiment zurückbegeben und nicht wieder die Vorschriften des Dienstes verletzen. *(Der Prinz will wieder sprechen, aber wieder schüttelt Friedrich Wilhelm den Kopf)* Ach : das ist nichts *(winkt ihn ab ; Louis Ferdinand entfernt sich formell : er ist wieder mal billig davongekommen ; er begibt sich sofort zur Gräfin Voß : ob das ehemalige Fräulein von Pannewitz ihn schätzt ? Sicher ; sie hat Erfahrungen mit königlichen Prinzen)*. Ja, Durchlaucht : Exzellenz : dann darf ich wohl bitten . . . . *(der Wink wird, — versteht sich — vorbildlich verstanden. Es bleiben nur der Herzog, Haugwitz, Köckeritz. Der König mit schwächlichem Lächeln)* : Ja dann — Sie wollten die europäischen Angelegenheiten, Haugwitz — ich bitte *(er faltet die Arme über der Brust und setzt das Regierungsgesicht auf : es sieht nicht gut aus ; Gott oder sonst ein Witzbold hat ihm die Seele eines mittleren Beamten gegeben)*

HAUGWITZ : Ich erlaube mir, Majestät, in Gegenwart des Befehlshabers unsrer Armee — der meine Ansichten voll und ganz teilt *(er wendet sich, Bestätigung einholend, zum Herzog, der es möglich macht, wie ein untertänigstes Ja=und=Nein auszusehen : er kennt den Königswillen noch nicht ; oder besser, er kennt ihn einerseits auch .... Haugwitz ärgerlich weiter)* noch einmal kurz die Lage zu erörtern und auf die notwendig werdenden Entschlüsse hinzuweisen.

In Süddeutschland werden die Franzosen ständig zurückgedrängt : *(er erläutert)* Stockach, Feldkirch. — In Italien erleidet die Republik entscheidendste Niederlagen durch Suworoff : Cassano. — Gerade jetzt stößt er von Neapel nach Norden : eine neue Niederlage ist dem Direktorium gewiß. — England betreibt Großlandungen in Belgien und Holland. — Der zweifellos begabteste der Revolutionsgenerale, Bonaparte, ist in Ägypten engagiert ; nach Abukir beherrscht England das Mittelmeer unumschränkt : ohne Nachschub muß Bonaparte scheitern. *(Eindringlich)* : War jemals eine Gelegenheit für uns gekommen, Majestät, rasch und ohne den Staat allzusehr zu überanstrengen, Frankreich entscheidend zu schlagen, so ist es jetzt : in diesem Augenblick ! —

Das dazu erforderliche Heer steht größtenteils hier an der Weser bereit. *(Er sieht wieder den Herzog an. Der nickt : das Heer ist bereit ; mit dieser Feststellung riskiert er nichts. Ein Soldat ist letzten Endes immer bereit.)*

FRIEDRICH WILHELM III : Nein. — Ja natürlich : Aber meinen Sie nicht, Haugwitz, daß es besser für Preußen wäre, Frieden zu halten. Sehen Sie, mit Mühe und Not tilgen wir jetzt die Staatsschuld vom vorigen Kriege ; Südpreußen : wenn das besiedelt und richtig durchgearbeitet ist — oh, die Finanzen, Haugwitz : Beyme hat mir sogar schon vorgeschlagen, Papiergeld auszugeben; das möchte ich doch vermeiden. *(Er schüttelt den Kopf: nein er ist nicht dafür)*

HAUGWITZ *(den König und seine bürgerlichen Zu- und Abneigungen trefflich kennend und ausnutzend)*: Aber Majestät: sollen Vorfälle, wie dieser rastatter Gesandtenmord....

FRIEDRICH WILHELM III *(ihn unterbrechend)*: Ich denke, das waren die Österreicher: Thugut, und dieser andre Graf *(er wendet sich zum Herzog)*: wie hieß der noch? — *(Der Herzog, auf diese Abschweifung nicht gefaßt, murmelt, sich verneigend, einen allgemeinen mitteleuropäischen Namen, etwa wie »Bärentraubenblättertee«. Der König, froh, ihn gewissermaßen auf seiner Seite zu wissen, fährt fort)* Nein, nein, Haugwitz: nun nicht alles auf die Franzosen wälzen. Preußen braucht friedliche Entwicklung. Auch Frieden mit Frankreich: die Leute sollten sich alle gegenseitig in Ruhe lassen.

HAUGWITZ: Ich zweifle, Majestät, daß die Franzosen uns in Ruhe lassen werden. In wenigen Jahren würden wir es bereuen, ihnen nicht zuvorgekommen zu sein. — *(Nach einer Pause, bedauernd)*: Im Interesse des Staates — durch Euer Majestät Gnade einer der Obersten Diener dieses Staates — muß ich Euer Majestät mahnen, entscheidend in die Schicksale Europas einzugreifen *(Klopstock zitierend)*: »Wer die Stunde des Genius hat ungenützt vorüber gehen lassen...« *(er hebt unerbittlich die Diplomatenschultern)*

FRIEDRICH WILHELM III: Das ist schwer! Das ist ganz entsetzlich: Krieg soll ich führen, damit meine Untertanen glücklicher werden! Das ist doch widersinnig; das geht im Frieden viel besser. Außerdem kann man ja auch Frankreich als das für uns unbedingt notwendige Gegengewicht zu Österreich und Rußland ansehen: stellen Sie sich vor: Frankreich vernichtet: und Preußen steht dann allein gegen ein übermächtig aufgeschwollenes Österreich und Rußland. So müssen sie immer fürchten, daß wir uns enger mit Frankreich liieren könnten und dann sind die Wagschalen gleich. Nein, nein : ich halte Frieden mit Frankreich. Es sind viele, auch Offiziers, dieser Ansicht. Wie Köckeritz ?

KÖCKERITZ *(vortretend und sich, noch ganz unter dem Eindruck der allerdurchlauchtigsten Weisheit, anerkennend verneigend)* : Euer Majestät Ansicht erscheint mir höchst beachtenswert, ja, entscheidend.

DER HERZOG : Ja, vor allem wird sich Massenbach freuen.

FRIEDRICH WILHELM III *(halb ärgerlich, halb erfreut über die Ablenkung)* : Massenbach ? — Wieso Massenbach ?

DER HERZOG : Seine Denkschriften sind Euer Majestät ja bekannt. Er empfiehlt ja nicht nur den Frieden, sondern gar das engste Bündnis mit Frankreich. Befestigung der Ostgrenzen, etc.

FRIEDRICH WILHELM III *(mißtrauisch)* : Bündnis? Ach, das will ich nun wieder auch nicht ! Als politische Möglichkeit und Argument ja, aber praktisch nicht ; nein — — Massenbach ? Ja hören Sie : ich ziehe ihn zuweilen an meine Tafel, und da sitzt er neulich — unten bei Gravert und Pfuel — und sieht immer Louise *(er verbessert sich)* : die Königin und mich an, mit Tränen in den Augen, und schüttelt immer den Kopf. Ich wollte schon . . . . Was hat er ? ! — Exaltierter Mensch das ! —

KÖCKERITZ *(Massenbach von früher her kennend und ihm nicht unwohl wollend)* : Er ist Euer Majestät ungewöhnlich ergeben . . .

FRIEDRICH WILHELM III : Glaubs schon ! — So. — Na ja. — *(Mißtrauisch)* : Aber warum schüttelt er dann immer mit dem Kopf ?

HAUGWITZ *(dem die Abschweifung und ihr Gegenstand äußerst zuwider sind, verneigt sich leidend, und erinnert so wieder an das Hauptthema des Tages.)*

Friedrich Wilhelm III *(ärgerlich)* : Ja also was machen wir *(da Haugwitz offensichtlich auf seinem Standpunkt beharrt, wendet er sich an den Herzog)* : Durchlaucht ?

Der Herzog : Ich glaube — Euer Majestät — bzw. des Herrn Ministers — Ansicht, sowie auch die zu treffende Entscheidung werden von der äußersten Wichtigkeit sein. — Die Armee jedenfalls ist auf alle Fälle gerüstet ; ich möchte sagen, daß wir jeden Feind mit ihr schlagen können.

Friedrich Wilhelm III : Sie auch ? O Gott : Sie auch ! *(In großer Aufregung)* : Nun gut ; da Sie es Beide wollen, werde ich Krieg führen. *(Er schüttelt scharf mit dem Kopf und tritt an die Brüstung. Beide nehmen es als das auf, was es ist und dienern sich hinaus. Nur Köckeritz bleibt. Der König, nachdem die Tür ins Schloß gefallen ist, zu diesem)* : Ist das nicht ganz entsetzlich, Köckeritz : ich muß Krieg machen und will gar keinen ! Ich halte es in jeder Hinsicht für schädlich *(er sieht jenen ratlos und vertrauensvoll an — so weit ein König das zeigen darf.)*

Köckeritz : Majestät, noch ist nichts entschieden. Ich rate submissest zu durchaus dilatorischer Behandlung der Affaire : Majestät brauchen doch nichts zu tun, was dero allerhöchsten Vernunft und Gewissen zuwider ist.

Friedrich Wilhelm III : Was wollen Sie, daß ich tue, Köckeritz ? Wie kann ich in meinem Alter und noch neu in den Geschäften zwei so vollendeten erfahrenen Staatsmännern entgegentreten ? — Oh Sie kennen die Beiden nicht : Der Herzog schreibt bestimmt schon Marschorders !

Köckeritz : Majestät. Da ein König ja alles verantworten und leiten muß, so ist es doch ganz unmöglich, einen Krieg, den er nicht billigt, gut zu führen, — ja überhaupt zu führen. Da Euer Majestät so schwere und gegründete Bedenken haben, ist es besser, durch einen weisen Widerruf solchem Unglück zuvor zu kommen.

FRIEDRICH WILHELM III *(aufatmend)* : Ja, das ist gut, Köckeritz. Ja, ausgezeichnet. — So viele Menschen — und das ganze Debattieren, das verwirrt Einen nur. Allein kann man doch klar denken. *(Er geht einmal rasch zur Brüstung und kommt — entschlossen — wieder zurück.)* Ja. Ich werde noch keine Entscheidung treffen — Mm : Köckeritz : Sie machen gleich ein Schreiben fertig : zwei Ausfertigungen, an Haugwitz und den Herzog : ich würde noch keine Entscheidung treffen, sondern dann in Kassel dem Grafen meine Absichten zu erkennen geben. *(Er sieht über Köckeritz' Schulter hinweg ins Weite)* : Nein, ich will keinen Krieg ; ich will Preußen glücklich machen. *(Die Tür öffnet sich. Die Königin, begleitet von der Gräfin Voß, schlüpft herein. Sie eilt, strahlend blond und vital, auf ihn zu)*

KÖNIGIN LOUISE: Ihr seid fertig, ja ? — Ich sah den Herzog und den Grafen hinüber in ihr Quartier gehen — : Wie ? Es gibt doch nichts Unangenehmes ? !

FRIEDRICH WILHELM III *(jetzt behaglich und kräftig lächelnd)* : Nein, es gibt nichts Unangenehmes. — *(Er verscheucht die letzten Sorgen und kommt auf ein Thema, welches das Ehepaar schon länger intensiv beschäftigt)* : Aber mit den Uniformen : das müssen wir unbedingt noch ändern. *(Zu Köckeritz)* : äh : Köckeritz : Sie haben doch die Vorschrift über die Montierung der Kürassiere da. *(Und Köckeritz zieht aus der Tasche seiner glänzenden Uniform das Büchlein und liest steif)*

KÖCKERITZ : » Ihre Montierung besteht aus einem weißtuchenen Collet mit offenen Aufschlägen und Kragen ; aus einer kurzen Weste oder sogenannten Chemiset, weißledernen Beinkleidern, Stulpstiefeln, Stulphandschuhen und aus einem großen Hute mit einem weißen Federbusch.

FRIEDRICH WILHELM III : Halt halt ! Louise : Du erinnerst Dich an das Regiment von Byern, ja : bei denen sind dann Aufschläge, Kragen und Chemisets hell ziegelrot — *(die Königin nickt eifrig und attent : sie ist völlig mit bei der Kostümfrage)* Nun paß auf : sieh, die Knöpfe werden auf der Brust weiter auseinander gesetzt, und laufen weiter unten enger zu : auf diese Art wird die Taille noch viel schlanker *(die Voß murmelt bewundernd : süperb, süperb ! Er überlegt ; tief denkend)* : Zu der weiß und rotbunt durchwirkten Borte — weißt Du, mit der das besetzt ist, — könnte man eigentlich — — noch eine dünne goldene Paspel . . . *(er richtet sich auf und hebt den Finger gegen Köckeritz)* : Muß aber noch tiefstes Geheimnis bleiben ! — *(Pikiert)* : Was ist zu lachen, Köckeritz —

KÖCKERITZ *(sich verneigend)* : Bitte Eure Majestät untertänigst um Verzeihung ; ich mußte nur daran denken, was die Herren vom Generalstab schimpfen werden, daß ihnen wieder die Gelegenheit, sich auszuzeichnen, entgeht. *(Treuherzig)* : Es mag auch zu ärgerlich sein !

FRIEDRICH WILHELM III *(rasch wieder besänftigt und unbeschwert mit der Königin lachend)* : Ach die ! Die haben auch noch andere Aufgaben : sollen tüchtig Mémoirs einreichen. Karten ; Terrainstudien : — Och, Köckeritz ! *(Er schüttelt, immer noch lachend, den Kopf. Während seiner Worte wallt es wie leichte Schleier über die Szene ; das der Allerhöchsten Heiterkeit respondierende Gelächter verhallt zusammen mit dem französischen Geplauder der Oberhofmeisterin im Nebel ; ein Vorhang rauscht, den vordersten Teil der Bühne abschneidend, herab.)*

IM PREUSSISCHEN GENERALSTAB (1801)

Eine große Karte, Europa — vom Ural bis Gibraltar, vom Nordkap bis zur Oase Kufra — zeigend. Vor der Karte, das Gesicht zum Zuschauer, steht ein Europäer, der Oberst Christian von Massenbach. Unpreußisch leger seine Uniform : damit ist er immer aufgefallen. Zu seiner Rechten und Linken je zwei einfache hölzerne Tische. An ihnen sitzen sich gegenüber : die Generalquartiermeister der Zukunft : Valentini, Rauch, Steinwehr und Rühl (später › Rühle von Lilienstern ‹) : Die » Brigade Massenbach « arbeitet. —

MASSENBACH *(zuweilen hebt er, nach Art des unsterblichen Arringatore seine Rede akzentuierend, die halbgeöffnete Hand vor die rechte Schulter)* . . . Wartensleben, Favrat, Malschitzki, Marwitz, Gravert, Schönfeld, Sanitz. Dazu als leichte Infanterie : die Füsiliere Ivernois, Ernest, Holzschuer und Bila. Kavallerie wie bereits angegeben. Hierzu kommen noch die jeweiligen dritten Musketierbataillone à 877 Mann ; die Regiments= und Provinzialinvalidenkompagnien mit Kriegsstärke von je 112 bzw. 216 Mann. — Steinwehr : — *(Steinwehr sich militärisch aufrichtend)* : Sie haben auf Grund unserer Landesaufnahme die — leider immer noch hypothetische — Festung Modlin bearbeitet. — Geben Sie bitte den Plan ! *(Steinwehr reicht ihm ein Blatt aus den vor ihm liegenden Papieren. Massenbach sieht es rasch, angespannt, durch, die Unterlippe zwischen den Zähnen)* : Sie ist wie befohlen eingerichtet für . . ?

STEINWEHR : 7000 Mann Herr Obrist. Aufstellung und Kaliber der Geschütze bei der Zeichenerklärung.

MASSENBACH *(nickt mit gerunzelter Stirn)* : Die Speicher ? Wie von mir gefordert halb unterirdisch ; kasemattiert ; für Durchlüftung gesorgt ?

STEINWEHR : Wie besprochen angelegt Herr Obrist. Die Vorräte so groß, daß der Nachschub für die nach Osten stoßenden Armeen gesichert ist. Die Straßen wie befohlen bis zur Grenze verlängert bzw. ausgebessert. — Allerdings hat das Geld nicht . . .

MASSENBACH : Gut : Sie erhalten nach. Sehen Sie auch noch Bauplätze für Uniformen= und Pulvermanufakturen vor : Lassen Sie Rohstoffe heran schaffen. Werbung für die notwendigen Handwerker ; Wohnung für diese. — — Sie haben den Plan des verschanzten Lagers bei Königsberg, Valentini *(Valentini erhebt sich und bringt seinem Chef zwei neue Bogen, die jener behutsam — ein Mann, der Ehrfurcht vor Karten hat — mit beiden Händen anfaßt und die Augen darüber hinlaufen läßt. Er schüttelt den Kopf)* : zu weit von der Stadt, Valentini. Sie vergaßen, daß wir zur schnellen Aufführung der Schanzen der Kraft vieler Tausender, auch der Bürger, bedürfen. — Auch noch ein Tor nach Westen anlegen. Davor eine Sternschanze. — Noch bessere Wasserversorgung. — Sonst gut. *(Er legt die Pläne auf den ihm zunächst stehenden Tisch und fährt fort.)* Widmen Sie, meine Herrn, immer wieder aufs Neue Ihre ganze Arbeitskraft diesen Plänen. Es ist die Aufgabe des Generalquartiermeisters, neue Ideen anzugeben : werden Sie nicht müde, das Reich der Ideen zu erweitern. — Der selige König führte 2 Kriege für die Legitimität der Häuser Oranien und Bourbon, und einen dritten gegen die Legitimität der polnischen Nation : in jenen verlor er Preußens Staatsschatz, in diesem erwarb er einen Reichsteil, der dem anderen mit dem unbezwinglichsten Unwillen entgegenstrebt, und half gleichzeitig selbst, seinen Pufferstaat gegen Osten zu zerstören.

Nun ist Rußland als Feind und als Freund in zu großer Nähe. Ich fürchtete von je her Rußlands Unterjochungsgeist : dieser Geist gleicht einem Strome, der von den Iwanen ausgeht, und nun keine Ufer mehr kennt. Kein Jahrhundert vergeht, und die Russen belagern Straßburg und Mainz ; Europa wird eine Wüste und Amerika tritt an dessen Stelle, setzt ihnen Bonaparte nicht einen Damm entgegen. Durch die Ihnen von mir angegebene Aufstellung der preußischen Armeen zwischen oberen Pregel und Narew wird ein großer Teil der russischen Heere an der Düna festgehalten. Frankreichs ganze Macht kann sich dann aus Italien, durch Dalmatien, durch Österreich, an der Donau hinunterwälzen, über den unteren Dnjepr dringen, Rußlands Macht am Schwarzmeer zerstören. Ein neues Reich entsteht an den Ufern des Bosporus : — und das westliche Europa wird nicht mehr von Rußland bedroht. *(Rühl erhebt wie fragend die Hand ; Massenbach, solche Unterbrechungen wünschend, sieht ihn erwartungsvoll an.)* Ja ? ! —

RÜHL *(aufgestanden, leicht befangen)* : Preußen allein wäre also nicht fähig, Herr Obrist, — nicht vorbereitet — ? *(Er stockt)*

MASSENBACH : Nicht vorbereitet, Rühl, und nicht fähig. — Nicht vorbereitet : Sehen Sie unsere Manöver an : die gegebenen Kriegslagen ohne alle Wahrscheinlichkeit ; bei den Offizieren ist der Abend dem Spiel gewidmet, die Nacht der Ruhe in sanften Betten : die Herren haben noch zu lernen oder schon wieder vergessen, wie der Soldat im Kriege zu leben hat. — Außerdem veraltete Taktik, Rühl : Es gibt gar keine rechten Pioniere im preußischen Heer. Und der Échelon=Angriff wird das Wasser auch nicht in Wein wandeln. —
Und fähig ? Welcher unserer Generale ist fähig : Graf Kalckreuth ruht in dem Schatten der Lorbeeren, die er im siebenjährigen Kriege gepflückt hat. Er besitzt viel Scharfsinn ; aber auch schimmernden Witz, dem er allzuoft die Gründlichkeit aufopfert. Seine Prozesse rauben ihm viel Zeit : aber bei einem Mann in seiner Stellung müßte jeder Augenblick seines Lebens dem Staat gehören. —
Hohenlohe ? Der Erbprinz müßte noch eine recht ernsthafte Campagne machen, wenn er die erste Stufe unter den Feldherren ersteigen wollte. Er ist auch noch nie unglücklich gewesen. —

Möllendorf : er *hat* gelebt.
Von den übrigen Generalen zeichnet sich Keiner aus. Am Rande des Grabes stehen Köhler und Wolfrath, in welchen allein Funken des Seydlitzschen und Kleistischen Geistes flammen. Blücher : persönlich tapfer, derb, aber ohne jede Kenntnis von Strategie oder Politik. — Rüchel : dieser heftige Mann tut jetzt praktisch die Dienste des Generaladjutanten. Zastrow ist auf die Seite geschoben. Ich habe Rüchels Anstellung von je her gefürchtet. Er haßt den Herzog von Braunschweig, Hohenlohe, von mir ganz zu schweigen, und wird alles Gute, das nicht durch ihn geschieht, wo nicht verhindern, doch nicht mit aller Kraft fördern. Obwohl der König die aufbrausenden Köpfe nicht liebt, hat er, von Köckeritz bearbeitet, sich doch schon an ihn gewöhnt, und wird ihn, um kein Aufsehen zu machen, nie entfernen. *(Eindringlich)* : Meine Herren : ich hasse den General Rüchel nicht. Ich beurteile ihn mit kalter Vernunft. Man sagt, er habe ein gutes Herz. Aber er ist kein Mann von Genie. — — Rauch, Sie wissen noch Einen ?

RAUCH *(der sich schüchtern gerührt hat)* : Prinz Louis Ferdinand ?

MASSENBACH *(sieht ihn an und lächelt ein wenig mokant)* : Also schön : der Vollständigkeit halber : Louis Ferdinand, Prinz von Preußen. Das Letzte ist die Erklärung seines militärischen Ranges. Er hat die Tollkühnheit eines Husarenoffiziers. Ist dank reichlicher und gesicherter Ernährung *(er zitiert)*

» Sechs Fuß hoch aufgeschossen
Ein Kriegsgott anzuschaun . . . «

Wie das Verschen weiter geht, wissen Sie selbst. Es dürfte ja auch Ihnen kein Geheimnis sein, daß ich die Ehre hatte, im Februar vergangenen Jahres seine königliche Hoheit von Hamburg abzuholen, nachdem er den dreifachen schriftlichen Befehl des Königs, sich zu seinem unerlaubt verlassenen Regiment zurückzubegeben, nicht befolgte, sondern die Gesellschaft der Madame de Matignon, der Baronin Montmorency *(er spricht das folgende mit Nachdruck)* : etcetera — vorzog : jetzt muß er sich jede Nacht beim Gouverneur von Magdeburg melden. Scheint an Frankreich nur die Männer zu hassen. Eine Kraft, die im Sumpfe vermodert. *(Er hebt beschwichtigend eine Hand)* : Kein Mißverständnis, meine Herrn : aber was geschähe mit einem » gemeinen « Soldaten, der sich monatelang und immer wieder von der Truppe entfernt ? Mir ist an sich nichts uninteressanter als der Lebenswandel allerhöchster Herrschaften, wenn es Privatleute sind. Aber wenn man schon General sein will — — nein meine Herrn, Preußen ist nicht im Stande, gegen Rußland oder gegen Frankreich und Bonaparte aufzutreten ; es fehlt uns die geistige und physische Kraft. Sie haben mit mir an Hand der großen Cassinischen Karte von Oberitalien seine dortigen Feldzüge verfolgen können, von Arcole bis Marengo. Nun, nach dem Frieden von Lunéville, ist Frankreich stärker denn je ; der erste Konsul erscheint mir als ein Wesen höherer Art. — Valentini ?

VALENTINI *(hat Erlaubnis zum Sprechen erbeten)* : das würde aber dann, logisch nach Ihrer eigenen Darlegung, Herr Obrist, die *(er wagt das Wort)* — Unterordnung Preußens unter Frankreich bedeuten.

MASSENBACH : Und dem echten Preußen scheint Unterordnung und Vernichtung einerlei, eh Valentini ? *(Wieder ernst)* : Gewiß, meine Herrn : ich habe Ihnen gegenüber ja auch oft genug betont, daß die Gefahr für Europa *(er wendet sich zu Valentini)* : also auch Preußen, nicht von Westen, sondern von Osten her kommt. Alles drängt uns zu dieser billigen, tatkräftigen, mitarbeitenden Unterordnung gegenüber Frankreich. Beide Staaten sind sich größte Verbindlichkeiten schuldig geworden : Frankreich gab uns zu einer Zeit den Frieden, zu welcher wir ihn eingehen mußten, weil wir keine Mittel hatten, den Krieg fortzusetzen. Befanden wir uns bei unserem Marsche nach Westfalen im März und April 95 in einer Lage, in welcher wir im Stande waren, dem Vordrängen der Franzosen Einhalt zu tun ? Vollführten wir diesen Marsch nicht auf eine höchst unmilitärische Art, da die Têten unserer Kolonnen bei Lippstadt angekommen waren, und die Queues sich noch an Lahn und Main befanden ? Stand die Art, wie wir diesen Marsch ausführten, nicht in allen Zeitungen : und wissen wir nicht, daß alle deutschen Zeitungen auf Pichegrue's und Jourdan's Tisch lagen ? Konnten die Franzosen unsere Armee nicht en détail schlagen, sie vernichten, noch ehe sie zum Aufmarsch kam ? Entweder verstanden Pichegrue und Jourdan den Krieg nicht, oder sie hatten gemessene Befehle, nichts gegen uns zu unternehmen : daß sie den Krieg verstehen, davon haben sie Beweise gegeben : das Direktorium wollte also nicht, daß Preußen vernichtet werde. Dieser Wille, meine Herrn, war ein weiser Wille ! — Andrerseits hat Preußen im Jahre 1799 sich der Koalition gegen Frankreich nicht angeschlossen, in einem Augenblick, wo es durch seinen Beitritt wahrscheinlich hätte Frankreich vernichten können : Frankreich wird dies nie vergessen. Wir dürfen hierbei nicht stehen bleiben. Vereint mit Frankreich kann Europa zu seinem Heile : der Einigung, gezwungen werden ; im Kampf dieser Staaten gegeneinander verzehrt Preußen seine besten Kräfte, und wird, ein Spielball zwischen Ost und West, einst geteilt, schließlich ganz überrannt werden.

STEINWEHR *(den ein Skrupel sichtlich nicht losläßt, so unruhig ist er während der letzten Ausführungen Massenbachs geworden)* : Herr Obrist : Wir sind doch Preußen. Alles was wir sind und haben, verdanken wir ihm : ist es da nicht unsere selbstverständliche Schuldigkeit :

zuerst Preußen — dann alles andere *(auch die anderen nicken nachdenklich. Massenbach wendet sich langsam zur Karte und umfaßt den geliebten Erdteil lange mit seinem Blick ; als er sich wiederum den Mitarbeitern zukehrt, sieht er weit über sie hinweg. Auch über die Zuschauer. Er spricht : zuerst leiser — aber stets aufs Äußerste eindringlich, — dann immer lauter werdend)* :

MASSENBACH : Die Natur, — meiner und aller Dinge Mutter — weiß nichts von Deutschland oder Frankreich. Sie machte mich zum Menschen, nicht zum Bürger : Aber um ein Mensch zu sein, mußte ich von Jemand gezeugt und irgendwo geboren werden. Das Schicksal wollte es, daß dies zu Deutschland und von einem deutschen Bürger geschehen sollte. Aber man wird nicht Mensch, um Bürger eines Staates zu sein ; sondern man ist Staatsbürger, damit man Mensch sein könne. Das ist : damit man alles das sicherer und besser sein und werden könne, was der Mensch sein und werden soll. — Der Mensch ist also nicht, wie Sie zu glauben scheinen, dem Bürger, sondern der Bürger dem Menschen untergeordnet. Hingegen steht die Pflicht des Bürgers gegen den Staat und des Staates gegen den Bürger im genauen Gleichgewicht. Sobald meine Voreltern Bürger Deutschlands waren, übernahm dieser Staat die Pflicht, sie und ihre Nachkommen bei ihren wesentlichsten Menschenrechten und bei ihrem Eigentum zu schützen, und wir sind ihm für die Erfüllung dieser seiner Pflicht keinen Dank schuldig : denn : wir übernahmen dagegen die Leistung der Bürgerpflichten und der Staat ist uns ebensowenig Dank dafür schuldig. Jeder Teil tut was ihm obliegt. Dieser Vertrag aber ist nichts weniger als unbedingt. Preußen versprach, uns zu schützen, sofern es kann ; denn gegen eine große Koalition oder sonst eine überlegne Macht vermag es nichts. Wir hingegen müssen uns das Recht vorbehalten, mit allem was unser ist, auszuwandern, falls wir unter einem anderen Schutze sicherer und glücklicher leben zu können vermeinen : ein Vorbehalt, der überhaupt zu unserer Sicherheit nötig ist, weil zwar Preußen uns zur Erfüllung unserer Pflichten mit Gewalt anhalten kann, wir hingegen nicht vermögend sind, es hinwiederum zu dem, was es uns schuldig ist, zu zwingen.

Was mich selbst persönlich betrifft, so sehe ich meine Menschheit, oder was mir eben dasselbe ist, mein Europäertum, meine Weltbürgerschaft, für mein Höchstes und Alles an. Preußen kann mir, wenn es ihm beliebt — was vielleicht bald genug begegnen wird — alles nehmen, was ich in Preußen habe : so lange es mir erlaubt, ein freier Mensch zu sein, werde ich mich nicht beklagen. Meine guten Dienste glaube ich mit gehöriger Einschränkung jeder besonderen Gesellschaft, deren Schutz ich genieße, so wie allen Menschen, mit denen ich lebe, schuldig zu sein. Träte jemals ein besonderer Fall ein, wo ich meinem Vaterlande nützlich sein könnte, so würde ich mich schon als Weltbürger dazu verbunden halten *(mit erhöhter Stimme)* : insofern nicht etwa eine höhere Pflicht — zum Beispiel gegen Europa ; oder : nicht unrecht zu tun — dabei ins Gedränge käme. Denn wenn etwa Preußen die Lust ankäme, ganz Afrika und Amerika zu erobern, so würde ich mich ebensowenig schuldig glauben, ihnen meinen Kopf oder Arm oder auch nur einen Groschen aus meinem Beutel dazu herzugeben, als ihnen den Mond erobern zu helfen.

RAUCH *(noch einmal auf das vorhergehende Thema zurückkommend)* : — Und, Herr Obrist : Es gibt Ihrer Meinung nach kein anderes Mittel, — eine allgemeine friedliche Lösung dieser europäischen Verwicklungen herbeizuführen ?

MASSENBACH *(den Mund spitzend und den Kopf neigend)* : Oh — Rauch : es gibt eins — aber . . . . : Offiziell geregelte radikalste Geburtenbeschränkung, der sich natürlich alle Staaten anschließen müßten — ungerührt von kirchlicher Kasuistik — so daß die Menschheit nie mehr als hundert Millionen kultivierter, vernünftig verteilter Wesen überstiege. —

RAUCH *(sofort abwehrend)* : das ist Utopie. —

MASSENBACH *(ironisch)* : Völlig einverstanden, lieber Rauch ! : Aber Sie wollten ja das einzig andere Mittel wissen ! — Daß jemals die Vernunft in der Welt siegen werde, ist leider Utopie : jede größere » Weltgeschichte « wird Sie unschwer davon überzeugen. — Nein, Rauch : wir sind ver . . . *(von weither draußen Stimmen ; — Massenbach die Stirn furchend)* : Was ist für ein Lärm unten im Hof *(zu dem ihm zunächst Sitzenden)* : Oh bitte, Rühl . . .

RÜHL *(eilt ans Fenster und berichtet)* : der Stab kommt zurück, Herr Obrist.

MASSENBACH *(zu ihm tretend)* : ah, voilà ! Köckeritzens Gesichtsfarbe noch höher als purpurrot ; Zastrow : Mit schnellen Schritten, weiß gepuderten Haaren folgt ihm Holzmann *(er tritt etwas zurück. Sagt nachdenklich)* : der Herzog auch *(steht grübelnd mit verschränkten Armen)*

STEINWEHR *(der ihm schüchtern genaht ist und unter seinen Papieren sein Stammbuch hervorgezogen hat)* : Darf ich mir noch erlauben, Herr Obrist — — Sie hatten letzthin die Güte — —

MASSENBACH *(den Kopf herum nehmend und ihn, die Hand noch nachdenkend am Mund, ansehend ; dann verbindlich)* : Ach so ; natürlich. *(Er setzt sich an den freigewordenen Tisch, schreibt nach kurzem Überlegen und bestreut die Schrift mit Sand. Es klopft an der Tür ; ohne ein Herein abzuwarten, tritt der Herzog von Braunschweig ein, grüßt hastig erregt in die Runde ; zu Massenbach)*

HERZOG : Wir sind in einer verteufelten Lage, Massenbach.

Sie gehen mit dem General Kleist nach dem hannoverschen : Dieses Land besetzen wir. Müssen Frankreich zuvorkommen. *(Er seufzt)* : das unglückliche Land. — Kommen Sie gleich mit, ich werde Ihnen die Dislokation für die Truppen geben *(schon mit Massenbach abgehend)* : Sie müssen sogleich nach Magdeburg abreisen, Kleist den Befehl bringen . . . *(die 4 jungen Offiziere allein, löschen die Lampen, eine nach der anderen, sie schütteln die Köpfe und sprechen halblaut : man hört immer wieder die Namen : Hannover, Frankreich, Rußland, der Obrist und wieder : der Obrist.)*

VALENTINI *(neugierig zu Steinwehr)* : Was hat er denn geschrieben ? *(Sie drängen sich um Steinwehr, der, — es ist fast ganz dunkel — beim Schein der letzten Funzel abliest)*

STEINWEHR : Manus haec inimica tyrannis. *(Er bläst den Streusand von den Blättern und schließt langsam das Buch. Valentini wiederholt nachdenklich)*

VALENTINI : manus haec . . *(und Rühl vollendet, wenn einem jungen Offizier möglich, noch nachdenklicher)*

RÜHL : inimica tyrannis. *(Rauch nimmt die letzte Lampe aus der Schlaufe an der Wand ; sie leuchten sich tiefsinnig hinaus.)*

OBSERVATORIUM OLBERS IN BREMEN (1802)

Sogleich geht der Vorhang mit der Karte des unglücklichen Erdteils in die Höhe. Man erblickt das kuppelüberwölbte Hausdach des Bremer Arztes und bedeutenden Liebhaberastronomen Heinrich Wilhelm Matthias Olbers : der Kuppelspalt ist weit geöffnet, vorbei dreht sich das sinnlose Gemisch der Sterne, groß und klein : — unbeteiligt wie immer. — Das Hauptinstrument, anscheinend ein $3^3/_4$*=zölliger Refraktor, in gefälliger Fotogra-*

fierstellung. Ein Kometensucher in der bekannten Form. Olbers mit seiner Frau am Tisch, zweifellos einen Gast erwartend, genießen den liebenswürdigen Juniabend. Rechts im Hintergrund an einem Seitentischchen, bald mit Sternkarten, bald mit blitzenden Messinghülsen beschäftigt, der 17jährige Friedrich Wilhelm Bessel. Ein großer mindestens halbmannshoher Himmelsglobus im Vordergrund ist wichtig : an ihm soll dann etwas demonstriert werden. Zuweilen kommt durch den Kuppelspalt untermalender Straßenlärm herein, Hansestadtmäßiger. In das Geplauder der Eheleute und das zierliche Geklirr des den Tisch mit Flaschen und Gläsern besetzenden Dienstmädchens tönt ein Pochen von der Tür : » Herein ! ? « Es erscheint der Oberst von Massenbach.

MASSENBACH *(rasch auf das Ehepaar zutretend und ihnen, wie schon länger Bekannten, die Hände schüttelnd)* : Sie vergeben meine Verspätung. Ja ? — Der Stab : also auch ich leider — dinierten im Hause des englischen Konsuls : der Geburtstag des Königs Georg ; Sie wissen ja : die üblichen lichtvollen Tischnachbarn : ein langweiliges Haschen nach Kurzweil : fürchterlich ! Aber ich konnte mich nicht eher freimachen. *(Er muß sich an den Tisch setzen und Frau Doktor sagt lachend)* :

FRAU OLBERS : Aber es sind doch nur 5 Minuten !

MASSENBACH : Fragen Sie nur einmal Ihren Gatten, was in der Astronomie 5 Minuten sein können : Sonnenfinsternisse, Venusdurchgänge etcetera.

OLBERS *(nickt lächelnd und sagt)* : So hätte ich fast einmal eine Uranusbeobachtung versäumt. Das war 81 in Wien ; Herschel hatte ihn eben entdeckt, und wir mußten natürlich sofort seine Bekanntschaft machen — Schöne Zeit, damals.

MASSENBACH : 81 ? Da war ich noch in Stuttgart. Lehrer an der Karlsschule : Mathematik und Verwandtes. *(Er lacht kurz auf, da ihm der Gegensatz einfällt.)* Keine schöne Zeit damals: ich war noch jünger, und wußte noch nicht, daß meistens im Leben durch das Glück entschieden wird; und Geist und Verdienste nur Dinge zweiten Ranges sind. — Ansonsten sind wir ja derselbe Jahrgang.

OLBERS: An der Karlsschule? Da kennen Sie doch auch Schiller persönlich? Er ist doch nur 1 Jahr jünger als wir. —

MASSENBACH *(zuckt die Achseln)*: Er aß damals am anderen Tisch, und ich kann mich seiner nur unbedeutend erinnern; er hatte wohl auch damals noch nichts Sonderliches. Jedenfalls nicht mehr, als wir anderen Alle. Waren zum Teil gute Köpfe dabei. — Nun, ich bin froh drüber. Was soll ich mit diesen Leuten? *(Auf die fragenden Blicke Olbers' und seiner Gattin, die ihre Stickarbeit hat sinken lassen)*: Sie schreiben » feinsinnige « Betrachtungen über das Theater als Volks- und Zeitbildungsanstalt: und ihre eigenen Produkte!?.. Entweder predigen sie ein » einiges Deutschland «, und dünken sich schon groß mit diesem Begriff, oder aber sie dramatisieren irgend eine cause-célèbre, je schauriger und nervenkitzelnder, desto besser. — Denn das ist ja Schiller: er wählt doch grundsätzlich nur nervenerregende Delikte. — Oder man untersucht mit tiefsinnigem Gesichtlein den Iphigenien-Komplex — *(er winkt mit der Hand ab)*: das, was geschehen und besprochen werden müßte in allen Volksschichten, vom König bis zum Steinklopfer: das gefährdete Europa und dessen Rettung — da geschieht nichts! *(Er schüttelt das ärgerliche Thema ab und bittet Olbers)* Lassen Sie uns lieber von Ihren Arbeiten sprechen: Ah, Mathematik und reine Luft!

OLBERS *(lächelnd, aber gleich wieder ernst werdend)*: Leider ist sie just hier am Meer selten so rein als wünschenswert wäre. — Auch Schröter in Lilienthal klagt ständig darüber; Sie wissen's ja selbst; Sie waren ja dort. — *(Er zögert einen winzigen Augenblick, vertraut aber, Arzt und Menschenkenner, dem meteorischen Besuch; er ruft hinüber)* : Bessel : Geben Sie mir doch bitte eine unserer Berliner Karten — irgend eine. *(Bessel bringt dem schwärmerisch geliebten väterlichen Vorbilde vorsichtshalber gleich zwei. Olbers lächelnd)* : Danke schön, Bessel! *(Nachdem Jener wieder drüben mit der Pflege der kostbaren Okulare begonnen hat, leise zu Massenbach)* : Bedeutend! Interessante Geschichte: zufällig wurde ich einmal als Arzt ins Kuhlenkampsche Haus gerufen — Sie wissen ja, Kuhlenkamp & Söhne, die große Handlung — *(Massenbach nickt; er weiß; er hat überall speisen müssen)* : Ich sah ihn zufällig mit ein paar mathematischen Büchern — Ihrem Traktat über Differentialrechnung nebenbei auch. Dann später kam er auf einmal auf der Straße an mich heran: hatte augenscheinlich diesen verzweifelten Entschluß gefaßt *(er lacht behaglich)* : jedenfalls hörte ich Etwas von astronomischen Studien; brachte auch auf einem Blättchen den Halley'schen Kometen neu berechnet — — ich hab ihm dann mit Büchern ausgeholfen, beschäftigte ihn auch hier bei mir: ein eminenter Kopf: das wird der größte Dienst, den ich der Astronomie leiste!

MASSENBACH : Ach ja: Kometen sind ja Ihr Leibfach. Habe Ihre Abhandlung damals gelesen. Zach hatte sie doch rausgegeben, stimmt's?

OLBERS : Ganz recht. — Ja: nun hier *(er weist auf die Kartenblätter)* Sie wissen, daß Piazzi in Palermo den neuen Planeten aufgefunden hat —

MASSENBACH *(nickt; der Chef der Brigade Massenbach weiß alles)* : Ersten Januar 1801.

OLBERS : Freilich. — Nun ist folgendes: ich glaube sicher zu sein, daß zwischen Mars und Jupiter noch mehrere — vielleicht eine große Anzahl — vorhanden sind; die Gründe dafür sind ja allgemein bekannt. *(Massenbach nickt; wenn auch nicht gerade » allgemein «, aber bekannt; schön. Olbers fortfahrend)*: ich suche jetzt systematisch nach, folgendergestalt: hier die Berliner Zonenkarten, die größeren Sterne um die Ekliptik enthaltend; ich trage alle ein, die mir mein Instrument noch außerdem zeigt und wiederhole dann nach einem halben Jahre die Beobachtungen noch einmal: ergibt sich dann für einen der Sterne ein anderer Ort, so ist er planetenverdächtig. — Ganz einfach.

MASSENBACH: Einfach, ja! — Aber, liebster Doktor: die Arbeit! Freilich, Harding in Lilienthal unternimmt's auf noch breiterer Basis — aber eben › hauptamtlich ‹.

OLBERS: Nun, ich habe Zeit; ich komme mit 4 Stunden Schlaf aus. Und — natürlich: Glück muß man haben! *(Er sagt ernsthaft)*: Ich bin überzeugt, daß ich etwas finde. Im März. Der März ist für himmlische Beobachtungen mein Glücksmonat. — *(Er sieht lächelnd zu ihr, da er weiß, welche Wirkung das Folgende haben wird)*: Im März werde ich also auch sterben! *(Er hat sich nicht geirrt; ein ehelich böser Blick, wie gehabt, kommt auch jetzt wieder; ein empörtes: » Also ...! «: sie schüttelt den Kopf! Oh, diese Männer! Auch der größte und beste — das heißt Olbers — hat seine Abweichungen und Verfinsterungen; sie schüttelt noch einmal die kunstvolle Frisur; dann stickt's wieder. Olbers in reifer ruhiger Schwärmerei)*: Wie der beobachtende, freigewordene Geist dann durch die unendliche, schöngeordnete Welt schweifen wird .... *(er senkt sinnend das Haupt)*

MASSENBACH *(die Brauen zusammenziehend)*: Unendlich? Und schön geordnet?! — Etwas viel auf einmal, Olbers, finden Sie nicht?

OLBERS *(die Augen erstaunt weit öffnend, und mit der Hand um Erklärung bittend)*: Ja, — wie denn ..?

MASSENBACH: Unendlichkeit: Ich habe vor kurzem durch mündliche Vermittlung eines Bekannten hierüber das

Schärfste und Tiefsinnigste gehört, was Menschen je gedacht haben — *(er hebt erläuternd die Hand)* : Gauß in Göttingen — *(Olbers nickt : wer kennt ihn nicht !)* Ganz kurz : Stellen Sie sich vor : Unser Raumgefühl — oder wie Sie's nennen wollen : ich streite nicht um Worte — ist dreidimensional. Nehmen wir einmal an, es wäre nur zweidimensional, dann wäre eine Ebene wie diese Tischplatte unsere Welt, in der wir uns nur seitlich verschieben könnten — *(Bessel ist, einen Sextanten in der Hand, zögernd nähergetreten, und lauscht mit auf die Seite geneigtem Kopf)* : Wenn sich diese Tischplatte nach allen Seiten hin unendlich weit erstreckte — *(er weitet andeutend mit der Hand ihre Fläche)* dann hätten wir Ihre » unendliche Welt «. Es gibt nun aber zweidimensionale Räume, die nicht unendlich sind : — wie dieser hier : *(er steht auf und überfährt die Wölbung des Globus mit den Händen)* : Hier ! : Unbegrenzt wohl ! Sie könnten, sich seitlich verschiebend, nach jeder Richtung reisen, ohne je ein Ende zu finden. — Aber nicht unendlich ! Sie können die Größe dieser » Welt « in Quadratzentimetern, ihren Durchmesser in Metern angeben. *(Bessel ist noch näher getreten und sieht den uniformierten Fremden fasziniert an : er wird diese Stunde nicht vergessen)* : Freilich setzt das voraus, daß ein Raum von höherer Dimension da ist, in den sich diese Fläche hineinkrümmen kann — eben unser dreidimensionaler Raum. *(Er spreizt eine unerbittliche Hand gegen Olbers)* Und nun übertragen Sie diese Gedankenreihe auf diesen selbst. Schon die Möglichkeit solcher Geometrie entzieht zum Beispiel dem erkenntnistheoretischen Teil der kantischen Philosophie jedes Fundament ! *(Er bleibt stehen. Olbers hat Arme und Beine übereinandergeschlagen und verarbeitet, Massenbach starr ansehend, das schwere Gehörte. — Massenbach heftiger werdend)* :
Und schöne Ordnung ? Sie denken : Himmelsbläue, Früh-

lingsgrün, Sternenglanz, Abendröte, funkelnde Kristallgestalt ? ! *(Er nickt ingrimmig)* : Haben Sie bedacht, daß auf einer blühenden Wiese in Wahrheit 10 Millionen winziger grüner Ringer sich ächzend ersticken? Daß Ihre Sterne nur scheinbar ruhig glänzen : könnten Sie sich nur einem von ihnen nähern, Ihr Ohr würde zerreißen, Ihr Leib verdunsten, Ihrem Auge grauen vor dem irrsinnig rasenden Feuerdrachen.

BESSEL *(der ihm atemlos gelauscht hat, schüchtern aber bestimmt)* : Dennoch möchte ich in seiner Nähe wohnen und seine Natur erforschen ! *(Das ist natürlich kein Gegenargument ; ehrt wohl den Menschengeist, aber nicht den Schöpfer)*

MASSENBACH : Das haben schon Andre vorher gewollt, mein Junge. Schon vor 2000 Jahren Eudoxos von Knidos. — *(Er geht mit gesenktem Kopf wieder zum Tisch, leert sein Glas und fährt abwesend fort)* :

Ende April ritt ich mit General Kleist an der windigen Emslandküste : alle Büsche sträubten weißgrüne Blätter vor uns. Zögerte Helle über die Wiesen ; wich ; verkroch sich auf grauen Knien hinter die Pappelreihen. Lag Nachts beim Bauern : Licht schlich hoch in Wolken, ging in Stunden vorbei, verwandte kein Gesicht von mir. Gegen Morgen erstarrte klar Milchluft und Pflanzengraun : man durfte nur mit gespreizten Gliedern und geweiteten Augen zwischendurch balancieren. Der Mond gerann ziegelrot überm Urstromtal ; Tau wurde kalt. Das müßige Ohr wirrte sich selbst die Stille mit leisem Gebrause ; — wie mögen Bakterien, die Tiere in unserm Innern, vorm Donner des Blutstroms zittern : wenn wir zürnen. — So blieb ich, bis mich fror, vom Kahlkopf bis in die Schuhe. —

Unten war ein Fisch gestrandet, von zwanzig Fuß Länge, ein Fuß Höhe und drei Fingern Dicke, den bis dahin noch keiner der dortigen Fischer gesehen hatte. Sie nannten ihn

Riemenfisch, weil sie ihn mit ihren Rudern verglichen. Die Schnauze war abgestutzt, das zahnlose Maul senkrecht gespalten, unheimlich starr sah mich das große Auge an. Auf dem Kopf trug das Ungeheuer eine zackige Knochenkrone. Auf langen beinernen Spitzen ruhte das Haupt. Totweiß der Körper ; ein paar schwarze Striemen. — Die schöne Welt, Doktor ? *(Er schiebt die Unterlippe vor und bewegt verneinend das Haupt)* : Nee ! *(Er lacht kurz auf)* Leuwenhoeck hat mal die Eier in einem Dorschweibchen gezählt : Neun Millionen Stück ! Welch irrsinnige Verschwendung, nur wieder durch gleich irrsinnigen Mord reduzierbar ! *(Er schüttelt noch einmal)* Nee, Olbers, glauben Sie mir : die Brigade Massenbach hätte die Welt anders — *(er wagt das Wort)* — besser ! erschaffen : wenn die Uhr schlecht geht, ist nicht sie schuld, sondern der Uhrmacher. — Es kommt Eins zum Andern : begrenztes Weltall, vom Leviathan geschaffen, Unfreiheit des Willens —

BESSEL *(von der mächtigen Persönlichkeit sichtlich tief beeindruckt, aber jugendlich spröde und schwungvoll)* : Aber — wieso ? Ich kann doch tun, was ich will !

MASSENBACH *(zuerst unwillig die Stirn furchend, dann aber wehmütig nachsichtig lächelnd)* : Das ist ja gar nicht das Problem, Bessel. Natürlich können Sie tun, was Sie wollen : Sie müssen es sogar. Aber die Frage ist gar nicht nach dem Verhältnis des Wollens zum Handeln, sondern von der Entstehung des Willens, der Willensbildung, selbst. — Sehen Sie : ein philosophisch roher Mensch — der dabei jedoch in andern Fächern ein großer Gelehrter sein kann — hält immer die Willensfreiheit für etwas so ganz Gewisses, daß er sie als unzweifelhafte Wahrheit ausspricht, und eigentlich gar nicht glauben kann, die Philosophen zweifelten im Ernst daran ; sondern in seinem Herzen meint, all das Gerede darüber sei bloße Fechtübung der Schuldialektik und im Grunde nur Spaß.

Stellt man nun solch einem Menschen etwa die Frage: kannst Du wirklich von in dir aufgestiegenen entgegengesetzten Wünschen sowohl dem einen als dem andern Folge leisten? Da werden Sie sagen: Vielleicht kann mir die Wahl schwer fallen, immer jedoch wird es ganz allein von mir abhängen, ob ich Eins oder das Andre wählen will, und von keiner anderen Gewalt; da habe ich volle Freiheit zu wählen, welches ich will; dabei werde ich nur ganz allein meinen Willen befolgen. Frage ich Sie nun: Aber Ihr Wollen selbst: von was hängt das ab? So werden Sie antworten ....

BESSEL (*selbstbewußt*): Von gar nichts als von mir: was ich will, das will ich!

MASSENBACH: Und ohne sich des Unsinns — der Tautologie — bewußt zu sein! Immer wieder verschanzen Sie sich jetzt schon hinter das Wort: Ich kann wollen, was ich will — (*das schwierige Thema kurz endend*) Nun, Sie sind noch jung. Die wahre Antwort heißt: Sie können tun, was Sie wollen. Aber Sie können in jedem gegebenen Augenblick Ihres Daseins nur ein Bestimmtes wollen, und schlechterdings nichts anderes, als dieses Eine. (*Zu Olbers*): Ich habe längst durch Selbstbeobachtung festgestellt, daß sich, besonders in Träumen, die Zukunft unfehlbar ablesen läßt: also bis in jede Einzelheit festliegt: das ist der praktische Nachweis für die Theorie. — Sie wissen ja auch, daß Sie im März sterben werden! — So sah und hörte ich im Traum der vergangenen Nacht Glas zerbrechen — (*er leert seinen Kelch wiederum und setzt ihn besonders vorsichtig auf die weiße runde Decke; lächelnd*): Nun, wenigstens dies wird es hoffentlich nicht sein.

OLBERS: Ich höre Ihnen mit Erstaunen zu. Auch mit Bewunderung. — Sollte nicht, wenn ein Mann wie Sie Einfluß auf die Großen dieser Welt nähme, sich ihr eine andere Gestalt geben lassen? Ihr König...

Massenbach *(ihn kopfschüttelnd unterbrechend)*: Unser König?! — Freilich ist er nur eine Funktion seiner Umgebung: er leitet nicht, er wird geleitet: er herrscht nicht, er wird beherrscht. Aber er faßt nur Mediokres; Ungewöhnliches ist ihm anstößig, verdächtig, zu meiden. Europa — ach, für ihn ist es nur ein Schall; das kann nur Bonaparte retten. *(Eine Sternschnuppe zieht flammend und funkensprühend durch den Himmel; Bessel, aufspringend, notiert sogleich Ort, Stunde und Einzelheiten. Olbers, darauf hindeutend)*

Olbers: Das könnten durchaus Produkte der Mondvulkane sein; ich habe die Möglichkeit einmal theoretisch durchgerechnet.

Massenbach: Mmm; Vorsicht, Doktor — zu wenig Daten noch. Ballistik ist grausam ver= und noch gar nicht ent=wickelt; ich verstand auch davon einmal etwas. — *(Er spricht wie für sich)* — Unaufgefordert habe ich viel gearbeitet . . *(ein fernes Klavier begint zu spielen: »Leben ist ein Hauch nur . . .«; fängt wieder von vorn an: die Tochter übt)*: Ich sehe unserem Untergange seit dem Augenblick entgegen, da meine am 16. April 1798 vorgelegten Entwürfe zur Ostbefestigung mit höflicher Kälte zurückgewiesen wurden. Mehr noch: man glaubt, den Geist des Westens bekämpfen zu müssen, und sieht nicht ein, daß in diesem Kampf Westen *und* Mitte Europas ihren Untergang finden werden. — Ich brachte Ideen zur Sprache, welche nur dann genehmigt werden konnten, wenn ein *Mann* herrschte, und ich zu diesem Einen freien Zutritt hatte. Mit Ehrfurcht nahte ich mich Denen, welche diese Ideen hätten ausführen können, und sprach zu ihnen mit der Kühnheit, welche mir die Überzeugung von ihrem entscheidenden Einfluß auf das Wohl und die Dauer nicht nur unseres Staates gab: An der Engstirnigkeit und dem Dünkel Preußens scheitert in diesen Jahren Europa für immer.

— Diese Wahrheit habe ich zu spät erkannt, und deswegen habe ich umsonst gelebt. (*Er erhebt sich schwerfällig, und greift nach dem Herzen. Nach einer kleinen Pause*) : Ich habe Sie sehr gelangweilt, ja ? ! (*Zur Frau Doktor*) : Vergeben Sie mir, daß ich Ihnen den schönen Abend trübte. —

FRAU DOKTOR (*sitzenbleibend und aufrichtig den Kopf schüttelnd*) : Ich habe nie — : selten (*denn sie ist korrekt und Wissenschaftlersgattin*) — so Anregendes gehört. Sie haben uns Viel zu denken gegeben . . .

OLBERS (*der aufgestanden ist, und Massenbach langsam zur Tür geleitet*) : Wir werden Sie nicht vergessen : Möchte Ihnen noch eine heiterere Ansicht des Lebens werden. — Ich liebe und verehre Sie so sehr . . . (*Durch den Kuppelspalt aus größerer Ferne kommt Lärm von Stimmen, johlende Rufe, und das Klirren zerbrechenden Glases. Massenbach, den Kopf nicht einmal danach wendend, nickt nur registrierend : Also einmal mehr ! Er sagt*)

MASSENBACH : Wissen Sie, was ist ? . . .

OLBERS (*entschieden den Kopf schüttelnd*) : Nein, nein. (*Er zuckt die Achseln*) : Rüpel. Oder dumme Jungen. Weiter nichts . . . . . .

FENSTEREINWURF BEI HAUGWITZ (1806)

Ein Vorhang schießt blitzschnell herab, den Hintergrund der Bühne verhüllend. Eine nächtliche Straße : es ist zwar Berlin, das Brandenburger Tor, ein paar Jahre später ; aber Olbers hat Recht gehabt; und sie sind noch immer dabei : im unsicheren Schein der damaligen timiden Straßenbeleuchtung sieht man Studenten, junge Offiziere und andere bedeutende Staatsbürger hin- und wider gehen, Steine aufraffen, und dem Grafen Haugwitz, der diesmal mit Frankreich abgeschlossen hat, und für den Frieden spricht, die Fenster einwerfen. Die verglimmenden Fakkeln, mit denen sie seinem Gegner, Hardenberg, eine begeisterte Ovation gebracht haben, liegen auf einem Haufen und tragen das ihre zu dem wenigen Licht des ansonsten ziemlich obskuren Unternehmens bei. Immer noch klirrt Glas, denn die prächtige Wohnung hat viele und schöne Fenster. — An der linken Seite der Bühne die direkten und indirekten Urheber des Heidenspaßes: Prinz Louis Ferdinand, Rüchel, Scharnhorst. Der Zuschauer kann sich den Rest der nationalen Partei — Stein, und ähnlich mittelalterlich orientierte Geister — beliebig hinzu malen. Auch die edle Weiblichkeit kann, als in der Kulisse stehend, gedacht werden: die Königin — nach 8 Geburten nicht ganz mehr die tolle Louise —, und die Prinzessin Marianne von Hessen-Homburg sind sehr für's Nationale. Auf der rechten Seite der Bühne Massenbach; mit untergeschlagenen Armen den Spuck betrachtend; neben ihm Friedrich Buchholz; Publizist und Franzosenfreund: — Adelshasser, und allerdings auch — ich kann's nicht ändern, er war's nun mal — Antisemit.

LOUIS FERDINAND: Los! Immer ran! Nehmt ruhig auch die großen! Werdet dem Herrn Grafen schon nicht die Lorgnette zerbrechen.

RÜCHEL (*verächtlich*): Ph! Der sitzt nämlich im Hinterzimmer, was?

LOUIS: Los Jungens: nachher trifft sich alles bei mir. (*Ein besonders lautes Splittern und Klirren; der Louis lacht schallend auf und schlägt sich auf den Schenkel*): »Das war Toll's Gescheß!« — Also so was mach' ich zu gern! —

MASSENBACH (*leise zu Buchholz*): Aber sonst auch weiter nichts. (*Ist unrichtig! Er spielt auch noch gut Klavier.*)

LOUIS (*laut berichtend*): Wie damals in Frankfurt (*zu Rüchel*): Sie erinnern sich: wie ich von dem Wagen der

2 französischen Kommissare die Trikolore runter reißen ließ? — (*Wie gesagt: »blauäugig, blond: Verwegen ..!..«*)

MASSENBACH (*erläuternd zu Buchholz*): Die französischen Kommissare — sie konnten gegen Führung und Truppe weiß Gott nicht mehr Achtung bezeugen als sie taten — waren nämlich beauftragt, mit Möllendorf über die Auswechslung von Gefangenen und Geiseln zu verhandeln: darauf nahm der Bube natürlich keine Rücksicht!

BUCHHOLZ: Die verdammte Brut!

LOUIS: Nein nein: ich hatte dem jungen Bedienten des russischen Gesandten 'ne Handvoll Taler gegeben — das klappte; es war eine Lust. Und die Gesichter der Jakobiner! Wir haben ihnen gezeigt, was wir von ihnen halten. — Und der alte Möllendorf:

RÜCHEL: Ich weiß, er hat die Gelbsucht gekriegt vor Ärger. — Wollt' er Eure königliche Hoheit nicht gar nach Wesel auf die Zitadelle schicken?

LOUIS: Sicher, sicher! Wollte er; aber »Prinz von Preußen«?: da weichen letzten Endes alle zurück. (*Zu den Demonstranten*): Los, los! Immer weiter; heute darf nichts heil bleiben!

MASSENBACH (*zu Buchholz*): Und er ist immerhin schon 34. — Na (*drüben fragt Rüchel*)

RÜCHEL: Sind die Majestäten im Schloß?

LOUIS: Nein, nein. — Ach, Rüchel, keine Angst; und wenn er's auch erfährt, biegt Louise alles wieder zurecht: sie ist völlig auf unserer Seite. Krieg und Tod den Franzosen! — — Im Augenblick sind sie unten in der Gruft: das Königspaar und Alexander. Ich habe ganz leise hineingesehen: also wir müssen siegen: Da standen sie in der weihevollen Dämmerung am Sarge Friedrich des Großen und reichten sich die Hände zum ewigen Freundschaftsbund: Und die Königin daneben, die Rechte auf das hochschlagende Herz gepreßt.

MASSENBACH *(zu Buchholz)* : Und dies Theater gilt ihnen für ein Unterpfand des Sieges !
Wie oft wird der Zar diesen » ewigen Bund « brechen, wann und wie es ihm beliebt. Zu solchen Sentimentalitäten ist Zeit : aber in den Festungen verfaulen die Kanonenlafetten.

SCHARNHORST *(begeistert)* : Wen dieses Bild nicht mit heiligem Feuer stärkt . . .

LOUIS : Lassen Sie gut sein, Scharnhorst : So vielen Kraftaufwandes bedarf's gar nicht, für das, was kommt : Generale wie der Herr Bonaparte hat seine Majestät einen ganzen Satz.

MASSENBACH *(zu Buchholz)* : Sagen Sie, Buchholz, wie muß es in solchen Köpfen aussehen : Haben diese Menschen denn nie — wozu sie ihrer Stellung nach ja eigentlich verpflichtet wären — die Feldzüge, die Weltgeschichte der letzten 10 Jahre verfolgt ? Gehen wir nicht unter jenen umher, wie die einzig Fühlenden unter Larven ?

BUCHHOLZ : Wir sollten's gewohnt sein. Ich denke . . . ah : man ist fertig, drüben : der Sproß des Herrscherhauses hat das Seinige getan.

LOUIS *(ruft)* : fertig ! ? — dann los : Alles in mein Quartier *(zu den beiden Anderen) :* Sie kommen doch mit ?

RÜCHEL : Bitte um Vergebung, Hoheit, ich bin für 10 Uhr zum König befohlen . . . .

SCHARNHORST : Und ein Generalquartierlieutenant hat bekanntlich nie Zeit, Hoheit : ich bitte es nicht ungnädig zu vermerken . . . *(denn Scharnhorst ist nach Pfuel und Massenbach der dritte Mann im preußischen Generalstab)*

LOUIS : Macht Euch bloß nicht so viele Sorgen ! Im Angesicht der Brüder wird der Schlachtplan entworfen, und drauf gehts ! *(Er zieht halb den Säbel und geht in zahlreicher Begleitung ab : Führer befiehl, wir folgen !)*

MASSENBACH *(zu Buchholz)* : Und schon ist angeordnet, daß dieser Mensch die Vorhut unseres Heeres führt : — Mir tun nur die armen Mannschaften leid.

BUCHHOLZ : Einerseits bedauerlich, gewiß ! Andrerseits desto besser für die großen Ziele : je schneller es zu Ende geht, desto besser für's ganze Volk — und uns *(es ist still auf der Straße geworden. Aus den Schatten drüben löst sich Scharnhorst, geht bis fast zur Bühnenmitte, grüßt rasch den Dienstälteren und ruft hinüber)*

SCHARNHORST : Massenbach ? !

BUCHHOLZ *(Massenbach am Ärmel zurückhaltend)* : Gehen Sie bloß nicht ! Es ist sinnlos. *(Da Massenbach sich dennoch losmacht und auf den Herausforderer zugeht, zischelt Buchholz ihm noch nach)* :

BUCHHOLZ : Seien Sie wenigstens vorsichtig, Massenbach : denken Sie an Heinrich von Bülow. Oder ... *(es ist zu spät ; da verzieht auch er sich unwillig. Auf der Bühne bleiben nur Massenbach und Scharnhorst einige Meter voneinander. Zwischen ihnen wenige Steine und Trümmerstücke eines Gartengitters : das scheint zu genügen : es kommt keiner zum anderen.)*

SCHARNHORST : Massenbach : kommen Sie zu uns ! Sie können es sich nicht länger verheimlichen : die Stimme des Volkes, der Nation, ist gegen Sie und Ihre Ansichten, ebenso wie die Regierenden. Sie sind im Unrecht, Massenbach !

MASSENBACH : Das ist durch diese Argumente nicht erwiesen. Vernunft war stets nur bei Wenigen. Und *(er weist verächtlich auf Steine und Scherben)* : dieser Patriotismus hat nie meine Brust geschwellt !

SCHARNHORST : Der Krieg bricht in den nächsten Tagen aus —

MASSENBACH : Und wird in den nächsten Tagen verloren.

SCHARNHORST *(auffahrend)* : Das ist ... *(er faßt sich wieder)* : das ist durchaus nicht sicher. Und wenn auch : Sollte Ihnen, dem Manne von umfassender Bildung und

Menschenkenntnis dieses entgangen sein : Napoleon ist maßlos wie alle Eroberer ! Nie wird er sich Grenzen im Endlichen setzen ; nie gesättigt sein ; nie ruhen ! Jede andere Ansicht dieses durchaus dämonischen Charakters ist falsch. Er wird am Übermaß seiner Pläne scheitern.

MASSENBACH : Ja : nachdem die europäischen Staaten ihm, Krieg nach Krieg, seine besten Kräfte werden aufgezehrt haben. Der Mann, der Europa einigen soll, muß anders aussehen, als unser altbackener König : ein Hohenzoller hat noch nie an Europa gedacht !

SCHARNHORST *(sich mühsam beherrschend ; denn auch ihm ringeln sich die dunklen Haare tief in die Stirn)* : Wer lebt, wird sehen ! In 10 Jahren gibt es keinen Napoleon mehr.

MASSENBACH : Aber dafür wird Preußen blühen wie noch nie, eh ? *(Beschwörend)* : Scharnhorst, denken Sie doch nicht in Jahrzehnten, denken Sie — . .

SCHARNHORST *(höhnisch)* : In Jahrtausenden, was ?

MASSENBACH : Nein ! das tun nur Idioten : aber in Jahrhunderten, Scharnhorst. Sehn Sie denn nicht ein, daß schon jetzt *einzeln* jeder europäische Staat zu schwach ist, Rußland entgegenzutreten ? Vereinzelt sind Alle verloren ; *vereinigt* wenden wir das Schicksal. Können Sie es nicht ertragen, Deutschland als blühende deutschsprachige Provinz in einem von Frankreich her geeinten Europa zu denken ?

SCHARNHORST : Uns liegt es ob — wir tun unsre Schuldigkeit, wenn wir *(er ruft es schwärmerisch und sein Auge leuchtet in — ja doch — in edlem Feuer)* : aus Preußen Deutschland machen ! — Helfen Sie uns dazu, Massenbach, dann mag Ihre Einigung Europas kommen !

MASSENBACH : Mit der Bildung großer Nationalreiche wächst zwangsläufig der wilde Nationalismus : der Haß unter den Völkern Europas wird unüberwindlich : Aus Ziegelsteinen setzt der Bauherr leicht das Haus zusammen. Riesenblöcke vermag auch der Fleißigste nicht mehr zu bewegen, — Und Rußland wächst indessen ins Unbezwingbare ! Europa . . .

SCHARNHORST : Europa lassen Sie unseren Enkeln, Massenbach. Wir lösen unsere Aufgabe, wenn wir die Völker deutscher Zunge einen.

MASSENBACH *(schreiend)* : Nein : Wir lösen sie nicht ! Unsre Enkel können Europa nicht mehr gegen Osten und Westen halten, wenn wir den Riesengestalten Zeit zum Wachstum ließen: Verfluchen werden sie uns, zuckend, mit weißen Fäusten, mit avernischen Gesichtern, wenn wir diese Stunde vorüber gehen lassen ! ! Erst Europa : dann Deutschland.

SCHARNHORST *(zieht den Mantel um sich, so daß er fatale Ähnlichkeit mit dem Bollingerschen Stich bekommt, wendet Europa den Rücken und geht kalt hinaus.)*

MASSENBACH *(die Fäuste vor die Brust legend, schreit auf)* : So sind wir verloren ! *(Er stürzt mit schnellen Schritten nach rechts ab.)*

AM SUDENBURGER TOR IN MAGDEBURG (1806)

Der trennende Vorhang hebt sich und man erblickt im kalten, nichts mehr verhüllenden Licht der Oktobersonne die quer sich über die Bühne ziehende hohe krenelierte weiße, fast fugenlose Mauer der Festung Magdeburg ; ganz an der linken Seite ist sie etwas zerbröckelt, aber das war nichts Einmaliges im Staat. In der Mitte das Sudenburger Tor, flankiert von 2 Schildwachen. Der weite Platz davor ist verstopft mit Fahrzeugen und Train aller Art : mit Mann und Roß und Wagen . . . . Winzige Gruppen Versprengter irren hindurch. Bauern treiben Vieh in die Festung ; es ist alles durcheinander ; aber auch das ist nichts Neues im Staat. Kutschen mit fliehenden Generälen kommen zuweilen aus dem Tor; bald werden es die Herrn Festungskommandanten selbst sein: so viel Unfähigkeit und Hohlheit war dann später doch Vielen etwas Neues. Auf dem Platz, mit unerschütterlicher Ruhe die Transporte sichtend und überwachend der dafür verantwortliche Intendant Oberst von Guionneau; Verwundete betreut und weist ein: der Generalchirurgus Görcke: Ja, viele Verwundete; denn Jena und Auerstädt sind geschlagen: seine Majestät hatte keinen General wie den Herrn Bonaparte — von ihm selbst ganz zu schweigen. Noch bevor der Zuschauer sich an dem bunten Gewühl satt gesehen hat, kommen hastigen Schrittes von rechts Massenbach und der ihm irgendwie dienstlich attachierte Rittmeister von der Marwitz. Hier interessiert nur, daß er unter allen Männern, die auszogen, die stärkste Stimme besaß: die erste Grundlage zur Führerlaufbahn ist also gegeben. Er wurde dann auch später noch General. Massenbach, nachdem er sich mit kurzen scharfen Kopfbewegungen im Gewimmel orientiert und mit Marwitz Unverständliches gewechselt hat, eilt auf den ihm befreundeten Guionneau zu und faßt ihn am Arm.

MASSENBACH: Guionneau!

GUIONNEAU (*sich pomadig umdrehend: nur die Ruhe nicht verlieren, das ist in solcher Lage alles*): Ach, Massenbach! (*Aber der ist, unterwegs flüchtig Görcke die Hand schüttelnd, schon zum Gefreiten der Wache gegangen und trägt ihm auf*):

MASSENBACH: Melden Sie mich dem Kommandanten, seiner Exzellenz dem Herrn General von Kleist: Oberst Massenbach, Generalquartiermeister des Fürsten Hohenlohe, ersucht um Verpflegung für die Truppe und bringt weitere Richtlinien des Fürsten. (*Die Schildwache verschwindet. Massenbach zurück zu Guionneau auf den Platz*)

MASSENBACH: Ihr habt doch Mehl und Korn in den Magazinen?

GUIONNEAU (*die Unterlippe vorschiebend und kurz überlegend*): Wieviel seid Ihr?

MASSENBACH: 10 000 (*er zuckt die Achseln*): Vielleicht kommen Zwanzigtausend zusammen.

GUIONNEAU (*nickt gleichmütig*): 20 000? Wir haben 2500 Wispel Mehl und Korn; den Wispel zu 24 Scheffel — macht — 6 000 000 Pfund Kommißbrot. — 20 000 Mann Besatzung in der Festung: für 200 Tage Belagerung müssen wir uns einrichten: macht — pro Tag und Kopf 1 Pfund — macht 4 000 000 Pfund. Bleiben also 2 000 000 Pfund für Euch: Paßt! Ist kein Problem. (*Ein Unteroffizier führt einen Trupp von 8 Versprengten über die Szene. Schon sind Alle hungrig und fußkrank. Die Montur hat nicht mehr die untadelig klaren Farben und Läppchen, die das Ehrenkleid dem Volke sonst so mundgerecht machen*).

DER KORPORAL (*Haltung annehmend*): Wo finde ich's Regiment von Owstien, Herr Obrist?

MASSENBACH (*eine kleine Karte hervorziehend, mit der er die Notizen auf der Rückseite vergleicht*): Hat Befehl, sich in Wörmlitz zu sammeln. (*Mitleidig*): Sind noch 2½ Meilen: erst durch die Stadt, dann nordwestlich (*er hebt Hände und Achseln*): Versuchen Sie's doch. Ich kanns nicht ändern. (*Zu Guionneau*): Ihr wollt Euch 200 Tage halten?!

GUIONNEAU (*aus Listen heraus achselzuckend*): Ich hab' Befehl, alles auf 200 Tage einzurichten (*er vertieft sich wieder in die Viehbestandsrolle; schilt mit entrüsteten Bäuerlein — grausam ist der Dialekt jener Gegend, wo man sich nicht scheut, »Marcht« für »Markt« zu sagen. Endlich ist er fertig, schiebt die Papiere in die Brusttasche und tritt mit Görcke zu Massenbach.*) Wie habt Ihr das bloß gemacht? (*Er weist nickend und vorwurfsvoll mit der Hand um sich.)* Freilich, Sie haben's ja schon in Berlin angedeutet, Massenbach; aber wie habt Ihr das so schnell fertig gekriegt?

MASSENBACH *(bitter auflachend)*: Das war gar nicht so schwer: ich will's Ihnen wohl erzählen, wenn Sie zehn Minuten Zeit haben. *(Er beginnt; und in der Erinnerung wird der starke vollblütige Mann erregter denn je)*: Wie unvorbereitet wir waren, wissen Sie ja auch, Guionneau! *(Der nickt gelassen: das war nur der nationalen Partei unbekannt).* Unsere Generale kennen Sie auch *(Guionneau wie oben).* Die Mobilmachung traf mich in Breslau. Ich war ja von Beruf preußischer Offizier, also war es zunächst mit der Weltbürgerschaft schwach bestellt. In Dresden hielt ich pflichtgemäß eine anfeuernde Rede an Offizierscorps und Truppe — gegen Napoleon —, konzentrierte alle Regimenter am Bober; rasch: denn wenn überhaupt etwas, konnte nur noch ein kräftiger schneller Angriff Preußen retten: Es gelang mir, 9 Tage früher als befohlen im thüringischen einzutreffen! *(Guionneau nickt mit langem Gesicht; er, als Fachmann, kennt die Schwierigkeiten, und weiß was das heißt).* Dort hab' ich als Erstes versucht, den Fürsten Hohenlohe zu veranlassen, Louis Ferdinand die Führung der Vorhut wegzunehmen: die Nachhut hätt' er haben müssen. Der hätte uns nicht warten lassen! *(Ein Trupp Kavalleristen marschiert zu Fuß vorbei; diese ungewohnte Art der Fortbewegung hat sie sichtlich mitgenommen. Massenbach zieht freiwillig seine Karte)*

DER KAVALLERIEWACHTMEISTER: 2 Unteroffiziere, 5 Mann von den Wobeser Dragonern ... *(Massenbach winkt ihm schon mit der Rechten, bequem zu stehen und zu schweigen. Nach kurzem Suchen)*

MASSENBACH: Sammeln sich in Biederitz: Quer durch die Stadt, 1 Meile nordöstlich *(salutiert mechanisch, weiter zu Guionneau)*: Ende September sind wir bei Freiberg;

schon nähert sich Napoleon : In dieser Lage geht Herr Louis Ferdinand für einige Tage auf die Jagd! Zu einem böhmischen Grafen ! ! *(Guionneau stößt die Luft durch die Nase).* Wir verschieben uns : Chemnitz, Erfurt, Jena. Der Herzog ist der Ansicht : daß Napoleon nicht angreift ! O, wie wenig kannten sie ihn noch. — Kriegsrat : keine Entscheidung. Wird um einen Tag verschoben : Wir hatten ja Zeit ! Der Herzog schrieb lieber eigenhändig die Kantonnierungslisten. Eine Viertelstunde hat er mit Kleist debattiert : ob man » Münchholzen « oder » Münchenholzen « schreiben müßte. *(Guionneau nickt ; er kennt die feine saubere Handschrift des Herzogs : Autographensammler werden's mal leicht haben, die Makulatur muß zentnerweise in den Archiven liegen)* : Wir waren unaufgefordert zum Kriegsrat gekommen ; standen vor'm Zelt, nervös, warteten : Der Herzog kam heraus — zur Flaggenparade. Mit einem Zeremoniell, wie vorm Palais in Potsdam. Am 6. früh Konferenz beim König *(er hält einem neuen Grüppchen, ohne abzuwarten, die Hand entgegen ; liest von der Karte ab)* : Regiment Gravert nach Körbelitz *(salutiert und spricht weiter)* — Schon waren die Sachsen zweideutig. — Auch ich mußte meine Meinung sagen : Es bleibt nur noch sofortiger Linksabmarsch über die Saale und stärkster Angriff auf die feindlichen Spitzen. Sonst schneidet Napoleon uns von der Elbe ab, und wir sind geschlagen. Da fällt mir Lucchesini ins Wort ! *(Er ballt die Fäuste und schreit)* : Lucchesini, dieser Italiener und Diplomatenhengst. » Napoleon geht nicht offensiv « sagt er mit gebärdendem Ausdruck und Handgaukelei. Und meine Ansicht ist erledigt ! Am Nachmittag wieder Kränzchen beim Herzog. Ich sage dasselbe noch einmal ; und : handeln ! Oder : die ganze Armee in unangreifbarer Stellung auf den Ettersberg konzentrieren und so eine Defensivschlacht erzwingen. Ich mag wohl nicht ganz so ruhig wie sonst gewesen sein ... *(hier feixt Guionneau anerkennend und sagt)*

GUIONNEAU : Das ist gut ! *(Massenbach sieht ihn verständnislos an. Was weiß das Feuer, wie es dem Wasser zu Mute ist ?)*

MASSENBACH : Der Herzog fuhr auf und rief zornig : Werden Sie nur nicht böse, Herr Obrist *(er schüttelt, mit zusammengebissenen Zähnen lachend, den Kopf)* : ich böse ! Und das Bild des nahenden Unglücks schwebte vor meinen Augen. *(Er schreit ; er zeigt)* : Hier standen Rüchel und Möllendorf ; hier der Herzog, da Hohenlohe : Hohenlohe und Möllendorf stimmten für mich ! für mich : den armen irren Massenbach ! Und der Herzog war dagegen ! Und Rüchel war dagegen. *(Ein paar Fässer werden dröhnend vorbei gerollt ; das ist gut : Massenbach ist ohnehin unvorsichtig genug : so kann er die Wut doch etwas herunter schlucken).*

MASSENBACH : Noch in der gleichen Nacht ließ ich mich noch einmal beim Herzog melden : ich wurde nicht vorgelassen. Er ruhte — — Da bin ich dann nach Jena abgereist. *(Er legt die Hand vor die Stirn und scheint etwas zu wanken. Görcke, als Arzt ohnehin jeden Menschen unwillkürlich zu untersuchen gewöhnt, sieht ihn stirnrunzelnd an)*

GÖRCKE : Sie sind krank, Massenbach ! Geben Sie mal — *(er erzwingt den Puls ; Marwitz dröhnt bestätigend)*

MARWITZ : Ja : ich hab dem Herrn Oberst schon vom Pferd helfen müssen !

GÖRCKE *(konstatierend)* : Fieber. — Sogar hohes Fieber : Sie gehören in's Bett Massenbach !

MASSENBACH : Ich hab' Hohenlohe mein Wort gegeben, ihn nicht zu verlassen, so lange ich kriechen kann. Schlafen können wir im Grabe noch genug. *(Görcke zuckt die Achseln. Massenbach berichtet weiter)* : Am Zehnten : Saalfeld : Louis Ferdinand fällt. — Das hätte der Staat ja noch ertragen — aber er opferte auch die Vorhut und Kriegskasse : das war der erste große Schock. Er war ja so populär, nicht ? : das volkstümliche Schlägerideal, wie es junge Knechte hinterm Pflug und Gretchen hinter'm Spinnrad erträumen *(er mustert zwei Ratsuchende)* : Ihr seht aber toll aus : Regiment Arnim, ja ? *(Kopfschüttelnd)* Klopft Euch mal die Röcke etwas aus. *(Er blickt in die Karte)* : Menz. Durch die Stadt, dann genau Ost ! — Verflucht : ich kann kaum den Stift halten ! — *(Erzählt weiter)* : Wir hatten's Hauptquartier in Kapellendorf ; die Sachsen kamen zu mir : wenn sie nicht gleich Verpflegung erhielten, würden sie abmarschieren. La guerre finie. O : die waren vorsichtig ! Und recht hatten sie ! Wer unseren Betrieb sah, gehen konnte, und immer noch nicht ging ... *(er lacht gehässig ; faßt wieder mit spitzen Fingern nach dem Kopf)* : Wo war ich — ach so. Der Herzog besuchte uns. Ich melde ihm, daß die Sachsen gleich übergehen werden. Schon fehlt auch Taschenmunition für die Infanterie. Wir waren in einem Nebenzimmer allein. Noch einmal schrie ich den Ettersberg heraus ! Ohne Brot, ohne Munition nach nur einer Schlacht. Heute schon von Elbe und Oder abgeschnitten. Die schlesischen Festungen fast unbesetzt. Da fiel der Herzog in einen Sessel, und wackelte mit dem Kopf. *(Auch Massenbach wackelt mit dem Kopf. Er zittert und der Bericht nimmt ihn sichtlich noch mehr mit. Über einem der aufgefahrenen Lastwagen schwillt die weiße Plane auf, bläht sich riesig, kugelig, bis über den oberen Rand der Bühne : sinkt wie angestochen mit geisterhaftem Zischen in sich zusammen.)*

MASSENBACH : Was ist das ? — dort : der Planwagen ! —

GUIONNEAU *(interessiert)*: Welcher? *(Da Massenbach zeigt)*: Ja wieso denn ? der steht doch ganz ruhig, — oder hat der Klütenpedder irgendeinen Unfug ... *(Massenbach sieht ihn leer an, schluckt und erzählt weiter.)*

MASSENBACH: Ach so: die Schlacht?! Der König mit der Hauptmacht bei Auerstädt. Dazwischen Rüchel mit der Eingreifreserve; dann Hohenlohe. Die Franzosen umgekehrt, Davoust, mit dem kleineren Teil der Franzosen, wirft sich auf den doppelt so starken König und schlägt ihn. Napoleon, mit der Hauptmacht, stand, weit überlegen, gegen uns. *(Er ruft den nächsten zehn Mann zu)*: Von Kleist nach Lostau: Nord-Nord-Ost 2 Meilen. *(Er fragt Görcke)*: Haben Sie was zu trinken da? *(Der nickt; ein Militärarzt hat immer eine große Schnapsflasche am Gürtel zu tragen. Massenbach trinkt gierig.)*

GÖRCKE: Nicht zu viel: Fieber wird nicht besser davon.

MASSENBACH *(tief atmend)*: Um 5 Uhr früh gings bei uns los. Wir stießen vor, warfen die Franzosen aus dem Dorf Vierzehnheiligen und drängten sie in die Défiléen zum Saaleufer zurück. *(Er hebt bedeutsam den Zeigefinger)*: Napoleon!: Mit der stärkeren Macht! — Hohenlohe umarmte mich vor Freuden! »Sieg« rief er, »Sieg!«. Ich bat ihn, sofort nachzustoßen. Er wollte erst Rüchel abwarten, der ja jeden Augenblick eintreffen müßte, und den Sieg entscheidend gestalten. Das war acht Uhr dreißig. Und nun standen wir; und es wurde neun, zehn, elf, zwölf, eins. Das Feuer der Franzosen riß Lücken in unsre Reihen. Auch mein Pferd ging futsch. Mit seiner überlegenen Truppenzahl besetzte Napoleon unterdessen langsam die Hauptpunkte des Geländes um uns. *(Er ballt die Fäuste und schreit)*: Um ein Uhr kam dann Herr Rüchel! Hatte wahrscheinlich von dem achtstündigen Kanonendonner nichts gehört, oder wußte nicht, ob er die große Armee des Königs, oder das kleine Corps Hohenlohe unterstützen solle. Dabei hatte der Fürst drei Feldjäger an ihn geschickt! — Blödsinniger Weise griff Rüchel nun auch noch an, wurde natürlich völlig aufgerieben, hatte das Glück, verwundet zu werden: ein General für seinen König — *(er sieht sich wild um)* Überhaupt der

König ! Wo ist der König ? ! ? *(Zu Guionneau)* : er muß hier sein ! — Er muß uns Auskunft geben, wie wir mit Schweden stehen. Wir Versprengten müssen alle in Richtung Stralsund : nur das erreichen wir noch sicher ; dort können wir uns vielleicht noch sammeln. Nicht in Stettin : da trifft uns der Feind in der Flanke über Berlin her. Aber dazu müssen wir wissen, wie wir mit Schweden stehen ! Ob wir schwedisches Gebiet betreten dürfen ! Nur der König weiß das : Uns hat man ja nichts gesagt — wo ist der König ? Ich muß ihn sprechen ! *(Guionneau windet sich um eine Antwort ; die ist ihm augenscheinlich selbst peinlich. Aus der Verlegenheit rettet ihn die Kutsche des Generals Rüchel, die, hoch mit Gepäck beladen, aus dem Tor rollt ; der Korporal auf dem Bock meldet militärisch laut dem Wachhabenden)*

KORPORAL : Seine Exzellenz, der Herr General von Rüchel reist der Armee voraus nach Stettin.

MASSENBACH *(will auf den Sprecher zustürzen ; aber man hält ihn zurück)* : Das — — das ist infam ! Unser Verzweiflungsmarsch, der das größte Geheimnis sein müßte, wird straßenkundig gemacht ! *(Die Kutsche rollt ab ; sie wird Stettin vielleicht noch erreichen. Massenbach, völlig außer sich, von Fieber, Überarbeitung und Enttäuschung überwältigt)* : Und wir schinden uns ! Hohenlohe ist sogar noch stolz auf seine Verantwortung : so ein großes Kommando hätte er noch nie gehabt : Oh, die Nationalpartei kann zufrieden sein, wir sind tote Männer mit dem Auftrag ! — Wir riskieren Alles : Mit Blücher und Tauentzien hat mich Kalckreuth auf Rekognoszierung geschickt : dem französischen General Klein haben wir vorlügen müssen, daß in Weimar ein Waffenstillstand geschlossen sei, und der hat uns gutmütig durchgelassen ! *(Das ist wahr ; er hat auch dafür büßen müssen. Am 19. 10. nennt Napoleon in einem offenen Armeebefehl sein Verhalten eine » unbegreifliche Dummheit « :*

» Seit wann läßt der Kaiser seinen Generälen Befehle durch den Feind zukommen? « — Aber jetzt kommt der Retter: jetzt kommt's!)

DIE WACHE *(meldet)*: Seine Exzellenz der Herr General! *(Und über der weißen Zackenlinie der Zinne erscheint, riesig, 10-fach überlebensgroß eine pappne Maske im Dreispitz; die Haut des Überbleibsels aus dem siebenjährigen Krieg ist greisengrau, die Augen erkühlt und giftig, der Mund schmal und gepreßt: wenn er sich öffnet, wird ein breiter Hauer sichtbar; über die Mauer bis fast auf den Boden pendelt das geistige Symbol Preußens: der Zopf. Eine Stimme schnarrt:)*

KLEIST: Wer ist man? Was will man? Ich bin der General Franz Kasimir von Kleist *(Kasimir, an was erinnert das doch?)*

MASSENBACH *(tut ein paar unsichere Schritte auf den Unheimlichen zu; er hebt die Hand, salutiert und meldet)*: Oberst von Massenbach, Generalquartiermeister beim Corps Hohenlohe, verantwortlich für alle Truppen diesseits der Elbe und unteren Oder; beauftragt mit Sammlung der Versprengten und Reorganisation der Armee. Ich erbitte Verpflegung aus den Beständen der Festung. *(Der Kopf oben ruckt)*

KLEIST: Ich habe für dies Heer keine Magazine!

MASSENBACH *(beißt die Kinnbacken aufeinander und ballt die Fäuste. Er ruft)*: Dann bitte ich, uns die Dörfer der Umgegend fouragieren zu lassen!

KLEIST: Ich verbiete das Fouragieren! Man soll nur machen, daß man fortkommt!

MASSENBACH: Haben Sie, Herr General, den Befehl des Fürsten befolgt, den Versprengten die Elbbrücke zu sperren und sie bei der Festung zu sammeln? *(Die Puppe gibt ihm die gebührende Auskunft)*

KLEIST: Wir nehmen keine Befehle entgegen: Wir sind der General Franz Kasimir von Kleist.

MASSENBACH *(jede Beherrschung verlierend, brüllt ihn an)* : Wo ist der König ! Der König soll herauskommen !

KLEIST *(keckert — : Werden Sie nur nicht böse, Herr Obrist)* : Seine Majestät sind abgereist nach Ostpreußen : Und wir sind der General Franz Kasimir von Kleist !

MASSENBACH *(sich fassungslos zu Guionneau und Görcke wendend)* : Der König ist abgereist ? ! ! — Er ist *(er beugt sich vor)* desertiert ? ! ! Hat das Heer im Stich gelassen ? ! — Das ist doch nicht möglich ..... *(aus der Kulisse springt ein Mensch, genau gekleidet wie Guionneau, vor diesen hin und hampelt hölzern mit Armen und Beinen. Massenbach streicht mit der Hand durch die Luft)* : So stehen Sie doch ruhig, Guionneau ! — — — Ruhig ! *(Das Zerrbild versinkt ; Görcke faßt ihn bei der Schulter)*

GÖRCKE : Sie können nicht reiten, Herr Obrist : Bleiben Sie hier ! — Los, Guionneau : fassen Sie mit an.

MASSENBACH *(sich los machend ; nun wankend)* : Das ist doch nicht möglich. — *(Er sieht sich leer um ; noch einmal spricht der Kopf oben, befriedigt nickend)*

KLEIST : Und wir sind der General Franz Kasimir von Kleist. *(Dann kippt er schräg nach vorn auf die Mauerbrüstung und bleibt dort liegen. — Görcke, dem langsam abgehenden Massenbach nachrufend)*

GÖRCKE : Fahren Sie wenigstens, Massenbach ! *(Zu Marwitz)* : Rittmeister : — eine Kutsche —

MARWITZ *(mächtig in die Kulisse)* : eine Kutsche !

MASSENBACH : Nichts, Marwitz ! — oder — — warten Sie : — einen offenen Wagen — ? —

MARWITZ *(bieder dröhnend)* : einen offnen Wagen !

KAPITULATION VON PRENZLAU (1806)

Ein Vorhang rauscht langsam hernieder, den General Franz Kasimir von Kleist und die stärkste Festung Preußens, mit 800 Kanonen, (auch 19 Generälen, die zusammen 1300 Jahre zählten), die Jener ohne Belagerung am 8. November — also beiläufig 14 Tage später — den 2000 Mann des Marschall Ney kampflos übergeben wird, verhüllend. — Noch ist es völlig finster. Aus dem Chaos fragen Stimmen : mühsam soldatische, verzweifelte, klagende, vor allem viel müde : » Wo ist mein Regiment, Herr Obrist ? « Massenbachs Stimme ruft ihnen Namen und Daten zu ; zuweilen muß er verzweifelt antworten : » Ich weiß es nicht ! « — Als es mit einem Schlage hell wird, ist die Beleuchtung eigener Art : ein Scheinwerfer strahlt den offenen Wagen an, so daß sein Schatten gigantisch auf die dicht dahinter befestigte Leinwand fällt. Das Gefährt ist eine Art Landauer ; aber ins riesig Verworrene verzerrt ; uralt, verschlissen, die hölzernen Kotflügel gespalten und herabhängend, zwanzig Fuß hoch das schwarzlederne höhlenhafte Halbverdeck ; die Deichsel ragt schief, ohne Pferde ; sinnlos ist eine Art Segel an ihr befestigt : oder ist es das Staatsschiff ? Wer genau hinsieht, erkennt auch, daß sich die übermenschlich großen Räder in entgegengesetzter Richtung drehen ; mal steht eins stöhnend ganz ; dann wirbelt das andere, so daß statt der Speichen nur ein graues Spinnwebenmuster erkennbar ist. Eine Zeitlang lehnt am Wagen das spitze hippokratische Gesicht des Mondes in fleckigen grauleinenen Tüchern ; dann verschwindet auch dieses. — Im zerklüfteten Gebälk und Gebrett des Karrens mühsam kletternd : Massenbach. Ruhig auf dem winzigen Bock neben der großen, geschliffenen, schief steckenden — natürlich nicht leuchtenden — Wagenlaterne : der Rittmeister von der Marwitz. Er schläft meist, klug Kräfte sammelnd ;

von zersetzender Geistigkeit nicht angekränkelt. Die ist überhaupt nicht preußisch, und schon gar nicht im Heere verbreitet : es gibt junge Offiziers, bei denen steht in der Rangliste : » kann weder lesen noch schreiben. «

MASSENBACH *(sich mühsam vorgreifend und weit über Bord beugend)* : Wo sind wir ? Was ist das dort unten ?

EIN BÜRGERMEISTER *(mit halbem Leibe aus dem Boden ; ehrbar in perlgraues Zeug gekleidet)* : Burg, Euer Gnaden !

EIN ZWEITER *(gleichermaßen)* : Rathenow.

EIN DRITTER : Neustadt.

EIN VIERTER : Ruppin.

(Stimmen schwirren dazwischen, hell und zischelnd)

STIMMEN : Fürstenberg, Lychow, Boitzenburg, Niedern, Krewitz, Arendsee, Schönermarck, Prenzlau ... *(und immer wieder : Prenzlau ! : das letze Mal mischen sich schon französische Clairons darein, die hell und hastig die Anfangstakte der Marseillaise oder von Sambre-et-Meuse ausstoßen)*

MASSENBACH *(sich wieder aufrichtend, aber von vorn sichtbar bleibend)* : Marwitz : Wo ist der König ! ? *(Der schläft)* Er soll doch ruhig hierbleiben ; Preußen ist doch vernichtet. *(Verstaubte Soldaten, ohne Stiefel, sich gegenseitig haltend, humpeln vorüber ; sie strecken flehend die Hände nach ihm aus. Er nickt weise und sinnlos ; sagt)* : Ja, ja ; wir sind Versprengte. — Marwitz ! *(Er rüttelt den Schläfer, bis der schwerfällig auffährt)* : Marwitz : schreiben Sie : wir sind Versprengte ! Ich kann die Hände nicht mehr ruhig halten : — Schreiben Sie : der König ist geflohen : und *wir* sind Versprengte . . *(Marwitz brummt Etwas und nickt wieder ein. Massenbach heftig zu den verwirrenden Stimmen im Überall)* : Laßt mich doch überlegen ! *(Er beugt sich vor und brüllt in den Zuschauerraum hinein)* Ruhe ! Ruhe ! ! *(Leiser)* :

Es ist sinnlos, weitere Kräfte zu vernichten. Kein Menschenleben mehr opfern ! *(Er sieht sich listig und bedeutsam um : nach Spitzeln ; er beugt sich weiter vor)* : Napoleon nicht mehr schwächen ! *(Er schüttelt überlegen den Kopf. Aus dem Dunkel der Kulisse greift sich der Fürst Hohenlohe heran ; er ruft hinauf)*

HOHENLOHE : Massenbach ! Sie verlassen mich nicht ? !

MASSENBACH : Nein Durchlaucht : wir fahren ; wir fahren !

HOHENLOHE *(sich an der Speiche des stillstehenden Rades haltend)* : Massenbach ! : Was ist zu tun ? !

MASSENBACH *(ihm mühsam, gebückt von oben her den Kopf streichelnd : der Fürst ist ein guter Mann ; Massenbach hängt auch an ihm)* : Befehl : Ziehen Sie sofort Blücher mit der Kavallerie an sich ! Nur er kann uns durchschlagen. *(Hohenlohe läuft flink nach der andern Seite ab. Wiederum, schon näher, sticht die Claironmelodie aus der Kulisse. Massenbach hebt lächelnd und heilig-erfreut den Kopf : er flüstert)* : Napoleon ! *(Er horcht ; aus der Kulisse links kommt das taktmäßige Aufsetzen eines Krückstocks : Sieh da ! Es ist der Alte aus Potsdam selbst !)*

FRIEDRICH DER GROSSE *(bleibt bei der Kutsche stehen ; donnert den Stab auf den Boden. Seine Stimme droht grell wie seine Pupille)* : Habe ich Ihn deswegen bei mich genommen ? ! — Er ist ein Hundsfott ! *(Der Stock unterstreicht es)* Ein Rebeller ! — Ein Verräter ! ! *(Von der andern Seite schreitet herein, ruhig, klein, breitschultrig, der Hauslehrer Boncelius ; er bleibt vor dem andern — sich drehenden — Rade stehen, hebt den Zeigefinger und sagt schulmeisterlich lächelnd)*

BONCELIUS : Christian : Vergiß nicht : Europa ! *(Die Beiden an den Rädern sehen sich gemessen an, gehen aneinander vorbei, Jeder dem anderen Ende der Bühne zu. Massenbach sich weit hervorneigend, glücklich und eifrig)*

MASSENBACH : Herr Boncelius ! Herr Boncelius ! Stehen die großen Nußbäume im Schloßhof noch ? Und die Harnische in der Kirche ? Ach — : ich weiß noch Alles . . *(Er richtet sich hoch und sagt steif, wie eine Schülerlektion auf)* : » Vor grauen Jahren lebt ein Mann in Osten, / der einen Ring von unschätzbarem Wert / aus lieber Hand besaß « : *(Er ruft ängstlich dem Entwandelnden nach)* : Herr Hofmeister : Herr Hofmeister . . . *(Der wendet sich noch einmal, hebt noch einmal den Zeigefinger, und, anstatt der vorigen Mahnung, ertönen jetzt schon von b e i d e n Seiten die Fanfaren. Von rechts kommt eine Frau mit 5 Kindern, hält vor dem Vehikel und ruft bekümmert und besorgt hinauf)*

FRAU : Christian : Christian ! !

MASSENBACH *(winkt der geliebten Gattin mit beiden Armen und nickt)* : Ja, ich denke an Euch ! Ihr sollt, frei von Furcht, fern von den Horden des Ostens, in Europa leben ! *(Die Frau verschwindet. Von links kommt eine schmachtende Musik : eine wohlgebaute Chansonette geht in magazinhaften Verrenkungen vor dem toten Louis Ferdinand her ; sie singt hohl und süß)*

SÄNGERIN : » Leben ist ein Hauch nur —
ein verhallnder Sang —
ein entwallnder Rauch nur :
Und Wir — oh — sind das auch nur !

(Sie hebt betonend die Leistengegend ; — ist ans andre Ende der Bühne gelangt, nickt bedeutsam und mahnt mit der Hand, schelmisch)

— Und es währt nicht lang ! ! «

(Sie greift Louis um die geschnürte Hüfte)

MASSENBACH *(mit den Händen den Unfug scheuchend)* : Ja : es währt nicht lang ! Das ist richtig ! — Ich muß handeln. Handeln ! — — Ja, ich werde ein Ende machen. — — Marwitz ! *(Er knetet den wach)* Marwitz : sind wir eigentlich noch rechts oder links der Ucker ? *(Mar-*

witz sieht sich um ; auch er weiß es nicht) Marwitz : was ist das dort drüben auf den Höhen ? Truppen ?

MARWITZ *(reckt sich und späht hinüber ; er meldet)* : Französische Chasseurs-aux-cheval, Herr Obrist ! — Sind wir angekommen — ? —

MASSENBACH *(laut und klar)* : Ja, Marwitz, wir sind am Ziel ! —

Sie klettern, sich gegenseitig stützend, aus dem Staatsschiffe, das sogleich ächzend und holpernd nach rechts hinausgezogen wird. — Es wird Tag. — : Zur Linken der Anfang des deutschen Truppenlagers bei Prenzlau ; d. h. » Lager « ist nicht der richtige Ausdruck. Man sitzt eben im gelben Oktobergras. Manche haben Brot empfangen und kauen, soldatisch zufrieden. Aus den Kulissen treten langsam die noch übrigen Führer des Korps Hohenlohe : etwa ein Dutzend. Sie ordnen sich in einen zum Zuschauer geöffneten Halbkreis, in der Mitte der Fürst. Massenbach tritt vor sie hin, salutiert, und meldet, laut und deutlich :

MASSENBACH : Obrist von Massenbach wie befohlen zur Stelle.

Der Fürst legt dankend die Hand vor die Stirn ; er ist erregt, unsicher, vom Wahnsinn der letzten 14 Tage zermürbt : wer die Auflösung 45 erlebt hat, werfe den ersten Stein. — » Der ehrliche Mann gibt sich jetzt nicht für einen Helden aus, wenn er es damals nicht gewesen ist. — Ich war es nicht, und habe auch keinen Helden in meiner Nähe gesehen. « (Schreibt Massenbach).

HOHENLOHE *(nervös)* : Wie steht's ? ! — *(Er spreizt ihnen ungeduldig die Finger der Rechten entgegen)* : Bitte Meldung der Einzelnen . . . . ? —

Der Generalarzt *(tritt vor ; er berichtet)* : Der größte Teil der Truppe ist den ärztlichen Richtlinien nach : marschunfähig ; Offiziere und Mannschaften. Ich halte es für — unwahrscheinlich, Durchlaucht, daß selbst Einzelne fechtend Stettin erreichen können. *(Er tritt zurück)*

Oppen *(der herkulische Reiteroberst mit schwerer Brustwunde kommt vor)* : Vielleicht kann die Kavallerie noch helfen ! — Durchlaucht !

Hohenlohe : Massenbach : Wieviel Pferde haben wir im Augenblick ? . . .

Massenbach *(eisern die ungeheuerliche Zahl nennend)* : Sechsundachtzig, Durchlaucht. *(Oppen senkt langsam den mächtigen grauen Kopf : das genügt. Massenbach fragt scharf)* : Wo ist der General Blücher ? ! Er hatte ja Befehl von Euer Durchlaucht, sich nur einen kleinen Tagesmarsch von uns entfernt zu halten — wir haben dann insgesamt 12 Stunden auf ihn gewartet : er muß also hier sein ! *(Dreimal klafft ein Krähenschrei über ihnen)*

Hohenlohe *(hilflos und wütend die Arme hebend)* : Er hatte dreifachen schriftlichen Befehl von mir, meine Herren : ich ließ ihm sagen, er hafte mir mit seinem Kopf für die Erfüllung. — Er hat sich nicht entblödet zu antworten : er fürchte Nachtmärsche mehr als den Feind ! — Blücher ist schuldig.

Massenbach *(kopfschüttelnd)* : ich wage zu widersprechen, Durchlaucht. An unserm Unglück ist letztlich die preußische Unvernunft der letzten 10 Jahre schuld : ich empfehle, Einzelne dabei zu vernachlässigen.

Hohenlohe : Wo ist eigentlich die Kriegskasse ?

Der Zahlmeister *(besonders schneidig salutierend : die Schmalspurbrüder sind so.)* : Der Herr Generalquartiermeister . . . .

Massenbach *(ihn unterbrechend)* : Ich habe die Kasse unter Bedeckung nach Anklam vorausgehen lassen. Der Kapitän von Poyda vom Regiment Grevenitz hat Befehl, sie dort einzuschiffen und nach Königsberg zu bringen. *(Tatsächlich : so ist sie auch wirklich gerettet worden. Und was der Staat seit 20 Jahren hätte sagen sollen, das sagt jetzt der Fürst Hohenlohe)*

HOHENLOHE : Ich danke Ihnen, Massenbach. Ja : Sie denken an Alles, an das Große und an das Minderwichtige. *(Nachdem wenigstens er so dem einsamen Manne den Lohn seines Lebens gegeben hat — ein anderer wird ihm schwerlich werden — runzelt sich wieder seine Stirn ; er fragt fahrig)* : Die Artillerie . . . . vielleicht kann die Artillerie noch retten — wo ist —

OBERST HÜSER *(vortretend)* : Durchlaucht — wir haben noch 5 Schuß pro Geschütz. —

HOHENLOHE *(schluckend)* : Und — — — Massenbach ? —

MASSENBACH : Ich habe mich auf Befehl Euer Durchlaucht selbst davon überzeugt, daß die Franzosen uns eingeholt haben. Ich sprach die Marschälle Lannes und Murat — also werden auch ihre Corps nicht weit sein : am Pasewalker Tor stehen sich Franzosen und Preußen schon gegenüber. — Zu meinem Entsetzen sehe ich hier den Chef der französischen Corps, Belliard, draußen vor unseren Leuten stehen : mit einem Blick übersieht ein Mann wie er deren Stellung und Stärke oder besser Schwäche. *(Er tritt einen Schritt vor, auf den Fürsten zu)* : Meine Herren ? der Staat geht doch unter ! *(Einige zucken zusammen)* : Ich bin nicht Egoist genug, um für mein persönliches Renommee den Tod so Vieler zu veranlassen, die ohne Nutzen für das Ganze verstümmelt : ermordet ! werden würden. Verhüten Sie den sinnlosen Tod der Ihnen anvertrauten Soldaten ; verhüten Sie zehntausendfaches maßloses Elend der Witwen und Waisen. Denken Sie an Preußen, an Europa — *(er macht eine Pause : dann spricht er kalt das Wort aus)* : Ich stimme für Kapitulation.

OBERST HÜSER *(hebt die Hand ; der Fürst erteilt ihm mit der Bewegung des Ertrinkenden, der nach dem Strohhalm greift, das Wort : » Ja, Hüser ? ! «)* : Wir müssen Alle unsere Pflicht bis zum Äußersten tun . . . *(er stockt : sind 5 Schuß nicht eigentlich schon das Äußerste ? Er setzt noch einmal an)* : Die Ehre Preußens . . .

MASSENBACH *(bitter)* : Oh, dafür lassen Sie den Herrn General Blücher sorgen. — Blücher, zusammen mit Scharnhorst, wird sich schon in irgend eine offene Stadt werfen, und dann erst, nachdem er noch 10 000 Soldaten, 5000 Zivilisten hat hinschlachten und namenloses Elend anrichten lassen : — dann wird auch er » ehrenvoll « KAPITULIEREN, DER GROSSE MANN ! *(Tatsache : das hat Jener getan ; und jeder vaterlandsliebende Deutsche freute sich des herrlichen ruhmvollen Unterganges : die werden nie klug !)*

HOHENLOHE *(jeden Einzelnen im Halbkreis ansehend, ansprechend)* : Wissen Sie noch eine Lösung ? — — Und Sie ? — — Ich bin bereit, mich jedem der Herren, der noch einen Ausweg sieht, und die Führung übernehmen will, zu unterstellen — — Sie ! — Oppen ! — — Sie ! ! — *(Er ist beim Letzten angelangt ; die bittende Hand bleibt ihm in der Luft stehen, dann fällt sie herunter : Alle sind betäubt : Alle lassen den Kopf hängen. Da wendet sich der Fürst und tut ein paar Schritte in den Bühnenhintergrund. Brausend bricht in der Kulisse die Marseillaise los, und jubelnde Stimmen : » Vive l'Empereur ! « — In eine plötzlich sich weitende Stille hinein dreht Hohenlohe noch einmal den Kopf : er ist alt geworden, seine Stimme brüchig, sein Rücken gewölbt)*

HOHENLOHE : Noch Eins, meine Herren : Ich bestätige Ihnen hiermit, daß Jeder von Ihnen, höchstes Lob verdienend, nur auf meinen Befehl gehandelt hat. — Alle Verantwortung ruht auf mir allein . .

Ein Ehrenmann : Gerechtigkeit muß sein ; er geht still auf die Truppen zu, hinter denen man den französischen Generalquartiermeister weiß, Massenbach, der ihm erschüttert nacheilen will, mit einer Handbewegung zurückweisend. Massenbach, in bedeutendem Erstaunen, die Hand auf der Brust, bleibt stehen. — Ein Vorhang geht hernieder und verhüllt die Kapitulation von Prenzlau für einen kurzen Augenblick. Als er sich wieder hebt, ist auch die trennende weiße Leinwand verschwunden.

LEBEN IN BIALOKOSCH (1808—12)

Das Innere des Gutshauses zu Bialokosch. Ein einfaches saalartiges Zimmer, niedrig, mit Deckenbalken. Zwei große Fenster ; vor dem einen ein Schreibtisch. Nur einfache solide Holzmöbel : Massenbach hat es nicht verstanden, reich zu werden, obwohl ihm seine Verleumder nachreden, daß er auch für die Kapitulation große Summen von den Franzosen erhalten habe. — Sommerwetter, zu den Fenstern nicken grünende vollblättrige Sträucher herein. Durch die Tür von links kommt, langsam, im grauen Reisemantel — er trägt Zivil — Massenbach, begleitet von seiner Frau und den Kindern : alle Größen, vom Kleinsten auf dem Arm bis zum 14-jährigen derben Bengel.

FRAU : Und, Christian : Was bringst Du ? Bist Du noch im Heer : Oder — *(sie scheut sich, bei der knappen Geldlage das Wort auszusprechen)* : — pensioniert ?

MASSENBACH *(den grauen Mantel mit dem vielfachen breitgestuften Schulterkragen ablegend und dem ältesten Sohn hinreichend, der ihn freudig ergreift und hinausträgt)* : Ja, . . . Ich kann nichts sagen : ins Heer hat mich der König nicht wieder berufen . . . Meinen Abschied hab ich auch nicht erhalten .. *(er lacht auf)* : wahrscheinlich hat man mich einfach aus dem Gedächtnis gestrichen. Ist ja am bequemsten. — Auch am Billigsten. *(Er tritt zum Fenster und lehnt die Stirn an den Rahmen).*

FRAU : So. Ach. — *(Die Enttäuschung tapfer verbeißend)* — Und in Berlin ? Hast Du Bekannte getroffen ?

MASSENBACH *(zuckt die Achseln)* : Auch Bekannte ; ja. Knobelsdorf. Buchholz. — *(Er wendet sich)* : Heinrich von Bülow ist gestorben. In Riga. Im Gefängnis.

FRAU *(zusammenzuckend ; denn sie kennt den freisinnigen Schriftsteller, der auch Preußen die Wahrheit sagte. Kennt auch die Ähnlichkeit mit ihrem Christian)* : Heinrich tot ? ! O Gott — Christian —. Sei bloß vorsichtig !

MASSENBACH *(entschieden den Kopf schüttelnd)* : Das ist jetzt weniger am Platze denn je. Wir müssen die Zeit nützen, da wir, dank der französischen Besatzung, in solchen Dingen Freiheit zu reden haben. — Obwohl Sie's nicht wert sind. *(Er tritt ein paar Schritte nach vorn)* : Sie erlangen durch Napoleon, der, ohne sich dabei an eine Rücksicht zu kehren, den Boden für den Neubau ebnet, Anteil an den unschätzbaren Vorteilen der Revolution : für den Code Napoleon müßten sie auf den Knien danken ! *(Er geht zum Schreibtisch und zieht aus einer Lade Papier und Papiere ; er spricht währenddessen)* : Die Engländer haben einen in der Geschichte der zivilisierten Welt unerhörten Raubzug gegen Dänemark unternommen : Das wehrlose Ländchen mitten im Frieden überfallen ; Kopenhagen bombardiert, 28 Straßen eingeäschert, 2000 Menschen getötet, die gesamte Kriegsflotte — 64 Schiffe — geraubt. Alles, was nicht mitgenommen werden konnte, demontiert und gesprengt — *(wütend lachend)* : aber über die » napoleonischen Frevel « empört sich ganz Europa, Wie ? ! Nein : es galt der Erweiterung der englischen Macht, und in solchem Falle pflegt ein englisches Ministerium Alles für erlaubt zu halten :

England ist der Feind des Kontinentes! Ich will mir auch angewöhnen, bei »Europa« nur diesen Begriff noch zu denken: das westliche Festland. — Wellington war auch mit dabei — ich hätte während des Unternehmens den Abschied gefordert. *(Er legt das Schreibgerät vor sich hin, streicht es mit den Händen glatt, und fährt — zu einem weit größeren Auditorium: der Zukunft! gewendet — fort)* Auch England gegenüber vertritt Napoleon durchaus die Interessen des Kontinents, der sich gegen die ihm zugedachte Hinterlandstellung wehren muß. Jeder Patriot müßte die Kontinentalsperre kräftigst unterstützen: aber dazu sind sie nicht weitblickend genug. Denen genügt es, daß es Napoleon so will: da muß es falsch sein! — Nein. — *(Er nickt der Gattin freundlich zu)*: Ich habe Einiges zu schreiben . . . *(er greift — schon abwesend — nach der Feder; sie versteht den Wink: es hilft nichts. Nun, sie sollte sogar stolz sein, daß ihr Mann so ist: nicht jeder Frau glückt es, dies Höchste zu erlangen!)*

MASSENBACH *(allein für sich murmelnd)*: Ja, man muß es sagen; Buchholz und Cölln tun es in ihrer Sphäre: so will ich es in der meinigen tun. Ich kann es ihnen, Schritt vor Schritt, demonstrieren, wie ihre unfähige Führung sie hat in den Abgrund rennen lassen, ohne ihnen etwas von Europa zu sagen. — Vielleicht brauchen Sies nur eindringlich zu hören, um's zu verstehen: man hofft halt immer noch! — Aber vielleicht gelingt es mir doch, sie zur freudigen, willigen Mitarbeit an Europa zu bewegen. So will ich mich denn selbst zur Stimme der rächenden Nemesis weihen: will ihnen die Führer der letzten 20 Jahre in all ihrer bunten Erbärmlichkeit zeigen, daß sie sich daran spiegeln. Daraus lernen. — *(Er schreibt ein paar einleitende Zeilen; er ruft)*:

Köckeritz! *(Aus dem Boden taucht verschwommen die Gestalt des Generals von Königs Gnaden)*:

Warum hast Du dem jungen wächsernen König nicht große Ideen ins Herz gepflanzt? Ihn nicht heilig erschüttert, daß er Europa in seine drei Pfund grobes Gehirn aufnahm? Seinem blauen Blut nicht die rötere Farbe der Revolution gegeben?

DER SCHATTEN (*weinerlich entschuldigend*): Ich habs doch nicht gewußt ...

MASSENBACH (*höhnisch aufzischend*): Aber gehört hast Dus oft genug, altes Weib! Geh nur: Dein König bedarf Dein! Geh: zum Herzog von Braunschweig! Geh! In Preußens Gloria!

(*Die Tür öffnet sich; die Frau bringt die neuesten Nachrichten*)

FRAU: Der König ist wieder in Berlin, Christian! Er hat zwei neue Erlasse verfügt, über -- —

MASSENBACH (*aufs äußerste gespannt den Kopf hebend*) .. Über? ..

FRAU: Über die Vermehrung der Ordenszeichen, — und eine neue Handhabung der Hofetikette .. (*Massenbach lacht so gellend auf und schlägt den Tisch, daß sie sich bestürzt zurückzieht*)

MASSENBACH (*dämonisch belustigt*): Jajaja!: Er hat sich nicht geändert — ohne daß man ihn deswegen einen Charakter nennen könnte. (*Er lacht nochmals wütend und amüsiert*) Und man kann nie über ihn lachen, ohne daß man ihm nicht zugleich Maulschellen geben möchte! — (*Er hebt befehlend die Faust; aus dem Boden steigen Hand in Hand Friedrich & Luise GmbH — wobei das »beschränkt« tiefe Bedeutung gewinnt. — Massenbach ists auch zufrieden*): Nur zu! Auch so seid Ihr mir unwillkommen, Ihr aristophanischen Hälften! (*Zu Luise*): »Wer nie sein Brot mit Tränen aß ..« hast Du an die Fensterscheibe geschrieben: da weißt Dus ja nun, warum mir bei Tisch immer die Tränen in den Augen standen, und warum ich den Kopf schütteln mußte!

(Zu Friedrich Wilhelm) : Oh, warum ist damals mein Vorschlag nicht durchgegangen, Dich mit 24 anderen auserlesenen Söhnen des Volkes gemeinsam erziehen zu lassen, und dann dem Würdigsten unter Euch den Thron zu geben : Du wärst dann etwa an 2 500 000 ster Stelle gelandet — *(Massenbach ist gerecht : Preußen hat nach dem Tilsiter Frieden 5 000 000 Einwohner ; es wird also stimmen. Das mit den 25 Jünglingen ist ein alter griechischer Gedanke ; aber meines Wissens in der Neuzeit nie durchgeführt worden : Sonst hätten wir ja andere Könige gehabt. — Da die Tür sich wieder öffnet, versinken die allerhöchsten Figuren. Massenbachs Frau tritt wieder ein.)*

FRAU : Christian, soll ich das Fenster schließen ? Es ist kalt draußen heut . . *(Wirklich : es ist Winter geworden ; um die kahlen Ruten der Büsche draußen tanzt der Schnee. Sie schließt die Flügel, ohne eine Antwort abzuwarten, und fährt fort)* : Hardenberg ist wieder Minister . .

MASSENBACH *(besorgt auffahrend)* : Das ist nicht gut ! Er ist kaltpreußisch ; dabei schlau und charakterlos wie ein Fuchs. Er will die Franzosen nur täuschen . .

FRAU : Napoleon hat auch wieder die Grenzen geändert : die ganze Nordseeküste gehört jetzt zum französischen Kaiserreich . . .

MASSENBACH *(wohlgefällig lachend)* : Die ganze Nordseeküste . . . Nå : Olbers wird an mich denken.

FRAU : In Berlin ist eine neue Universität gegründet worden . . .

MASSENBACH *(anerkennend)* : . . bei den knappen Mitteln jetzt ? ! Das ist gut ! — *(Er besinnt sich)* : Nein : das ist *nicht gut !* Mit Fichte und den andern Schleiermachern bedeutet das nur : ein neues Institut für Volksverhetzung. Sie werden suchen, im Volk und in der Jugend — der vor allem — nationalen Enthusiasmus zu erwecken, um vermittelst desselben nicht nur die Franzosen, sondern auch die glücklich nach Deutschland herübergedrungenen Prinzipien und Neuerungen der großen Revolution zu verdrängen . . *(er wird lebhaft)* : Die Sache hat sogar noch eine andere, traurigere Wirkung : Durch die geheimen Verbindungen, durch den aufgestachelten Haß gegen die » vom Feinde « gebrachten Neuerungen, und durch die Verherrlichung des Alten, Nationalen, werden zugleich wieder Mystik, Romantik und Spielerei mit dem Mittelalter in Deutschland eingeführt. Selbst Stein und seine Freunde entblöden sich ja nicht, ein nach Stand und Beschäftigung gespaltenes Bürgertum, sowie das Rittertum, das Pfaffenwesen und den blinden Glauben mittelalterlicher Zeiten öffentlich für schöner und nützlicher zu erklären, als all das, was die französische Revolution — dies größte europäische Ereignis — zur Verbesserung menschlicher Zustände geschaffen hat. — *(Er hebt fragend den Kopf)* : Noch etwas ?

FRAU : Ja, Rußland soll die Kontinentalsperre gekündigt haben, ... *(sie zögert ; sie weiß nicht, ob das wichtig ist. Dann geht sie hinaus. Massenbach in starker Bewegung auf- und abgehend)*

MASSENBACH : Die Kontinentalsperre gekündigt ? Das heißt — *(er überlegt einen Augenblick, wie um nicht vorschnell zu urteilen)* Das heißt : Krieg ! Napoleon gegen Rußland. Und Rußland mit England verbündet ? Das wird 100 Jahre lang Englands Nutzen, dann Englands Schade sein : denn die Frucht, den buntgeflickten Lappenball Europa, fängt doch Rußland — wenn Napoleon nicht siegt. *(Er runzelt die Brauen und rechnet murmelnd an den Fingern ab)* Spanien im Aufstand ; Italien fast nicht zu rechnen ; Österreich hinterhältig ; Preußen *(er schüttelt bitter den Kopf)*. Verläßlich nur der Rheinbund. Und Dänemark. Die besten Kräfte Frankreichs durch die zwanzigjährigen Kriege verbraucht. *(Er krampft besorgt die Fäuste und setzt sich wieder ; er murmelt)* : Wenn nur Preußen ganz mit ihm wäre *(er biegt unruhig die*

Papiere, er ruft widerstrebend) : Scharnhorst ! *(Aus dem Boden steigt, klar umrissen, die Gestalt des Gerufenen, wie sie damals in Berlin vor ihm stand. Massenbach fragt eindringlich)* : Scharnhorst : Sie wissen, daß Preußen nach dem Tilsiter Frieden nur 42 000 Mann unter den Waffen halten darf. Ich weiß, daß Sie davon alle Jahre 30 000 entlassen, und dafür 30 000 Neue einstellen : So wird das ganze Volk in Waffen gebildet *(und alle sind begeistert : den Deutschen ist nicht wohl, wenn sie nicht das bunte Halsband tragen dürfen ; sie, ständig auf der Suche nach einem Arsch, in den sie kriechen könnten)*. Für wen ziehen Sie dies Heer ? *(Er erhält keine Antwort. Er fährt fort)* : Auf Ihren Rat werden Gewehre, Geschütze, Munition, Bekleidung, Ausrüstung für Hunderttausende bereit gelegt: Sollen das Soldaten für Europa werden ? *(Der Gerufene lächelt nur spöttisch : weiß Massenbach das immer noch nicht ?)* : Am 24. Februar 1812 hat Preußen den Allianz-Vertrag mit Frankreich geschlossen : 20 000 Mann werden mit der großen Armee gegen Rußland kämpfen : Werden sie kämpfen ? Oder werden sie nur auf Verrat sinnen ? Auf Verrat an Europa. *(Der zieht nur den Mantel fester um sich und verschwindet. Er gibt doch Dem keine Antwort . . . Massenbach noch immer auf den Fleck starrend)* : Dachte mirs. Die Gährung ist auf den höchsten Grad gestiegen, die tollsten Hoffnungen werden mit Begeisterung gehegt. Man stellt den spanischen Volkskrieg als Beispiel auf. Und wenn auch das Volk für politische Gedanken und Motive nicht im geringsten reif ist, so ersetzt es diese desto glücklicher durch den befohlenen tiefen Haß gegen die Franzosen, und teutsche Zentnerworte. Sobald der Krieg ausbricht, muß Napoleon gewärtigen, daß beim ersten günstigen Augenblick die Gegenden zwischen Rhein und Oder den Anblick eines ungeheuren Volksaufstandes darbieten. *(Er atmet schwer ; er muß auch sich selbst vor Gericht rufen)* : Christian von Massenbach. *(Er erscheint sich selbst, in uniformierter Gestalt. Er fragt sich erregt)* : Hast Du immer alles getan — für Europa getan — was Du konntest ? Hast Du überall gesprochen, gemahnt, gehandelt ? — *(Der Doppelgänger nickt und antwortet mit fester Stimme)* :

DOPPELGÄNGER : Ich habe dafür mehr gesagt und getan, als jeder andere meiner Zeitgenossen.

MASSENBACH : Hast Du alles auf Dich genommen : Verläumdung, Verhöhnung, Verdächtigung, Verantwortung, Sorge, Armut ?

DER DOPPELGÄNGER : Ich habe all dies getragen. Ich trage. Ich werde noch mehr tragen. Bald. Noch mehr.

MASSENBACH *(auffahrend)* : Noch mehr ? ! *(Er besinnt sich ; er sagt bitter)* : Aber ja, natürlich : noch mehr. Ein Leben für Europa ; es lohnt sich schon. *(Der Doppelgänger schüttelt nachdrucksvoll den Kopf : nee, Christian : sieh Dir die Europäer an ! Er schüttelt noch einmal den Kopf und versinkt. Wieder kommt Massenbachs Frau herein und legt Holz in den Kamin ; sie fragt bekümmert)*

FRAU : Noch immer, Christian ? *(Sie sieht es selbst : noch immer. Sie berichtet weiter)* : Der Winter kommt so früh dies Jahr ; so streng : Und die große Armee soll schon in Moskau sein. *(Sie schüttelt den Kopf)* Werden die armen Leute frieren. *(Geht hinaus)*.

MASSENBACH *(grüblerisch)* : Wenn ich nur wüßte, wie Er selbst : Ob ich es wage ? *(Er sagt zitternd, demütig : Es ist ja der, von dem er Europa erhofft)* : Der Kaiser ! *(Der Kaiser aus dem Boden steigend, glührot angestrahlt, wie auf dem Bilde Wereschtschagins. Der Kaiser, der Kaiser, der große Kaiser. Das marmorblasse Dämonengesicht sieht starr den Europäer an.)* : Kaiserliche Majestät . . .

DER DÄMON : Was ist ? Rasch. — Ich lag. Ich schlummerte. Mir war nicht wohl, nicht weh. Da hörte ich : Europa — Europa — — : Was ist ?

MASSENBACH : Majestät. — Sie denken immer an Europa ?

DER DÄMON *(hallend aber unbeteiligt)* : Ich weiß doch nicht ...

MASSENBACH *(beschwörend)* : Majestät : es geht um Europa ! Wir wollen doch ...

DER DÄMON : Ich will vielleicht die ganze Welt.

MASSENBACH *(beide Hände nach ihm ausstreckend)* : Majestät : Dem zerrissenen Erdteil muß endlich Ruhe werden : Ruhe um jeden Preis ! Was soll aus Europa werden ? !

DER DÄMON : Ich weiß doch nicht . . . *(er versinkt. Man hört fernes heftiges Pochen ; Massenbachs Sohn kommt hastig herein.)*

SOHN : Vater, es sind Offiziers draußen. Preußische Offiziers. Sie kommen vom Krieg. Sie wollen hier schlafen. *(Die Tür öffnet sich wieder. Die Frau führt herein : die Rittmeister Holzendorf und Brüsewitz, die, Massenbach erkennend, zuerst leicht stutzen, dann militärisch grüßen, und auf seine Aufforderung hin mit ihm um den Kamin Platz nehmen. Massenbach erregt)*

MASSENBACH : Und ? Was ist ? Was bringen Sie, meine Herrn ?

HOLZENDORF *(mit einer streichenden Handbewegung)* : Also : er ist hin. Die große Armee war einmal. Als wir ausrückten, warens 600 000 ; Als Moskau brannte, Einhunderttausend ; jetzt sind's noch *(er zuckt die Achseln)* : na : Eintausend.

MASSENBACH *(wie erstarrt)* : Also alles verloren . . *(er schluckt)* : das französische Heer ; das preußische Heer . . .

HOLZENDORF *(schüttelt sachlich den Kopf)* : Die Preußen ? O nicht doch. Was denken Sie, Herr Obrist : immer vorsichtig geschont. Erst schön langsam Riga belagert. Dann mit den Russen immer gegenseitig vor= und zurückgewichen — o, das preußische Kontingent ist völlig intakt.

Brüsewitz *(hebt bedeutungsvoll, überlegen, den Zeigefinger)* : Mehr noch : Yorck hat sich offiziell von den Franzosen losgesagt : Das Volk steht auf, der Sturm bricht los !

Massenbach *(tonlos ; mechanisch registrierend)* : Yorck ?

Holzendorf *(nickt)* : Tchawoll, Yorck und sein Unterfeldherr, der Massenbach — *(er stockt plötzlich, da es ihm einfällt, wie peinlich der Name für den Wirt sein muß, der nicht » dabei sein darf «.)*

Massenbach *(aufschreiend)* : O Friedrich, Friedrich ! *(Holzendorf nickt fast gerührt und mitleidig : ja ja, er hats erraten. Gott, ist ja auch Pech : doch immerhin ein begabter Kopf, dieser Massenbach).*

Brüsewitz *(lüstern)* : Jetzt ist der Augenblick, den Korsen für immer zu stürzen. Deutschland wird frei. Wir werden ihm das aufgezwungene Joch um die Ohren schlagen, bis er merkt, was Preußen sind.

Massenbach : Napoleon stürzen ? Napoleon stürzen ? — Haltet doch lieber die Russen auf, ehe sie nach Westeuropa herein fluten.

Brüsewitz *(überlegen)* : Die Russen ? Aber das sind doch unsere natürlichen Verbündeten ! Die braven Kosacken werden beim Kehraus mit dreinwettern, daß es eine Freude ist. *(Die Tür öffnet sich. Massenbachs Frau trippelt aufgeregt herein)*

Frau : Christian — meine Herren : der König ist von Berlin nach Breslau gereist. Er hat einen Aufruf erlassen *(sie schwenkt ihn in der Hand)* : An mein Volk.

Von fernher, immer lauter werdend, beginnen preußische Flügelhörner die seltsam erregende Webersche Melodie des Lützower Jägerliedes zu blasen : » Was glänzt dort im Walde im Sonnenschein . . « Die Offiziere sind spontan aufgesprungen ; sie umarmen sich, bringen Hoch's aus : auf das Vaterland, den König, die Frau, die ihn geboren hat, das Pferd, das ihn trägt, den Stuhl, auf dem er sitzt : jeder Deutschfühlende wird sie verstehen. Freilich manifestiert sich im deutschen Volk jetzt eine herrliche und edle Kraft : zugegeben ! Würde sie nur einmal für große Zwecke groß eingesetzt. So mag auch Massenbach denken, denn er preßt den Mund noch schmaler : ihm erfüllen die gellenden Hörner weißgott » die Seele mit Grausen «. Die Offiziere eilen hinaus, zu Waffen und Pferden, um zur Freiheit nicht zu spät zu kommen. Massenbach mit seiner Frau allein.

MASSENBACH *(fahrig)* Das — geht doch nicht. Das — das geht doch nicht. *(Er sieht bittend, beschwörend in die Zuschauer)* : Das geht doch nicht ! Wo ist mein Mantel —

FRAU : Christian : Was ist denn ? Wohin willst Du ?

MASSENBACH *(schon den Mantel umwerfend)* : Ich muß fort ; ich muß zur Armee. Ich muß retten !

FRAU : Geh nicht ; Du ! Sie werden Dich gar nicht vorlassen ! Dich nicht hören ! *(Aber Massenbach schüttelt den Kopf und macht sich los)*

MASSENBACH : Ich muß es versuchen. Ich muß es ihnen noch einmal sagen : Sie können doch nicht taub sein, jetzt, wo die Gefahr handgreiflich wird. Sie können doch nicht Rußland für einen Verbündeten halten. *(Er eilt hinaus im engen grauen Überrock, einen hohen Stab in der Hand, ohne Kopfbedeckung : er ist fast völlig kahl, äußerlich früh ergreist, ein Vulkan mit Schnee behangen. Ein Vorhang, fallend, deckt den Hintergrund der Bühne. Stimme innen verhallend : » Christian ! — Christian ! «)*

DIALOG ZU SAGAN (1813)

Ein Zimmer im Hause des Ortskommandanten zu Sagan. Das Gemisch der Möbel — neben dem einfachen eisernen

Feldbett steht noch der hohe goldgerahmte Trumeau — läßt erraten, daß der Raum in fliegender Eile seine Bestimmungen zu wechseln hat; er ist sogar staubig: denn es ist Krieg. Der Maifeldzug hat soeben begonnen, und das seladonfarbene Licht, das zu den Fenstern herein kommt, gemischt aus Kätzchenduft und Sonnenstaub, tut die anmutigste keck-kriegerische Wirkung. Das gleiche brausende Licht liegt über dem ganzen Volke; denn, wahrlich, auch der Kälteste kann dies wunderbare jünglingshafte Schauspiel nicht betrachten, ohne gerührte Freude — und ohne tiefe Traurigkeit: denn man hat ihnen so viel von Freiheit gesprochen, Volkskraft, glücklichen Zeiten und immer wieder: Freiheit; man hat sich Allerhöchsterseits nicht entblödet, dem Ganzen den Namen »Freiheitskriege« zu geben, daß ... nun, das hat Zeit bis zu den nächsten Szenen. — Zuweilen kommt durch die Fenster Pferdewiehern und Hufgetrappel, so daß der Mann, der sich angekleidet, ermüdet, aufs Feldbett gelegt hat, im Schlafe unruhig wird. Es ist der Lieutenant Friedrich Heinrich Karl Baron de la Motte Fouqué, jetzt 36 Jahre, und nicht nur ein großer Dichter, sondern einer der größten Dichter überhaupt. — 30 Jahre später wird ein Anderer, sehr Großer, Edgar Allan Poe, von ihm sagen: »auf 50 Molières schafft die Natur 1 Fouqué«. Das schließt nicht aus, daß er im Politischen und überhaupt realen Dingen so unschuldig ist wie Parzival, da er noch im Walde von Soltane weilte: er steht in unserer Welt, wie ein ätherisches Feuer über dem Sumpfe wallend: Zur Zeit ist er hierher gesandt, um nach der verlorenen Schlacht von Lützen dem Heer neuen Ersatz an Rekruten und Pferden zuzuführen. Es klopft; der Militärkommandant des Ortes, ein alter Obrist, tritt herein, lächelt verständnisvoll und legt dem Schlafenden die Hand auf die Schulter, ihn leise wach rüttelnd. Der fährt hoch. Seine Uniform hat, wie man jetzt sieht, große

Wasserflecken. Er ist beim nächtlichen Ordonnanzritt mit seinem sich überschlagenden Rappen in ein grundloses Wasser gestürzt, und mit knapper Not dem Tode entronnen.

FOUQUÉ : Gilt's Botschaft von der Armee, Herr Obrist ? *(Und greift bereits nach Reitstiefeln und Säbel).*

OBRIST : Nicht das, mein Lieber — *(der Herr Obrist scheint ein wenig verlegen)* : Bleiben Sie liegen, bleiben Sie liegen ; es ist ein alter Bekannter, den ich Ihnen zuführe ! *(Und in die offen gebliebene Tür tritt ein Greis, mit fast gänzlich kahlem Haupte, im langen grauen Oberrock, auf einen hohen Wanderstab vornüber gebeugt, die fast erloschenen Augen fest und ernst nach Fouqué herüber gerichtet)*

OBRIST : Nun ? — Sie kennen ihn nicht ?

FOUQUÉ *(staunend)* : Nein — — ich ... *(» Da leuchteten die Augen des Fremdlings plötzlich wie Flammen empor und mit edel zürnender Stimme rief er machtvoll aus « — so schreibt Fouqué selbst)*

MASSENBACH : Kennst Du micht nicht ; oder willst Du mich nicht kennen ?

FOUQUÉ *(aufspringend)* : Christian ! — Undankbarster aller Menschen ich, wenn ich Dich nicht kennen wollte ! Du : mein gütiger Freund, mein herrliches Vorbild, als ich ein Knabe war ! Du : mein rühmlicher Waffenmeister am Rhein. Du : mir immerdar lieb und hold in jeglichem Verhältnis. *(Aufspringend und ihm innig die Hände drückend. Der Ortskommandant ist leise hinaus gegangen. Sie sitzen einander gegenüber, Fouqué auf dem Feldbett.)*

MASSENBACH : Du hast an der Campagne teilgenommen, Fritz ? Erzähle —

FOUQUÉ *(feurig)* : Vom ersten Tage an ! — Ich habe die freiwilligen Jäger nach Breslau geführt, der König tat mir die Ehre, mich sogleich als deren Führer und Lieutenant einzustellen. Dann über Dresden vor, Altenburg, vierzehntägig angestrengter Vorpostendienst im Flecken Meuselwitz. Dann Lützen. —

MASSENBACH: Erzähl' von Lützen.

FOUQUÉ: Du wirst schon Genaueres gehört haben: Wir griffen Napoleon von einer Seite her an, auf welcher er es nicht erwartet hatte; er mußte daher im Angesicht der Preußen und Russen seine ganze Stellung ändern, bewies aber gerade bei dieser Gelegenheit sein militärisches Genie aufs Glänzendste. Dessen ungeachtet würden wir ihn in die größte Verlegenheit gebracht haben, wenn nicht Blücher um viele Stunden zu spät auf dem Schlachtfeld eingetroffen wäre (*Massenbach nickt; er kennt das. Aber er hat diesmal natürlich unrecht; denn Blücher brennt ja darauf, Napoleon zu begegnen; diesmal war die unbegreifliche Nachlässigkeit schuld, mit der Wittgensteins Order an ihn gesandt worden ist. — Fouqué, begeistert fortfahrend*): Wir, an unserer Spitze Prinz Wilhelm, (*der Bruder des Königs*) zersprengten einhauend ein sich tapfer verteidigendes Quarree. Unter dem Königssohn erschossen sein Pferd; auch mein Gelber durch einen Bajonettstoß erstochen. — Ein Nachtangriff, durch uns Reiter allzumal unternommen, mißglückte, weil viel zu früh losbrechend in edel kriegerischer Ungeduld: somit fanden wir das feindliche Biwak noch unter vollen Waffen. — Da folgte eine schwere Nacht...

MASSENBACH: Viel Verluste — ?

FOUQUÉ (*die Schultern anhebend*): Ich kann's nicht genau sagen: es heißt, die Franzosen hätten sogar mehr gehabt. Blücher ist leicht verwundet. (*Er senkt betrübt den Kopf*): Scharnhorst tödlich.

MASSENBACH (*kalt wiederholend*): Blücher leicht; Scharnhorst tödlich. — (*Er sagt unvermittelt*): Ich bin gekommen, Fritz, dem König meine Dienste aufs Neue anzubieten. Du weißt, ich kenne Schlesien ganz genau : auch die Gebirgsstellungen, Alles. Es wird am Besten sein, wenn sich das ganze Heer — na, etwa bei Raudten — konzentriert ; Napoleons rechte Flanke bedrohend, falls er bis dahin vorgehen sollte.

FOUQUÉ : Das wird erst noch in der Bautzner Stellung entschieden, und in wenigen Tagen hoffe ich dabei zu sein. *(Er zögert)* Christian, — Der König — *(er ist in einer schwierigen Lage : beide sind ihm so wert)* : Er ist — er ist sehr aufgebracht gegen Dich *(er faßt Massenbach bei der Hand)* : Durch Deine unglücklichen drei Memoirenbände.

MASSENBACH *(ihn unterbrechend)* : Vier ! —

FOUQUÉ : Wieso. Es sind doch nur 3 erschienen !

MASSENBACH : Auch der 4. Band war schon gedruckt — mit preußischem Gelde wurde Brockhaus, dem Verleger, die ganze Auflage abgekauft und unterdrückt — *(kalt)* vom König selbst.

FOUQUÉ *(verlegen)* : Ja, auch die anderen Druckschriften — Christian : er ist sehr aufgebracht. Ich weiß es zufällig. *(Massenbach nickt. Das wäre auch das erste Mal, daß die Wahrheit Einen nicht aufbringt)* : Ich würde Dir raten, *(das Antlitz des Jüngeren leuchtet auf : Wirklich, dies ist ein Einfall.)* : Am besten ist es, Du rufst die Vermittlung des Generals Kleist an. *(Nicht jener Kleist vom Sudenburger Tor ; die Familie Kleist ist eins der verworrensten genealogischen Kapitel : wer viel überflüssige Zeit hat, kann den Knäuel mit Hilfe einiger » Gothaer « vollständig entwirren ; dieser hier heißt : Friedrich Heinrich Eduard Emil, genannt Kleist von Nollendorf. Amüsante Geschichte nebenbei — soweit die pazzia bestialissima so genannt werden kann. — Nach der Dresdner Niederlage zogen sich die Alliierten über das Erzgebirge nach Böhmen zurück, von Vandamme verfolgt, der sich jedoch zu weit vorwagte und mit seinen 30 000 Mann von der vielfachen Übermacht eingeschlossen wurde. Statt einer Entsatzarmee unter Napoleon erschien nun auch noch ein von Kleist geführtes preußisches Korps in seinem Rücken bei Nollendorf: ein Korps, das, in der Meinung, selbst einen verzweifelten Durchbruch wagen zu müssen, wild auf die umzingelten Franzosen eindrang und deren Niederlage vollendete. — Dieser Irrtum wurde dann — streng aber gerecht — Kleist's Namen angefügt.)*: Der schätzt Dich sehr und ist beim König wohl gelitten — schreib' doch gleich an ihn. Ein paar kurze Zeilen genügen. Ich muß ohnehin sofort eine Ordonnanz in sein Hauptquartier schicken; Du kannst gleich — ich zieh' mich indessen an; hier ist Papier und Schreibzeug. *(Er sucht es aus der Satteltasche, und nötigt Massenbach an den zierlichen dreibeinigen Tisch. Massenbach schon schreibend)*

MASSENBACH: Und Du, Fritz? Wir haben uns lange nicht gesehen. — Graf Schmettau ist nun auch schon nicht mehr.

FOUQUÉ *(den Stiefel aufstampfend)*: Das war ein frommer und getreuer Mann; Er war mir wie ein zweiter Vater. *(Sparsam plaudernd, um den großen Freund beim Schreiben nicht zu stören)*: Mein Töchterchen kennst Du. *(Massenbach nickt und wendet das Blatt: er kennt die kleine Marie)*: Ich habe still gelebt die ganzen Jahre; gearbeitet, geschrieben. Ich habe Glück gehabt: man hat Gefallen an meinen Schriften gefunden, nicht nur das große Publikum; auch mancher Edelfalk ist unter all dem Geflügel mit hereingeschwebt. Nun, da ich mit der Waffe in der Hand für meinen König und mein Vaterland wieder eintreten darf — *(er hebt den Kopf)*: Ach — ich bin glücklich, mein Freund! *(Massenbach hat seinen Brief beendet und reicht ihm das Blatt hin.)*

MASSENBACH: Das ist schön, Fritz, daß Du so glücklich bist — So, hier! *(Fouqué, das Papier sorgsam entgegen nehmend, wühlt aus der Satteltasche ein paar Listen, Be-*

richte etc., schlägt alles in einen Umschlag. Zu Massenbach)

Fouqué : Du entschuldigst, Christian, — einen Augenblick *(er geht hinaus, die Treppe hinunter, man hört Gespräch im Hofe.)*

Massenbach *(allein, stehend)* : Ich hätte es denken können : sie sind Alle toll. — Wieder geben Rußlands Heere den Ausschlag im europäischen Hader ; wie Wolken durchschwärmen mit ihm die Reiter der Steppe das Land : gegen ihn, dem sie sich freiwillig hätten unterstellen müssen, schlagen die Verblendeten mit Fäusten wie Kinder. — Wenn ich noch einmal eingreifen könnte in das irrsinnige Rad ! Das preußische Heer irgendwo konzentriert ; durch die paar Vernünftigen im guten Sinne bearbeitet ! — dann — wie damals — bei Prenzlau : die Kapitulation. — — *(Er fährt sich mit der Hand über die kahle Stirn. Es ist ein verzweifeltes Unternehmen. Man hört Hufschlag eines davonsprengenden Pferdes.)*

Massenbach *(horcht)* : So, die Würfel liegen. Und ich muß hiersitzen, untätig grau und fromm. — *(Die Tür öffnet sich ; Fouqué tritt wieder ein. Er nickt, hustend : der Sturz hat ihn schwer mitgenommen.)*

Fouqué : So, Christian : das ist erledigt. *(Betrachtet ihn lächelnd ; treuherzig)* : Christian, darf ich jetzt Dir gestehen : ich weiß nicht, ob Du Zeit gefunden hast, meine Sachen zu lesen. —

Massenbach : Doch Fritz : den Sigurd ; den Ritter Galmy. Auch den Zauberring.

Fouqué : Du weißt, Christian, ich bin leichtbestimmbarer Natur, und vielen meiner Freunde habe ich in meinen Büchern ein Denkmal zu setzen versucht. Auch Du erscheinst immer wieder zwischen meine Gestalten. Oft romantisch verhüllt : ich mußte den Dank für all Deine Güte auch öffentlich abstatten. *(Noch oft und auch später hat er es getan : in seinem schönsten Werke neben der*

Undine, dem völlig vergessenen Roman » Alethes von Lindenstein «, einem der bedeutendsten Stücke romantischer Kunst, trägt die Hauptgestalt unverkennbar die Züge des Freundes.)

MASSENBACH *(langsam nickend)*: Wenigstens eine Art der Unsterblichkeit — und sicher die Beste. Ich danke Dir, Fritz. *(Er reicht Fouqué die Hand, die dieser gerührt empfängt und drückt. Das schwere Ticken einer unsichtbaren Uhr wird hörbar: die Zeit läuft.)*

FOUQUÉ *(etwas stockend)*: Christian, vielleicht findet doch eine Verständigung statt: der König ist gütig und ich sähe so gern Lorbeerzweige um Deine Stirn . . .

MASSENBACH *(lächelnd)*: Die hast Du mir nun jetzt schon gegeben, Freund: da ist wohl für andere kein Raum mehr.

FOUQUÉ *(niedergeschlagen)* : So aber — er soll zu ungehalten gewesen sein. *(Draußen wird erneut Hufschlag hörbar. Beide springen ungeduldig auf.)* Wenn es doch nur mein Marschbefehl wäre: ich kanns nicht erwarten, bis ich wieder beim Heer bin! Ach Christian. Wir reiten in die Freiheit; ich sehe für Preußen Jahrhunderte der Blüte voraus! . . . . *(Ein rascher Schritt kommt die Treppe herauf. Es klopft. » Ja?! «; eine Ordonnanz tritt militärisch straff ein, einen Brief überreichend.)*

ORDONNANZ: Dem Herrn Lieutenant von Fouqué. —

FOUQUÉ: Geben Sie. *(Er erbricht mit behenden Fingern die Siegel, sieht rasch die wenigen Blätter durch und hält Massenbach das für ihn Bestimmte entgegen)* Eine königliche Kabinettsorder.

MASSENBACH *(das Blatt einen Herzschlag lang in der Hand haltend, dann reißt er es auf. Er spricht)*: Der Obrist Massenbach — ist unverzüglich — vom Heer zu entfernen! — *(Er läßt den Brief sinken; fallen; schreitet langsam zur Tür, ergreift seinen Stab und geht grußlos hinaus.)*

Fouqué (*ihm erschüttert nachsehend. Nach einer langen Pause*) : Der Unglückliche. (*Er hebt das Blatt auf : er kann das Autogramm seines Königs nicht im Staub liegen sehn.*)

Die Ordonnanz : Herr Lieutenant sollen sogleich mit dem gesamten Ersatz aufbrechen und sich sofort im Bautzener Lager melden. Eile täte Not.

Fouqué (*sogleich wieder zur schönen Wirklichkeit erwachend.*) Ja : eilen wir ! : In die Freiheit.

Es wird stockfinster. In der Dunkelheit spricht eine große Stimme : *» O Leipzig, freundliche Lindenstadt,*
Dir ward ein leuchtendes Ehrenmal :
So lange rollet der Jahre Rad,
So lange scheinet der Sonnenstrahl
Die Stimme schwillt an wie Orgelklang :
So lange die Ströme zum Meere reisen,
Wird noch der späteste Enkel preisen :
Die Leipziger Schlacht ! « —
Genau anschließend an die letzten Worte wiehert von unten ein gellend höllisch amüsiertes Hohngelächter auf ; verhallt meckernd.

GEFANGENNAHME UM MITTERNACHT (1817)

Als es wieder hell wird, ist die vorhergehende Dekoration verschwunden, der nahe Zwischenvorhang hochgegangen. Das Gelächter muß ja wohl seine Begründung erfahren ; denn nicht nur, daß die Völkerschlacht das Grab des westlich orientierten Europas bedeutet hat : fast noch trauriger ist das unmittelbare Ergebnis der sogenannten » Freiheitskriege «. Wahrlich, das Volk hat — wie immer — Gold für Eisen gegeben ; Seine Begeisterung, sein bestes junges Blut, seinen letzten Groschen für das ihm geschickt vorgespiegelte Phantom einer verschwommenen Freiheit, einer Volksvertretung undsoweiter und so weiter. Und die Regierenden haben — wie immer — ihnen den verdienten Lohn gegeben. Den verdienten : warum wird das Volk nie klug ? ! — Solange bunte Uniformen, geschwungene Fahnen, und Massenszenen genügen, es in Begeisterung zu versetzen, so lange gebührt ihm nichts anderes. — Also nie ! —

Der Hintergrund der Bühne zeigt das große Gastzimmer eines Wirtshauses zu Frankfurt am Main. Einige Tische, schwer, aber von einfacher Bildung ; Stühle darum gestellt : die meisten sind leer, denn es ist schon spät am Abend, wie eine große laut tickende und schlagende Uhr an der Wand über dem Schanktisch ausweist. An dem lümmelt der dicke Wirt, der gleichgültig in die spärliche Beleuchtung starrt und zuweilen einer Bestellung nachkommt : denn dicht bei ihm, in ihrer Stammecke, sitzen noch 3 Bürger beim Abendtrunk und geraten zuweilen arg ins Debattieren in ihrem maulfaulen Dialekt. Außer ihnen befindet sich nur noch ein weiteres Individuum im Raume : Ganz in der rechten Ecke der Bühne vor der Holztäfelung sitzt ein mittelgroßer schlanker Herr in unauffälliger Kleidung. Sein hoher modischer Hut liegt neben ihm ; ein paar subtile und behende Augen. Er sieht ungemein à propos aus. Wie in Fortsetzung des soeben verschollenen Hohngelächters stimmen die Honoratioren das ihre an ; natürlich bürgerlich weich und vorsichtig harmlos : aber sie meinen schon dasselbe !

1. BÜRGER *(hager, also nicht völlig so gutmütig wie die Anderen)* : Wenn sogar ein so warmer Patriot, wie der Uhland da unten *(er schnippt mit den Fingern in irgend eine Weltgegend ; hebt sein Glas und zitiert ironisch über den rötlichen Wein hinweg)* :

» Ihr Fürsten seid zuerst befraget :

Vergaßt Ihr jenen Tag der Schlacht,
An dem ihr auf den Knien laget
Und huldigtet der höheren Macht?
Wenn Eure Schmach die Völker lösten,
Wenn ihre Treue sie erprobt:
So ist's an Euch, nicht zu vertrösten,
Zu leisten jetzt, was Ihr gelobt!«

(Er setzt unter dem gedämpften Gelächter der Anderen das Glas an und trinkt befriedigt.)

2. BÜRGER *(nachdenklich)*: Ja ja: war damals eine dolle Begeisterung bei den Preußen. — Und über den Woin ist's gegangen: grausam. *(Er senkt das Haupt, wohl noch einmal andächtig den schönen Gewinn überschlagend.)*

3. BÜRGER: Ach was: Begeisterung! Der Schmalz hat's ihnen ja ausführlich nachgewiesen, daß nicht die sogenannte Begeisterung, sondern nur das Pflichtgefühl des Volks, das gehorsam auf seiner Fürsten Ruf zu den Waffen gegriffen hat ... *(er hebt zitierend den Finger)*: »Alles eilte zu den Waffen, wie man aus ganz gewöhnlicher Bürgerpflicht zum Löschen einer Feuersbrunst beim Feuerlärm eilt.« ... Hat auch gleich ein' Orden gekriegt *(setzt er wichtig hinzu. Also!:)*

1. BÜRGER *(den Kopf schüttelnd)*: Geh mir mit dem Schmalz! Ich hab' auch 3 im Quartier gehabt: schöne junge Leute; einer war gar ein Student *(er schüttelt wieder nachdenklich)* nein, nein: die waren ganz für die Freiheit: »Freiheit« haben sie immer gesungen *(er hebt nachdenkend die Linke)* Wie war's? »Freiheit kühn und zart *(die fehlenden Zeilen werden durch kleine Schwünge der Hand ersetzt)* Hast ja lang erlesen Dir die deutsche Art.« Nein nein die waren wie besessen: Schterben wollten die immer! *(Bei dem Wort »Freiheit« hat der einzelne Herr an der Seite wie beiläufig in die Brusttasche gegriffen und ein schwarzes Büchlein samt*

Stift hervorgezogen; er wiegt es nachlässig in der Hand und legt es dann geschlossen vor sich auf den Tisch. Der Hagere fährt fort): Und jetzt haben sie die Zensur für alle Druckwerke...

3. BÜRGER *(fällt berichtigend ein)*: unter zwanzig Bogen —

1. BÜRGER *(pikiert)*: Na: wer liest schon Bücher *über* zwanzig! — Geschrieben hat mir der Student: Wegen seines bedenklichen Einflusses hätt' man ihn von der Universität entlassen, und keine andere dürft' ihn annehmen. Dabei hat er's eiserne Kreuz gehabt! *(Der einzelne Herr öffnet nun doch spielerisch sein Buch und beginnt zu schreiben. Einer der Bürger, aufmerksam werdend, stößt den Hagern vorsichtig an, und zeigt mit dem Kopf schwach hinüber.)*

2. BÜRGER: 's ist nur ein Segen, daß die allerhöchsten Herrschaften jetzt in Troppau *(er spricht den Ort so vorsichtig aus, als könnte er gar in Böhmen liegen)* ihre Entschlüsse gefaßt haben: da hört doch die Unruh' in der Welt auf. *(Und, vergnügt über diese Aussicht, läßt er gleich noch einen Schoppen kommen.)*

3. BÜRGER: Ja, sie woll'n keine territoriale Veränderung in Europa jetzt mehr dulden: es soll alles beim Alten bleiben, wie sie's in Wien damals festgesetzt haben: der Metternich.

2. BÜRGER *(nickend)*: Die sind bei Koblenz her; die Metternichs: schönes Dörfchen, bin manchmal wegen'm Wein oben. Auch viel Obst.

1. BÜRGER: Ja, unser allergnädigster Herr, Landgraf Friedrich — *(er sieht sich um, er fügt betont hinzu)* den Gott erhalten möge — *(der drüben rührt sich nicht; gleichgültig starrt er in seinen Zigarrenrauch)*: » Wenn alle Nachbarmächte sich schon vergrößern, « hat er denen in Wien gesagt, » will er auch die 2 Dörfer hier haben « *(scheint also aus Hessen-Homburg zu sein; 5 Quadratmeilen war's groß)*. Unsere Herrscher sind immer *(die*

Uhr schlägt, man versteht das Folgende nicht) . . . auf jeden größeren Thron gepaßt. *(Er beugt sich etwas vor ; er kann das Stänkern nicht lassen)* damals in Wien war's doch bekanntlich so weit, daß Österreich, England und Frankreich schon ein Kriegsbündnis gegen Preußen geschlossen hatten : » Für den Fall weiterer Verwicklungen « *(der schlanke Herr greift zum Bleistift und tippt einige Male langsam mit dem unteren Ende auf die rohe Tischplatte).*

3. BÜRGER : Ich kann's nicht glauben ! Sie haben sich doch gleich Brüder genannt und wollten sich täglich mehr in der Übung der christlichen Pflichten befestigen . . . *(er schüttelt den Hausbesitzerskopf)* Ich glaube kein Wort davon.

1. BÜRGER : Jedenfalls wird ja auch alles wegen der Christlichkeit genau überwacht : an den Universitäten hat's Kommissare ; keine Zeitung darf was schreiben, was das Ansehn eines Bundesmitgliedes verletzte. Und in Mainz sitzt die Zentraluntersuchungskommission . . .

2. BÜRGER *(unschuldig)* : Ja, wir haben nichts mehr zu befürchten ; denn diese Demagogen : die müssen ja *so* gefährlich sein !

1. BÜRGER *(spöttelnd)* : Ja, wie mir mein Student aus Jena schrieb : sie wollen alle regierenden Herrn absetzen und pensionieren. Für den König von Preußen sind 300 Taler vorgeschlagen. *(Drüben in's Buch wird jetzt fließend geschrieben. Man winkt dem Hagern zu ; aber ehe er reagieren kann, entwischt ihm noch folgendes :)* Das Minimum an Weisheit, mit dem die Welt regiert wird *(da sich der 2. Bürger betrübt erhebt, breitet er wie unschuldig die Hände)* . . . der Metternich hats doch selbst gesagt — ! *(Aber es hilft nichts ; es ist ja auch spät, so daß man wohl, ohne irgend verdächtig zu erscheinen, nach Hause gehn darf, und » seinen Kohl bauen « — was auch Metternich gesagt hat. Während der letzten Worte*

der Bürger ist noch ein später Gast eingetreten, ein schlanker mittelgroßer Mann, in den besten Jahren, unauffällig gekleidet, mit hohem, modischen Hut : er steht dicht an der Ausgangstür — die sich nebenbei links befindet — lässig mit übergeschlagenem Bein auf seinen Stock gestützt und lüftet höflich und abwesend den Hut. Sein Eintritt beschleunigt den Abgang der 3 Kannegießer noch um was Weniges : 2 ? ! Das ist ja fast zu viel der Gnaden !)

DER NEUE *(nachdem die 3 hinaus sind, langsam auf den Wirt zugehend)* : Sie sind der Wirt ? *(Seiner Aussprache merkt man mühelos an, daß seine Wiege nordöstlich der Mainlinie stand, unweit des neuen Sparta.)* : Gut. — In Ihrem Hause logiert zur Zeit — ein Herr von Massenbach ?

DER WIRT *(auf dessen dickem Gesicht sich jetzt Ängstlichkeit und Verschmitztheit ein sehenswertes Stelldichein geben)* : Ja, — seit so — : 8 Tagen. Soll ich ihn . . . ?

DER NEUE *(hebt abwehrend die schmale Hand)* : Nicht doch ! — Welches Zimmer ?

DER WIRT : Nummer dreizehn. — Soll ich ihn . . .

DER NEUE *(schärfer)* : Nicht doch ! *(Er zieht ein Schreiben aus der Tasche)* : Sie kennen das Siegel Ihres Magistrates ? — Sie leisten mir also noch ein wenig Gesellschaft . . . *(Er sieht sich, die freie Hand auf dem Rücken, langsam um, und bemerkt scheinbar jetzt erst den anderen späten Gast. Er geht auf ihn zu. Er fragt, den Hut elegant vor sich führend)* : Darf ich mir erlauben ? *(Er zieht dabei aus der Brusttasche ein ähnliches Büchlein, holt eine blitzende Marke daraus hervor, steckt aber Beides sogleich wieder ein, worauf Beide in ein helles schön klingendes Gelächter ausbrechen. Ein Stuhl wird gerückt.)* Sie arbeiten ständig hier ?

1\. AGENT *(denn daß er ein solcher ist, geht aus dem Geschehenen ja wohl sattsam hervor : Wenn auch nicht die*

Volksverschwörungen selbst, so fanden sich doch, wie immer, die wohldienerischen Beamten, ihnen nachzuspüren, und die dienstfertigen Schurken, dabei als Spione und Denunzianten Handreichungen zu tun : alles Preußen! Obwohls auch unter den Süddeutschen Kerls wie Klistiere gibt. Ich denke nur an 81521192651813188) : Ja, leider. — Unangenehmer Menschenschlag hier.

2. AGENT : Viel zu tun ?

1. AGENT *(verächtlich den Kopf schüttelnd)* : Meist nur Lumpereien. — — Eine bessere Sache : Berliner Schriftsteller : Hoffmann. — Beamter nebenbei auch noch *(er bläst einen langen, dünnen, schönstäubenden Rauchkegel von sich)* Hat über die Immediatkommission zur Ermittlung hochverräterischer Umtriebe, etcetera — der er selbst angehört hat — 'ne Satire geschrieben. Getarnt : hier, bei Wilmans.

2. AGENT : Verleger hier, ja ?

1. AGENT *(nickt)* : M. — Manuskript wird beschlagnahmt. *(Er zuckt die Achseln : wie's weiter geht . . . ?)*

2. AGENT : Freches Volk, die Schriftsteller = Alle. Müssen kurz gehalten werden. — — — Ist aber doch ganz aparte Sache ! — — — : Belohnung ? —

1. AGENT *(zuckt wieder)* : Kommt drauf an. Wenn was rauskommt dabei — und Sie ? Sonderauftrag ?

2. AGENT *(nickt)* : Kleine Verhaftung. Frankfurter Magistrat liefert ja Alles aus : Hat man bei Ihrer Manuskriptsache Schwierigkeiten gemacht ? Kaum, wie ?

1. AGENT *(überlegen blasend)* : Nicht die Geringste. Geschieht ja auch alles zu ihrem eigenen Besten. Sind vernünftige Leute. *(Die große Uhr an der Wand holt hörbar aus und schlägt dann viele Male : 12. Der 2. Agent zieht mit schneller Handbewegung die eigene große dreischalige Uhr, läßt sie repetieren : diese Frankfurter Uhren gehen natürlich vor. In diesem Augenblick ertönt ein*

scharfes Pochen an der scheinbar auf einen Hof hinausführenden Tür im Hintergrunde).

2. AGENT *(ohne den Kopf zu wenden)* : Wirt ! Öffnen Sie. *(Und es treten ein : ein Stadtknecht mit einer Laterne, ein Frankfurter Ratsherr, sichtlich échauffiert ; ein Hauptmann in preußischer Uniform ; desgleichen 2 Unteroffiziere, schön steif, » als hätten sie verschluckt den Stock, womit man sie einstmals geprügelt «. Es wird deutlich, warum Herder den hohen Kragen immer das » rote Halsband « nannte ; wobei einem ja auch gleich zwanglos Platos » Staatshunde « einfallen. Der 2. Agent ist rasch aufgestanden und auf den Offizier zugegangen)* : Herr Hauptmann von Kölchen ? *(Und da jener formell den Kopf neigt)* : Darf ich noch um die Bestätigung bitten ? *(Er hält sein Ohr hinüber, in das ein paar Worte geflüstert werden.)* Sehr wohl — Wirt : Weisen Sie die Herren hinauf ! *(Zum Hauptmann gewendet)* : Nummer dreizehn.

HAUPTMANN VON KÖLCHEN *(nasal abwehrend)* : Nein nein : das ist noch Sache dieser=ä freien und Reichsstadt *(mit einer Handbewegung zum Ratsherrn derselben)* : Ich bitte doch . . . Sie übergeben mir den Herrn dann. *(Da jener halblaut einige Vorstellungen macht, schürzt Herr von Kölchen den Mund, überlegt kurz und entscheidet dann)* : Mmm — ja : kann ich machen. — ä Lauterbach : Rüdemann : dem Herrn zur Begleitung : Aufstellung vor der Tür : beim geringsten Fluchtverdacht niederstoßen *(zu diesem Zweck greift jeder nach seinem Gesäß, murmelt insgeheim das entsprechende Reimlein : » Seitengewehr pflanzt auf ! « Sie sind bereit. Der Ratsherr, da seiner Ansicht nach aus der Anweisung nicht völlig klar hervorgeht, wer der Niederzustoßende ist, wird noch unruhiger, folgt aber widerspruchslos — es ist hier nichts zu widersprechen — dem Wirt mit der Öllampe. In der Gaststube bleiben, nachdem sich auch der erste Agent durch die Hintertür entfernt hat : der 2. Agent und Herr von Kölchen im stummen tête à tête. Als Offizier verachtet man den Denunzianten. Henker und Büttel ist gleichermaßen ein=ä — ein anderes. — Dieser Sorte kommt nie der Gedanke, daß man aus Menschlichkeit auch einen Befehl verweigern könnte : selbst englische Generäle sagen ja heute triumphierend, um die deutschen Kollegen zu entlasten? » der Soldat muß gehorchen! « Armer Soldat. — Ehe die Stille drückend wird, kommen Schritte eine Stiege herab. Der dicke Wirt erscheint mit dem Licht, schnäuzt es verlegen und verbirgt sich hinter seinem Schanktisch).*

2. AGENT *(scharf)* : Sie können gehn, Wirt ! *(Jener dienert sich hinaus. Gleich darauf viele Treppenschritte : es treten ein : der Ratsherr ; Christian von Massenbach in seiner schon bekannten Zivilkleidung ; die beiden Armen.)*

HAUPTMANN VON KÖLCHEN *(salutiert kurz, zieht aus der Rocktasche ein amtliches Schriftstück und blickt als Übergang hinein.)* : Der Obrist Christian von Massenbach ?

MASSENBACH : Sie irren sich, mein Herr ; ich habe bereits im Jahre 1807 meinen Abschied nachgesucht, diesen zwar nicht in forma erhalten : aber seither ebensowenig einen Heller von Gehalt oder Pension bezogen. Die preußische Regierung hat von mir nicht die mindeste Notiz genommen, weder seit 1813, als ich wieder ihr Untertan geworden war, noch während der 5 Jahre, da ich dem Herzogtum Warschau angehörte. Durch diese Behandlung kann ich mich als materiell entlassen betrachten. — *(Er schluckt)* ? Was wünschen Sie noch ?

HAUPTMANN VON KÖLCHEN : Diese Frage zu klären ist nicht meines Amtes. *(Er liest wieder ab)* : Geboren am 20. 4. 1758 zu Schmalkalden . .

MASSENBACH *(ihn unterbrechend)* : am 16. 4. Herr Hauptmann.

HAUPTMANN VON KÖLCHEN *(fährt stirnrunzelnd fort : ver-*

dammte Ungenauigkeit; natürlich nur diese Agenten schuld) : Seit 1782 Offizier in preußischen Diensten .. *(Massenbach nickt)* : Letzter Dienstgrad : Oberst und Generalquartiermeisterlieutenant *(wieder stumme Bejahung)* : Im Namen des preußischen Staates : Sie sind arrêtiert. Ich habe Befehl, Sie unverzüglich nach Küstrin zu geleiten, und Sie dort dem Kommandanten der Festung zur engen Einschließung zu übergeben.

MASSENBACH *(höhnisch)* : Das wird nicht ganz so einfach sein, Herr Hauptmann. Wir befinden uns bekanntlich auf dem Territorium eines von Preußen unabhängigen Staates.

DER RATSHERR *(ihn aufklärend)* : Auf die dringenden Vorstellungen des preußischen Kabinetts hin ...

MASSENBACH *(ihn unterbrechend)* : Sie liefern mich aus!? Wie man einen Verbrecher ausliefert!? Und selbst den müßte man ja wohl vorher verhören?! — Mit welcher Begründung dringen Sie um Mitternacht in mein Zimmer, zwingen mich, — einen alten Mann — meine Ruhe zu unterbrechen und haben über mein Schicksal entschieden, ohne mich zu kennen?

DER RATSHERR : Die Größe der — von einer ihrer Redlichkeit wegen sattsam bekannten Regierung — gegen Sie erhobenen Anschuldigungen, wurde in einer Sondersitzung unseres Magistrates geprüft und als ausreichend angesehen ...

MASSENBACH : Ohne mich vorher zu hören? — Ich fordere Gerechtigkeit! Wann wird endlich eine deutsche Habeascorpus-Akte solche Willkür unterbinden?
(Zum Hauptmann) : Werde ich von Ihnen erfahren, wessen man mich beschuldigt?

HAUPTMANN VON KÖLCHEN *(ablesend)* : Der Preisgabe militärischer Geheimnisse ...

MASSENBACH *(ihn unterbrechend)* : Wenn Preußen zu meiner Zeit je militärische Geheimnisse besaß, hat sich nach

1806 gezeigt, daß diese des Aufhebens nicht wert waren ; sämtliche Dienstvorschriften des Heeres, sämtliche Waffen und Geräte, sämtliche Archive waren in den Händen der Franzosen : was konnte ich da noch verraten ?

HAUPTMANN VON KÖLCHEN *(zuckt die Achseln ; liest weiter)* : Der Erpressung an der preußischen Regierung . .

MASSENBACH *(wild auffahrend)* : Herr ! — : Als man vor einigen Monaten preußischerseits von Württemberg meine Auslieferung verlangte, da ich noch preußischer Offizier sei — eine Beleidigung, die ich mir nach dem, wie dieser Staat mit mir umgeht, verbitten muß — habe ich allerdings den Herren geantwortet : daß man dann zunächst einmal meine Gehalts- und sonstigen Forderungen, das heißt etwa sechzehntausend Taler, befriedigen möge. — Für die Regierung ist es freilich gar bequem, einen Diener in allem was er zu fordern hat, 10 Jahre lang zu ignorieren, und dem ungeachtet ihn, im elften Jahre, seiner Pflichten wegen in Anspruch zu nehmen. *(Ironisch)* Ich darf meine Verhaftung als Andeutung betrachten, daß man meine Gehaltsforderungen nicht genehmigte ? . . . .

HAUPTMANN VON KÖLCHEN *(monoton weiterlesend)* : Des beabsichtigten Landesverrats.

MASSENBACH *(langsam die Hand hebend)* : Das — *(er läßt den Arm wieder sinken)* ist allerdings etwas. Mich des Landesverrats ? ! ! Mich : der seinen Sohn, mein Blut, *(er hebt die verstümmelte Linke)* Eigentum und dreißig Jahre unermüdlicher Arbeit geopfert hat, um . . . . *(er schließt den Mund : » um Europa « will er nicht sagen ; wer spricht zu Blinden von der Farbe, wer zu einem preußischen Offizier von der Geliebten ? —)* Können Sie mir sagen, wer der Initiator meines Haftbefehles ist ?

HAUPTMANN VON KÖLCHEN *(steif)* : Ich habe dazu keinen Auftrag. — Ich bitte, mir zu folgen ; der Wagen wartet im Hof : ä Lauterbach ! Rüdemann ! *(Die Beiden — » eine wahre Freude ist es, « so schrieb schon im Jahr*

1825 einer der vielen überflüssigen deutschen Männer von der allgemeinen Wehrpflicht, » das jetzige preußische Militär zu sehen : die vielen feinen geistigen Gesichter . . « — treten neben Massenbach, jederzeit zum Niederstoßen bereit. Noch einmal sieht dieser sich in der nun wartesaalhaft öden Gaststube um ; er richtet sich auf und geht hinaus, dem Hauptmann nach. Der Wirt, sogleich hereinkommend, löscht die Lampen, eine nach der anderen ; geht mit der letzten in der Hand durch die Stube, verweilt noch einmal und horcht auf das Rollen eines abfahrenden Wagens : er nickt ; schüttelt den Kopf und geht hinaus, nachdem er alle Türen verschlossen hat. Es tritt völlige Dunkelheit ein.)

FESTUNG GLATZ (1826)

Als es wieder hell wird, ist der bekannte — die Bühne stets in Vorder- und Hintergrund teilende Vorhang — wieder heruntergegangen ; ein großes, aber seinen zellenähnlichen Charakter nicht verleugnendes Zimmer der Festung Glatz. In der durch den Vorhang dargestellten Längswand ein vergittertes Fenster. Im Zimmer ein eisernes Feldbett, militärisch mager gepolstert ; ein blecherner Waschständer mit Krug ; ein Soldatenspind ; ein einfacher Tisch ohne Schublade ; ein Stuhl. Wintermorgen, noch grau, aber allmählich heller werdend ; noch ist die Sonne nicht aufgegangen. Über dem Tisch, mit Reißzwecken an der Wand befestigt, eine Karte von Asien mit dem winzigen Anhängsel » Europa « links oben.
Massenbach, bereits völlig angekleidet — in seinem grauen Oberrock : er trägt keine Uniform mehr — auf dem Stuhl : ein Mann in hohem Alter : abgemagert ist er. Das lange weiße Haar des Hinterkopfes fällt ihm über den Kragen ; sein Mund bewegt sich, aber man hört

nichts. — Von draußen kommt zuweilen der Pendelschritt des Doppelpostens; wohl auch Kommandos und Trappeln: ein Teil der Festungsbesatzung wird im Hofe bewegt.
Ein Schritt nähert sich von links: Massenbach steht auf, ältlich, und wendet sich der Tür zu, die gleich aufgehen wird: er sieht aber neben die Öffnung! Ein Leutnant, jung und straff, tritt ein.

MASSENBACH *(unbeweglich auf die Wand starrend, die Hände auf dem Rücken)*: Christian von Massenbach: wegen beabsichtigtem Landesverrat verurteilt zu 14 Jahren Festungshaft: davon verbüßt 9 Jahre 141 Tage. —
DER LEUTNANT *(nickt dienstlich, geht einmal durch das Zimmer, alles musternd; zieht die Tür wieder hinter sich zu.)*
MASSENBACH *(unbewegt. Unvermittelt verstellt sich sein Antlitz aufs haßvollste; er zischt)*: Ihr Schweine!! — *(Nach einer Pause)*: Aber der Rächer ist nahe: bald werden die Russen Euch Alle hängen! — Wasserstiefel! — *(Er geht zum Tisch und bleibt, die Hände immer auf dem Rücken, vor seiner Karte stehen.)*: Da: da ist es! In Millionen Quadratmeilen — — *(er schüttelt den Kopf)*: Nein, ich will es in Millionen Quadratkilometern ausdrücken: das dezimale Maß der Vernunft: auch ein Geschenk der Revolution. —
— Preußen und der ganze deutsche Bund: 0,4 — —
— Europa: das ist mehr: 10 Millionen! — —
— Rußland —: 22!!
Es wird also nicht »Eurasien« heißen, wie die sich einbilden; sondern *(er bildet blitzschnell das Neuwort)*: Asiopa. *(Durchs Fenster kommt klares Vögelgewarbel: Meisen.)*
Wie lange wirds dauern, das zu entwickeln? 100 Jahre? — Es dürfen ja keine Veränderungen mehr in Europa geschehen, haben die drei Großmächtigst=Unnötigsten

in Troppau festgesetzt : die Exmenschen. — Da haben sie ja Zeit : Amerika und Rußland ! Unterdes brechen hier die alten Gegensätze Österreich—Preußen, Frankreich—Preußen, usw., diverse Male hervor, verstärken sich dadurch zur Unheilbarkeit — — *(Er nickt ; es ist ja Alles so klar und einfach, und nur ein Narr oder ein Preuße kanns nicht einsehen. Er tritt wieder langsam in den Vordergrund ; er murmelt über das Parkett hinweg)* : Es scheint dies also der Wille des Schicksals zu sein .... *(Wieder kommt ein Schritt draußen näher ; Massenbach für sich)* : Das nimmt wieder einmal kein Ende ! *(Die Tür öffnet sich, er meldet stur)* : Christian von Massenbach : wegen beabsichtigtem Landesverrat verurteilt zu 14 Jahren Festungshaft : davon verbüßt 9 Jahre 141 Tage ... *(aber diesmal ists der Gefängnisgeistliche ; er erwidert berufsmäßig innig)*

GEISTLICHER : Einen guten Morgen ! *(Massenbach nickt nicht, sondern sieht wie üblich auf die Wand)* : Kann ich etwas für Sie tun, Herr Obrist ? ! —

MASSENBACH : Ja : gehen !

DER GEISTLICHE *(die Grobheit milde schluckend)* : Herr Obrist : machen Sie endlich Ihren Frieden mit Gott ! » Wer weiß, wie nahe mir mein Ende ... ! « : morgen wird Allen, die sein begehren, Leib und Blut des Herrn ausgeteilt. *(Man vergleiche zu dieser kuriosen Symbolreihe etwa auch David Crantz, Bd. II, S. 663 : » Dein Leichnamsduft durchweh' dies Haus ... « etc. : Also, was die sich so Alles wünschen ! !)*

MASSENBACH *(einen Augenblick höhnisch den Mund ziehend ob der wenig schmackhaften Vorstellungen)* : Fleisch und Blut ? *(Er wird wütend : auch das bieten sie ihm noch ? !)* : Fleisch ? ! Und Blut ? ! ! ! : Wohl ist es ein Gott, nach Eurem Herzen gebildet : denn er ist grausam, tyrannisch und blutdürstig, wie Ihr — könntet Ihr nur ! Ein Gott der Rache, der Zerstörung, und nicht der Liebe und der Erhaltung. Nie sah ich ihn die Wunden, die Tränen, die Verzweiflung der Unglücklichen stillen. Zornig sitzt er auf seinem flammenden Stuhl der Rache, taub und fühllos gegen das Klaggeschrei der Geplagten Europas ; läßt Thron und Altar ruhig in seinem Namen Verbrechen begehen, an denen nur ein böses Wesen und seine Priester sich ergetzen können. Wenn ein Erdbeben Lissabon zerstört : 's ist die Schuld der Menschen, die der Züchtigung bedürfen, wie ? ! Nicht etwa die Schuld Eures Gorillagottes : Nein ! : Immer fein höflich sein, ameisig singen und räuchern, die Stirn auf den Boden hauen : denn 's ist ein gestrenger Gott, und vielleicht hat er's gern, und nimmt dann doch vorher die Andern : so Massenbach und Schmidt, eh ? ! — Diesen Gott kenne ich nicht ; habe ihm nie geopfert, habe nie zu ihm gefleht, und will ihm nie nahen ! *(Er drückt die Hand aufs Herz : es ist zu viel für den alten Mann.)*

DER GEISTLICHE : Sie versündigen sich, Herr . . .

MASSENBACH *(ihn unterbrechend)* : Ich fluche dem Norden und dem Süden, allen vier Winden, oben wie unten, vor allem mir : wollen Sie noch mehr ? ! — Gezwungen von Euch, muß ich den milden Menschenfreund hassen, fast verachten, dessen Namen Ihr so freventlich mißbraucht —

DER GEISTLICHE : Ich darf Sie nicht länger anhören, Herr Obrist.

MASSENBACH *(schaltet ein)* : hoffentlich !

DER GEISTLICHE : Binnen kurzem werden Sie erfahren, wie ein Christ vergilt. *(Er tunkt würdig ab. Massenbach bleibt Augenblicke lang unbeweglich ; wieder formt sein Mund ein häßliches Wort : es soll diesmal unausgesprochen bleiben. Er geht zum Spind, nimmt ein Glas heraus und trinkt hastig vom Wasser. Er stürzt das Glas auf den Tisch ; wieder fesselt die Karte seinen Blick.)*

MASSENBACH : Europa verfällt : seine Rolle ist ausgespielt ! Da kommen Trümmer und Ödeneien : die Wüste Europas. In hundert Jahren werden sie besuchen : Weimar, Berlin, London ; wie sie einst besahen : Athen, Sparta, Korinth. Was Hellas für Europa war, ist Europa für die Welt gewesen. — Gewesen. — Sobald eine neue große Idee, ein neuer Eroberer im Osten auftritt, werden sie ihre Füße setzen : über Oder, über Elbe und Rhein, bis an den Atlantik. Ihre Macht wird dann so gewachsen sein, daß Europa endlich wieder das wird, was es der geografischen Bildung nach ist : das zerklüftete Westkap Asiens : und dann wird Alles wieder im Gleichen sein. Dann wird auch endlich Ruhe werden : Ich höre die Stimmen der Milliarden im Wahnwitz getöteter Europäer, gequälter Völkersplitter von irrsinnigen Kriegslasten gebeugt : Euch soll, muß und wird Stillung, und ein getrostes, wenn auch dürftiges Leben werden. Es bleibt also in massiver Klarheit nur noch dies : Rußland ! — Laßt uns, immer Hoffende, annehmen, daß dann auch dieses Volk Europas Kultur begierig ergreifen werde. — Wir wollen da auch mitarbeiten : ich will . . . *(Es pocht schon wieder ; er fährt herum, er brüllt an die Türwand)* : Christian von Massenbach : wegen beabsichtigtem Landesverrat verurteilt zu 14 Jahren Festungshaft : davon verbüßt 9 Jahre 141 Tage ! — *(Ein junger, sichtlich verlegener Premierleutnant tritt ein ; er salutiert, dienert, stellt sich vor)*

LEUTNANT : Leutnant von der Knesebeck, Herr Obrist. — Ich komme aus Bremen. — Ich soll einen Gruß ausrichten von Herrn Doktor Olbers. *(Massenbach wirft den Kopf herum und mustert Jenen : ein junges rundes Gesicht ; abgesehen vom preußischen Drill wohl ungefährlich)*

MASSENBACH : Doktor Olbers ? Wissen Sie Näheres ?

KNESEBECK : Jawohl, Herr Obrist : er sucht zu den 2 von ihm entdeckten Planetoiden noch immer die andern : er sagte, seine Hypothese sei Ihnen bekannt. *(Massenbach nickt kurz)* : Seine Frau . . .

MASSENBACH *(aufmerksam ; er erinnert sich wohl jener Abende : die gehörten zu den glücklichsten seines Lebens : die Gelehrten sind das Licht der Finsternis)* : Seine Frau ...?

KNESEBECK : Frau Doktor Olbers ist bereits vor 6 Jahren gestorben.

MASSENBACH *(stirnrunzelnd : der Leviathan verschont Keinen !)* : Und Bessel ..?

KNESEBECK *(betroffen : hat er etwas vergessen ?)* : Herr von Bessel ? .... Ich weiß nicht : ich glaube nicht ..! .. *(Massenbach winkt ab : er hatte Unrecht, solche Frage an einen Leutnant zu richten. Jener fährt, eifrig zu Bekannterem übergehend, fort)* : Ich bin mit Wirkung vom 17. hierher versetzt, Herr Obrist. Ich würde mich glücklich schätzen, Herr Obrist, wenn ich etwas ... *(er stottert)* — zur Erleichterung ....

MASSENBACH *(abwehrend)* : Ich danke — *(er hebt die Hand)* : — Ja doch : könnten Sie mir beschaffen : ein russisches Wörterbuch, eine Grammatik, eine Sprachlehre ?

KNESEBECK *(stutzt ; aber man hat ihm ja wohl gesagt, daß es ein sonderbarer Unheiliger ist)* : Ein russisches ... ? — Ja, ich weiß nicht ... Ich werde es sogleich dem Herrn Kommandanten vortragen. Ich bin überzeugt, daß keine Gründe dagegen ... *(während seiner letzten Worte wird es merklich heller im Raum ; die Wintersonne geht auf : der Himmel errötet. Wieder einmal. Über die Erde.)*

MASSENBACH *(das rote Licht spürend)* : Was ist das ? — Warum ...

KNESEBECK *(getreulich meldend)* : Das Morgenlicht, Herr Obrist !

MASSENBACH *(abwesend)* : Ja. Das Morgenlicht. Rot. Und von Osten. *(Er nickt)* : Rot. Herr Leutnant. —

KNESEBECK *(dem es allmählich unheimlich wird)* : Ich erlaube mir, Herr Obrist .... *(er verneigt sich unter re-*

trograden Bewegungen): wegen der gewünschten Bücher...

MASSENBACH: Ja, vergessen Sie nicht! — — Ich danke Ihnen. — *(Er ist wieder allein; er geht wieder zur Karte)*:
Dennoch tut mir das Herz weh, — *(Er fährt wieder mit der Hand danach: es scheint wirklich keine Redensart zu sein)* — wenn ich gedenke, wie nahe die Lösung von Westen her war! Und wie Preußen, dieser verhaßteste, stumpfste Staat sie verhindert hat! — Mein Europa! *(Er sinnt und grübelt)*:
Blaue Blusen werden sie tragen. Arbeitsblusen. Und in Mietshäusern sind sie geboren, Treppen hoch, wie damals die im heiligen Jahr 89. Mit rostigem Dreck werden sie als Kind haben spielen müssen, und die Uniformen der Väter auftragen. Und geschunden worden werden sie sein: in der Tagesfron, in den Irrsinnskriegen, hinter Stacheldraht werden sie haben fluchen müssen, und oftmals wird ihr einziger Besitz ein leerer Blechlöffel sein.
— So möge sich ihr Zorn sammeln; so möge ihr Geist aufschwelen wie ein rotes Licht: da wird Vielen grauen vor meinen Enkeln! —
Von Osten her. Europa entrümpeln. Da macht nur ganze Arbeit!
(Wieder tritt er vor; er fragt leise aber eindringlich: die Zuschauer):
Es scheint dies also der Wille des Schicksals zu sein!? —
— Oder??? —

IM KÖNIGLICHEN SCHLOSS (1827)

Ein Vorhang wischt blitzschnell von links her über die Szene; als er nach rechts verschwindet, ist der Vordergrund leer; der trennende Vorhang hat sich gehoben.

Man sieht eine schön verglaste Terrasse in irgend einem der königlichen Schlösser. — Er hat ja Viele. Auch ist Er anwesend : in einem schönen rohrgeflochtenen Liegestuhl : FRIEDRICH WILHELM III ; das rechte Bein hochgelagert : am 14. 12. hat er sich's gebrochen ; das hat den allerhöchsten Gedanken eine gewisse ganz heilsame Richtung auf die Ewigkeit gegeben. Um das Lager ehrerbietig gruppiert : sein Leibarzt ; sein Seelenarzt, der Hofprediger Eylert, in der bekannten Tracht der Dunkelmänner protestantischer Färbung ; der Kammerherr von Schilden, mitunter Halbsekretär seiner Majestät ; dann — nicht nur last not least — sondern überhaupt der Bedeutendste : der Herr Baron de la Motte Fouqué in Majorsuniform, mit klarem — man möchte sagen — jungfräulichem Gesicht, weißem Haar und Schnurrbart, äußerlich verhältnismäßig früh gealtert : aber noch immer füllen sein Herz unvergängliche glühende Bilder, noch immer rühren ihn die » wilden Riesenworte « ; noch immer kann er von sich sagen :

A Dieu mon âme,
Ma vie au roi ;
Mon coeur aux dames,
L'honneur pour moi.

All dies unpräjudizierlich seiner sonstigen — wenn man 1789 als déluge rechnet — wahrhaft antediluvianischen politischen, sozialen und religiösen Ansichten : er ist ein Ein und Einzigster : nie vor oder nach ihm hat man Einen gekannt, der so ganz » Dichter « gewesen wäre, wie der schöne Volksbegriff ihn sich denkt. — Aus einem halbgeöffneten Nebenzimmer kommt gedämpftes Klavierspiel : die Vorlesung des Dichters untermalend, diskret und ziemlich phantasielos : die Fürstin von Liegnitz, vormals Auguste Gräfin Harrach, jetzt die 2., » mor-

ganatisch « angetraute Frau des Königs, fährt träumerisch über die Tasten : die regierenden Herren konnten und können offiziell mehrere Frauen auf einmal haben, von der geschmeidigen Kirche wird das voll sanktioniert : Thron und Altar verstehen sich ja so gut : so hatte der berühmte Karl August von Weimar die Schauspielerin Jagemann zusätzlich geehelicht : das ist nicht meine Sache : es ist nur, daß man sieht, was die Kirchen sämtlicher Bekenntnisse so alles fertig bringen : Friedrich Wilhelm III *hat natürlich nur diese Eine : denn die Königin Louise ist längst tot, und ein Ehrbarer ist es auch in kleinen Dingen. Erinnert die Melodie nicht an irgend etwas ? — Auch ist ein schöner heller Wintertag ; lange Wolken mit sandhellem flauschigem Rand wehen vorüber. — Aber dafür ist jetzt keine Zeit ; hören wir der ungewöhnlich hohen feinen Stimme zu, die eine poetische Beschreibung des letzten glänzenden Hoffestes gibt.*

FOUQUÉ :

Die Fee des Ost erschien auf luft'ger Welle :
Thauklar vom lichten Demantschmuck umwallt
Die hohe, schlanke, schwebende Gestalt,
Und trat auf eines edlen Gartens Schwelle.
Dort blühten weiße Rosen fromm und helle
Nicht reich an fernhinstrahlender Gewalt ;
Doch reich an Lieb' und Demuth ; als ihr Halt
Umzog ein Dornhag kräftig stark die Stelle.
Und wie nun auf die stillen Kelche nieder
Der hohen Ostlands Herrin Abglanz fiel,
Da spiegelten sie dämmernd leis' ihn wieder.
Sie blickte hold zum freundlichen Gekose.
Und nannte gern fortan im heiteren Spiel
Die Fee sich von der dämmernd blüh'nden Rose.

FRIEDRICH WILHELM III *(grämlich gerührt, denn es handelt sich um eine Fête anläßlich des Staatsbesuches, den seine*

Tochter Charlotte — jetzt als Alexandra Feodorowna Zarin aller Reussen — der Heimat abgestattet hat.) : Ja : ist meisterhaft, nicht. Hat mir vorhin schon so gut gefallen : — Nein, das nächste nicht, Herr Baron : da ist dieser Reim drinn — *(er meint den auf » Arabesken, burlesken, grotesken «, usw. ; der ja wirklich etwas ungeschmeidig klingt.)* : Aber das nächste : das ist auch wieder gut *(und Fouqué, sich vor dem allerhöchsten Lob tief und beglückt verneigend, liest es vor)*

FOUQUÉ :

» Wo erst Ein Sternbild durch die blauen Weiten
Versendet seinen hoch erglühten Strahl,
Versammeln sich am Firmamentes Saal,
Der Sterne mehr, das Huldlicht zu begleiten.
So auch gesellt sich hier, von allen Seiten,
Zur Rosen-Fee, viel andrer Feen Zahl.
Heil Euch beglückten Rittern allzumal.
In solchem Abglanz um den edlen Kranz zu streiten !
Heil jedem, dem auch nur ein Ruhmesblick
Zufällt aus jenem Kreis holdseel'ger Sterne !
Heil dreifach dem, der Sieg errungen hat ! « —
So sang ein Troubadour, jetzt krankheitsmatt,
Doch Kampfgluth noch im tiefsten Herzenskerne
Und labte still im Festglanz sich von ferne.

DER KÖNIG : Ja sehen Sie : das ist es immer. — Auch bei mir hier — *(er zeigt auf das geschiente Bein, und schüttelt den Kopf : wie kommt gerade Er zu so was ? Oder ist es wieder eine Züchtigung des Herrn, wie damals der Napoleon ? Hofprediger Eylert scheint dieser Ansicht zu sein ; denn er nickt so ernsthaft und eindringlich, wie es eben nur jene Verwalter der überhimmlischen Güter verstehen.)* Na ja. *(Er winkt wieder dem Dichter, der aufs Neue anhebt)*

FOUQUÉ : Was zum Sieg' in Schlacht und Festspiel
Edler Helden Herz recht groß macht ...

FRIEDRICH WILHELM III : Nein ; das kommt so schwer an. *(Er besieht Fouqué trübe, wie über eine unsichtbare Brille hinweg)* : nordisch, nicht ? *(Da dies Beiwort eine geheime Kritik einzuschließen scheint, greift der Troubadour gehorsam nach dem nächsten Blatt ; er liest)*

FOUQUÉ :

Die Herrin hat gebilligt,
Des Wettstreits edlen Bund.
Die Herrin hats bewilligt
Zu Schaun im Kampfes Rund.
Der Wappenkönig leitet
Die Ordnung in dem Strauß,
Und wie er ruft, so reitet
Vierfach gesellt man ein und aus.
Er ruft viel edle Namen
Von Fürsten und von Herrn.
Die grüßten ihre Damen,
Mehr noch den Feenstern.
Den Stern der weißen Rose ;
Dann prüfte Kraft und Glück
Man frisch am Wechselloose
Des Kampfs durch manch ein Ritterstück :
Erst galts nach Blumenringen
Den Stoß mit Speeres Schaft ;
Den Wurfpfeil dann zu schwingen,
Mit zielend sichrer Kraft,
Wer gut da hat getroffen,
Die Scheib im raschen Lauf,
Dem sproßt als blühend Hoffen,
Ein weißer Rosenzweig herauf.
Dann zog man blanke Klingen
Aus eh'rnen Scheiden blos,
Um rüstig sie zu schwingen
Zum Hieb und auch zum Stoß.
Rings standen Mohrenhäupter

Beturbant auf dem Sand,
Die wurden stets bestäubter,
Auch sieghaft meist auf's Schwerdt gerannt.

FRIEDRICH WILHELM III *(vergnügt)* : Ja das : da reitet man ordentlich mit : exzellenter Rhythmus ; Schilden, wie ? *(Der Kammerherr verneigt sich : er hat nichts hinzuzufügen. Murmelt er nicht » meisterhaft, meisterhaft « ? Für jeden eins. Dann äußert er auch eine eigene Meinung : das gibt immer den Schein eines aufrechten Mannes)*

SCHILDEN : Nach diesem allerhöchsten Beifall darf ich mir kaum erlauben, auszudrücken, wie vortrefflich ich das Ganze finde. — Vor allem auch die Arbeit der Frau Gemahlin. *(Ist wahr : die Baronin Karoline hat Seide und Perlen zur Einbanddecke nicht geschont).* Auch das vorletzte Gedicht macht auf mich immer einen Eindruck, den ich nicht beschreiben kann *(er hebt formvollendet die Linke an, und zitiert — das Gedächtnis ist noch ganz gut, bloß die Beine machen nicht mehr so mit)* :

» Gleich wie blankem Meer entsteigend
Halle dem Undiner Mahl,
Muscheln und Krystalle zeigend, —
prangt ein edler Grottensaal . . «

FRIEDRICH WILHELM III : Ja, das sah exzellent aus : Schinkel hatte sich auch selbst übertroffen. — Ja und die Stickerei : meinen besten Dank für die große Aufmerksamkeit ; vor allem auch der Frau Gemahlin. — Alles sorgfältig aufheben Schilden : muß alles auf die Nachwelt kommen !

SCHILDEN *(sich zustimmend verneigend)* : Niemand sonst kann wieder so das tatenreiche Leben Eurer Majestät darstellen *(und er nickt derart würdig und einfältig, daß man erstaunt sieht : all diese Leute sind keine Witzbolde : die meinen das wirklich, was sie sagen. Auch der König genehmigt den Weihrauch stillschweigend. Das Teetassenklirren Eylerts erinnert ihn an weitere Taten)*

Friedrich Wilhelm III : War auch gut, die Predigt heute : viel von Hölle und so. *(Er spricht über diese Dinge gelassen, wie Einer, dem gar nichts passieren kann : ist eine Institution der allerhöchsten Dienststelle, und völlig berechtigt.)* Hab' immer an Napoleon denken müssen. — *(Sich zu Fouqué wendend)* : Was halten Sie von der neuen Agende, Herr Baron ?

Fouqué : Von der inneren Einheit beider Kirchen ohnehin aufs freudigste durchdrungen, kann ich Eurer Majestät nur meinen und aller meiner Angehörigen — ja : wohl des ganzen Volkes *(er sieht sich um : 3 Mann nicken : das genügt für ihn — obwohl das wahre Volk ganz andere Sorgen und Forderungen hat, als solche Lappalien.)* innig gefühlten Dank für diese Tat aussprechen. Ich bin überzeugt, daß sich binnen Kurzem alle Gemeinden dem versöhnlichen Werke anschließen werden.

Eylert *(weiß die Zahlen)* : von sämtlichen 7782 evangelischen Gemeinden des Staates haben sich bereits 5343 für die Agende entschieden. Der Herr ist mit dem Werke. *(Der König nickt : auch dies verwundert ihn nicht. Wozu ist man schließlich von Gottes Gnaden.)*

Fouqué : Als das größte Geschenk der vergangenen Jahre erachte ich dennoch die von Eurer Majestät nun endgültig eingeführte allgemeine Wehrpflicht ; sie wird das Band sein, das den Staat erst recht stählern umfaßt, und ihm auf Jahrhunderte hinaus Einheitlichkeit und blühende Macht sichert. *(Ja : es wird natürlich ein ganz anderes Leben sein, wenn die Völker sich erst zu Millionen ineinander verbeißen, bis zum totalen Krieg Ernst Jüngers — der noch 1946 bedauerte, daß die » Hochgezüchteten « zur letzten Konsequenz nicht » brutal genug « gewesen wären — und ähnlicher Shatterhands)* —

Friedrich Wilhelm III *(nickend)* : Ja : ist alles gut so. Sie sollen glücklich sein — und ruhig. Ich gründe ihnen neue

Hochschulen, *(in Bonn! —)* auch die Aufhebung der Elbzölle wirkt ungemein segensreich. Wie Schilden?

SCHILDEN: Zweifellos, Majestät. Schon haben sich die thüringischen Staaten angeschlossen: Das Land blüht.

EYLERT *(einfallend)*: Der Herr=ä ... *(erinnert er und der König nickt)*

FRIEDRICH WILHELM III: Dennoch sind Unzufriedene im Staat — *(Einspruch abwehrend)* nein nein: ich weiß es. Dabei haben sie doch jetzt die Provinzialstände: den Landtag ... *(wo der König nach Fouqués geistvollem Ausdruck » seine lieben Kinder « hört und dann aber*

» auf allen Landtagen feierlich kund
der Wille des Königs und Herrn — « —

So recht!! — Es dürfen dort gar Steuer- und Personalfragen beraten und Vorschläge gemacht werden. Außerdem garantiert schon ihre Zusammensetzung — z. B. in der Provinz Brandenburg: 23 Städter, 12 Bauern, 35 Standesherrn = adlige Gutsbesitzer — daß auch da nichts der absoluten Monarchie Abträgliches geschehen kann. — Und es gibt immer noch Unzufriedene: das soll ein König mal verstehen! Er schüttelt auch den Kopf)

FOUQUÉ: Vaterlandslose Gesellen, Eure Majestät! Der weitaus größte Teil des Volkes ist, gottlob, weit von diesen Unsinnigen. — Ein augusteischer Friede senkt sich auf Euer Majestät lachende Provinzen herab. In frommer stillstarker Kraft mit Euer Majestät verbunden die beiden anderen allerhöchsten Häupter *(er meint den » guten Kaiser Franz «, der einmal den » stillstarken « Zustand seiner Provinzen hoffnungsvoll dahingehend beurteilte: » Mi und den Metternich hoit's no aus! « Und den neuen Zaren Nikolaus, der aussieht wie mein Onkel Paul in Liegnitz; das sagt alles.)*

FRIEDRICH WILHELM III: Ja. Seine kaiserliche Majestät, — mein Schwiegersohn —, wird schon mit für Ordnung sorgen. *(Er tut es just: er schluckt gerade an einigen Stücken*

Griechenland und Türkei. — Der König fährt fort, der Zukunft die weiteren Richtlinien zu erteilen) : Die lange gemeinsame Grenze in Polen sichert uns eine enge und fruchtbare Verbindung mit Rußland. *(Alles rundum nickt : man folgt mit seherisch geweiteten Augen dem allerhöchsten Ideenflug. Aber aus dem Nebenzimmer kommt auch das Frou-Frou eines Kleides ; der König erinnert sich, daß noch weitere Taten seiner harren)* : Ja also nochmals meinen besten Dank : und Empfehlungen in Schloß Nennhausen. *(Fouqué vollführt rückschreitend die notwendige Hüftgymnastik. Man ist eben nicht bei einfachen Leuten. Der Leibarzt sieht seine Stunde gekommen und greift nach dem königlich preußischen Puls)*

ARZT : Mit Euer Majestät Erlaubnis *(sein Gesicht nimmt tief denkenden Ausdruck an ; er vergleicht mit einem güldenen Chronometer. In der Tür erscheint die Fürstin von Liegnitz. Stille. — In den leeren Zimmern umher murmeln höfisch die Uhren ; zuweilen lacht eine herrisch und klangvoll auf : » Oh ! Ah ! « : dann summt wieder der Höflingschor.)*

FRIEDRICH WILHELM III *(säuerlich lächelnd)* : Nun Doktor : Todesurteil ? —

DER ARZT : Aber Majestät ! — Es ist *(kleine Pause)* keine Gefahr ! *(Also doch wohl eine Kleine ? Gott, es könnte sein : bei alten Männern heilen die Knochen schwer.)*

EYLERT *(salbungsvoll)* : Eure königliche Majestät, der Glaube, dessen Bekenner wir sind *(hätte er nicht einfacher » das Christentum « sagen können ? Aber er ist wortreich und gedankenarm, wie es der Beruf mit sich bringt)* : gebietet uns, in jeder Prüfung die Hand des Herrn zu erkennen : der nicht müde wird, uns zu läutern, und hinan zu führen : » Wen er lieb hat : den züchtigt Er. « *(Der König nickt. Ja, das ist richtig. Steht auch gedruckt so)* : Sollte es nicht an der Zeit sein, Eure königliche Majestät, durch eine Handlung fürstlichen Edelmutes die Prüfung wahrhaft fruchtbar zu machen? *(Er will etwas. Auch Friedrich Wilhelm merkt das und sieht ihn mit ängstlicher Erwartung an; und Jener steuert unbeirrt dem Ziele zu.)* Erweisen Eure Majestät durch eine Handlung großmütigster Selbstüberwindung irgendjemandem eine Gnade, — gäbe es vielleicht einen Menschen, der Eure Majestät kränkte — äh; beleidigte: desto preislicher wäre...

FRIEDRICH WILHELM III: Nein *(kopfschüttelnd)* — nein, nein Eylert: Er hat erst 9 Jahre rum *(er weiß sofort, wer ihm am Verhaßtesten ist; Eylert und Schilden tauschen einen schnellen Seitenblick: sie habens erraten.)*

SCHILDEN *(wie zögernd)*: Wen=ä — — — meinen Eure Majestät? —

FRIEDRICH WILHELM III *(ärgerlich)*: Ach diesen — diesen Massenbach *(er schüttelt nachdrücklich das lange Gesicht.)*

EYLERT: Majestät: ein alter Mann. Siebzig Jahre.

FRIEDRICH WILHELM III *(abwehrend: Oh, er weiß genau Bescheid)*: Nein nein: 69 erst. Noch nicht mal: im April!

EYLERT: Der Festungsarzt berichtet, der Gefangene habe kein halbes Jahr mehr zu leben: Herzwassersucht, Majestät.

FRIEDRICH WILHELM III *(ungläubig)*: Herzwassersucht? — Ach Doktor: gefährlich? —

DER ARZT *(den Kopf wiegend)*: Mit siebzig Jahren zweifellos, Majestät! *(Er murmelt einige seiner barbarischen Kunstworte und senkt ausdrucksvoll die Mundwinkel. Hat ihn Schilden auch schon vorher instruiert?)*

EYLERT: Auch andere Berichte über sein Verhalten lauten — günstig *(hüstelnd)*: Selbst der Gefängnisgeistliche....

FRIEDRICH WILHELM III: So? *(Er blickt unglücklich auf den Fußboden. Das ist auch wieder so'n Ding: Ob Gott das wirklich will?)*: Was macht er denn jetzt?

Eylert *(ein Schreiben dem unvermeidlichen schwarz gebundenen Büchlein entnehmend)* : er = äh — er lernt russisch Majestät.

Friedrich Wilhelm III *(vor Mißtrauen aufstöhnend)* : Oh, da sehen Sie . . ! . . . *(Was man eigentlich sehn soll, bleibt unklar ; nur so viel ist sicher, daß wieder irgend eine neue Teufelei dahinter stecken muß.)*

Eylert *(die Hände entschuldigend breitend)* : Wohl eher ein Zeichen seiner Reue, Majestät : endgültige Abkehr von Frankreich —

Friedrich Wilhelm III : Ein halbes Jahr sagen Sie ? *(Er sieht auf die Fürstin von Liegnitz, die sich graziös auf einen Hocker neben ihn schmiegt)* : Oh : wie lange wirds noch dauern, Doktor ? ! *(Er zeigt verdrießlich)* : Ach nein : mein Bein hier ! — O Gott o Gott, ist das unangenehm. — Er muß aber sofort nach Bialokosch — auf sein Gut *(fügt er erläuternd hinzu).* Darf es auf keinen Fall verlassen, wie ? ! Eylert.

Eylert *(sich heilig erfreut verneigend und die Hände zusammen legend)* : Er wird sich nichts anderes wünschen, Majestät !

Friedrich Wilhelm III : Na, da geben Sie her — das heißt : Altenstein soll's fertig machen ; gelt lieber Schilden ? *(Dem Weisen genügt ein Wort : Der König wünscht zu Zweien zu sein. Noch einmal breitet Eylert die Hände : schöne Stimme)*

Eylert : Eure Königliche Majestät geben erneut ein unvergängliches Beispiel der Gnade und jener höchsten Selbstüberwindung *(die Stimme bricht geübt : es hätte nur noch gefehlt, daß er auch von Gerechtigkeit gesprochen hätte. 9 Jahre 141 Tage ! Der König nickt. Das Trifolium entfernt sich : wollen wir dem Geschehenen Anerkennung zollen ? Weil man endlich ein himmelschreiendes Unrecht abstellt ? — Na he ! ! !)*

FRIEDRICH WILHELM III *(der 25jährigen Geliebten das Haar berührend)* : Du spielst noch etwas, ja ? *(Sie nickt und entschmiegt sich in böhmisch wilder Anmut ; nach einigen Schritten ruft er noch)* : auch singen, bitte. *(Die Fürstin verschwindet wieder im Nebenzimmer, kaum daß man ihr Kleid durch die Tür noch sieht ; sie spielt und singt mit einer Stimme, porzellanen und gewölbt wie eine Okarina)*

FÜRSTIN VON LIEGNITZ :

Leben ist ein Hauch nur,
ein verhallnder Sang,
ein entwallnder Rauch nur —
— : und wir sind das auch nur !
und es währt nicht lang ...

Noch einmal wiederholt sie nach einigen Läufen das Verslein ; sehr leise. Jener in seinem Stuhl, den Blick durch die hohe Glastüre ins Winterland gerichtet : ennuyiert und ennuyant wie nur je ein alleiner König : er ist der langen Weile schon so gewohnt, daß sie ihm ein ganz natürlicher Zustand zu sein scheint. Noch immer perlen leise Läufe wie ein Regenlied ; noch immer : so sitzt er voll göttlicher Unnützlichkeit, seines Platzes im Himmel und auf den Blättern der Geschichte sicher. — — Ein greller Blitz und ein fürchterlich knatternder langgezogener Donner unterbricht das Idyll und die Schlaftrunkenheit des Publikums. Es wird vollständig finster.

EIN NÄCHTIGER WALD BEI BIALOKOSCH (1827)

Weit nach Mitternacht. Wildlicht mit sogleich durchdringend aufgellendem Donner beleuchtet von hinten die Szene : da wegelagern nur Baumkerle in Nebellumpen mit geknotetem Astgekeul. Am Boden Wurzel-

stöcke; ein Grenzrain; ein Grenzstein; ein Waldweg. Wolken auf wilder fliegender Reise. Auch lauern Gebüsche, bewegen sich geduckt am Boden, schlagen geschmeidig mit den Ästen auf, federn gierig hoch und nieder. Von links eine noch unverständliche Stimme lacht, singt, wortet, kommt näher: ein flackendes Windlicht am Stock hoch in der Hand tappt Massenbach ein, kommt rauschend durchs Unterholz bis an den Grenzstein: starrt zu den Zuschauern, einen Fuß auf dem niedrigen Erdsaum, vornübergeneigt, Haarreste flattern weiß, über und hinter ihm das wechselnde Licht.

MASSENBACH *(unvermittelt höhnisch auflachend, schüttelt den alten Kopf)*: Neinein!! — Ich geh nicht weiter: daß sie mich wieder in das kalte Loch sperren, was?! Augen spür ich: man kann nicht vorsichtig genug sein! *(Er flüstert):* —
Drinnen war alles voll grauer Weiber; schwankten in den Ecken, hingen an Fensterkreuzen: Eine ging mit über alle Treppen, geschwänzten Ganges. —
Im Vorzimmer hab ich in die Gesichter geleuchtet: taten Alle, als ob sie schliefen: Gut. Genügt. *(Er grinst)*: Und gestern hab ich die Garnknäule versteckt: die haben sich totgesucht!: Ich nehme auf nichts mehr Rücksicht!: Denn man zünde seine Kerze an beiden Enden an; und werfe eine Handvoll Salz in den Wasserkrug; oder steige früh um 4 in unbekannten Mietshäusern: so ist das Leben. —
Wenn ein Mensch nur ein Dutzend Ideen hat, und sechs davon gehen in Erfüllung, dann ist das immerhin eine schöne Hälfte: si quis, tota die currens..... — Aber wenn er nun 1000 hat? 10 000? Massenbachsche. Königliche Ideen — pfui, nee: Könige haben gar keine! *(Er sieht sich um)*:
Wissen Sie: Wer hätte König sein müssen....?..

(Er setzt stumm den Finger auf die eigene Brust. Licht zuckt von oben ; er verfällt ; er murmelt) :
Nachts schlitzen goldene Messer im Himmel ; Regen trabt, trollt, trabt. — 70 Jahre hat man zu lange gelebt ; sich für Geld soldatisch gebärdet, korrekt ; in Nichtswürdiges gebissen. Hilversum, Gradmessungen in Masuren, französische Quarrees zerschossen, hinter Gittern geflucht, frei ist man geworden : 70 Jahre zu spät. — Dabei waren die Wolken wie Brandmale : man hätts wissen können : *(Er sieht sich flackernd um, tappt am Grenzrain auf und ab) :*
Ob ich's tu : Ja ? ! *(Lüstern und lachend in die Menge. Noch einmal sieht er sich um, springt kurz über die Grenze, ein paar Schritte auf den Weg, breitbeiniges Stehen : wieder zurück. Lacht frech auf : aber für Sekunden birst aus jagendem Wolkenriß der beinerne Mond : die zerbrochene Totenmaske eines astralen Sbirren, verschwindet wieder. Massenbach zuckt zusammen ; erstarrt, gekrümmt hinaufspähend, die Hand vorm Gesicht. Als der Dämon fort ist, nickt und zeigt er bedeutsam) :*
Immer : immer ! —
(Mit gerunzelter Stirn) :
Verkleiden müßte man sich, wie ? Einen unterirdischen Gang graben : 3, 4 Meter schafft man am Tage ; mit Rundhölzern abstützen. Im Innern der Erde soll neues Land sein, beteuert Nils Klim. *(Der Wind heult über die Waldung) :*
Oder eine Charlière : Wasserstoffgas aus Eisenfeilspänen gezogen mit Säure — *(geheimnisvoll sich vorneigend)* Einer — Wöhler — soll ein ganz leichtes Metall entdeckt haben : daraus den Wasserkanister : Alles ganz leicht ! — Und dann in stürmischer Nacht das Seil durchhauen *(ein Blitz tut es für ihn)* : treiben, übers Ostland, Riesenseen krümmen den Wasserleib : 5000 Fuß tief ist er und Robben darin. Bergketten reiten zum Horizont ; un-

ten heben sie mir bunte Hände empor und staunende schräge Gesichter : ni Dieu : ni maître ! *(Blitz und Donner ; er wirft verächtlich mit dem Kopf über die Schulter)* : Die Stimme seines Herrn, Ja ? ! Glauben viele Primaten ! *(Er winkt spöttisch ab. Er wird wieder ernst ; er murmelt)* :
22 Millionen ! Die Berge voll Eisen ! : Wenn sies erst in den Fäusten haben, zittert die Welt : Zametschatelno ! — Und in Europa würgt munter weiter Polis gegen Polis, bis endlich dem blutigen Narrenspiel sein Ende gemacht wird. *(Er ballt sie, er schwenkt die Fäuste, er ruft)* :
Denn ein Ende muß werden ! *(Blitz und Donner)*
Meine Seele seufzt vor Jammer um Europa ; meine Ohren haben auf den Schlachtfeldern die Totenschreie hören müssen : so viele, so viele ! : So *soll* denn Rußland kommen, und ein Ende machen ! ! *(Er hebt das Geflacker über den Kopf und tritt ganz vor an den Bühnenrand ; er sieht sich wirr um und fragt schrill)* :
Es scheint dies also der Wille des Schicksals zu sein ? — Wie ? ! *(Blitz und markerschütternder Donner. Er steht unbeweglich, das Licht in seiner Hand erlischt vor Wind. Er schreit)* :
Es scheint dies also der Wille des Schicksals zu sein ? ! ! !
(Neuer Wetterschlag. Er blickt noch einmal in alle Augen, schüttelt verständnislos den Kopf, und tastet sich murmelnd nach links ab) :
Es scheint dies also der Wille des Schicksals zu sein. — Der Wille des Schicksals. — — Der Wille . . . .
(Die Stimme verhallt. Regen rauscht auf, nicht endender. Regen. — — Der Vorhang fällt.)

SCHLUSSWORT

Goethe — der es wissen mußte — hat den Unterschied zwischen Göttern und Menschen darin gesehen, daß vor Jenen » viele Wellen « wandelten ; einfacher ausgedrückt also, daß nur die größere zeitliche Übersicht hier das Entscheidende sei. Nun reicht ja diese Definition, wie die meisten in klangvoll gebundener Rede, sicher nicht aus — jedenfalls Dem nicht, der weiß, was Götter sind. Denn die lange historische und persönliche Erfahrung läßt sich weitgehend durch sorgfältiges Studium der Geschichte ersetzen, worin nicht ihr geringster Wert besteht. Allerdings möchte ich besonders das » sorgfältig « und die » Geschichte « akzentuieren, d. h. die Notwendigkeit exakter und langdauernder Beschäftigung mit vielen und vielbändigen redlichen Werken. Vor allem kann nicht genug vor der Lektüre der leider wahrhaft seuchenmäßig in unserem Volk verbreiteten » historischen Romane « gewarnt werden, wie überhaupt jede Konzession an den Volksgeschmack zu vermeiden ist : denn es hat keinen ! Selbst die Schiller, Goethe, etcetera haben sich nicht gescheut, um des groben Effektes willen diese für den oben erwähnten Zweck unabdingliche Forderung nach geschichtlicher Treue völlig zu ignorieren (vgl. Egmont usw.) ; es hätte ihnen ja freigestanden, ihren Helden andere Namen zu geben und dann unbeschwert zu fabulieren. Lessing, einer der wenigen Männer in unserer Literatur, umfassenderen Geistes als Goethe, und voller Ehrfurcht vor den Denkmalen der Geschichte, hat diese Forderung nie verletzt. Es gibt denn auch für den Menschenspürer, zumal den Schriftsteller, nichts Interessanteres, als das Studium des unabsehbaren psychologischen Materials : der Tyrannenseelen, der Massennarrheit, der einzelnen Ehrwürdigen, der Revolutionen, kirchlicher Kasuistik — immer wieder wird auch der Abseitigste auf genügend Solche treffen, die ihm gleich waren ; diese dann für sich weiter zu entdecken, und, wenn es lohnt, sie auch Anderen darzustellen, ist viel mehr als bloße Freude und recht eigentlich die Aufgabe jedes öffentlich Schreibenden. — So begegnete auch ich während weitgespannter, einem anderen gleich vernachlässigten Thema dienender Untersuchungen, der mächtigen Gestalt Christians von Massenbach; ich fand mich ihm ähnlich in Vielem: Temperament melancholisch-cholerisch; Rücksichtslosigkeit in geistigen Dingen; Verfasser mathematischer Werke — Offizier zu werden habe ich allerdings verweigert, obwohl sich Herr Fremy aus Hattingen an der Ruhr, damals Major und einer meiner vielen Vorgesetzten, keine Gelegenheit, mich mit Gewalt dazu pressen zu wollen, entgehen ließ. Immerhin war ich 6 Jahre lang Zwangssoldat und POW, so daß ich auch in dieser Hinsicht die notwendigen Hilfswissenschaften beherrsche. — Im Laufe meiner Untersuchungen, vor allem, je mehr mir die unglaubliche Vernachlässigung und Verkennung des Gegenstandes auffiel, wurde mir dieser in solcher Konsequenz erste Europäer dergestalt merkwürdig — brüderlich vertraut, bekenne ich — daß ich versuchen will, sein Gedächtnis auch unter Anderen zu erneuern.

Bei dem beklagenswerten Nullniveau des volkstümlichen historischen Wissens war eine sichere, wenn auch möglichst knappe exakte Fundamentierung nicht zu vermeiden: ich gab sie, wenn irgend nur möglich, durch viele, wohl auch dem Kenner des Zeitraums unbekannte, kleinere Tatsachen: Haben Sie gewußt, daß schon die französischen Revolutionsheere den Luftballon als » fliegenden Feldherrnhügel « verwendeten? Außerdem lag mir daran, Massenbachs Überzeugungen zu belegen und zur Diskussion zu stellen: daß

1.) damals Preußen durch die Verweigerung seiner Mitarbeit » Paneuropa « verhinderte,
2.) nur damals noch eine solche Einigung von Westen her möglich gewesen wäre, und daß nun

3.) diese, im Interesse der jahrtausendelang geschundenen Völker ja unbedingt zu befürwortende Vereinigung, wohl unvermeidlich von Osten, von Rußland, her zu befürchten sei.

Zusammen mit der Aufgabe, die ausreichende biographische Darstellung eines praktisch ungekannten höchst bedeutenden Lebens zu geben, lagen also — selbst abgesehen vom formalen Problem — schon durch die bloße Fülle des Stoffes Schwierigkeiten vor, welche unbedingt die weitgehende Heranziehung geschichtlicher Belege notwendig machten. — Es ist leicht, über solche Darstellungen mit dem achselzuckenden Wort von der » Historie mit verteilten Rollen « hinweg zu gehen ; freilich ist es Kost für gesunde Zähne ; und Lyrik zu schreiben ist im Allgemeinen leichter als zu arbeiten. Und je älter er wird, umso mehr ergreift den Menschen das Verlangen, durch dieser Dinge Gaukelspiel hindurchzusehen, und sich einen geringen Vorrat sicherer, wenn auch meist wenig schimmernder Erkenntnisse zu erwerben. Zu diesem Bestreben einen Beitrag zu leisten, war meine Absicht.
Es wäre ein Leichtes gewesen, durch eine Fülle — immer noch lesenswerter — Anmerkungen dem Band den doppelten Umfang zu geben ; nur hierauf möchte ich hinweisen : wenn die Äußerungen am bitter-modernsten klingen — etwa von der Totalteilung Deutschlands, usw. usw. — handelt es sich nicht um von mir erfundene Prophezeiungen » von hinten her «, sondern um buchstäbliche Äußerungen Massenbachs ; und zwar, was sehr wichtig ist, nicht um gelegentliche im Orakelton hingeworfene Aussprüche, sondern um ausführlich begründete schwere Einsichten eines Mannes, dem das militärische und politische Vermögen der Staatsgebilde um ihn, sowie die Fähigkeiten der Regierenden genauer bekannt waren, als einem anderen seiner Zeitgenossen. Daß die Resultate seiner Überlegungen heute herbe Wirklichkeit geworden

sind, bleibt immer nachdenklich genug ; wer unsere Situation kaltblütig zu übersehen versucht, wird auch seinen weiteren Prognosen Aktualität nicht abstreiten können.

Als einzige Schrift über Massenbach liegt bisher vor:

» Dr. phil. Lud. Gottsch. v. d. Knesebeck : Leben des Obersten Christian v. Massenbach. Leipzig 1924 ; 221 S. kl. 8°.«

Stilistisch ist das Buch unbeachtlich, und an intimen biographischen Details so arm, daß selbst das Biogramm der » Allgemeinen deutschen Biographie « oft mehr bietet ; ungewöhnlich dagegen, selbst vom borniert-preußischen Standpunkt aus, ist die verächtliche, kalt historisch-medizinisch aufgeputzte Animosität des Verfassers gegen Massenbach. Gutes und Entlastendes verschweigt er, wo er kann ; dabei sind selbst die gedruckten Quellen nachlässig benützt — er kennt z. B. Fouqués Autobiographie und das ganze Verhältnis mit seinen menschlich so warmen und literaturgeschichtlich so bedeutsamen Einzelheiten gar nicht. Das Detail ist vielfach unzuverlässig und falsch. Vor allem aber ist die zentrale Stellung des doch immer wieder so erschütternd eindringlich ausgesprochenen Europagedankens bei Massenbach, sowie dessen logisch hierin begründete Grundhaltung : für Frankreich ; gegen Rußland — überhaupt nicht gesehen und erkannt ; als Probe für den gehässigen Ton und die politische Unreife des Dr. phil. Knesebeck diene seine S. 55 : » . . . in einer Denkschrift verstieg er (Massenbach) sich gar zu den phantastischen Ansichten : Haben einmal die Russen an der niederen Weichsel sich festgesetzt, welches allerdings ihre Absicht zu sein scheint, so werden sie bald bis an die Oder vordringen, und uns auch aus diesen Gegenden verdrängen. Wollen wir uns nicht unterjochen lassen, so müssen wir selbst weiter ziehen, und so wird nach und nach eine zweite Völkerwanderung mit all ihren verheerenden Folgen stattfinden . . . « usw. usw. Die handgreiflichen Ereignisse der letzten Jahre machen jede weitere Erörterung unnötig — den redlichen

teilnehmenden Leser verweise ich auf die Werke Massenbachs selbst, zumal seine 3 Bände » Memoiren «, Amsterdam, 1809. —
Ich wäre froh, wenn durch begründeten eifrigen Widerspruch gegen mein Buch die Gestalt des großen Europäers eine immer bessere Beleuchtung erhielte ; nur bitte ich, von Briefen an mich persönlich abzusehen, da die Kürze des Lebens fast nie erlaubt, schon einmal Erarbeitetes und schriftlich Fixiertes wieder aufs Neue vorzutragen und zu begründen. —

Cordingen, im September 1949

Arno Schmidt

INHALT